北大版普通高等教育"十四五"规划教材

21世纪教师教育系列教材

语文课程与教学论系列

语文课程教师专业技能训练

张学凯　刘丽丽　编著

图书在版编目(CIP)数据

语文课程教师专业技能训练/张学凯，刘丽丽编著. —北京：北京大学出版社，2017.3
（21世纪教师教育系列教材·语文课程与教学论系列）
ISBN 978-7-301-28128-4

Ⅰ.①语…　Ⅱ.①张…②刘…　Ⅲ.①中学语文课–教学法–师范大学–教材　Ⅳ.①G633.302

中国版本图书馆CIP数据核字（2017）第034856号

书　名	语文课程教师专业技能训练
	YUWEN KECHENG JIAOSHI ZHUANYE JINENG XUNLIAN
著作责任者	张学凯　刘丽丽　编著
责任编辑	陈　静
标准书号	ISBN 978-7-301-28128-4
出版发行	北京大学出版社
地　址	北京市海淀区成府路205号　100871
网　址	http://www.pup.cn　新浪微博:@北京大学出版社
微信公众号	通识书苑（微信号：sartspku）　科学元典（微信号：kexueyuandian）
电子邮箱	编辑部 jyzx@pup.cn　总编室 zpup@pup.cn
电　话	邮购部 010-62752015　发行部 010-62750672　编辑部 010-62707542
印刷者	河北滦县鑫华书刊印刷厂
经销者	新华书店
	787毫米×1092毫米　16开本　18.75印张　400千字
	2017年3月第1版　2025年1月第7次印刷
定　价	56.00元

未经许可，不得以任何方式复制或抄袭本书之部分或全部内容。
版权所有，侵权必究
举报电话：010-62752024　电子邮箱：fd@pup.cn
图书如有印装质量问题，请与出版部联系，电话：010-62756370

主编简介

张学凯,包头师范学院文学院教授,中国高等教育学会语文教育专业委员会常务理事,国家特色专业包头师范学院汉语言文学专业建设点负责人,包头市"5512工程"领军人才。主要从事语文学科教学论、语文课程教学资源、语文教学技能、语文测量与评价等课程的教学与研究工作。已出版《阅读教学资源研究的理论与实践》《中国文学经典文本阅读理论与个案批评》《中学语文教学技能训练教程》等著作与教材。

刘丽丽,包头师范学院文学院副教授,中国高等教育学会语文教育专业委员会会员,中国教育学会中学语文教育专业委员会会员,国家普通话水平等级考试测试员,包头市"5512工程"学术技术带头人。从事语文学科教学论、语文教学技能、中国教育史研究等课程的教学与研究工作;所授"语文学科教学论课程"被评为内蒙古自治区高校精品课程。已出版《新课程·新理念·新视域》。

内容简介

本书选择语文教师应该具备的专业技能,编为十一章。每章的内容大体上包括对相关技能的理解与认识、技能实施的原则、案例研讨、技能评价等内容。

理解与认识部分着眼于从理论上阐述清楚要讲述之技能的概念,使读者对这一技能的内涵与外延有清晰的认识。技能实施的原则部分则主要论述实施某一种技能时需遵循的规律。案例研讨多选择名师案例和近年来全国各省市的教学大赛获奖案例,分析典型案例,参透各项技能之要。技能评价部分主要列出了技能的评价表,以此为工具,评价师范生的技能训练。

本书每章配有学习目标与建议,并选编了分层次的练习题目,以达成语文教师专业技能的训练目的。

本书的特点是编排体例顺应人的认识规律和语文教学过程之序,由简入繁;理论与实践相结合,操作性强。

目 录

第一章 语文课程教学的准备技能 ·· (1)
  第一节 语文教科书的研究技能 ·· (1)
  第二节 教学文本的研究技能 ·· (8)
  第三节 语文教学相关资源的研究技能 ·································· (16)
  第四节 研究学情的技能 ··· (22)

第二章 语文教学设计技能 ··· (29)
  第一节 语文教学目标设计技能 ·· (29)
  第二节 语文教学内容的选择与整合 ····································· (34)
  第三节 语文教学过程及教学方法的设计 ······························· (40)
  第四节 语文教案的编写 ··· (46)

第三章 语文课程教学的实施技能（上） ································ (54)
  第一节 导入技能 ·· (54)
  第二节 讲授技能 ·· (64)
  第三节 提问技能 ·· (73)
  第四节 结束技能 ·· (82)

第四章 语文课程教学的实施技能（中） ································ (90)
  第一节 朗读技能 ·· (90)
  第二节 板书技能 ·· (99)
  第三节 体态语技能 ··· (108)
  第四节 多媒体教学技能 ·· (115)

第五章 语文课堂教学的实施技能（下） ······························ (125)
  第一节 组织教学的技能 ·· (125)
  第二节 反馈与评价技能 ·· (135)
  第三节 应对变化技能 ··· (145)

第六章 语文课程教学的检测与评价技能 ······························ (157)
  第一节 语文作业的设计技能 ·· (157)
  第二节 语文作业的批阅与讲评技能 ··································· (163)
  第三节 语文试卷的编制技能 ·· (167)
  第四节 语文试卷的批阅、分析与讲评技能 ·························· (175)

第七章 说课、听课与评课 ··· (184)
  第一节 语文教师的说课技能 ·· (184)

| 第二节 | 语文教师的听课技能 | (194) |
| 第三节 | 语文教师的评课技能 | (200) |

第八章 语文教学研究技能 (210)
- 第一节 语文教学研究概说 (210)
- 第二节 语文教学研究的基本方法 (213)
- 第三节 语文教学研究的基本程序 (228)

第九章 语文微格教学实践 (237)
- 第一节 语文微格教学实践概述 (237)
- 第二节 语文微格教学的教学设计 (240)
- 第三节 语文课堂微格教学的组织与实施 (244)
- 第四节 语文微格教学的评价与反馈 (246)

第十章 语文教育见习与实习 (251)
- 第一节 语文教育见习的内容与要求 (251)
- 第二节 语文教育见习的评价与反馈 (255)
- 第三节 语文教育实习的内容与要求 (257)
- 第四节 语文教育实习的评价与反馈 (266)

第十一章 中学语文教师资格考试面试 (271)
- 第一节 中学语文教师资格考试面试概述 (271)
- 第二节 中学语文教师资格考试面试示例 (276)

参考书目 (286)

后记 (288)

第一章 语文课程教学的准备技能

◆ 学习目标

1. 理解语文课程资源、语文教学相关资源的内涵。
2. 掌握文本解读、教科书及语文教学相关资源研究的基本策略并能够独立开展研究。
3. 理解研究学情的理念及方法。

◆ 学习建议

1. 独立阅读教学文本、独立研究教科书,形成自己的基本观点;在此基础上广泛阅读专家学者关于文本的研究成果以及一线语文教师的研究成果;借鉴其成果。
2. 树立生本观念,不论是读解教学文本、研究教科书,还是开发利用相关教学资源,都要把学生考虑在内,以学定教。
3. 加强实践,熟悉语文教科书编写体例,要对整册教科书、每个单元、每篇选文做研究,达到独立读解文本的目标。

◆ 核心概念

研究、语文教科书、文本、教学文本、语文教学相关资源、学情

◆ 名人语录

阅读课要讲得透。叫讲得透,无非是把词句讲清楚,把全篇讲清楚,作者的思路是怎样发展的,感情是怎样表达的,诸如此类。有的老师热情有余,可是本钱不够,办法不多,对课文不能透彻理解,总希望求助于人,或是请一位高明的老师给讲讲,或是靠集体备课。这不是从根本上解决问题的办法。……根本之点还是透彻理解课文。所以靠拿来不行,要自己下功夫钻研。

——叶圣陶

第一节 语文教科书的研究技能

我国基础教育的教科书是遵循教育部制定的课程标准编制的。语文教科书的编写则体

现编写者的编写理念与智慧。一方面,要尽可能满足全国学生学习的需求,达到课程标准规定的教学目标;另一方面,我国幅员辽阔,任何一套教科书都有可能无法顾及某一地区、某一学校的情况。因此,从教科书编制的角度来讲,编写者面对的是具有某一学段学生共性的、抽象的学生;从教科书的使用角度来说,教师面对的是活生生的生命个体,是有着特定文化背景、地域特点的具体的学生。教科书的编制与使用之间的差距,使得语文教师必须要研究教科书,依据教学对象的实际情况与教科书的编辑者对话,汲取其编辑智慧,对教科书的内容进行分析与整合,生成适合某校某班的特定学生学习的教学内容。

一、语文教科书的研究技能概述

(一)语文教科书研究技能的含义

语文教科书是语文课程的基本资源,是教师教学、学生学习的主要依据,规定着学什么和怎么学。研究教科书是教师的日常工作,也是教师职业技能中最为重要、最为关键的技能之一。就其研究对象的不同,分为宏观研究、中观研究和微观研究。教科书的宏观研究大体包括对教科书的设计理念、编写历史等的研究;对一套教科书的编写体例、内容(阅读教学、写作教学、口语交际、综合性学习)等做整体的分析与研究;对不同版本的教科书进行整体的对比研究。中观研究是指对某一个学段的教科书所做的整体研究。微观研究则是指对一册教科书的体例、内容进行的研究。本节所讨论的是教科书的微观研究。语文教科书研究技能是指教师依据语文教学的需要,对语文教科书单元编排及其内部课文的编排、教学文本、助学系统等进行研究,进而生成切合学生学习的语文教学内容的能力。

(二)语文教科书的研究内容与策略

1. 研究一册语文教科书的编写体例

这册教科书有哪些系列内容?每一系列中又由什么组成?以阅读教学为例,教师要研究以下问题:共有几个单元,单元组元的方式,单元之间有无联系;就一个单元而言,共有几篇选文,选文之间的关系,单元助学系统(编写者话语、思考与练习、插图、注释、补白等)与选文的关系,单元助学系统内部诸要素间的关系等等。研究一册语文教科书,教师就会对本学期的语文教学任务有整体的了解,有利于做整体安排。

2. 研究一个单元

一是浏览单元选文,阅读单元导语,了解单元组元方式,提炼编写者对本单元教与学的意图,确定本单元的教学目标;二是思考每一选文的文体共性与该选文的个性特点;三是思考每篇选文的教学内容,使每篇选文的内容相互依托,形成一个整体,共同达成单元教学目标;四是思考并确定哪篇文章详讲,哪篇文章略讲,等等。

下面呈现的是人教版七年级(下)第四单元的单元导语与单元篇目。请按照上面对单元教科书的研究内容与策略,研究并进行讨论。

◆ 课堂讨论

> （一）单元导语
> "语文是人类文化的重要组成部分。"这个单元选的是文化艺术方面的文章。通过阅读，我们可以从中看到作家对艺术的体验与感悟，及由此生发的对人生的思考和认识，可以提高自己的文化素养，陶冶情操。
> 学习本单元，要在理解课文的基础上，发挥创造力，发表自己的见解。
> （二）单元选文
> 16 社戏（鲁迅）　　17 安塞腰鼓（刘成章）　　18 竹影（丰子恺）
> 19 观舞记（冰心）　　20 口技（林嗣环）

3．研究一篇课文

一是解读课文，即解读教学文本，关于这一内容，在下节详细介绍，在此不再赘述；二是研究助学系统及其与文本的关系；三是研究这篇课文在单元中的位置，它与单元教学主旨之间的关系；四是在上述研究的基础上，初步确定这篇课文的教学内容。以下以人教版七年级（下）第四单元中的《社戏》为例来研究一篇课文。

◆ 案例研讨

《社戏》的助学系统

（一）文前导语

夏夜行船、船头看戏、月下归航，这段江南水乡的童年生活经历，不仅铭记在作者的心里，也会给每个读者留下深刻的印象。读这篇文章，你是否感受到其中表现出的盎然情趣？是否回想起你童年生活的某些片段？

（二）研讨与练习

1．课文结尾说："真的，一直到现在，我实在再没有吃到那夜似的好豆，——也不再看到那夜似的好戏了。"对这个结尾应该怎样理解？你在生活中有这样的体会吗？

2．夏夜行船、月下归航在写景叙事上都非常精彩。夏夜行船通过哪些所见所闻来烘托"我"的急迫心情的？月下归航中"我"的心情与去看戏时有什么不同？

3．揣摩下列语句，回答括号中的问题。

(1) 我的很重的心忽而轻松了，身体也似乎舒展到说不出的大。（"轻松"和"舒展"表现了"我"什么样的心情？）

(2) 淡黑的起伏的连山，仿佛是踊跃的铁的兽脊似的，都远远地向船尾跑去了，但我却还以为船慢。（为什么说"山踊跃"？）

(3) 回望戏台在灯火光中，却又如初来未到时候一般，又缥缈得像一座仙山楼阁，满被红霞罩着了。（"回望"表现了"我"怎样的心情？"罩"表现了怎样的情形？）

(4) 不料六一公公竟非常感激起来，将大拇指一翘，得意的说道……（被人偷了豆，六一公公为什么还要"感激"？）

4. △有人认为本文直接写社戏的内容太少,而写社戏以外的内容太多,因此建议把标题改为"平桥村一夜"之类的题目。你同意这一看法吗?为什么?如果大家对此有兴趣,不妨开一次小组会讨论一下这个问题。

(三)读一读,写一写

惮 踱 归省 行辈 撺掇 凫水

《社戏》的助学系统有"文前导语""研讨与练习""读一读,写一写"三部分,无插图、无补白。有注释,但此处不做研究。

阅读"文前导语"可知,编辑者意在使学生"感受"小说表现出的盎然情趣;"回想"自己童年生活的片段。

"研讨与练习"共有四题。第一题,"理解"小说的结尾,"联想"自己的体会。第二题,两问:一问"通过哪些所见所闻来烘托'我'的急迫心情",属于写作方法;二问"月下归航中'我'的心情与去看戏时有什么不同",可属于理解范畴。第三题,共4个小题,皆为揣摩词语,属于理解范畴。第四题是开放性题目,讨论内容与小说标题的关系,属于读写结合题目,可培养学生的创造力,同时锻炼学生的口语表达能力。

"读一读,写一写"是识字练习,属于语文基础知识类题目。

综上,《社戏》助学系统各部分的设计理念一致,"文前导语"提出教与学的主旨,"研讨与练习"主要围绕主旨来设计。

我们再来阅读"单元导语",可以梳理出编写者对本单元的教学主旨的划分:"理解课文""发挥创造力""发表己见"。《社戏》的助学系统,也基本上是围绕着这三者来设计的。

但是,有两个问题值得思考。第一,这个单元是以文化来组元的,除在"单元导语"的第一段落传达这一信息之外,却未在"单元导语""文前导语""研讨与练习"中设计相关的内容。这不能不说是文化教育在语文教科书中的缺失。这需要语文教师加强文化教育的自觉,从教科书中挖掘文化教育因素,并生成教学内容。第二,《社戏》是小说,其助学系统并未涉及文体,教学中怎样处理这一问题,应引起教师的重视。

课堂讨论

1. 人教版七年级(下)第四单元的5篇课文中,蕴含着哪些文化因素?
2. 对于七年级的学生来说,可以选择哪些内容进入教学?

二、语文教科书的研究原则

(一)目标性

研究语文教科书具有鲜明的目的性,即为了更好地使用语文教科书,实现语文课程的教育目标,切实提高学生的语文素养,提高其理解和运用祖国语言文字的能力。具体而言,研究语文教科书时应从培养学生的识字写字能力、阅读能力、写作能力和口语交际能力的角度入手,结合语文课程的总目标和各学段的目标与内容,将"知识—方法—思维"与"文化—审美—人格"融为一体,充分开掘语文教科书的育智、育人功能。

（二）基础性

研究语文教科书,要突出语文基础知识和言语基本技能。语文教科书中的选文都是典范文本,蕴含着丰富的知识和言语素材,教师首先要对这些知识和言语素材进行分析与整合,择其精要者作为教学内容;其次要在语文课程的学习中,引导学生主动研究教科书,学习语文知识,品味选文的言语,在大量的言语接触中积累语文知识和言语素材,夯实语文基础。

（三）综合性

研究语文教科书,要遵循综合性的原则。语文课程是实践性课程,与生活联系密切。语言实践是语文实践的核心,是学生学习知识、历练言语表达技能、发展能力、健全人格的过程。任何语言实践都需要综合相关学科知识,综合课堂内外所得。为此,教师必须要综合考虑这些因素,挖掘语文教科书中适合于语言实践的素材,引导学生在语言实践过程中综合应用语文。

（四）引领性

研究语文教科书,要突出学术性。语文教科书的内容十分丰富,文学、艺术、哲学、天文、地理、自然、社会,因而教师要经常学习,及时更新知识,关注应用语言学、文学、写作学等与语文密切相关的学科的研究成果,并自觉运用这些相关成果来研究教科书内容;同时也要关注与教科书内容有关的生活、社会、自然中的问题与知识,因为,虽然语文并不教学这些知识本身,但是却要用语言来表述这些知识。只有这样,语文教科书才能成为引领学生认识人生、认识社会的实践园地。

（五）创新性

研究语文教科书,要有创造性。教师首先要摒弃教教材的观念,不盲从教科书和教师用书,要有独立思考精神,认真钻研教科书,对教科书进行分析与整合,不守成,勇于创新,使教科书为我所用。

三、语文教科书的研究案例

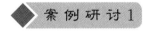

新的理念点燃《死水》

第一次教学《死水》,我只是按照教材编排的顺序,亦步亦趋地教教材。首先是介绍闻一多的生平事迹,接着介绍他的诗歌作品和诗歌理论,介绍什么是"三美";而后就分析说明《死水》是作者实现他的"三美"理论最完美的诗歌。学生冷清、孤立地学习《死水》,课堂死气沉沉。课后作业就是背诵《死水》。可以说是"死"的教师,用死的教材,教"死"了学生,呈现出"死"的课堂。

如何拯救《死水》,让《死水》燃烧？关键是教师,是教师的理念。

从整体着眼教材单元,使教材为我所用。从《再别康桥》中学习诗歌"三美"理论;在《赞美》一诗中学习象征主义创作方法。让它们为学生学习《死水》先奠定基础。

但就《死水》学《死水》,显得单薄,难以深入。为了充实《死水》的课堂教学内容,必须开发和利用各种教学资源。爱国主义是贯穿闻一多先生一生的红线,也是他诗歌的主旋律。

《死水》只是其中很独特的一篇,因为这首诗歌以极度冷漠与憎恨来折射诗人极度强烈的爱国之情。于是,我就想在闻一多先生广阔的时代背景中去教《死水》。我以《死水》为主,选取《死水》创作前后闻一多不同时期创作的不同风格的诗歌为宾,形成前呼后拥之势,布成众星拱月之态,然后用爱国主义这条红线把它们串联起来。于是,我就用《红烛》《太阳吟》《忆菊》和《七子之歌》这四首诗为《死水》的出场渲染和铺垫;用《发现》点明《死水》的背景;用《静夜》和《一句话》,来引证、延伸《死水》的意义。这样,由《死水》一首诗带出了七首相关的辅助材料,课堂容量大大丰富了,但又多而不乱,繁而有序。学生始终浸泡在浓厚的爱国主义情感之中;对于理解闻一多和《死水》起到了积极的作用。

课后练习是课堂教学的有机组成部分。我布置的《死水》课后作业是阅读贾平凹的《丑石》,然后模仿《死水》,把它改写成诗歌;目的是让学生亲自实践"三美"诗歌理论,学习"反讽"的艺术手法。从表面上看是技能训练,实际上是人文教育的继续;从表面上看是模仿,实际上也是体现自主、探究和创新的精神。①

从上述案例我们可以看出:范老师认为第一次教学《死水》失败的原因主要是"死"的教师用"死"的教材去教"死"的学生,以致产生"死"的课堂。第二次之所以让《死水》燃烧,关键在于教师下了很大工夫研究《死水》这一教学文本及相关资源,这主要表现在以下几个方面:

第一,教师转变了教科书的使用观念,不再刻板地按照教科书固有的顺序进行教学,而是整体处理教科书中课文的顺序,"从整体着眼,使教材为自己的教学所用,而不是教教材。把《再别康桥》《死水》《赞美》作为一个有机的整体,让其各有侧重,又相互作用。"

第二,教师根据《死水》的特点,调整了教学次序,让先上的课文为后上的课文作铺垫,"'三美'的诗歌理论安排在《再别康桥》里学,结合《赞美》学习象征主义创作方法。只有闻一多式的爱国主义才是《死水》所独有的。于是先学习《再别康桥》《赞美》,让它们为学生学习《死水》奠定基础。"

第三,教师在深入研究《死水》的基础上,寻找与之相关的资源,为学生实践所学知识,深入理解《死水》搭建平台,"我布置的《死水》课后作业是阅读贾平凹的《丑石》,然后模仿《死水》,将之改编成诗,让学生亲自实践'三美'的诗歌理论,学习'反讽'的艺术手法。表面上看这是技能训练,实际上仍然是在对学生进行语文人文性教育;表面上看是模仿,但是在模仿中将散文改编成一首诗,也就包含了自主、探究、创新精神的实现。"

案例研讨 2

选修教材的整合与教学策略(节选)
——以《中国古代诗歌散文欣赏》诗歌之部为例

梁焕敏

选修课的开设是为了满足学生的不同需要,是对必修课内容的延伸、补充和拓展。开设选修课,有利于构建多层次的语文课程体系,有利于为学生的自主选择提供可能,从而促进学生全面发展和有个性的发展。同时,选修课的设计,要充分考虑学生的学习现状,既要有

---

① 范金豹.《死水》教学的生长过程[J].语文学习,2004(6):39—42。有删节。

新内容新发展,又不能超出学生的实际水平。

人教版《中国古代诗歌散文欣赏》的编写打破了一般以文学史顺序或作家文选式的单元编排方式,从不同的鉴赏角度、鉴赏方法设置单元。这种编排体现了编者的智慧和匠心,但在实际教学中不少教师却感到此种编排也有欠缺。以第三单元的选篇为例,"赏析示例"是《将进酒》,"自主赏析"四篇分别是《阁夜》《李凭箜篌引》《虞美人》《苏幕遮》。这种按照"因声求气 吟咏诗韵"的主题编排方式有其合理性,但是"按照主题类型来安排的,选文自然也要从主题需要考虑,各单元之间本来应有的语文学习逻辑递进关系,就难于照顾了"(温儒敏《语文教学中常见的五种偏向》)。"用主题来划分教学单元或板块,往往顾此失彼,很少考虑难度系数和教学适用度,也难以体现语文教学由浅入深循序渐进的规律。"(出处同上)这样编排教学效果将会大打折扣。再从考试角度看,教材的引领作用和示范作用不明显。现在的教学应该不是"教教材"而是"用教材教",这样也才能更有效地落实课改的基本理念。……选修教材的特质不鲜明,诗歌选篇偏少,尤其缺少名家名作;诗歌散文合编,篇目多、范围广,面对有限的课时安排(一般中学教学安排两个多月),让学生在有限的时间内学有所得,而且具备应对高考的能力。这似乎不太现实。

如此,我们的古代诗歌教学为何不在深入研究教材的基础上,大胆取舍,合理补充,有效整合,使教学效果更科学、更有效?为何不参考诗歌高考题型与方向或分值来进行相应的教学?所以,我们应该以"课程标准"中关于诗歌类选修课程教学的基本目标和要求以及诗歌的一些基本特质对选修教材进行整合,同时建构有效的教学策略。

……

如此,依照"课程标准"和"考试说明"进行教材整合,并设计教学策略,既整合、拓展了教材,尊重了诗歌教学的规律,利于学生的认知与接受;又会让学生感到学有所用,考有所依。

……

我们可以《中国古代诗歌散文欣赏》中的"诗歌之部"为依托,将诗歌类选修课的内容确定为以下几个层次:①

1. 整合教材,对接高考

即按照诗歌题材和高考诗歌考查方向对教材进行重新整合。我参考手头已有其他同类诗歌选修教材,对《中国古代诗歌散文欣赏》中三个单元的15首诗歌和9篇推荐作品进行整合。具体做法是在教师引领下,师生共同按常见、常考内容把诗歌分为:"人生遭际之人生感慨篇"(此为诗歌中的重头戏,所以,又细分为"人生遭际之感时伤事篇"和"人生遭际之咏怀抒志篇")、"写景抒情篇""咏物抒怀篇""羁旅乡思篇""咏史怀古篇""两情相悦篇"六个专题。如"人生遭际之咏怀抒志篇"有《将进酒》《梦游天姥吟留别》《春江花月夜》等;"写景抒情篇"有《赠孟浩然》《夜归鹿门歌》《归嵩山作》等。

……

案例中,教师从学生学有所用的角度出发,依照"课程标准"和"考试说明"以及其他同类诗歌选修教材,对现行的高中选修课教材进行了整合、拓展,既尊重了诗歌教学的规律,又利

---

① 梁焕敏.选修教材的整合与教学策略——以《中国古代诗歌散文欣赏》"诗歌之部"为例[J].中学语文教学参考,2015(z1):78—80。节录其中一部分,有删节。

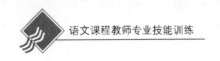

于学生的认知与接受,还让学生感到学有所用,考有所依。

上述两个案例给我们的启示:其一是认真研究教科书,根据学生的实际情况,分析、整合教科书,是上好语文课的基础,也是提高语文教学效率的基础;其二是对教科书的研究,不是一次能够完成的,需要在语文教学实践中不断总结经验,多方思考,反复研究,才能趋于合理,臻于完美。

四、语文教科书研究技能的评价

语文教科书研究技能是语文教师的日常工作必备的技能,也是一项个性化较强的心智技能,是教师日积月累的专业功底。可以依据下表对这一技能进行评价。

表 1-1 语文教科书研究技能评价表

课题:　　　　　　　　　　研究者:　　　　　　评价者:　　　　　　时间:

评价项目	权重	评价等级				得分
		优秀	良好	中等	不合格	
了解教科书的编辑体例	0.10					
能整体分析一个单元的助学系统,准确概括编写者意图	0.20					
能够根据教学实际对教科书单元选文进行重组	0.20					
对教科书中缺失的内容能够恰当补充	0.20					
能全面研究一篇课文的助学系统,并根据教学实际初步生成教学内容	0.30					
总分						
补充意见或建议						

注:总分在 9~10 之间为优秀,在 7~8 之间为良好,在 6~7 之间为中等,在 0~5 之间为不合格。

第二节　教学文本的研究技能

一、教学文本研究技能概述

(一)文本与教学文本

文本,这一概念使用广泛,含义不尽相同。一般说来,指同一文件的不同语言或不同措辞的本子,有时也指一个文件。在语言学领域,文本指的是作品的可见可感的表层结构,是一系列语句串联而成的连贯序列。文本可能只是一个单句,例如谚语、格言、招牌等,但比较普遍的是由一系列句子组成,构成了一个相对封闭、自足的系统。苏联符号学家洛特曼指出,文本是外观的,即用一定的符号来表示,它是有限的,即有头有尾,有内部结构。在文艺理论领域,法国现代著名文艺理论家罗兰·巴特认为:文本一方面是"能指",即实际的语言符号以及由它们所组成的词、句子和段落章节;另一方面是"所指",即固定的、确定的和单一的意思,为表达这种意思的正确性所限定。我国著名的文艺理论家童庆炳则把文本定义为"用来指由作者写成的而有待于阅读的单个文学作品本身"①。

综上,文本有几个特征:文本的形式是由句子组成;有相对完整而独立的内部结构;表达一定的意义。

教学文本,在本书中的含义单一,是专指概念,即选入中小学语文教科书中的课文。

教学文本既具有文本的一般特征,又不同于一般的文本。首先,文本被选入语文教科书后,处于教科书中的某一个单元之中,是教科书整体机构中的一分子。它既是独立的一个文本,又与本单元中的其他文本发生联系,共同体现着教科书编写者的编写意图。其次,文本进入语文教科书后,必然会受到学校教育、语文教学目标的制约而产生教育教学功能,这是一般文本所不具备的。

(二) 教学文本在语文教科书中的地位及解读意义

我国现行的中小学语文教科书主要是文选型,教学文本在教科书中占据着主要地位,教师进行语文教学的主要依据就是文本,学生语文课的学习也主要凭借文本。

语文教学和中小学其他课程的教学有着较大的差别,如数理化、政史地,主要教学生学习理解教科书本身的内容,或言教学"是什么";而语文课则不仅仅是理解教学文本的内容,更多的时候是把教学文本作为学习语文知识、发展语文能力的例子,或言"用怎样的形式表达这样的内容"。因而,透彻地理解文本、解读文本,就具有十分重要的意义。正如叶圣陶先生所言:"阅读课要讲得透。叫讲得透,无非是把词句讲清楚,把全篇讲清楚,作者的思路是怎样发展的,感情是怎样表达的,诸如此类。有的老师热情有余,可是本钱不够,办法不多,对课文不能透彻理解,总希望求助于人,或是请一位高明的老师给讲讲,或是靠集体备课。这不是从根本上解决问题的办法。……根本之点还是透彻理解课文。所以靠拿来不行,要自己下功夫钻研。"②叶老这段话强调了语文教学与教学文本解读的关系:要想在语文课堂教学中"办法多",需得"本钱够";本钱何来?"靠拿来不行,要自己下功夫钻研。"

(三) 解读教学文本与解读一般文本的差异

研究教学文本,最为关键的是解读文本。解读教学文本与一般读者阅读文本有很大差别。首先,作为教师解读教学文本是语文教学行为,"它是一个有教育目的、标准、要求的教育活动。"③是教学的起点。而一般读者阅读文本,往往漫无目的,不受约束。其次,语文教师解读教学文本,受教学目标的制约,要确定教学内容,教学生知识,培养其能力,发展其思维,一般读者则无需考虑这些。最后,作为教师对教学文本的选择性弱,而一般读者则选择性强。如一位教师喜欢《红楼梦》,不可能一个月都去讲《红楼梦》;而一个读者则可以不受时空限制,甚至于一辈子反复去读《红楼梦》。

二、教学文本研究的原则

(一) 整体性原则

首先,要从整体上把握准确文本的主要内容、感情基调、思路等,惟其如此,才能为深入

---

① 童庆炳.文学理论教程(修订二版)[M].北京:高等教育出版社,2004:206.
② 叶圣陶.阅读是写作的基础[M]// 叶圣陶.叶圣陶语文教育论集.北京:教育科学出版社,2015:355.
③ 钱理群.经典阅读与语文教学[M].南宁:漓江教育出版社,2012:173.

字里行间奠定基础;否则,难免只见树木不见森林,陷入对个别字句的咀嚼,忽视全篇,犯了以辞害意的错误。其次,教学文本的内容与形式是相互依存的统一体,解读时不可割裂。叶圣陶先生在《谈文章的修改》中曾说过"思想、语言、文字,三样其实是一样"①,因此,在解读教学文本时要整体思考文本是用怎样的语言形式书写了特定的内容。例如,陈日亮在《〈声声慢〉的愁苦基调读准了吗》一文中写道:古典诗词写愁,就像今天的中学生写郁闷,好像谁都可以来一手,李清照的这一首《声声慢》,又算是个中翘楚,独步千古。"诗人所抒写的愁究竟是怎样的一种愁?为什么这样一种愁,被诗人这样一写,会特别令人难忘?也许这才是这首词值得探究的教学内容。"②陈老师抓住"寻觅""最难""怎敌""却是""有谁""更兼""怎"这几个关键词来品读《声声慢》传达出的思想情感,很好地体现了"过程的、方法的、统一的、不抽出的"教学文本研究的整体性原则。

（二）边界原则

新课程改革以来,一些教师对阅读理论认识不到位,把"多元解读"理解为一切解读都是合理的相对主义,甚至舍弃学界对文本研究的主流成果,刻意寻求所谓非主流的"个性化"解读,对学生的错误理解、离题发挥不予纠正,以致阅读教学中曾一度出现教学文本解读"泛语文""非语文"的现象。研究结果表明:首先,文本的内涵是有一个"基本边界"的,固然,"一千个读者就有一千个哈姆雷特",但王子的面目还是"有一个基本的模样"的,因此,要防止把思想内涵和外延随意地凿深、扩大、泛化,使得作品面目反而模糊不清,写作意图终于无所适从。③ 其次,教学文本解读,有教师和学生主体参与,需要审美的再创造;但这样的参与和再创造,也是有边界、有限度的,它必须以接近、深化文本的原生态为基础与目的。④ 此外,从教学角度来看,如果放任学生随意解读文本,很可能会养成不认真探究文本字、词、句、篇章的坏习惯,导致望文生义,甚至于胡乱猜测、恣意发挥的恶习,将会影响学生个体的健康成长。

综上,教学文本解读,"它既是原生的,也是创生的,然而从本质意义上说,则可能是最具有生态价值的真正的'元阅读'。"⑤

（三）咬文嚼字原则

在中学语文教学中,不少教师备课时,从教师用书、教学参考资料拿来他人的研究,或者网上检索文本解读的现成结论,或者是专家学者发表的文章,却并不"运用脑髓"去认真地钻研教学文本,导致"在方法上,习惯于从表面到表面的滑行,在作品与现实的统一中团团转,缺乏揭示矛盾,进入分析层次的自觉,这在根本上背离了'分析'的初衷。"⑥叶圣陶在《语文教学二十韵》中也强调解读文本要"一字未宜忽,语语悟其神"。因而,教师要沉下心来,到字里行间去"悟"得教学文本之"神",才能逐步丰富自己敏锐的语言感觉,才能发现教学文本内在的矛盾,突破其表层,进入其内部结构,揭示深层次的、话语的奥秘。

（四）尺度原则

教学文本的解读不能够完全像专家学者解读文本那样,求深、求细、求新,要以语文课程

---

① 叶圣陶.叶圣陶语文教育论集[M].北京:教育科学出版社,2015:324.
② 陈日亮.如是我读——语文教学文本解读个案[M].上海:华东师范大学出版社,2011:121.
③ 陈日亮.如是我读——语文教学文本解读个案[M].上海:华东师范大学出版社,2011:209—210.
④ 钱理群.经典阅读与语文教学[M].桂林:漓江教育出版社,2012:171.
⑤ 陈日亮.如是我读——语文教学文本解读个案[M].上海:华东师范大学出版社,2011:53.
⑥ 孙绍振.名作细读:微观分析个案研究(修订版)[M].上海:上海教育出版社,2009:封底折页.

标准对不同学段的要求为目标,以学生的可接受度为准则,对教学文本的解读要有限度。语文教科书所选的文本,都是典范的文本,特别是文学文本,传达的是作者饱经沧桑之后才生发出的情感,悟得的感触。一方面,学生受阅历、智力和年龄等方方面面的影响,对于文本所传达出的知识、情感、思想等不可能理解深刻;另一方面,学生的生活环境与文本产生的环境相去甚远,也很难产生共鸣。为此,教学文本的解读要遵循解读有度这一原则,不可过度深挖,不可刻意拔高,更不可作贴标签式的解读。

三、教学文本解读的内容和策略

关于教学文本的解读,研究成果很多,散见于近年来各类语文教学期刊和专著,其研究角度各不相同,解读文本方法也各异。其中韩雪屏等主编的《语文课程教学资源》对语文教科书中选文做了专门研究,将选文分为写实文本、文学文本、文言文本三类,每类又从若干方面进行了比较系统、全面的研究,值得一读。

 资 料 卡 片

读解写实文本
（一）理解写实文本的意义
（1）研读标题,揣摩文意;（2）关注开头,重视结尾;（3）前看段首,后看段尾。
（二）理清作者思路
（1）把握文章思路的方向;（2）探求文章结构的技术;（3）研究文章思维的类型。
（三）品味语言表达的特点
（1）把握文章的综合表达方式;（2）探究文章的文体差别与语体渗透;（3）比较作家不同的语言风格;（4）揭示言语表达的基本规律与言语现象的更新。

读解文学文本
（一）读解文学语言
（1）间接性;（2）形象性;（3）情感性。
（二）品味意象与意境
（1）品味意象;（2）品味意境。
（三）赏析叙事和抒情
（1）赏析叙事;（2）赏析抒情。
（四）开拓文学文本的意义空间

读解文言文本
（一）植根古代汉语沃土
（1）正音读;（2）识文字;（3）通义训;（4）明文法;（5）察语气;（6）断句读。
（二）遵循古代文体特征
（1）论辩类;（2）叙事类;（3）记述类;（4）应用性文体;（5）赋体;（6）小说。
（三）汲取古代文化精华
——韩雪屏、王相文、王松泉主编.语文课程教学资源[M].北京:高等教育出版社,2007:96—125.

曾祥芹在《汉文阅读规律论》中指出：汉文阅读活动表现为"文→意→物"的过程，正好是汉文写作活动"物→意→文"的逆向运转。具体说，即从汉文作品的语言文字出发，沿着句、段、章、篇依次前进，回环解释，整体辨识其体式，逐级理解其情意；再跳出文外，延及作者主体和事物客体，深思作品的社会历史价值；最后将阅读汲取的精神营养，化为改造主客观世界的自觉行动，才算达到阅读的终点。据此，汉文阅读过程必经三个阶段：一是"感言辨体"的认形阶段；二是"入情得意"的取神阶段；三是"运思及物"的笃行阶段。[①]叶圣陶曾作《语文教学二十韵》，其中也提到研究教学文本的内容与方法："陶不求甚解，疏狂不可循。甚解岂难致？潜心会本文。作者思有路，遵路识斯真。作者胸有境，入境始与亲。一字未宜忽，语语悟其神。惟文通彼此，譬如梁与津。"[②]

本节从阅读的一般过程和规律入手，结合语文教学的特点，提取教学文本解读的内容和策略。

（一）感言识体，据体解读

新课程改革以来，语文教科书的编写以主题组元的居多，淡化了选文的体裁。但这并不意味着可以无视体裁特点，随意读解教学文本。否则，会造成学生思维和认识上的混乱。读一篇文章，首先要知道它的体裁。因为同一体裁的文章，在内容上，对生活现象的取舍及其艺术体现、思想和审美评价、感染作用等方面具有某种共同性；在形式上，每一种体裁都有一整套相对稳定的艺术手段和话语体系，这些艺术手段和话语体系就是这种体裁的独特辨认标志。研究教学文本，也应从其文体入手，在文体的视域下读文解意。例如，研读小说，自然要研究其典型形象、叙事艺术等；研读诗歌，则要着意于意象、意境。再如，同样是品味语言，议论文，则研究其说理的逻辑性、严密性；而散文则是摹景状物的生动性、形象性。

（二）潜心研读，理解文意

阅读是一个心理过程，是读者从文章中提取信息和加工信息的主动认识过程，是吸收的过程，其核心是理解文章的意义。这一过程是他人所不能替代的。教师阅读教学文本亦如此。首先必须得全面地、深入地理解课文，才能在课堂上得心应手。叶圣陶的《语文教学二十韵》中指出研究教学文本要达到"甚解"，其途径之一就是"潜心会本文"。可见，研究教学文本，最为关键的、最为重要的方法就是静下心来，独立地、认真地阅读文本，理解文意。舍此，依靠专家的解读、教师用书的解读等等，看似"捷径"，实则"弯路"，欲速则不达。

◆ **案例研讨 1**

《生命与和平相爱》这篇课文选自铁凝的《铁凝自选集·色变》，对于初中生来说算是比较长的。根据苏教版《教师教学用书》对《生命与和平相爱》这篇课文思路脉络的解读，课文有这样一条线索："引出形象——展现才能——探询才能形成的根源"。

但我在反复研读时，发现这篇课文还应该有一条内在线索，否则下面这些问题就都无法

[①] 曾祥芹.汉文阅读规律论[M]//曾祥芹.汉文阅读学研究.北京：高等教育出版社，2010：245.
[②] 叶圣陶.语文教学二十韵[M]//叶圣陶.叶圣陶语文教育论集（第一卷）.北京：人民教育出版社，1994.

解决。文中第七段为什么要写"你知道,人类只有两个民族至今完整地保留了自己的文化和语言,这就是犹太人和中国人"这句话？……而最让人难以理解的问题是第十二、十三段的安排,为什么要写这两段呢？苏教版《教师教学用书》这样分析：十二段之后是文章第四部分,这部分继续叙述对戴维的了解,抒发自己的感受。但是,为什么还要继续叙述对戴维的了解呢？另外,我们从一些老师的教学反思中也可以看到,很多老师对理解这篇课文感到很困惑,常常觉得在课堂上不能得心应手地引导学生分析这篇课文。下面我们来看两例板书设计,从中可以看出老师对文章思路脉络的把握及其在课堂上的表现。

板书设计1：（略）

板书设计2：

生命与和平相爱

个人	戴维	杰出的语言才能
家庭	戴维的家庭	和谐的家庭氛围,爱而不溺的教育
民族	戴维的民族	热爱生命,祈祷和平

这个板书设计,显得很肤浅,如蜻蜓点水一般,没有表露出文章的线索。我想学生听了根据这个板书设计而上的课,根本不可能理解这篇课文。所以我们随便调查了一些初三毕业生,很多学生对这篇文章都没什么印象,有的学生甚至不知道语文教材中有这篇文章。

为什么会这样？就是因为没有扯出文章的另外一条内在线索。我觉得,只有双线齐扯,才能让学生全面深入理解《生命与和平相爱》这篇课文。

苏教版《教师教学用书》所解读的和教师教学所依据的是同一条明线,即戴维杰出的语言才能——探寻戴维杰出语言才能的原因——强调明确戴维学习汉语的动力——突出中心,表达美好愿望。除了这条明线外,文章还有一条内在的线索,即戴维从事美中文化交流工作——中国和犹太民族的友好关系——戴维父母及戴维与中国的渊源——戴维父亲引导我参观犹太会堂,戴维及父亲教我用希伯来文说"生命""和平"——强调、明确戴维学习汉语的动力——突出中心,表达美好愿望。这两条线索在十二、十三节交汇在了一起。有了这条内在线索,文章所有内容就都可归依在"生命与和平相爱"这个主题上。①

从案例中,我们可以看出,教师没有满足于教师用书对教学文本的解读,而是"反复研读",发现文章还有"一条内在的线索",继而对教师的教学、学生的学习进行研究,得出"只有双线齐扯,才能让学生全面深入理解《生命与和平相爱》这篇课文"的结论。这一案例再次启示我们：潜心研读,理解文意,是教师的基本功底,是上好阅读教学的根本点。

（三）品味语言,悟得其神

不论是文学文本,还是写实文本,作者都是通过语言来表情达意的；读者阅读文本也必须通过语言来理解作者所传达出的思想情感。因此,品味语言既是研究教学文本必不可少的内容,也是一种方法,一种策略。我们来研读陈日亮老师对《沁园春·长沙》上阕的关键词的解读这一案例。

---

① 陈慕.谈《生命与和平相爱》的双线结构[J].中学语文教学参考(中旬),2014(3):32—33.有删节。

案例研讨2

一个学生问老师:"独立寒秋"的"独立"有什么值得揣摩的吗?老师竟很不屑地答道:"独立"不就是独自站着?有什么好问的?在我看来,这个学生的语感可能强过老师。"独立"也许是真值得问一问的。我试替学生做一番想象:在深秋一个已经落霜的日子里,一个人独自跑到橘子洲头,去望天看水,仰观俯察,纵览秋色,这不是很有意境吗?但为什么是一个人,而不是一群人?青年毛泽东不是挺喜欢结伴出游吗?这里应该注意的,恰是这"个"与"群"的不同。那一个年轻人,今天不是携百侣来游,而是独自一人来到大江之边,站在天宇之下,他想干什么?劈头一个"独"字,让人读到的难道仅仅是"一个人站着"吗?你难道不会联想到像独擅、独领、独尊、独出、独具、独步、独特、独行、独孤等一系列与"独"字相关联的词语吗?甚至不会更远一点,还联想到陈子昂登幽州台所唱出的"念天地之悠悠,独怆然而涕下"吗?如果再和下面的"看""怅""问"等联系起来想象,那个年轻人显然不是看不够湘江风景,才去了橘子洲头,他是不是解不开心中的什么大结?他最后昂首太空,独对苍茫,所发出的不是一句振聋发聩的"天问"吗?

这样一想,一个具有革命先觉、胸怀天下、特立独行的青年毛泽东的昂然身影,不是呼之欲出了吗?

当然,还可以参读二十年后诗人同样用"沁园春"这一词牌谱写的那首气势磅礴的咏雪词。那一声"俱往矣",唱出的不也是独领风骚的革命豪情吗?如果有兴致,不妨再来欣赏一下毛泽东的书法。从泼墨书写这首词的矫若龙蛇的横幅来看,头一个"独"字为何写得特别巨大而突兀,仿佛要从纸上跃起?诗人与书家的情感,难道就没有一丝一毫的沟通吗?①

《沁园春·长沙》是传统选篇,大多数教师也会品味语言,如红遍、尽染、击、翔等等,但是很少有教师会关注"独"字。陈日亮老师不仅关注了"独"字,而且运用联想、想象、对比阅读等方法,对"独"字进行解读,认为体现出一个"呼之欲出"的"具有革命先觉、胸怀天下、特立独行的青年毛泽东的昂然形象"。此案例的开头,还列举了一个师生互动的小片段,从此可知,那位教师就是叶圣陶所言"本钱不够,办法不多"者,长此下去,学生会对语文学习失去兴趣。所以,教学相长,教师要在语文教学实践中不断地潜心读文,品鉴语言,才能提升语感,提高解读文本的能力。

(四)跳出文外,知人论事

我国传统的阅读理论有"知人论世"说。这就是说,理解作者的写作背景、创作意图对准确地理解教学文本,具有十分重要的意义,也是拓展阅读视界的重要环节。如《背影》的开头写道"我与父亲不相见,已二年余"。如果不了解朱自清为什么写这篇文章,就只能从中获得"我和父亲两年没有见面"的信息,而这样的信息,对学生理解文本没有帮助,因为并没有准确把握文本的真谛。只有明白朱自清因与父亲闹矛盾,已经两年不见面;当接到父亲的来信,读着父亲的嘘寒问暖时,他被感动,"在泪光晶莹中,仿佛又看到了他的背影",写下这篇文章。也只有了解了作者这样的创作动机,才能准确体会到"不相见"中的"不"所具有的强

---

① 陈日亮.如是我读——语文教学文本解读个案[M].上海:华东师范大学出版社,2011:3.

烈的主观色彩。

要想透彻地理解文本,还需跳出文本去"论世"。鲁迅曾经说过"倘要论文,最好是顾及全篇,并且顾及作者的全人,以及他所处的社会状态,这才较为确凿。要不然,是很容易近乎说梦的。"[①]可以看出鲁迅提出的"全篇""全人""社会状态",涉及了阅读中的文本、作者、社会三个视界,告诫我们,阅读不仅要理解文义,还要拓展到研究作者,更要延伸到文本所反映的社会。为此,教师在独立研究文本时,要"俯瞰文本写作的'历史视界',坚守读者阅读的'现在视界',把文本放到历史和现实的社会背景中去考察其原有的当时意义和新生的现代意义"[②],这样才有可能获得阅读创意。此外,还要挖掘文本的自我修养意义,所谓"察己"。也就是说,在与文本、作者、社会的交往中,提高自我,认识世界,改变读者的素质。教师在独立研读文本时,要经历"论事"与"察己"的过程,深入挖掘文本蕴涵的学习意义,真正吃透教材,并在语文教学中帮助学生阅读文本、体察情感、感悟意义,使语文具有应有的"深度"。

(五)研读形式,着眼语用

语文的性质是人文性与工具性的统一,语文教学的核心任务是"理解和运用祖国语文",如果说,以上几项策略主要是"理解",体现人文性,那么,这项策略则主要侧重于理清文本"怎么写的",侧重于"运用",体现工具性,即通过学习作者如何表达自己的思想情感,来提高学生的言语表达能力。因此,教师在读解教学文本时,要充分考虑到这一点,对文本的体式、作者的思路(结构)、言语表达形式等方面进行研究,提炼言语运用的规律,进而使学生学习并模仿文本作者构思的方法、表达思想情感的方法,在言语实践活动(写作、口语交际)中能够自觉运用。

四、教学文本解读技能的评价

根据本节讲述内容,借助下表对教学文本解读技能进行评价。

表1-2 教学文本解读技能的评价表

课题:　　　　　　　　　　研究者:　　　　　评价者:　　　　　时间:

评价项目	权重	评价等级				得分
		优秀	良好	中等	不合格	
能辨识文体并说清该文体的特点	0.10					
整体把握教学文本,并能简要概括内容	0.15					
能理清文本结构	0.15					
能找出表达作者思想情感的关键语句,并准确品析	0.20					
能够"知人论世"理解文本	0.20					
能从语用角度研究文本	0.20					
总分						
补充意见或建议						

注:总分在9~10之间为优秀,在7~8之间为良好,在6~7之间为中等,在0~5之间为不合格。

---

① 鲁迅."题未定"草[M]//鲁迅.鲁迅全集(第六卷).北京:人民教育出版社,1981:430.
② 曾祥芹.汉文阅读学研究[M].北京:高等教育出版社,2010:423.

第三节 语文教学相关资源的研究技能

一、语文教学相关资源的研究技能概述

（一）语文课程资源与语文教学相关资源

关于语文课程资源，《义务教育语文课程标准（2011版）》的表述是：

语文课程资源包括课堂教学资源和课外学习资源，例如：教科书、相关配套阅读材料、其他图书、报刊、工具书、教学挂图、电影、电视、广播、网络、报告会、演讲会、辩论会、研讨会、戏剧表演，生产劳动与社会实践场所，图书馆、博物馆、纪念馆、展览馆，布告栏、报廊、各种标牌广告，等等。自然风光、文化遗产、风俗民情、方言土语，国内外的重要事件，日常生活的话题等也都可以成为语文课程的资源。

各地都蕴藏着多种语文课程资源。学校要有强烈的资源意识，认真分析本地和本校的特点，充分利用已有的资源，积极开发潜在的资源，特别是人的资源因素和在课程实施过程中生成的资源因素。

学校应积极创造条件，努力为语文教学配置相应的设备；还应当争取社会各方面的支持，与社区建立稳定的联系，给学生创设语文实践的环境，开展多种形式的语文学习活动。

语文教师应高度重视课程资源的开发与利用，创造性地开展各类活动，增强学生在各种场合学语文、用语文的意识，通过多种途径提高学生的语文素养。

《普通高中语文课程标准（实验）》与《义务教育语文课程标准（2011版）》的表述大体相同，在此不再列举。

从上面的表述中可以获得以下信息：一是把语文课程资源分为两类——课堂教学资源和课外学习资源；二是通过列举，说明了语文课程的资源的范畴；三是表明语文课程资源的特性——无处不在；四是要求学校利用、开发资源，并为语文创设实践环境；五是强调教师高度重视课程资源的开发与利用。

韩雪屏等学者"把语文课程资源分为'语文课程基本资源'和'语文课程相关资源'两大类别。语文课程基本资源，指的是语文教科书。语文课程相关资源，指的是语文教科书之外的其他课程资源。"[①]

我们赞同课程标准关于语文课程资源的范畴及特性的表述，和韩雪屏等学者关于语文课程资源分类的观点。本章节采用语文教学相关资源这一概念，是因为本书研究的范畴要小于语文课程相关资源，只是其中的一部分，指的是教师基于完成语文教学任务，在研究语文教科书的同时，有目的、有针对性地阅读、选择、利用其他人的研究成果。主要包括语文课程标准、学术界的相关研究、中小学一线教师的研究，以及关于教师、学生等人的因素的资源研究等方面。

---

① 韩雪屏，王相文，王松泉主编.语文课程教学资源[M].北京：高等教育出版社，2007：10.

（二）语文教学相关资源的特点

《义务教育语文课程标准(2011版)》指出："语文课程是一门学习语言文字运用的综合性、实践性课程""工具性与人文性的统一，是语文课程的基本特点。"《普通高中语文课程标准(实验)》也指出："语文是重要的交际工具，是人类文化的主要组成部分。工具性与人文性统一，是语文课程的基本特点。"基于上述对语文课程基本属性的认识，我们以为语文教学的相关资源具有言语性、关联性、情意性和发展性。

1. 言语性

正如语文课程标准所说：语文是重要的交际工具，语文课程是学习语言文字运用的综合性、实践性课程。语文课程教学的主要任务是培养学生的阅读、写作、口语交际等能力。这无不与言语关系密切。换言之，语文课程的性质和语文教学的任务要求语文教学的相关资源要为培养学生的言语能力而服务。语文教学的相关资源本身必须是言语的，或者与言语关系密切，要么是言语的载体，要么是进入语文教学的言语实践材料，它们必定与言语发生联系，成为学生学习语言文字的条件或材料。这是其他课程所不具备的，因此，言语性是语文教学相关资源的主要特征。

2. 关联性

语文教学的相关资源不论是文本的，还是声像的，往往不是孤立存在的，而是与其他资源产生这样或那样的联系，这就是语文教学的相关资源的关联性。正如夏丏尊在《阅读什么》中所说的那样：

诸君在国文教科书里读到了一篇陶潜的《桃花源记》……这篇文章是晋朝人做的，如果诸君觉得和别时代人所写的情味有些两样，要想知道晋代文的情形，就会去翻中国文学史；这时文学史就成了诸君的参考书。这篇文字里所写的是一种乌托邦思想，诸君平日因了师友的指教，知道英国有一位名叫马列斯的社会思想家，写过一本《理想乡消息》，和陶潜所写的性质相近，拿来比较，这时《理想乡消息》就成了诸君的参考书。这篇文字是属于记叙一类的，诸君如果想明白记叙文的格式，去翻看记叙文作法，这时记叙文作法就成了诸君的参考书。还有，这篇文字的作者叫陶潜，诸君如果想知道他的为人，去翻《晋书·陶潜传》或《陶集》，这时《晋书》或《陶集》就成了诸君的参考书。①

《阅读什么》是夏丏尊先生写给中学生的，讲的是读什么的问题。换个角度，如果我们把《桃花源记》看做语文教科书中的一篇课文，那么，文中的"参考书"即本节所言的语文教学相关的资源。这段话形象地讲明了教学文本与语文教学的相关资源之间的关联性，也形象地讲明了教师研究语文教科书及语文教学相关资源的过程。

关联性不仅体现在文本与文本之间，还表现在非文本的资源与文本之间产生的关联。如组织学生参与赏月活动，自然会激活学生心中积淀的众多文本，看到月亮会想到"春江潮水连海平，海上明月共潮生""举杯邀明月，对影成三人"等许多描写月亮的诗句，会想到《十五的月亮》《半个月亮爬上来》等歌曲。在此情境下，既是对自然景色、人文活动等非文本资源的开发与利用，也是对学生已经习得的语文资源的开发与利用。

---

① 夏丏尊.阅读什么[M]//叶圣陶,夏丏尊.阅读与写作.上海：开明书店,1938.

3. 情意性

言语或文本承载人们的思想情感,表情达意是言语或文本最核心的内容。古人所谓"文以载道""诗言志"说的也是这一道理。语文教学的相关资源总是承载着人类的思想情感、态度精神、文化审美等方面的内容,作用于人的精神层面。正是因为这些具有人文性的内容,才使得语文教学为学生的语文素养的形成与发展提供支持与帮助,才使得开发与利用这些相关资源有意义,有价值。

4. 发展性

语文教学相关资源的发展性表现在自然资源的四季、晨昏的变化之中,也体现在人文社会资源的时代性变迁之中,还体现在各种资源与言语的变化中。以言语的发展变化为例,一部分词汇随着社会的发展而死亡,另一部分新生词汇则应运而生,如近年来产生的网络语言。新生的词语一方面破坏着传统语言,另一方面也创生着新语言。语言的发展变化也在促使语文教学相关资源不断变化。言语具有较强的个性化特征,一方面,不同人的言语表达自然会不同;另一方面,同一人在不同的时间、地点、环境中,对同样内容的言语表达也会有所不同。此外,个体的言语表达还会不同程度地受到社会语言的影响。所以,言语总是处于不断的变化之中,与之密切相关的语文教学相关资源也总是发展的、变化的。

(三)语文教学相关资源研究的意义

1. 帮助学生深入理解教学内容

由于现行的语文教科书主要是文选型,其选文有不少是中国文学史上的经典之作,这对于传承文化、学习典范语言、提高文学素养是十分必要的。但是这些文本与学生的生活距离较远,势必造成理解上的困难。所以,教师研究语文教学的相关资源时,最为主要的还是要帮助学生理解选文传达出的思想情感。如本章第一节中列举的教师对《死水》研究的案例,教师考虑到学生与闻一多创作《死水》的年代相距甚远,难以理解作者的思想情感,就选用了媒体资源,较为直观地呈现那一时代的闻一多大声疾呼的情景,帮助学生理解《死水》。

"选择让学生看闻一多像,聆听《七子之歌》,观看20世纪20年代的中国、美国社会图,点一枝红烛,展示20世纪40年代闻一多为争取民主大声疾呼的情景。"

此外,教师还围绕着作者闻一多和《死水》研究了大量的相关资源,并且精心选择关联度较大的文本资源,形成了供学生深入理解《死水》的资源包。

"我以《死水》为主、选取《死水》创作前后闻一多不同时期创作的不同格调的诗歌为宾,形成前呼后拥之势,布成众星拱月之态,然后以爱国主义这条红线把它们连接起来。于是,我就用《红烛》《太阳吟》《忆菊》和《七子之歌》这四道诗为《死水》的出场渲染和铺垫;用《发现》点明《死水》的背景;用《静夜》和《一句话》,来引证、延伸《死水》的意义。这样,由《死水》一首诗带出了七首相关的辅助材料,课堂容量大大丰富了,但又多而不乱,繁而有序。学生始终浸泡在浓厚的爱国主义情感之中;对于理解闻一多和《死水》起到了积极的作用。"

2. 创设语文实践的环境

义务教育课程标准指出:"语文课程是实践性课程,应着重培养学生的语文实践能力,而培养这种能力的主要途径也应是语文实践","应该让学生多读多写,日积月累,在大量的语文实践中体会、把握运用语文的规律。"①还以上文提及的《死水》的研究为案例。教师为学生搭建阅读、写作的语文实践平台,教学中引入《红烛》《七子之歌》等七首闻一多的诗歌,拓展了学生的阅读视野;课后又布置作业,"阅读贾平凹的《丑石》,然后模仿《死水》,把它改写成诗歌",将课内外的阅读与写作结合起来,为学生创设了很好的语文实践活动。

3. 多途径提高学生的语文素养

语文学科的基础知识,不论是字词句篇,还是语法、逻辑、修辞、文学,散落在每一篇课文中,缺乏有机的、整体的联系。学生往往只是在语文课堂教学中学习了这些知识,在语文考试卷中用这些知识答题,却很少在生活中运用。事实上,"语文课程是学生学习运用祖国语言文字的课程,学习资源和实践机会无处不在,无时不有。"②因而,教师在研究语文教学的相关资源时,应该有强烈的开发与利用资源的意识,选择适宜学生学习的资源引入语文教学,打通课堂内外,打通读写,让学生在言语实践活动中,把各种语文知识用起来,整合起来,形成有机体,从而提高学生的语文素养。

二、语文教学相关资源研究的原则

(一)目的性原则

研究语文教学的相关资源的目的是为了达成语文教学目标。因此,在教学准备阶段,首先要确定教学目标,之后依据教学目标确定教学内容;其次要考虑教学内容需要哪些资源支撑;再次,对相关资源进行研究,从其中选择恰当的资源进入语文教学。教学目标统率着语文教学资源的利用与开发。

(二)优先性原则

信息化社会中,语文课程教学资源丰富,无处不在,无时不在。学校教育应该给学生提供优质课程学习资源。教师研究、利用、开发资源时要遵循优先原则,即语文教材优先。此处的语文教材,包括教科书、与之配套的阅读教材、教师用书、学生练习用书、教学音像材料等。语文教材经过编辑者精心编排,众多一线教师使用,不断地修改,是相对成熟且规范的课程资源,也是最重要的课程资源。为此,在众多的语文教学的相关资源中要优先利用和开发。

(三)适切性原则

适切性原则,指的是开发与利用语文教学的相关资源,要适切于学生的实际情况。教师要依据学生已有的知识积累、智力水平、兴趣爱好、学习需求等来寻找那些适宜的、相关的教学资源。这样才能有针对性地为学生提供优质的语文学习资源。此外,资源的呈现方式也要考虑学生的年龄、心理以及接受度,惟其如此,才能使优质资源得到有效利用。

---

① 中华人民共和国教育部制定.义务教育语文课程标准(2011版)[S].北京:北京师范大学出版社,2012:3.
② 中华人民共和国教育部制定.义务教育语文课程标准(2011版)[S].北京:北京师范大学出版社,2012:3.

三、语文教学相关资源的研究案例

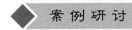

《孙权劝学》教学思路及反思①

(一) 教学思路

《孙权劝学》这篇课文,假若安排在初一或初二年级学习,怎样教才比较合理呢?这是一个值得深入思考的问题。以往的文言教学存在着重大误区:一是起步太晚,严重滞后,耽搁了最佳学习时期;二是初中伊始又行色匆匆,走得太快,强行超前。此外还有诸多问题,比如,起步阶段忽略积累经典语料,把诵读价值偏低的文本硬性规定成"背诵课文",诸如《口技》《童趣》等。我注意到,《孙权劝学》这一篇有的课本没有安排背诵。这是对的,因为还有更上口、更经典的先秦文言语料更值得熟读成诵。不过,毕竟《资治通鉴》也还是具有代表性的古代典籍,适合于让初中学生多读一些。

基于这种考虑,前些年我参与支教的时候,对这篇课文给予了较多关注。我调查某地学校一般教师所作的教学设计,大致是:讲两节课,第一课时读上一两遍,然后字字落实、句句翻译;第二课时主要是分析孙权、鲁肃和吕蒙这三个人物的性格特征。课文总共百来字,如何分析人物性格呢?有的老师建议,让学生根据课文内容写一篇吕蒙在军帐中挑灯苦读的短文。这自然比分析人物性格要略好一点,但还是淡薄了文言学习的特质。

经过反复研究,最后把这一课的教学思路回归于文言阅读的应有专责,回归于经典文本的自学、探究与交流,且放置在一种有联系、有趣味的文言阅读平台之上。第一节课主要学习课文;第二节课主要延伸课文描述的故事,所采用的经典语料均加上注释。

资料1:吕蒙闻曹操欲东兵,说孙权夹濡须水口立坞。诸将皆曰:"上岸击贼,洗足入船,何用坞为!"蒙曰:"兵有利钝,战无百胜,如有邂逅,敌步骑蹙人,不暇及水,其得入船乎?"权曰:"善!"遂作濡须坞。 (选自《资治通鉴》建安十七年)

资料2:春,正月,曹操进军濡须口,号步骑四十万,攻破孙权江西营,获其都督公孙阳。权率众七万御之,相守月馀。操见其舟船器仗军伍整肃,叹曰:"生子当如孙仲谋;如刘景升儿子,豚犬耳!"权为笺与操,说:"春水方生,公宜速去。"别纸言:"足下不死,孤不得安。"操语诸将曰:"孙权不欺孤。"乃彻军还。 (选自《资治通鉴》建安十八年)

还采用了若干起调节、连接作用的非经典文字,比如这段小说者言:"濡须之战,孙权与曹操相持月余。权尝乘大船来观公军,公军弓弩乱发,箭著船旁,船偏重,权乃令回船,更一面以受箭,箭均船平。"

(二) 教学反思

从教学实践看,效果还是比较好的。我把当时记录下来的实况和感想,择要摘录在下面,作为教学思路与反思的真实呈现。

这次研究课,我不想扩充课时,还是安排两节课,但要让阅读量至少翻一番,提出了巩固和扩展文言教学"根据地"的实验设想。我们本应该有文言教学这个"根据地",从小学到中

---

① 刘占泉.《孙权劝学》教学思路及反思[J].中学语文教学,2013(2):51—52.有删节。

学都能够在相对独立的文言教学体系里,指导学生根据文言特点来有效地学习文言,进而和白话读写教学体系建立相辅相成的良性关系,在相互支持中实现双赢,最终使学生形成完整坚实的语文能力结构,实现语文素养的提升。但是,我们还没有这个"根据地"。不得已而求其次,在"流寇主义"的夹缝中,尝试建立小规模的带有"根据地"性质的文言教学格局——这次以《孙权劝学》为例,尝试着做做这件事。

其要义,第一是"巩固",删除空泛无效的人物性格分析之类,让前一个40分钟,每分钟都落实于熟读成诵、疏通文义和大致理解文意上,基本完成原来两课时才能做好的核心要务;第二是"扩展",从课文内容出发,向临近的适宜的古典文献靠拢,扩大涉猎范围,激发自学与探究的乐趣。

从试讲和正式做课的情况看,初一学生大体能够接受,对教学的分量和难度基本适应,效果还是比较好的。建议再进行试验,改为让学生课下选读《三国演义》的有关内容,看看史书和小说对同一个历史事件所作的不同描述,这应该是很有趣的。

《孙权劝学》是人教版七年级下册第三单元的一篇课文。这一单元前四篇课文都是介绍历史上的杰出人物的,是白话文。只有《孙权劝学》是选自《资治通鉴》的文言文。教材的编写者在文前的导读语中云:"本文简练生动,用不多的几句话,就使人感受到人物说话时的口吻、情态和心理,既可见孙权的善于劝学,又表现了吕蒙才略的惊人长进。其中鲁肃与吕蒙的对话富有情趣,尤其值得玩味。"从这段话中,我们可以鲜明地感受到教材的编写者是想让学习者和教学者从人物描写的角度去学习这篇文言文的。

刘占泉老师在《〈孙权劝学〉教学思路及反思》一文中列举的某地一般教师所作的教学设计,也是按照教材编写者的意见将分析孙权、鲁肃和吕蒙这三个人物的性格特征作为了教学的重点。这样的教学设计基于教科书的编写者将《孙权劝学》这一节选片段编入介绍杰出人物的单元的意图,也基于本课的文前导读语。因此,教师,特别是还处于职前阶段的师范生,这样读解教学文本是无可厚非的。

这一案例的可贵之处在于,刘占泉老师在反复研究《孙权劝学》的文本以及相关教学设计的基础上,认为教师们"淡薄了文言学习的特质",决定"把这一课的教学思路回归于文言阅读的应有专责,回归于经典文本的自学、探究与交流,且放置在一种有联系、有趣味的文言阅读平台之上。"这是对教学文本、教科书及相关教学资源进行综合研究之后得出的创新性的教学目标。为达此目的,在教学中,"第一是'巩固',让前一个40分钟,每分钟都落实于熟读成诵、疏通文义和大致理解文意上。""第二是'扩展',从课文内容出发,向临近的适宜的古典文献靠拢。"注意了教学相关资源的适切性,从《资治通鉴》中选择了两段与课文中内容相关的片段,用以扩展学生文言文的阅读量,激发学生探究的兴趣。教学实践也证明教学效果是比较好的。

这一案例启示我们:对文言文相关教学资源的研究,也应该着眼于言语的实践,遵循适切性原则,为学生选择适宜的古典文献,搭建阅读平台,使学生对课文熟读成诵,并且阅读适宜的、相关的古典文献,在大量诵读的实践中,理解文本,进行有效学习。①

---

① 案例分析借鉴本人阅读教学资源研究的理论与实践[M].天津:南开大学出版社,2014:70.

四、语文教学相关资源研究技能的评价

语文教学的相关资源研究,涉及的范围较广。评价时,既需要对教学文本熟悉,又需要有较为广博的知识。可借助表 1-3,对语文教学相关资源研究技能进行评价。

表 1-3 语文教学相关资源研究技能的评价表

课题:　　　　　　研究者:　　　　　　评价者:　　　　　　时间:

评价项目	权重	评价等级				得分
		优秀	良好	中等	不合格	
所选择相关教学资源服务于教学目标和内容	0.20					
着眼于学生的言语实践开发、利用相关教学资源	0.20					
优先选用语文教材	0.20					
相关教学资源适合学生学习	0.20					
相关教学资源呈现方式适宜	0.20					
总分						
补充意见或建议						

注:总分在 9~10 之间为优秀,在 7~8 之间为良好,在 6~7 之间为中等,在 0~5 之间为不合格。

第四节　研究学情的技能

新课程改革以来,以学生为本的教学理念已为广大教师所接受。从教学层面来看,学生是主体,这不仅仅表现在语文课堂教学中学生是否参与了活动,回答了几个问题,更重要的是教师在确定教学目标、教学内容时真正把学生置于"主体"地位,从学生的"学"来确定教学目标、选择语文相关教学资源,以学论教,教服务于学。语文从课程资源角度来看,学生又是重要的人力资源。教师要拓展自己的认知领域,不仅关注教学内容,而且关注学生的前在状态、潜在状态、生活经验和发展需要,这是教师能否实现对教材文本个性化和创造性占有的关键一步,也是教师能否实现从"教"教材到"用"教材转换的关键一步[①]。

一、研究学情的内容与方法

(一)研究学生的前在状态

美国教育心理学家奥苏伯尔在其所著《教育心理学》一书的扉页上写了这样一句话:"如果我不得不把全部的教育心理学还原为一句话,我将会说,影响学习的唯一的、最重要的因素,是学生已经知道了什么,我们应当根据学生原有的知识状况去进行教学。"[②]所以,在教学准备阶段,教师就应该把学生放在重要位置,在选择、利用和开发语文教学资源时,既要充分考虑学生已有的语文知识技能,又要关照学生的情感、态度、价值观等,这样才能在选择相

---

① 吴亚萍,王芳.备课的变革[M].北京:教育科学出版社,2007:69.
② 〔美〕奥苏伯尔.教育心理学[M].佘星南,宋钧,译.北京:人民教育出版社,1994:扉页.

关教学资源时,靠近教学目标与内容,远离教师的"想当然"与"经验",使语文教学从源头上就向着有效方向靠近。

(二)为学生"预设"学习空间

《义务教育语文课程标准(2011)版》指出:"阅读教学是学生、教师、教科书编者、文本之间对话的过程。"《普通高中语文课程标准(实验)》则强调"多重对话",强调"思想碰撞和心灵交流的动态过程"。因此,教师在研究语文教科书及相关的教学资源时,要准确把握学生的最近发展区,有时还要针对学生的学习情况,为学生生成性资源的重组"预设"一定的空间与时间。所以,在教学的准备阶段,一是要预判学生学习这一篇课文时可能存在的难点与困惑,并为学生的学习思考留下时间,让学生在原初的资源中进行探究性阅读,个性化阅读;二是对学生在课堂上可能发生的情况,多方面、多层次地进行预测,准备相关教学资源帮助学生学习;三是作积极的动态资源生成的策略性预设。教师要充分研究学情,把学生看做是活生生的、独立的生命个体,学生中蕴藏着丰富而鲜活的课程资源,随时可能被激活。教师要做好多种预设,以应对学生课堂学习中可能出现的种种情况,从而促进动态资源生成。

(三)研究学生的潜在状态

学生是带着已有的知识结构和情感储备进入语文课的学习的,读解教学文本时也会有着自己的种种感受、体验、疑惑。对此,教师在研究教学资源时要充分重视。课前,教师要根据自己的教学积累对学生读解文本可能有的理解做多种设想;课上,要通过启发、讨论、讲解等多种教学手段,使学生与文本、同伴、教师进行积极而深入的对话,从而开启学生的读解智慧;课后,教师要对学生在学习过程中迸发出的智慧火花进行梳理,不断积累语文教学资源。

二、研究学情的案例

◆ 案例研讨1

下面的案例节选自张琳老师的《以问导学:〈老王〉教学实录及反思》一文中。请认真阅读,特别要关注张老师对学情的研究。

(一)准备阶段

1. 提出预习要求

预习《老王》,完成以下任务——(1)了解作者杨绛生平以及本文的写作背景;(2)借助工具书认真解决课文中的生字词问题,扫清阅读障碍;(3)认真阅读课文,提出自己难以解决的问题,写在纸条上。

2. 教师整理学生提交的问题

在课前,课代表收集了学生们的"问题条",全班总计提出86个问题,其中有不少题目是好几个学生共同的问题,现集中归纳如下:"老王到底是个怎样的人?""作者一家为什么要对他那么关心?""本文的叙事线索是什么?""'我在家听到打门,开门看见老王直僵僵地镶嵌在门框里。'在这句话里作者为什么要用'镶嵌'这个词?"问得最多的问题是"作者为什么要在文章结尾处写'那是一个幸运的人对不幸者的愧怍'",全班共有39位同学问到了这个问题。依据这些问题,课前编制学案。

(二) 问题导学阶段(过程略,只列所提出的问题)

1. 速读课文 1~4 段,看作者给我们介绍了老王的哪些情况。
2. 从这些信息你读到了什么?
3. 文章中还有哪些地方表现老王的忠厚善良?
4. 同学们认为作者及其一家是怎样的人,文中具体写到了哪些事情?
5. 在这里到底不幸者是谁,不幸在哪里,幸运者是谁,幸运在哪里?
6. 为什么作者一家对老王那样的不幸者能那么关心?需要有什么精神才能像作者那样尊重人、理解人、关心人?
7. 除了人道主义精神之外,怎样才能做到尊重人、理解人、关心人?同学们再想一想。
8. 那为什么作者会感到愧怍呢?
9. 其实在社会生活中,应愧怍的仅是作者吗?这反映了作者什么样的呼声?

(三) 教学反思

本课的重难点就是对文眼"那是一个幸运的人对不幸者的愧怍"的把握,学生自读是很难准确深入领会作者的写作意图的。虽然课前学生预习也能了解一些作者的写作背景,但是很难与文章结束部分的这句话联系在一起。因此在讲授这一课时,我通过对文本研读,结合学生的预习提问,设计了一系列问题,由浅入深,层层剥茧,让学生水到渠成地理解作者写这句话的深意,并对他们的人生观、世界观起到潜移默化的影响。在学生回答问题以后,还适时追问,既可以使学生的思维走向深入,也可以不断补充、丰富学生的答案。①

案例中,张老师以预习、写"问题条"的方式进行了教学前测,并"依据这些问题课,编制学案"。可以看出张老师具有较强的学生意识,把学生的初读之感作为教学的起点。而且张老师阅读文本,结合学生所提问题,对学生学习课文的困难作出了预判;在教学实施过程中又为学生理解难点设计了系列问题,"由浅入深,层层剥茧,让学生水到渠成地理解作者写这句话的深意。"在培养学生语言理解力的同时,对其树立正确的人生观、世界观进行了教育,践行了工具性与人文性的统一。

案例研讨 2

下面的案例节选自太原市"作文素材的积累"教研活动展播之一"领着学生去找'米'"中的一个议题"谈如何解决学生缺少写作素材的问题"。案例中的教师研究了学生写作中"无米下锅"的原因,并提出相应的解决方案。这些解决方案以写作理论作指导,拓展学生现有的写作思路,并非是远离学生的高、大、上的方案。请认真研读,并进行讨论。

"无米下锅"是学生写作时普遍存在的问题。虽然老师们反复强调学生要走进生活,要学会我手写我心,要善于拓展写作思路,但这些空洞的理论堆砌到学生身上,收效甚微。学生的文章或者内容老套,或者编造情节,或者虚情假意,或者空泛议论,甚至有人抄袭套作。那么如何解决这一问题呢?

---

① 张琳. 以问导学:《老王》教学实录及反思[J]. 语文建设,2011(11):23—25. 有删节。

（一）方案一：写作文体、内容的多样化和个性化

学生写作内容的欠缺，原因之一就是没有拓展开写作的思路。若按生活内容分类，写作角度大致包含家庭生活、学校生活、社会生活、自我生活、文化生活等方面，如果按文体分类，学生可以写叙事类作文、议论类作文、想象类作文等，这些内容叠加起来，是很丰富的。但客观事实是学生的写作切入点往往非常狭窄，通常会集中于家庭里得到的关爱，集中于朋友间的一段友谊，集中于自己的某个奋斗过程……因为写作切入点狭窄局促，所以就会无话可说，所以就会厌烦写作，这样自然就出现了诸多虚情矫饰、雷同撞车的作文，甚至是抄袭之作了。

再以"自我生活"为例，从全国中考作文题看，从这个角度考查学生的试题很多，但遗憾的是学生依旧思路局促，素材缺乏。其实，这一角度可以写如梦如幻的童年，如诗如画的自然；可以写运动中感受健康的快乐，电影中体味别样的人生；可以写成长是人生的风景，梦想给灵魂以翅膀；还可以写在阅读中行走，在自我思绪里徜徉……这些丰富的切入角度，需要教师给学生以有效的指引，帮助他们找到自己最个性的素材，写出富有真情实感的文章。

（二）方案二：写作着眼点的细微化

学生的作文往往有一个误区，就是把记叙文写作的目的简单地理解为叙事，我们的作文教学多年来也一直习惯于引导学生写清楚事件的起因、经过、结果。这样的写作要求，必然会造成学生写作素材的缺失，因为对于大多数学生而言，生活中可写的"事件"确实是不多的，面对作文题目时，搜索枯肠而不得的现象也就自然而然了。

如果学生写作时，不再把着眼点放在事件本身上，而是更多地关注事件过程中那些动人的动作、神态、语言等，那么，文章写作的天地将会大大扩展。因为事件往往是大同小异的，每一个父亲都曾经给儿女买过东西，每一个母亲都曾经为儿女落泪，这些都是人之常情。但每一个父母，或者说每一个人在面对同样的事情的时候，其具体的言行都是不一样的，有的人粗犷豪迈，有的人温柔细腻，有的人活泼外向，有的人深沉内敛。抓住人物具体而微的细节，不仅仅是拓展了写作的空间，更重要的是引导了一种写作的理念——作文不是为了叙事而叙事的，抒发情感才是写作的核心。那些能够打动我们的细节才是最好的写作素材，叙事只是描写的必要铺垫而已。①

课堂讨论

> 1. 你认为宋老师对学生写作中存在的现象分析是否准确？提出的方案是否可行？你有更好的解决方法吗？
>
> 2. 在"方案一"中老师提出"这些丰富的切入角度，需要教师给学生以有效的指引"，谈谈你对这一观点的看法。
>
> 3. 在"方案二"中老师提出"抓住人物具体而微的细节，是引导了一种写作的理念——作文不是为了叙事而叙事的，抒发情感才是写作的核心"。你是否赞同此观点，说明理由。

---

① 宋晓民.谈如何解决学生缺少写作素材的问题[J].语文教学通讯,2013(10B)：37—40。有删节。

三、研究学情技能的评价

语文教学的目的就是为了提高学生的语文综合素养,正确理解和运用祖国的语言文字。语文的教学效果要从学生身上体现。所以,研究学情在语文教学的全过程中是非常重要的。需要强调的是学生应该是某班级"具体的""有个性的",而不是头脑中"抽象的""普遍性的"。

表1-4 研究学情技能的评价表

课题:　　　　　研究者:　　　　　评价者:　　　　　时间:

评价项目	权重	评价等级				得分
		优秀	良好	中等	不合格	
能够了解学生学习的前在状态	0.20					
能够综合分析学生学习中存在的问题并提出对策	0.20					
能够为学生预设学习空间	0.20					
注重开发学生的学习智慧,生成新资源	0.20					
能依据学情选择、利用恰当的教学资源	0.20					
总分						
补充意见或建议						

注:总分在9~10之间为优秀,在7~8之间为良好,在6~7之间为中等,在0~5之间为不合格。

◆ 讨论与练习

一、思考·理解

1. 谈谈对语文课程资源、语文教学相关资源的理解。

2. 下面的4段话摘自叶圣陶的文章,认真阅读,梳理叶圣陶关于语文教科书的观点,并谈谈你的理解。

A. 知识不能凭空得到,习惯不能凭空养成,必须有所凭借,那凭借就是国文教本。(《略谈国文学习》)

B. 语文教本只是些例子,从青年现在或未来需要读的同类书中举出来的例子;其意是说你如果能够了解语文教本里的这些篇章,也就大概能阅读同类的书,不至于摸不着头脑。(《谈语文教材》)

C. 我们以为杂乱地把文章选给学生读,不论目的何在,是从来国文教学的大毛病。文章是读不完的,与其漫然的瞎读,究不如定了目标来读。(《关于国文百八课》)

D. 要养成一种习惯,必须经过反复的历练。单凭一部国文教本,是够不上说反复历练的。所以必须在国文教本以外再看其他的书,越多越好。(《略谈国文学习》)

二、研究·讨论

1. 从语文教科书中任选一篇课文,解读教学文本,研究与此选文相关的教科书内容,初步确定教学内容,并围绕教学内容选择、利用相关教学资源。

2. 从语文教科书中任选一个单元,按照本章讲述的方法做单元的整体研究,包括教学文本解读、教科书研究、相关教学资源研究和学情研究四部分。

3. 下面是罗琼老师《邓稼先》一文的研究。认真阅读并展开讨论,并作出评价。

小数字,大学问
——解读《邓稼先》的另一条途径
罗 琼

(一)背景解读

《邓稼先》安排在人教版七下第三单元第一课,本单元是名人单元,一个重要教学目标是引导学生感受这些人物不同寻常的人生历程,从中受到教育和熏陶,培养崇高的道德情操。具体到该课,就是要带领学生从杨振宁饱含深情又用笔平实的语言中感受邓稼先高尚的灵魂。可是笔者曾经在任教班级做过一个课前统计,全班42个学生,仅有3个同学在读完文章后,被邓稼先所感动。不为所动的原因,大体有以下三点。

原因一:时代距离。90后学生从出生开始,就面对一个信息高速化的年代,最新的科技话题比比皆是,先进科学工作者的报道也层出不穷。所以对于邓稼先在那个时代的成就之惊人,精神之伟大,他们无从感知。

原因二:价值距离。90后的学生个性鲜明,喜欢新奇,对新生事物特别敏感,缺失真正的偶像,对有价值的人物缺乏应有的感恩和敬畏之心。

原因三:文本距离。这是一篇人物传记,非一般写人的记叙文,没有系统的事迹介绍,又插入了古文、电报、诗歌等内容,结构比较松散,引不起学生的阅读兴趣。

选择什么样的切入点,才能拨动孩子心灵中的感动之弦,唤起孩子久违的崇敬之情,是我在备课时深感困惑的。

(二)理据阐释

在反复研读文章之后,我发现大多数读者都极易忽略文章的第二部分。《教师教学用书》上分析:"第二部分简单介绍了邓稼先的生平经历和贡献";"第三部分可以说是第二部分的补充、延伸和扩展";"第四部分从另一角度,写出邓稼先贡献之大,这一部分也可以说是第二部分的扩展";"第五部分则是重点写出了邓稼先的深厚博大的民族文化背景、超凡的创造才能、坚强的意志、坚定的信念、甘为祖国献身的崇高精神,是《中国男儿歌》中的'男儿'一类的人物。这一部分是第二部分的具体化"。既然所有的指向都与第二部分密切相关,那么能不能以第二部分作为解读文本的切入点呢?

(三)解读呈现

第二部分主要是以平实的语言介绍了邓稼先的生平经历,透过这些数字,我们感悟到的是一个卓越的、非凡的邓稼先:

1924—1945,21岁大学毕业,受聘北大物理系,邓稼先年轻有为的形象赫然眼前;

1948—1950,不足2年便读满学分,并通过博士论文答辩,邓稼先的聪明勤奋不言而喻;

1950年8月,邓稼先获得博士学位后立即乘船回国,10月到中国科学院工作。邓稼先心系祖国,毅然抛弃优越的条件,选择回国投身科学研究,这是一个多么坚定的选择。

1958年8月,带领几十个大学生开始研究原子弹制造的理论。

(四)补充背景

当时的苏联拒绝了对我国的帮助,于是制造原子弹的艰巨任务就落在了邓稼先和一群

---

① 罗琼. 小数字,大学问——解读《邓稼先》的另一条途径[J]. 语文教学通讯,2012(4B):48.

年轻的大学生身上。他们中谁也没有见过原子弹是什么样子,多数人还没听说过原子弹。他们刚开始用的甚至是中国古老的盘算。可正是这样一群人,在邓稼先的带领下,凭着他们的聪明才智,靠着他们不怕艰苦的精神,完成了光荣的使命。

这以后的28年间,邓稼先始终站在中国原子弹制造和研究的第一线;

28年对于一个世纪而言,显得那么渺小,而对于邓稼先而言,从他从事工作开始到他去世只有36年,28年则意味着九分之七的光阴都站在了荒凉戈壁滩上风沙呼啸的第一线。

1960—1963年:三年自然灾害,是国家最困难的时期,尖端领域科研人员虽然有较高的粮食定量,却因缺乏油水,仍经常饥肠辘辘。

1964年10月16日—1967年6月17日:中国于原子弹爆炸后的两年零八个月制成了氢弹并试验成功。这同法国用8年、美国用7年、苏联用10年的时间相比,创造了世界上最快的速度。

1985年8月—1986年3月:邓稼先被诊断出癌症,开过刀都不肯好好休息,8个月内,还与同事一起写了相关建议书。

1986年7月29日:邓稼先去世。他临终前叮咛:"不要让人家把我们落得太远……"

(五)教学反思

就在这一连串貌似枯燥数字的背后,还原出的却是一个血肉丰满的英勇形象。此时,"鞠躬尽瘁,死而后已"已经不再是标签式的概括,学生都深深沉浸于对人物的崇敬之中。

语文教学应该是一种"唤醒"的艺术,研读文本,选好视角,努力把学生对语文的浓厚兴趣吸引到文本中去,体味文字背后的精神内涵,才能真正看到语文的春天。

三、实践·反思

1. 从语文教科书中选择一篇选文,先做教学文本解读、教科书、相关教学资源及学情研究;之后去学校听教师对这篇选文的教学,记录教学过程并注意观察学生的情况,必要时可对学生进行访谈。

2. 结合对选文教学的考察,对自己的研究进行再研究。

第二章

语文教学设计技能

◆ 学习目标

1. 掌握语文教学设计的基本流程和内容。
2. 能够独立完成合乎要求的一篇课文的语文课堂教学设计和一个单元的整体教学设计。
3. 了解教案编写的基本格式,独立完成书面教案的编写。

◆ 学习建议

1. 选择教科书的一个单元,独立做出规范的单元教学设计和详细的课时教学设计方案。
2. 以合作学习的方式,完善教学设计并进行不同文体的教学实践;之后,交流评价、反思调整。

◆ 核心概念

设计、教学目标、教学内容、教学过程、教学方法、教案

◆ 名人语录

进行教学设计的目的是为了支持学习过程。

——加涅

第一节 语文教学目标设计技能

语文教学目标设计,是对语文教学活动结束后要达到的行为结果进行的预设,是对学生在认知、技能、情意、行为等方面应该发生的变化的明确而具体的规定。语文教学目标的设计应以语文课程标准中规定的语文课程的总目标和各学段目标为依据,以语文教科书为基础,以学生的学习需求为起点和归宿。

一、语文教学目标设计的依据

首先,以《义务教育语文课程标准(2011版)》《普通高中语文课程标准(实验)》的规定为

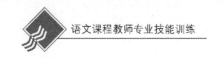

基本依据。语文课程标准是教育部以文件形式颁布的国家教育目标,既有总目标,也有各个阶段的目标。总目标和阶段目标要分解为学期的、单元的、课堂的教学目标,一步一步循环往复、循序渐进地达成。教师要深入理解语文课程标准的理念、要求,找出它们与教学内容之间的关系。

其次,从学生的需求和认知特点出发确立教学目标。教学设计的着眼点应该是学生,因此,教师要充分了解学生,需要考虑"学"的需求,对学生认知状况有准确的把握。首先要预测特定的学生群体在知识构架、能力层次、智力基础、意趣倾向、生活认同等方面的需要,这是进行集体组织形式下教学设计的重要基础。但教学活动说到底是针对个体的行为,因此,还必须关注学生在学习中的个别差异,主要包括学习期待和学习速度上的差别。教师通过观察、访谈、测验、作业等方式,了解学生在语文学习中已有的知识、技能、学习方法及情感态度,了解学生以前学习的缺漏等。这样,通过对学生知识能力情况信息的收集和分析,不仅可以确定如何弥补教学缺陷,同时可以确定明确恰当的教学目标。

再次,从具体的教科书内容出发确定教学目标。教学目标不仅要考虑本阶段学生内在认知结构的特点,还要考虑现有教科书的内容和特点。现行的语文教科书主要是文选型。选文中蕴含的知识技能与其他学科不同,没有明显的序列。为此,教师在确定知识技能目标时,还应该根据学生已有的知识水平和语文知识技能内在的结构有所选择,使之既有针对性,又能循序渐进。

◆ 资料卡片

> 语文教学目标体现于语文教学的整体性和阶段性,整个系统分为总目标和阶段目标两部分。纵向是情感态度和价值观、过程和方法、知识和能力三个维度,这是隐性线索,引导语文教学:在过程中掌握方法,获取知识,形成能力,培养情感态度和价值观。横向是识字与写字、阅读、写作、口语交际、综合性学习五个领域,这是显性呈现,引导语文教学:组织有效的识字与写字、阅读、写作、口语交际、综合性学习的教学过程。
> ——苏立康.中学语文教学研究[M].北京:中央广播电视大学出版社,2003:72.

二、语文教学目标的设计与陈述

语文教学目标的确定要综合考虑语文课程标准提出的"知识与技能""过程与方法"和"情感态度价值观"三个维度。这三个维度,基本上涵盖了目前教学目标分类研究中被广泛认同的三个相互关联的领域,即认知领域、动作技能领域和情感领域。[①]

(一)语文教学目标表述的基本要素

语文教学目标应陈述学生在教学结束后能做什么,应反映学习的类型和学生掌握的水平,表明学生的内在心理状态的变化。教学目标的表述,技术性很强。一般说来,语文教学

[①] 王相文,王松泉,韩雪屏.语文课程教学技能[M].北京:高等教育出版社,2007:12—13.

目标表述的基本要素有四个：行为主体、行为动词、行为条件、表现程度。①

1. 行为主体是学生

因为教学任务完成与否，是考察学生的行为是否有变化，而不是考察教师是否按照教案讲完课。所以，语文教学目标的表述，要从学生角度出发，行为主体必须是学生。具体操作时"学生"一词可以省略，但必须是一个句子的主语，如"学习选择典型事例论证观点的写作方法""能借助工具书阅读浅易文言文"等。

2. 行为动词是可测量、可评价的

语文教学目标中的行为动词要有质和量的具体的规定性，是可以测量和评价的。如"学会汉语拼音""认识3500个左右常用汉字""深入理解作者的'愧怍'之情"等。

3. 行为条件是指影响学生产生学习结果的特定的限制或范围

如"能借助工具书阅读浅易文言文"中的"借助工具书"即行为条件；再如小学第二学段的写作目标"课内习作每学年16次左右"中的"每学年"也是行为条件。行为条件在语文教学目标的表述中多数不出现，而是隐含在目标之后。如一节课的教学目标，其行为条件即"一节课的时间"，但是没有必要在表述每个目标时都加上"在一节课的时间内"这样的字眼。如《老王》的教学目标："深入理解作者的'愧怍'之情"，与"在一节课的时间内深入理解作者的'愧怍'之情"的意义是等同的。

4. 表现程度是对学生学习结果预期的最低标准，用以评价学习表现或学习结果

小学第三学段目标"背诵优秀诗文60篇（段）""课外阅读总量不少于100万字"中的"60篇（段）"和"100万字"就是表现程度。

（二）语文教学目标的表述方式

关于语文教学目标，我们依据《国家课程标准中的学习水平与行为动词》中对学习目标的分类，将其表述方式划分为结果性目标的陈述和体验性或表现性目标的陈述两种。

一是结果性目标的陈述方式，即行为动词要明确告诉学习结果；且学习结果是具体、可测量、可评价的。这种指向结果的目标，主要应用于认知领域的"知识与技能"。

二是体验性或表现性目标的陈述方式，即描述学生自己的心理感受、体验或明确安排学生表现的机会，所采用的行为动词往往是体验性的、过程性的，这种方式指向无需结果化或难以结果化的目标，主要应用于动作技能领域和情感领域的"过程与方法""情感态度与价值观"。

需要特别指出的是，"知识与能力""过程与方法""情感态度与价值观"三个维度是一个有机融合的整体，在语文教学目标的设计与表述上要综合考虑，不宜机械地割裂开来。

资料卡片

国家课程标准中的学习水平与行为动词

（一）结果性目标的学习水平与行为动词

1. 知识

一是了解水平。包括再认或回忆知识；识别、辨认事实或证据；举出例子；描述对象的

---

① 王文彦,蔡明.语文课程与教学论[M].北京：高等教育出版社,2006：134.

基本特征等。行为动词如说出、背诵、辨认、回忆、选出、举例、列举、复述、描述、识别、再认等。

二是理解水平。包括把握内在逻辑联系;与已有知识建立联系;进行解释、推断、区分、扩展;提供证据;收集整理信息等。行为动词,如解释、说明、阐明、比较、分类、归纳、概述、概括、判断、区别、提供、把……转换、猜测、预测、估计、推断、检索、收集、整理等。

三是应用水平。包括在新的情境中使用抽象的概念、原则;进行总结、推广;建立不同情境下的合理联系等。行为动词,如应用、使用、质疑、辩护、设计、解决、撰写、拟定、检验、计划、总结、推广、证明、评价等。

2. 技能

一是模仿水平。包括在原型示范和具体指导下完成操作;对所提供的对象进行模拟、修改等。行为动词,如模拟、重复、再现、模仿、例证、临摹、扩展、缩写等。

二是独立操作水平。包括独立完成操作;进行调整与改进;尝试与已有技能建立联系等。行为动词,如完成、表现、制定、解决、拟定、安装、绘制、测量、尝试、试验等。

三是迁移水平。包括在新的情境下运用已有技能;理解同一技能在不同情境中的适用性等。行为动词,如联系、转换、灵活运用、举一反三、触类旁通等。

(二)体验性目标的学习水平与行为动词

一是经历(感受)水平。包括独立从事或合作参与相关活动,建立感性认识等。行为动词,如经历、感受、参加、参与、尝试、寻找、讨论、交流、合作、分享、参观、访问、考察、接触、体验等。

二是反应(认同)水平。包括在经历基础上表达感受、态度和价值判断;作出相应的反应等。行为动词,如遵守、拒绝、认可、认同、承认、接受、同意、反对、愿意、欣赏、称赞、喜欢、讨厌、感兴趣、关心、关注、重视、采用、采纳、支持、尊重、爱护、珍惜、蔑视、摒弃、抵制、克服、拥护、帮助等。

三是领悟(内化)水平。包括具有相对稳定的态度;表现出持续的行为;具有个性化的价值观念等。行为动词,如形成、养成、具有、热爱、树立、建立、坚持、保持、确立、追求等。

——钟启泉等.《基础教育课程改革纲要(试行)》解读[M].上海:华东师范大学出版社,2001:179—180.

三、语文教学目标设计的案例研究

◆ 案例研讨1

《看云识天气》的教学目标设计:

1. 学习通过小组讨论,寻找最佳的理清课文内容的方法。帮助学生学会用探究的方式阅读科普文。

2. 将说明方法的学习和体会课文的语言特点结合起来,明确恰当运用说明方法与生动形象的说明之间的关系。

此案例中的两个教学目标都是着眼于说明文的知识技能的学习,这是由《看云识天气》这篇文章的具体特点所决定,应该说目标的确定是适宜的。在表述上,教学目标1的前半部分,四个基本要素:行为主体"学生"、行为动词"理清"、行为条件"通过小组讨论"和行为程度"最佳的"都具备。但是,行为动词"理清"是可以测量和评价的,而"最佳的"这一表述却无法量化,不符合语文教学目标设计的要求。后半部分的行为主体是教师而非学生,亦不合语文教学目标设计要求。教学目标2表述基本清楚,符合语文教学目标设计的要求。

案例研讨2

《老王》教学目标设计二则:

(一)

1. 把握课文内容,理解老王的"苦"和"善"。
2. 品味作者平淡简洁而富有表现力的语言。
3. 学习通过几个生活片段表现人物的方法。
4. 体会作者的平等意识与人道主义精神,引导学生关心普通人,陶冶美的情操。

(二)

1. 认识老王这个人。
2. 理解"那是一个幸运的人对不幸者的愧怍"这句话的深意。

案例(一)设计的四个教学目标,有语言知识技能的学习(目标2),有教学文本思想内容的理解与情感的教育(目标1、目标4),也有写作方法的学习(目标3)。其目标涉及了语文课程标准规定的知识能力、过程方法和情感态度价值观三个维度,可谓全面,没有太大的问题。只是目标4的表述中不自觉地显示了教师主体的意识,未能把学生主体贯彻到底。

将《老王》教学设计的两个案例进行比较,我们可以看出,案例(一)的教学目标看似全面,但有"贴标签"之嫌,局限了学生的思维。如同样是对课文内容的理解,案例(一)是"理解老王的'苦'和'善'",教师在教学目标设计上就已经给老王贴上了'苦'和'善'的标签,学生对老王的认识也将会止于此,这不利于发展学生的思维;案例(二)则将此内容表述为"认识老王这个人",为学生理解教学文本,进行个性化阅读预设了空间。对作者的理解亦如此,案例(一)中,教师以自我理解或主流理解"平等意识与人道主义精神"对教学文本中传达出的作者思想情感定了位,案例(二)则紧扣文本的重点与难点设计了"理解'那是一个幸运的人对不幸者的愧怍'这句话的深意"的教学目标,清晰具体,而又少限制,更适宜于学生学习。

四、语文教学目标设计的评价

教学目标是一节课的灵魂,决定着这节课的教学走向。可依据下表对一节课或一篇课文的语文教学目标的设计进行评价。

表 2-1　语文教学目标设计的评价表

课题：　　　　　　　研究者：　　　　　　评价者：　　　　　　时间：

评价项目	权重	评价等级				得分
		优秀	良好	中等	不合格	
教学目标设计依据课标，综合考虑三个维度	0.20					
教学目标设计依据教科书特点	0.20					
教学目标设计依据学生的实际情况	0.20					
行为主体是学生	0.15					
行为动词可以测量、可以评价	0.15					
表述具体、明确，无歧义	0.10					
总分						
补充意见或建议						

注：总分在 9～10 之间为优秀，在 7～8 之间为良好，在 6～7 之间为中等，在 0～5 之间为不合格。

第二节　语文教学内容的选择与整合

一、语文教学内容的含义

语文教学内容，是教学层面的概念，从教的方面说，主要指教师为达到教学目标而在教学的实践中呈现的种种材料。它既包括在教学中对现成教材内容的沿用，也包括在教学中对现成教材的"重构"——处理、加工、改编乃至增删、更换；既包括对课程内容的执行，也包括在课程实施中教师对课程内容的创生。[①]

以上述概念为基础，对语文教学内容，可作出如下理解。

第一，语文教学内容是教师在课堂教学中呈现的以教科书为核心的有关材料，材料的选用与加工既要考虑教学内容的可能起点，也要考虑学生的现实起点和潜在发展状态。

第二，语文教学内容是由教学目标决定的，教学目标的落实必须依靠特定的适宜的教学内容。因此，在语文教学实践活动中，教学内容是第一位的，是课堂教学的核心和基础要素，而教学方法必然是特定教学内容的方法。

第三，语文教学内容主要来自于对现成教材的沿用，也就是说，确定并设计语文教学内容时的主要依据是现行的语文教科书，包括阅读教材、写作教材、口语交际教材和综合性学习教材。其中，主体部分是作者的原创文本；另一部分是编者的话语，即编者对教科书的解说、导读、批注、习题、插图、注释、附录等，这些可作为参考。

第四，语文教学内容并不是学科知识的原初形态，也不是一成不变的教材内容。教师针对具体学生作出教学设计时，不可避免地要对教学材料进行选择，即根据具体情况变动、修改和补充。也就是说，教学内容要成为适宜学生学习的教学内容，既包括教师根据实际情况对教材内容的重构，也包括对与学习内容相关的其他资源的整合，同时包括在课堂教与学的

[①] 王荣生.语文科课程论基础(第二版)[M].上海：上海教育出版社，2005：246.

互动过程中生成的内容。

第五，语文教学内容的选择与整合，应以"用教材教"的理念为指导，据语文学科教学的规律、某一阶段的目标、学生的实际状况、教师自身的特点，对庞杂的教学资料进行精选和组织，使教学内容更加适合具体的学生和教学情境。有观点认为"当多数教师已经逐渐掌握课堂教学技术之后，衡量教师水准的标杆就是他对教学内容的整合能力"。[①]

二、语文教学内容选择与整合的原则

（一）内容与形式统一的原则

不论是阅读教学、写作教学，还是口语交际、综合性学习，其内容与形式的统一，体现了语文课程的基本特点，即工具性与人文性的统一。语文的内容决定语文形式；语文形式为表达语文内容服务。以阅读教学为例，内容与形式的统一，是指教学文本自身是文道的辩证统一。关于这一点，我国古代的文论及文学理论的研究成果都支持此观点，不再赘述。所以，在选择与整合教学内容时，要把二者有机地统一起来，不能脱离开教学文本的内容去设计语文知识技能的学习，反之，也不能离开教学文本具体的语言表达形式去设计内容的学习。

（二）彰显文本个性的原则

阅读教学是语文教学的重要组成部分。选文是阅读教学内容最基本和最重要的来源。一般说来，语文教科书中所选的文本都是"文质兼美，具有典范性，富有文化内涵和时代气息，题材、体裁、风格丰富多样，各种类别配置适当，难易适度，适合学生学习的"。[②] 也就是说，每一篇选文，都蕴涵着丰富的文化内涵和大量的语文知识技能，可供教学的内容很多。为此，在选择教学内容时，不可贪全求多，要选择最能彰显文本个性之处作为教学内容。例如同是婉约词人，其词风有共同之处，但李清照词、柳永词、姜夔词之所以能流传千古，是因其独特之个性，而非共性。所以，教学内容更多的应该侧重于这些与众不同的个性。

（三）协调发展语文能力的原则

语文课程标准提出教师应"整体考虑知识与能力、过程与方法、情感态度与价值观的综合，注重听说读写之间的有机联系，加强教学内容的整合，统筹安排教学活动，促进学生语文素养的整体提高"。[③] 也就是说，教师要合理设计识字与写字、阅读、写作和口语交际等训练内容，使之相互配合，互为融通，从而促进学生各种语文能力的协调发展。在倾听、阅读训练中，要指导学生掌握语言规律、思维规律和表达规律，用这些规律来指导写作与口语交际；反之，口语表达和写作实践中，也要有意识地设计倾听与阅读的内容，如一生发言，其他学生记录要点；写作教学也可与阅读教学打通，以阅读教学中的教学文本为素材，进行续写、改写、扩写等等。

（四）重构语文课程教学资源的原则

语文教学内容的设计，要以语文教科书为基本资源，优选和重构语文课程教学资源，沟

[①] 邓彤.整合：语文教学内容的编织机[J].中学语文教学，2007(4)：23.
[②] 中华人民共和国教育部制定.义务教育语文课程标准（2011版）[S].北京：北京师范大学出版社，2012：33.
[③] 中华人民共和国教育部制定.义务教育语文课程标准（2011版）[S].北京：北京师范大学出版社，2012：20.

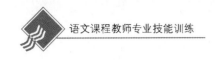

通课堂内外,充分利用学校、家庭和社区等教育资源,开展综合性学习活动,拓宽学生学习空间。让学生接触更多的语文素材,在语文实践中学习语文。要创设多种形式的语文学习活动,增强学生在各种场合学语文、用语文的意识,多方面提高学生的语文素养。这方面的具体要求可参阅第一章相关内容。

三、语文教学内容选择与整合的策略

(一) 研究教科书及相关教学资源

确定了教学目标之后,对教科书及相关教学资源进行研究与整合,确定语文教学内容是语文教学设计的基础与前提,是完成教学任务,达成教学目标的重要保证。这个过程需要教师有研究与创新的能力。

首先,要研究语文课程标准,它是语文课程的纲领性文件,也是语文教学内容确定的指导性文件。教师要认真阅读语文课程标准的总目标、阶段目标以及相应的教学建议、评价建议,领悟其精神实质,帮助确定教学内容。其次,研究教科书,与教科书的编辑者对话,做到读懂、吃透、活用教科书;依据课程标准的相关要求,结合学生实际大体确定教学内容。再次,在此基础上搜集、阅读、研究相关的教学资源,对教学内容进行必要的增删与调整。具体研究方法参阅本书第一章相关内容。

(二) 分析教学任务

分析教学任务,就是对学生和学习内容进行分析,以此确定达成不同学习结果所需要的教学资源和教学步骤。这种教学分析技术一般采用"逆推法",即从教学目标开始,反复提出并回答这样的问题:"为了掌握这一学习目标,学生必须先知道什么?""当完成这一步,学生必须具体做些什么?"这样一层一层地推演下去,一直到适当的基础水平为止。要反复推敲斟酌,确信自己已经鉴别了学生达成教学目标所需的全部知识技能,这样,就为确定教学内容奠定了基础。

(三) 确定教学内容

在上述基础上,要梳理、整合研究结果,确定具体的教学内容。确定并设计语文教学内容时,要注意以下几点:

(1) 教学内容设计要依据教学目标来确定,要为达成教学目标而服务。

(2) 教学内容要充实,且适合学生学习。一方面要依据教科书的特点,补充教学内容,使其丰厚;另一方面,并不是好的材料都适合进入教学,有一些材料可能不适合学生学习,因此,这就需要从学生的年龄、认识水平、心理等实际出发,选择恰当的材料作为语文教学的内容。

(3) 教学重点突出,难点处理得当,主次分明。这一点非常重要,是完成教学任务的关键节点之一。重点不突出,会导致教学没有层次,平淡,不能吸引学生,甚至会影响教学目标的达成。难点处置不当,则造成喧宾夺主,不能很好地完成教学任务。为此,要依据教科书的特点、学生实际,来确立教学的重点与难点。

四、语文教学内容选择与整合的案例研究

案例研讨 1

我们选择了《语文建设》上刊登的一组同课异构的设计①作为案例。认真阅读,体会语文教学内容的选择与整合。

余耀清的《一样的月光,别样的心情——〈记承天寺夜游〉教学设计》

教学主要内容:

(一) 简介作者和写作背景

(二) 赏读文本

1. 初读文本

解决字词读音、注意字形;标出句子节奏并试读;研讨每句话用什么样的心情或语气来读。

2. 深入解读文本

导学①~③句,紧扣"行"字从文本获得信息:时间、缘由、环境、与谁同游、何处寻乐;解释重点词语并翻译句子。导学④句,这一句是全文的核心和重点。要通过学生的自读和发现,在理解词义、疏通文意的基础上,概括所描写的景色,感受作者融情入景、忘我神驰的心境;要通过反复朗读与鉴赏性阅读,感受景物描写使用的方法、描写的内容及传达出的思想信息,从而学会鉴赏的方法,通过引导学生进行深入字面、走进文意的精读深思,形成学生对文言语句的直译、意译能力,力求达到对句子的深层次理解。导学⑤~⑦句,这部分是苏轼回归现实后的一种感慨,被贬的郁闷、赏月的欣喜,统统化为心底无奈的诘问与呼告!抓住了"闲"字也就抓住了作者的心情。另外,还要引导学生在反复的朗读中展示这种无奈与复杂的情感。

3. 指导背诵、默写。

(三) 走出文本,书写心情

从某种程度上说,景物是为心情而写的,描写景物是自我心情的一种宣泄与释放。此环节可引导学生在烦恼淤塞或喜悦充盈之时,以心灵的视觉去观察、审视、思考眼前的景物细节,说不定他们也能将自己情感的足迹印在这些景物上。

包国华的《朗读 赏析 体验——〈记承天寺夜游〉教学设计》

1. 紧扣游记的体式,整体感知课文,初探苏轼的心境。导入课文;了解游记文体的特点;解决字词,疏通文意;试读课文,初探苏公心境。

2. 知人论世,了解夜游背景。在这篇课文中苏轼究竟有没有流露出孤独的情绪,如果有的话,你是如何捕捉到的?感受苏轼的孤独;多媒体展示背景知识。

3. 通过对关键词句的鉴赏来体会苏轼超越孤独的旷达情怀。紧扣文中句子赏析美景,探究心境。

4. 创造对话,体验苏公心境:苏轼与明月对话,苏轼与张怀民的对话。

---

① 同课异构——《记承天寺夜游》的三种教学设计[J].语文建设,2011(11):16—22。编者对原设计进行了概括提炼。

5. 背诵全文,布置课外阅读:阅读余秋雨散文《苏东坡突围》;阅读林语堂《苏东坡传》。

李小甜的《落实知识点　体悟人生感怀——〈记承天寺夜游〉教学设计》

1. 知识点的落实

朗读;检查预习,落实字词及句子翻译;复习"游记"文体的特点。

2. 品读文章,把握作者所表达的情感

① 作者交代了出游的原因,从文中找出原句。

② 夜游承天寺,作者看到了怎样的景致呢?

③ 同学们可以体会出作者与好友夜游承天寺的感受了吗?用原文的词来回答。

3. 结合自己的人生经历或阅读体验去体悟作者所抒发的人生感怀:

① 这篇游记并没有结束于"夜游之乐",这份快乐引发了作者进一步的思考。

② 作者认为自然之美、山水之乐只有像他一样的"闲人"才能发现,从文章中体会:什么样的人是"闲人"?

③ 作者说天下少闲人,那看看下面这些人是不是作者所说的"闲人"呢?阅读下面几则材料,看看谁是和苏轼一样的"闲人"。

(共有三则片段材料,分别是《陋室铭》《岳阳楼记》《醉翁亭记》)

4. 作业:总结本课文言文知识点;谈谈你对"闲人"的看法。

研读上面三个案例,我们发现教师对《记承天寺夜游》教学内容的选择与整合有同有异。相同之处有:理解词义、疏通文意;感受文章描写的景物,及传达出的思想情感。不同之处有:第一个案例紧扣文本导学,求得学生深入理解,并注重"方法"的学习:"感受景物描写使用的方法""学会鉴赏的方法",作业是阅读与写作结合"书写心情"。第二个案例是突出了游记的特点,通过朗读、了解背景、赏析关键词句、创设对话情境、课外阅读几个步骤,打通课堂内外,层层深入地体验苏轼的心境。整合了相关的教学资源,增加了背景资料和名人的文章,帮助学生体验文章的思想情感。第三个案例则是选择了文中之景——传达之情——情外之思("闲人")这样的教学内容,为此,增加了《陋室铭》《岳阳楼记》《醉翁亭记》三文的相关片段,帮助学生"体悟作者所抒发的人生感怀";作业亦着眼于此。

三个案例体现出了内容与形式统一、彰显文本个性、协调发展语文能力和重构语文课程教学资源等教学内容选择与整合的原则;运用了分析教学任务、研究教学文本的特点(文言文、游记)等相关策略。

案例研讨2

下面这个案例中,余映潮老师对教学内容的选择及其原因进行了阐述。认真研读,然后进行课堂讨论。

以《斑羚飞渡》为例

可以规划一个这样的教学设计,其主体部分的教学内容为:

第一步。以"飞渡"为话题,结合课文内容说一段话,这段话中要求多次出现"飞渡"一词。

第二步。教师有重点地有逻辑联系地选取课文的精彩片段并指导学生朗读。

第三步。切入到课文描写"飞渡"的部分并组织话题讨论:这一部分是怎样从各个侧面来表现震撼人心的"斑羚飞渡"的?

第四步。转换话题,集中教学视点,欣赏课文中的镰刀头羊。

以上四步,各有不同的"表达目的":

第一步。教学的指向明确,实际上是要求多角度地整体地概说课文内容。话题的设置紧扣"飞渡",牵动着对课文各个角落的理解,学生的发言一定是角度丰富、内容丰满的。

第二步。表现出教师教材处理的艺术。朗读之中让学生感受到的,是经过剪裁之后的课文"整体"、内容"整体"、情节"整体"。

第三步。切入到课文重点部分并进行有深度的阅读欣赏教学。话题只有一个,牵动的内容却是多侧面的与多角度的。教学进行到这里,内容已经非常细节化。

第四步。从内容、语言的教学中跳出来,转入到对"形象"的把握与欣赏。镰刀头羊是这场飞渡的组织者,它的形象、它的神态、它的声音、它的动作在故事中反复出现。欣赏镰刀头羊,不仅是小说教学的需要,更重要的是体现文本的教育教学价值。

以上四步,教学内容基本上是整体地处理的,角度是变化的,而且内容是层层深入的,这样的教学设计在一定程度上表现出了"整体反复,多角理解"的设计特色。①

 课堂讨论

> 1. 你认为上述案例对教学内容的选择是否恰当?用本章的理论来回答。
> 2. 案例中的"第二步",要表现出教师教材处理的艺术。请研究教科书,确定你选择的精彩片段,并讨论是否能体现"经过剪裁之后的课文'整体'、内容'整体'、情节'整体'"。
> 3. 你认为"整体反复,多角理解"是否有必要,与"举一反三"是否矛盾?

五、语文教学内容选择与整合技能的评价

语文教学内容决定着教学效果;教学内容的取舍取决于教学目标;适宜学生学习是语文教学内容选择与整合的关键。可利用下表对语文教学内容选择与整合技能进行评价。

表 2-2　语文教学内容的选择与整合技能的评价表

课题:　　　　　　　　设计者:　　　　　　　评价者:　　　　　　时间:

评价项目	权重	评价等级				得分
		优秀	良好	中等	不合格	
围绕教学目标选择、整合教学内容	0.20					
教学内容之间有较强的逻辑性,且都指向于教学目标	0.20					
教学内容紧扣教学文本,且具体简明,操作性强	0.20					
教学内容符合学生的实际情况	0.20					
教学资源的整合合理恰当,为达成教学目标服务	0.20					
总分						
补充意见或建议						

注:总分在 9~10 之间为优秀,在 7~8 之间为良好,在 6~7 之间为中等,在 0~5 之间为不合格。

---

① 余映潮.语文教学设计技法 80 讲[M].广州:广东人民出版社,2014:75.

第三节 语文教学过程及教学方法的设计

凯洛夫教学理论认为"教学过程一方面包括教师的活动（教），同时也包括学生的活动（学）。教学是同一过程的两个方面，彼此不可分割地联系着"[①]。我国新课程改革的语文课程理念是：语文教学过程是师生平等对话的过程，学生是语文学习的主体，教师是这一过程的组织者和引导者。教师要研究自己的教学对象，从本课程的目标和学生的具体情况出发，灵活运用多种教学策略，有针对性地组织和引导学生在实践中学会学习。基于上述认识，进行语文教学过程及方法设计时，就要以新课程所倡导的理念为指导，正确处理好教与学的关系，为学生创设有利于自主、合作、探究学习的环境，促进学生语文素养的全面提高。

一、语文教学过程的设计

（一）了解语文教学过程的内涵

1. 交流互动

教学的本质是交流，教学的过程不是教师传道授业，学生接受练习的单向信息传递过程，而是师生双向的教与学的互动过程，是教师与学生构成平等和谐的有机体，就语文诸因素展开对话的过程。

2. 教学相长

在教与学的过程中，学生不仅仅是学习任务的承担者，而且是教师教学过程的合作者，师生共同探究新知，分享彼此的理解、体会、经验，交流各自的情感、感悟，丰富教学内容，探求新的发现，最终实现教与学的共同发展。

3. 组织引导

在教学过程中，教师担当的角色不仅仅是知识的呈现者，对话的提问者，学习的指导与评价者，课堂纪律的管理者，还应该是良好的课堂教学情境的创设者，学习活动的组织者与引导者。

4. 开发生成

阅读、写作、口语交际，都是学生个性化行为，不应该以教师的分析讲解替代学生的独立思考与体验，不应该以传统的、高尚的思想局限学生对世界、人生的思考。应该在开放的教学过程中，引导学生积极主动思维，感受情感熏陶，体悟人生，获得思想启迪。让学生发表自己的独特感受与理解，创造性地表达自我的情感体验与思考，在动态的交流互动中，生成新的资源。

5. 生命成长

传统教学过分强调知识的价值，教师为知识而教，被教科书、教学参考等所左右；学生为知识而学，被动接受教师传授的知识。这都忽视了教师与学生作为生命个体的存在。叶澜教授认为"只关注现成知识传递价值的教师，实际上是在'育'以被动接受、适应、服从、执行

---

① 凯洛夫.教育学[M].陈侠，等，译.北京：人民教育出版社，1957：130.

他人思想与意志为基本生存方式的人。"①佐藤正夫也提出:"教学中的教育并不是这么单纯地从接受的内容中引申出来的。在教学中,学生旨在掌握教学对象的学习活动本身,也具有庞大潜在的教育力。就是说,学生在教学中采用什么方法进行学习将会深深地左右他们的态度与性格。"②所以,要革新教学过程与方法,使语文教学过程成为师生生命成长的内在需要。在师生平等和谐的交流互动过程中,学生将学会独立思考,养成创造性地实现目标的态度与性格,形成锲而不舍的坚强意志与人格。教师在教学过程中,也要创造性地进行教学,"不只是为学生的成长所作出的付出,不只是别人交付任务的完成,它同时也是自己生命价值和自身发展的体现。"③从而焕发生命活力,实现自我生命的发展。

(二)构建语文教学顺序

教学顺序是指学习内容各组成部分的排列顺序,体现在教学设计方案中,称为教学步骤、教学过程或者教学流程。不同类型的学习有不同的教学顺序,即使属于同一类型的学习,也因为学生情况的不同而有差别。有时候只是教师组织教学活动的外在行为步骤,先做什么,后做什么,以及每一步骤包含的更小的具体的步骤。有的时候,以学习一定的程序性知识和策略性知识的步骤来组织教学,教学的外在步骤和学习的认知过程相一致。

有效的教学顺序可以有很多种。教学模式的重要部分就是教学过程,不少教学模式以教学步骤命名,如凯洛夫五环节教学模式、魏书生的六步教学法、洪镇涛的四步语感教学法等。这些模式对于创造它们的教师来讲,其教学过程是有效的,甚至是高效的。但是,需要指出的是,由于教学对象、教师自身、教学环境等因素的变化,这些教学过程对于其他教师可能就不一定是高效的。所以,在安排教学顺序时,语文名师的教学模式可以借鉴,但不可完全照搬。那么,怎样构建合理、高效的语文教学顺序呢?首先要明了达成特定学习结果所必要的先决条件,明了特定的知识能力之间的关系;其次,在此基础上,按照学生学习的认知规律,有层次、合逻辑地构建教学顺序。此外,没有特定的顺序可言。

资料卡片

在单一的学习活动中,各种教学事件的作用及大致顺序如下表:

教学事件及其与学习过程的关系

教学事件	与学习过程的关系
1. 引起注意	接受各种神经冲动
2. 告知学生目标	激活执行控制过程
3. 刺激回忆前提性学习	把先前的学习提取到工作记忆中
4. 呈现刺激材料	突出有助于选择性知觉的特征
5. 提供学习指导	语义编码,提取线索
6. 引出作业	激活反应组织
7. 提供作业正确性的反馈	建立强化
8. 评价作业	激活提取,使强化成为可能
9. 促进保持和迁移	为提取提供线索和策略

——R.M.加涅,L.J.布里格斯,W.W.韦杰.教学设计原理[M].皮连生,等,译.上海:华东师范大学出版社,2005:193.

---

① 叶澜.重建课堂教学价值观[J].教育研究,2002(5):3—7.
② 佐藤正夫.教学原理[M].钟启泉,译.北京:教育科学出版社,2001:240.
③ 叶澜.让课堂焕发出生命活力[J].教育研究,1997(9):3—8.

(三)设计互动生成

在语文教学过程的设计中,要特别关注互动生成的设计,只有这样,才能落实新课程的教学理念。

1. 从封闭性设计转向开放性设计

一是广度的开放,问题的提出、讨论交流要面向全体学生,学生解决问题的不同状态,不论是正确的,还是错误的,都有生成新资源的可能;二是深度的开放,即在互动中,引导学生的思维从模糊、混乱走向清晰、条理,矫正错误,形成正确的认识。

2. 由确定性转向可能性设计

预想学生在学习过程中可能存在的困难、可能出现的结果及其背后的思维方式;预想对学生反应的反馈评价等,据此设计教学步骤。

(四)预设教师的活动

一是教师在整个教学过程中怎样引起与维持学生的注意;二是提供哪些例子或者组织怎样的活动,以促进理解;三是在教学进行中通过观察和即时提问,了解学生对教学的想法;四是提供练习的题目,考虑反馈的形式;五是考虑必要的教学补充活动,给未达标的学生安排补救措施,以及为学习出色的学生安排提高措施等。

二、语文教学方法的设计

"教学方法,是在教学过程中,教师和学生为实现教学目标、完成教学任务而采取的教与学相互作用的活动方式的总称。"[①]教学方法的主要作用是将教学内容很好地转化为学生的知识、能力,是达成教学目标的主要手段。

(一)常用的语文教学方法的种类

依据师生交流互动以及学生获得信息的途径,常用的方法包括三类。一是以教师为主的方法,主要有讲述法、讲解法、串讲法、评点法、朗读示范、演示法等;二是以学生实践为主的方法,主要有朗读法、背诵法、练习法、活动法等;三是师生互动交流的方法,主要有问答法、讨论法、发现法等。

在语文课堂教学过程中常常是多种教学方法综合运用的,各种方法互相渗透,师生之间、生生之间的交流贯穿始终,教师的引导、讲解、诵读、评点与学生的读背、质疑、讨论、练习、课堂活动有机融合,师生是从各个方面相互作用的。所谓"教学有法,教无定法;一法为主,多法互助",说的就是这个规律。

(二)语文教学方法的设计依据

1. 教学目标

每节课都有一定的教学目标,教学目标的不同,选择的教学方法也应不同。如学习生字生词,就需要认读、辨形、书写;学习新知识,常用讲授法、发现法;理解词语的表达效果常用

---

① 李秉德.教学论[M].北京:人民教育出版社,1991:197.

增删、替换法;体会作者的感情常用朗读法。

2. 教学内容

王荣生等人曾对语文教学方法和内容做过这样的描述:"对语文教学方法,可以作两种描写。一种侧重在教学方法上,以'先用什么方法,再用什么方法,后用什么方法'或者'先怎么教学,再怎么教学,后怎么教学'这种方式描写。一种侧重在教学内容上,以'先教学什么,再教学什么,后教学什么'这样的方式来描写。"[①]可见,教学方法是教学内容的外显形式,教学内容决定着教学方法。语文教师应根据具体的教学内容选用合适的教学方法,同时也要考虑这些教学方法运用的先后顺序。

3. 学生实际

学生是学习的主体,教学方法的使用必然要依据学生的实际。对于学习内容如果有一定的感性认识,那么,采用朗读、讲授、讨论等方法,学生就可以理解;反之,如学习地域性强、空间感强的文章如《苏州园林》等,从未到过苏州或南方的学生,对"园林"没有概念,很难理解《苏州园林》的特点。或者是教学科普类的文章如《洲际导弹自述》《登月》,学生的前在状态就显得非常重要,影响着教学方法的选择。教学这些类型的文章,朗读、讲授、讨论这些方法就显得苍白无力,利用多媒体进行教学是必要的。

4. 教师特点

任何教学方法都必须依靠教师来实施,因而,选择何种教学方法,教师自身的职业素养也是很重要的因素。如有的教师能言善讲,常能以讲动情,使听者如醉如痴,不妨多用讲授法;有的教师组织能力强,多选用讨论法;有的教师朗读好,多采用朗读法。

5. 教学条件

学校的教学条件及其所在地的资源,也是影响教学方法选择的因素之一。多媒体教学资源缺乏的学校,教师选用多媒体教学法的必然要少;教学《宇宙里有些什么》,在黑板上演示,就不如选择在天文馆,以直观感受法去上课。但这一教学方式,就要受学校所在地资源的限制,如没有天文馆,必然不能实现。

(三) 语文教学方法的设计策略

1. 选择与组合

教师思考怎么教时首先要考虑的问题是有哪些教学方法可资选用、组合。在语文教学的实际过程中,教师多选择行之有效的方法,并将其组合,强化不同教学方法的优势,弥补其不足。例如洪镇涛的四步语感教学法中就选择、组合了朗读、比较揣摩(加、减、调、联、换、改)、讲授(教读)、参与式练习等多种教学方法。

2. 从学生实际出发

选择教学方法时,还要了解各种方法在实际教学中的可能性和效果,尤其是在以学生实践为主或者是师生互动的、开放性的过程中,采用的活动、讨论、发现、问答等教学方法中,学

---

① 王荣生,张孔义.语文教学方法与教学内容[J].语文学习,2004(4):17—21.

生可能出现的各种学习状况,例如理解《醉翁亭记》的主旨,采用讲授的方法,可能出现怎样的结果?用讨论法吗?用活动法吗?用多媒体吗?然后,作比较。这样,才能做到结合学生实际,设计最佳教学方法。

3. 排列顺序

教师设计教学方法时,要考虑选择的教学方法运用的先后顺序,顺序如果合于规律,则是适宜的,能够使教学内容有效地转化为学生的知识与能力;否则,不仅不能完成教学任务,还会混乱学生的思维。例如上海育才中学的八字教学法"读读、议议、讲讲、练练",是合乎于人类的认知规律的,其中"读""议"学习知识技能,是理解,是基础;"讲""练",巩固知识技能,是实践,体现学习结果。如果把此顺序打乱,势必违背认知规律,混乱学生的思维,其教学效果可想而知。

三、语文教学过程及教学方法设计的案例研究

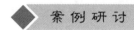

《散步》教学设计

(一) 新课导入

中国人很重视团圆,很在乎亲情。大年三十晚上两件大事,一大家人围坐在一起吃团圆饭、看春晚。那种其乐融融的感觉多么幸福、多么美好。在日常生活中,我们中国人也是很喜欢一家子和和美美的。不信,让我们一同走进作家莫怀戚写的一篇精美散文《散步》中去看看,感受感受。

(二) 整体感知

1. 教师朗读课文,学生听读课文

2. 教师引言

同学们,从刚才的听读,实际上你们自己也在用"心"读的过程中,一定能从祖孙三代在南方初春田野上的散步中,感受到一家人和和美美、尊老爱幼的浓浓亲情吧!那么,请问在尊老爱幼的亲情中,作者的写作意图是两者并重,还是着重突出其中的"敬老"或"爱幼"?为什么?

教师可视学生回答的情况做些必要的提示。还可作这样的补充(略)。

3. 学生回答、师生共同理解感悟后,屏显教学目标一

整体感知课文内容,感悟浓浓的亲情,学习尊老爱幼的传统美德,着重理解作者爱幼更尊老的人性美。——这也是本课的教学重点之一。

4. 请各用一个词来概括一家四口的主要性格特点。

我:孝(作为"示例"板书,其余让学生上黑板写。)母:慈;妻:贤;儿:乖(慈母 孝子 贤妻 乖孙)

(三) 美句赏读

1. 建议学生先努力按顺序找出文中两两对称的句子(文章语言精美的主要成分)

示例:"她现在很听我的话,就像我小时候很听她的话一样。"

教师可作这样的补充。(略)

品析参考示例。(略)

2. 建议学生找出文中两处写景的句子,并体会其妙处

这些就是学习这篇文章要完成的第二个教学目标,屏显"教学目标二":在有感情的朗读中,揣摩含义丰富的语句,增强语感,品味文章的语言美、意境美。

教师分析。(略)

学生还可能分析"我母亲又熬过了一个严冬"中的"熬"。(略)

(四)重点研读

1. "我"和妻子是如何背着母亲、儿子走过那条小路的?

2. 为什么把"我"背母亲,妻子背儿子描写得那么郑重其事呢?为什么说"我"背上的同她背上的加起来就是整个世界?

(五)亲情行动

1. 设想一下:晚饭后,全家在一起看电视,爷爷奶奶喜欢看戏曲节目,爸爸妈妈喜欢看时事报道,你喜欢看青春偶像剧,而遥控器在你的手中,你该怎么办?

2. 回家和爸妈一起读《散步》,也许会有更多的收获。(与父母共读,既是一种交流,也是多角度阅读的一种形式)

3. 为你的长辈做一件你力所能及的事(如"梳头""捶背""洗脚"等),并将这一过程及感受写成一篇500字左右的短文。[①]

《散步》案例共设计了新课导入、整体感知、美句赏读、重点研读、亲情行动五个大的教学步骤。这五个教学步骤围绕着两个教学目标展开,第二个步骤"整体感知"是学习课文的开始,是基础;第三、四两个步骤"美句赏读""重点研读"是对课文的深入研究,如果说通过"整体感知"学习《散步》的"面",那么"美句赏读""重点研读"则是掌握"点",点面结合,较为全面地把握《散步》的主要内容。第五步"亲情行动"是布置作业的环节,教师共设计了3个作业:其一,创设与课文内容相近的情境,让学生在情境中再次体会亲情;其二,换角度阅读,既是阅读技能的实践,又是一家人亲情之间的交流;其三,从形式上讲,是读写结合,从内容上讲,也是对亲情的体验与感受。

《散步》案例的教学过程是开放的,以师生互动为主要的教学方式,预设了教师的活动,和学生可能的学习结果。在此基础上,设计了朗读、问答、引导、讲解、练习等教学方法。这些教学方法对于《散步》的学习是适宜的。

总体来看,此案例的教学过程与方法的设计,服从于教学目标与内容,有利于完成教学任务,实现教学目标。

四、语文教学过程及教学方法设计的评价

语文教学过程,是教与学相统一的过程,也是实现语文教学目标的重要环节。可利用下表对语文教学过程及教学方法的设计进行评价。

[①] 程杨木.《散步》教学设计[J].语文教学通讯,2013(10B):50—51.编者对原设计进行了概括提炼。

表 2-3 语文教学内容的选择与整合技能的评价表

课题：　　　　　　　　　讲课教师：　　　　　　评价者：　　　　　　时间：

评价项目	权重	评价等级				得分
		优秀	良好	中等	不合格	
教学过程开放，师生互动	0.20					
能够预设教师的活动和学生可能的学习结果	0.20					
教学顺序合理	0.20					
综合运用教学方法	0.20					
教学方法服务于教学目标与内容	0.20					
总分						
补充意见或建议						

注：总分在 9～10 之间为优秀，在 7～8 之间为良好，在 6～7 之间为中等，在 0～5 之间为不合格。

第四节　语文教案的编写

教学设计方案，习惯称之为"教案"，是为课堂教学准备的书面计划。课堂教学按照时间顺序，一般分为导入、呈现、运用和总结，所以教案就按这一顺序列计划。[①]

一、语文教案的一般格式

语文教案是情景化的产物，具有明显的个性化倾向，并不存在统一的模式，但是语文教案也有一个大致的样式。一般而言，语文教案包括课题计划和课时计划两类。

（一）课题计划

课题计划是对一个教学单元或一篇课文的整体设计，一般包括以下内容。

课题：如是阅读课，则写文本题目，作者姓名；如是写作课或口语交际课，写上课题。

教学目标：可分为知识技能、方法、情感态度价值观三类。按照教学目标设计的要求，陈述具体、明确，分行排列。需要指出的是，大多数情况下这三类是融合在一起的。表述时，不需要按照这三类刻意分列。

教学重点：属于教学目标中要重点落实和达成的目标。若是阅读教学，可参考单元重点。

教学难点：预判学生难以理解的内容。教学难点可有可无，要据教学内容和学生情况而定。

教学方法：直接书写在整个教学过程中运用的教与学的方法即可。

教具与媒体使用：直接书写要使用的教具与媒体名称即可。此项目可有可无。

课型：直接书写本节课的类型。

课时安排：本课题教学预计几课时完成。

---

① 施良方，崔允漷.教学理论：课堂教学的原理、策略与研究[M].上海：华东师范大学出版社，1999：167.

（二）分课时计划

每一个课时的具体内容、具体程序和方法。一般包括以下内容。

第×课时教案

教学目标：本课时的教学目标。是课题计划中的部分教学目标。

教学重点：本课时的教学重点。

教学步骤及内容：这是教案的主体部分，本课时教学内容的进程及其具体内容，分项逐条呈现。这是教案中较为难写的部分，既要清晰具体地陈述教学内容，还要对如何教学这些内容作出说明，涉及教学组织形式和方法。

板书设计：重点内容，用板书的形式突出强化。可以分散写在教学步骤中，或写在与教学步骤平行的教案稿纸右侧，或集中附在课时计划最后。

作业布置：根据教学内容设计课后作业，可以是书面的，也可以是口头的，还可以是活动类的。

教学后记：主要记录对教学设计、课堂教学的反思。不属于教案的必备要素。

由于教学设计是一个反复的过程，有时在教案主体部分之后，或者以旁批的方式，再加一个"备注"，可以对教案作出补充、修正、强调，比如对材料的扩充、对问题和困难的预想等。

二、语文教案的类型

语文教案有详细教案、简明教案、微型教案三种形式。

1. 详细教案

即按照课题计划和课时计划详细地编写的教学方案。教学的内容，详细的过程和方法，提出的问题，可能的答案，补充的资料等，都要写出来。建议在页面留出空白，便于作出提示、补充修改。

2. 简明教案

也就是教学提要，只写出基本的内容和大的教学步骤，是对详案的简化。

3. 微型教案

也称卡片教案，只保留最基本的教学步骤和必要的板书，置于讲台或者夹在课本里，作为教学中的提示。

三种形式配合使用，方能得心应手。但是新手教师必须要学会把教学设计思想和思路转化为详细教案。

需要指出的是，教师切不可单纯记录教案的各个要素，仅仅把教案的内容和流程原样"搬运"，而应该学会在脑海中虚拟课堂的情境，把教学设计的内容综合"预演"一遍，只有熟悉教学内容，才能随时视学生的反应和课堂情境做出调整。实际上，教师经常需要依据课堂上讨论、交流的实际情况，调整预先设计的教学内容和教学的顺序，以适应教学情境和学生的反应。

三、语文教案编写示例

下面以《记承天寺夜游》教学设计方案为例，学习并思考以下内容：第一，了解课时教案的一般样式;第二,了解如何清晰具体地陈述教学目标,如何分项逐条展开教学步骤和具体内容;第三,思考教师对选文的研究与教学内容、过程、方法之间的关系;第四,教学重点是否突出;第五,教学方法是否适宜。

《记承天寺夜游》教学设计[①]

一、教学目标

1. 能解释一些重点文言实词和虚词。
2. 能当堂背诵、默写、翻译这篇短文。
3. 理解课文所表达的思想感情。
4. 能从手法、内容、思想感情等方面鉴赏文中描写景物的句子。

二、教学重点和难点

(一)重点

1. 能准确地翻译"庭下……影也"这句话。
2. 学会从手法、内容、思想感情等方面入手,鉴赏文中景物描写的方法。

(二)难点

理解课文所表达的思想感情

三、教学方法

自读发现,获取信息。朗读鉴赏,把握重点。精读深思,突破难点。

四、教学过程(A,B,C)

A. 引入文本,简介作者和写作背景

B. 赏读文本

(一)初读感知

1. 引导初读

(1)提醒学生注意生字词的读音、字形,如"中庭""藻荇"。

(2)指导学生标出朗读的节奏并进行试读,如"念/无与为乐者""相与/步于中庭""庭下/如积水空明""水中/藻、荇交横""盖/竹柏影也""何处/无竹柏""但少闲人/如吾两人者耳"。

2. 指导阅读

基础性朗读:先让3~5名"学困生"朗读,纠正错误后,学生再自由读1~2遍。

情感化阅读:

(1)先默读、讨论:第①~③句、第④句、第⑤~⑦句分别要以什么样的心情或语气来读?

(明确:第①~③句要读出孤独、沉郁的心情,第④句要读出悠闲、沉醉的心情,第⑤~⑦句要读出失落、悲凉却又豁达开朗的心情。)

(2)师生比读、生生比读,用朗读展示作者内心多变而复杂的情感。

(二)深入解读文本

1. 导学①~③句

(1)学生自读,紧扣"行"字,从文本中获取信息源:时间、缘由、环境、心境、与谁同游、何

[①] 余耀清.一样的月光,别样的心情——《记承天寺夜游》教学设计[J].语文建设,2011(11):16—18.

处寻乐。

(2) 学生解释"欣然、念、相与、中庭"等词语的意思,并翻译句子。

2. 导学第④句

这一句是全文的核心和重点。要通过学生的自读发现,在理解词义、疏通文意的基础上,概括所描写的景色,感受作者融情入景、忘我神驰的心境;要通过反复朗读与鉴赏性阅读,感受景物描写使用的方法、描写的内容及传达出的思想信息,从而学会鉴赏的方法;通过引导学生进行深入字面、走进文意的精读深思,形成学生对文言语句的直译、意译能力,力求达到对句子的深层次理解。

(1) 自读发现,获取信息

① 反复默读,要求学生用最简洁的词句概括所描写的景色。

(明确:月光澄澈、竹影摇曳)

② 用情感化的朗读表现作者此时的心情。

(学生通过阅读展示作者喜悦、沉醉的心情)

(2) 朗读鉴赏,突破重点

这里将使学生在自读发现的基础上反复朗读,教师引领学生从写法、内容、思想三个角度有目的地二次切入文本,深度探寻文本中"写法、内容、思想"方面的有关信息,从而使学生掌握鉴赏美文的思路和方法。

(明确:"庭下……影也"这一句,在手法上,运用比喻的修辞手法,把皎洁的月光看成清澈的水,将月光下晃动的竹影比为水中摇曳的藻荇,动静结合、亦真亦幻,可谓想象奇特。在内容上,描写了一个月光澄澈、竹影摇曳的奇幻境界,全句无一个"月"字,但却无一字不在写"月"字。思想上,表达了作者沉醉美景、忘怀得失的喜悦心情。)

(3) 精读深思,突破难点

"庭下如积水空明,水中藻、荇交横,盖竹柏影也"这一句的翻译,历来是这一课教学的难点。传统的翻译思路和程序,是让学生逐字翻译,然后连贯整合,结构上往往不那么顺畅,甚至有时还会失去原文的"汁味"。这是一段充满想象力的文字,描写的是徘徊于梦幻与现实之间的一种主客观的统一意象,学生除了必须对文字精读深思之外,还有一种置身情境的想象力才能更深刻、更准确地理解这句话。所以,教学中精读词句和创设情境是理解这句话的关键。

(如直译为"月光照在庭院中,像水一样清澈透明,水中交错的藻荇,原来是竹子和松柏的影子",或意译为"月光照在庭院中,像水一样清澈透明,竹子和松柏的影子,就像水中交错的藻荇"。)

3. 导学⑤~⑦句

这部分是苏轼回归现实后的一种感慨,被贬的郁闷、赏月的欣喜,统统化为心底无奈的诘问与呼告!抓住了"闲"字也就抓住了作者的心情。另外,还要引导学生在反复的朗读中展示这种无奈与复杂的情感。

(三) 指导背诵、默写

C. 走出文本,抒写心情

从某种程度上说,景物是为心情而写的,描写景物是自我心情的一种宣泄与释放。此环节可引导学生在烦恼淤塞或喜悦充盈之时,以心灵的视觉去观察、审视、思考眼前的景物细节,说不定他们也能将自己情感的足迹印在这些景物上。

附：板书设计

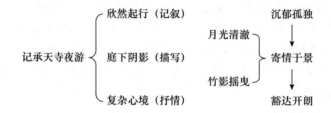

四、语文教案编写技能的评价

编写语文教案是教师清晰教学资源研究以及教学设计的过程,是教学准备的物化呈现,也是教学实施的主要依据。可利用下表对语文教学过程及教学方法的设计进行评价。

表 2-4　语文教案编写技能的评价表

课题：　　　　　　　　　编写者：　　　　　评价者：　　　　　时间：

评价项目	权重	评价等级			得分
		优秀	良好	中等	不合格
教案的诸要素完整	0.20				
教学内容围绕教学目标展开,教学重点突出	0.20				
预设学生可能的学习结果及教师行为	0.20				
教学过程清晰	0.20				
综合运用教学方法,且适宜	0.20				
总分					
补充意见或建议					

注：总分在 9~10 之间为优秀,在 7~8 之间为良好,在 6~7 之间为中等,在 0~5 之间为不合格。

讨论与练习

一、思考·理解

1. 举例说明语文教学目标的陈述的要素。
2. 语文教学内容的选择与整合的原则有哪些?
3. 谈谈你对语文教学过程的理解。

二、研究·讨论

1. 从语文教科书中任选一篇课文,设计教学目标,并围绕教学目标确定教学内容。
2. 认真阅读本章第二节中的案例,为包国华的《朗读 赏析 体验——〈记承天寺夜游〉教学设计》、李小甜的《落实知识点 体悟人生感怀——〈记承天寺夜游〉教学设计》和《斑羚飞渡》拟写教学目标。
3. 阅读下面的教学案例,对其教学目标、教学内容、教学过程与方法的设计进行研究,指出此设计中好的和有缺陷的教学环节,说明理由,并试着修改。

基于学情甩一个"豹尾"

王旭平 戴 银

一、教学目标

1. 了解"欧亨利式结尾"的特点,并运用"欧亨利式结尾"。

2. 把握教学重难点:

重点:分析"欧亨利式结尾"的特点。

难点:运用"欧亨利式结尾"。

二、教学方法

1. 朗读法——熟悉文本,自主感知。

2. 探究法——学生实践,巩固提高。

3. 讨论法——合作探究,深入挖掘。

三、教学过程

(一)多媒体展示,导入新课

师:今天老师要教大家一个英语单词"window",大家知道它是什么意思吗?(多媒体展示)

生1:窗。(师板书:窗)

师:窗有哪些用途?

生2(七嘴八舌):可以透气,可以看外面的风景,可以了解国内外的新闻,可以了解人性。

师:可以了解人性,讲得好!今天我们一起走进澳大利亚作家泰格特的《窗》,去探索这里的人性。当然学习之前我们先了解一下这篇文章的文体特征。

(二)简单了解小说的有关知识

师:小说的三要素是什么?

生3:人物,故事情节,环境。

师:小说情节包括哪几个部分?

生4:开端、发展、高潮、结局等。

(三)整体阅读课文

师:请同学们大声朗读课文,读完后思考小说哪个地方最让你出乎意料?

生5:我感到最出乎意料的是靠窗的病人为何那么巧发病。(众生笑起来)

生6:我感到最出乎意料的是结尾——他看到的只是光秃秃的一堵墙。(很多学生点头附和)

师:看来这个结尾有玄机,我们一起来研究它,怎么样?

众生:好!

(四)研究小说的结尾特点

(1)(师出示投影)方法一:省一省。——假如结尾一段去掉行吗?

师:同学们,将最后一段省去,看看对本文会产生多大的影响?

生7:感觉没有结尾。

---

① 王旭平,戴银.基于学情甩一个"豹尾"[J].中学语文教学参考,2014(3):25—26,有删节。

生8：感觉不能表现作者对不靠窗病人的厌恶之情。
生9：我觉得还有对靠窗病人的褒扬。
生10(迫不及待地)：可以揣摩出此刻不靠窗病人的复杂心理。
师：大家说得太好了，尤其是最后一位同学的发言。他启发我们去研读文本的潜台词。让我们一起以朗读为抓手，品味人物心理。
(教室里响起了一片读书声，稍后学生争先恐后地发言。)
生11：我读出了人物的目瞪口呆。
生12：我读出了人物的后悔。
生13：我读出了人物的憎恨。
生14：我读出了人物的悔改。
师：短短一句话，含义隽永，大家还打算将它省去吗？
众生(异口同声)：不了。
(2)(师出示投影)方法二：改一改。——他看到的是鸟语花香的一片世界，满意地笑了。
师：既然不能省，那我们改一改可以吗，将它改为"他看到的是鸟语花香的一片世界，满意地笑了"，你看怎样？
生15：恶人没能得到惩罚，表现不了主题。
生16：不能形成鲜明的对比。
生17：不能表现作者的态度。
(学生的热情已经完全被调动了起来，问题迎刃而解。)
师：看来这也难不倒大家，再来一个。
(3)(师出示投影)方法三：添一添。——大家畅想一下，当他看到秃墙时，他会怎么想怎么做？请用简洁生动的语言描写他的动作、神态和心理。
(生开始动笔，几分钟后有人开始举手。)
师：(巡视一圈后，对学生提要求)我希望每一位学生发完言，同桌对他做点评。大家有没有信心完成老师的任务？
众生(开心地说)：能！
生18：只见他眉头一皱，牙咬咯咯响，这死老头，骗子，活该！
生19：我觉得他写得好，写出了这个不靠窗病人自私冷漠的性格。
师：我觉得你们一个写得好，一个评得好，相得益彰。
生20：我是这样写的——只见他脸色煞白，口中喃喃地说：我害死他了，我真该死。说完大声喘气，很快就死了。
生21：从这段文字我们可以看出不靠窗病人有了悔意。
师：还有同学试一试吗？
生22：他的脸涨得通红，心中羞愧万分，不久又一位病人住进来了，他开始为同伴讲述窗外的美景……
生23：这是让人感到欣喜的结局，让我们看到善总能战胜恶。
师：好，到此为止我们有了几个结局？

众生：三个。

师：这三个都被哪一句话涵盖进去了？

众生：他看到的只是光秃秃的一堵墙。

师：同学们觉得添一添的方法行得通吗？

众生：行不通！

师：这就是本文结尾的妙处,我们给它一个名称——

(板书)名称：欧亨利式结尾

特点：意料之外　　情理之中　　余音绕梁　　揭示主题

师：这就是我们本节课的重点,掌握这一写作特色,并学以致用,大家想不想尝试一下？

(五)实战演练：为下面的小说设计一个结尾

投影展示：李勉做过开封尉,在任期间,曾暗中放走了一个很讲义气的死囚犯。后来,李勉被罢官,客游河北,偶遇死囚,死囚欢天喜地地把李勉迎回家,大加款待。晚上死囚和他妻子商量："此人是我的救命恩人,我一定要好好报答他！"他的妻子也说："我夫说得很对,理当如此！"死囚问："拿什么来报答他的恩德？"其妻说："一千匹布可以吗？"死囚回答："太少了！"其妻问："两千匹布怎么样？"死囚还是说："太少,不能报恩于万一！"其妻献计说："……"

——《李勉与囚犯》

其妻献计说："不如杀了他,怎么样？"死囚说："很好,就这么办！"(众生大笑)

这样的设计与原文的结尾有异曲同工之妙。

(舒缓的音乐响起)

师：同学们,这节课我想以顾城的一句诗作结：我想在大地上画满窗子,让所有习惯黑暗的眼睛都习惯光明。希望大家都有一双发现美的眼睛,更希望大家能以今天学到的方法为"窗",去领略写作的风景。

(六)作业设计：为下面的小说设计一个结尾

吃　面

王开东

小屋注满冷,寻一条干净的凳坐下,等面。看老板娘旋转的屁股,忙得风转似。邻座是一个艳若桃花的女孩,两只黑玛瑙的大眼睛上,长睫毛不停颤动,像飞蛾的翅膀。面上来了,我吃得豪放,她吃得婉约。一会儿,我碗里已是"江郎才尽",她还有"半壁河山"。"老板,给钱",几乎是异口同声说道。女孩的脸一红,绝对有一种撼人心魂的魅力。突然,门口蹩进一个精瘦的乞丐,伸手去倒女孩的剩面。女孩眼疾手快,抢手把面倒进了卤水缸。我的心忽然盛满了悲哀,一种被侮辱、被亵渎的感觉堆上心来,镀金的天空突然变了颜色。

示例："老伯,这剩面有点不卫生",女孩红着脸,柔声说道,"老板,钱不用找了,给这位老伯下两碗面。"我的心一震,觉得眼睛湿湿的,抬起头来,那女孩一脸高贵的微笑,灿然如金。

三、设计·实践

1. 从语文教科书中任选一篇文学(或写实或文言)文本,按照本章所讲授内容,设计一个教学方案,并试讲。之后进行讨论,写一个教学反思。

2. 试讲不同文体,并体会不同文体教学的异同。

第三章 语文课程教学的实施技能(上)

◆ **学习目标**

1. 理解导入、讲解、提问、结束四种技能的含义及其实施策略。
2. 了解语文教学中导入、讲解、提问、结束技能的评价原则与方法。
3. 通过实践训练,掌握并熟练运用导入、讲解、提问、结束技能。

◆ **学习建议**

1. 在理解概念的基础上,多阅读优秀案例的教学,分析案例中的导入、讲解、提问、结束技能的运用,思考有无更好的实施策略,记录你的思考结果。
2. 观察教师的导入、讲解、提问、结束等课堂教学的实施技能,积累典型案例,并为案例写说明。
3. 在充分研究教材、学生的基础上,加强对这四项技能的预设,针对同样的教学内容,可设计不同的导入、讲解、提问、结束的预案;并在教学实践中深入理解每种教学技能的实施策略。

◆ **核心概念**

导入、讲解、提问、结束、原则、策略、评价

◆ **名人语录**

教学的艺术不在于传授本领,而在于激励、唤醒、鼓舞。

——德·第斯多惠

第一节 导入技能

一、导入技能的概述

(一) 导入技能的涵义

所谓导入技能是指教师在组织引导学生学习新的知识之前开始有计划、有目的地采用

一定的教学策略设计的教学行为方式。由此我们可以看出导入技能包含着以下几层含义。首先,导入是语文课堂教学的有机组成部分。虽然,导入处于组织引导学生学习新的知识之前,但是,从教学形式上来讲,导入是一节课的起点,与这节课的其他教学行为共同构成一个完整的教学过程;从教学内容上来讲,导入语要与教学内容高度相关,服务于教学目标。其次,导入语预设性强。导入语是导入技能的言语呈现方式,教师在进行教学内容的整体设计时,根据教学目标、学生的学习及心理情况以及教学内容等预设导入语。导入语的设计既体现着较强的教师的教学主观意图,又体现着每一位教师的教学智慧。再次,导入的设计有一定的策略。教师可根据教学目标、教学内容的不同,采用多种方法设计千姿百态的导入语。

(二)导入技能的作用

1. 明确学习目标,形成学习期待

良好的导入,能够确定语文课堂教学的基调,明确学习目标,使每一个学生都能够清楚地了解本节课要学什么,达到什么目的,怎样去学。明确的目标导向,能够调动学生的学习内驱力,积极主动投入到新知识的学习中,形成学习期待,从而有意识地调控自己的学习过程,达成学习目标。

2. 创设学习情境,激发学习兴趣

在新课伊始,导语可以创设学习情境,把学生带到文本描述的、具体的情境之中,激发学生的想象力和联想力,通过视觉、听觉等各种感官的艺术整合,对学生的思想、情感产生巨大的感染力和冲击力,引起他们的共鸣,使学生在最短的时间内进入学习新知的状态,进入到喜怒哀乐的不同体验之中。创设情境能够很好地调动学生的学习兴趣,引发学生产生积极的想象与联想,激发学生探求新知的热情与欲望,推动其独立、主动地思考。

3. 引起注意,指向学习任务

注意力集中,情绪稳定,是学生良好的学习状态,也是提高课堂教学效率的前提条件。课前学生可能从事各种无关于学习的事情,情绪可能是兴奋的,也可能是低落的。因而,新课起始,教师利用导入,给学生较为强烈、新鲜的刺激,帮助学生快速收心,驱除课前各种干扰因素,稳定情绪,迅速集中注意力,指向本节课新的学习任务,进入最佳学习状态。

4. 设置疑问,启迪学生的思维

义务教育课程标准在其课程总目标与内容中提出,"发展语言能力的同时,发展思维能力",可见思维能力的培养是语文教学的重要内容。新颖而富有创意的导入,可点燃学生思维之火,丰富其想象力、联想力;设疑置难的导入,可引发学生思考解决疑难问题的办法,促进其思维能力的发展。

5. 承旧启新,搭建平台

导入在语文教学中的作用,还体现在它能够把新旧知识衔接起来,为学生学习新知搭建平台。这样的导入,往往需要找到新旧知识的联系点,由既往学过的知识,带入新知识的学习,即古人所云"温故而知新"。

二、导入技能的实施原则

（一）密切联系教学内容的原则

导入是课堂教学的有机组成部分，导入设计要与教学内容高度相关，只有这样，才能引发学生的注意，使学生将注意力集中在教学内容上。不少教师对导入的认识不到位，或者预设不充分，往往随心所欲，游离教学主旨；或者刻意求新，追求新颖、有趣，忽视了与教学内容的关联性，绕了一圈，才又回到本节课的教学内容上，课堂气氛虽然热烈，却有害于随后的课堂教学。

（二）结合学生实际的原则

教师不仅仅是知识的拥有者、传授者，还是学生学习的引导者、促进者；学生不再是盛知识的容器，而是活生生的、富有个性的、有一定知识积累的人，是语文课程的一部分资源。为此，教师在导入时，必须要了解学生的生理、心理、知识储备等情况，并结合学生的实际，才能真正调动学生的学习内驱力，使其积极、主动地学习，才能使导入成为美丽的"凤头"。

（三）注重实际效果的原则

导入处于课堂教学之始，将为一节课的教学确定基调，为此，导入必须注重学生学习的实际效果；一味求新，追求热闹的课堂气氛是没有任何教学效果的，有时甚至会误导学生的思维。类似的教学行为不断叠加，就会对学生思维带来负影响，如表达时不能够抓住事物的本质，不能够用简洁的语言陈述自己的观点，东拉西扯，等等。

（四）简洁经济的原则

导入虽然是课堂教学的有机组成部分，所起作用毕竟只是集中学生注意力，引入教学内容，激发兴趣，创设学习情境等，而不涉及学习内容本身。为此，导入的言语要简洁精炼，所用时间要少，3～5分钟为宜。

三、导入技能的实施策略

语文课堂教学中，导入技能实施的策略多种多样，往往因授课教师、教学对象、教材等多种因素的不同而不同。有两点提醒读者注意：一是本节介绍的只是语文教学中常用的导入策略，并未穷尽；二是本节分类讲解导入技能的实施策略，这主要是方便读者学习。在语文教学的实践中，教师们往往综合运用两种以上的策略来导入，本节列举的案例中也是综合的案例，对此，要有清晰的认识，在学习与实践中，不可机械、刻板地对应某种策略，要根据实际情况综合而灵活地应用。

（一）背景导入

这是语文课堂教学中最具特点、高频率使用的一种导入新课的方法，在正式讲课之前，向学生介绍与文本密切相关的写作背景、作家的经历、作品特点、风格等。这种导入的方式，往往能够引起学生的注意与学习的兴趣，帮助学生理解文本。实施时，除要提高导入语的信息含量，为学生做语言表达的示范外；还要把握好分寸，切不可为活跃课堂气氛，远离文本大肆渲染作家、作品及其逸事。

案例研讨1

《破阵子·为陈同甫壮词以寄之》教学实录

李慧慧

同学们如果在百度搜索中输入"将军"一词,你会发觉整整有1000万条记录;如果在后面加上关键词"宋词",信息会减少到267万条记录;如果你再输入"豪放派"三个字,你会非常惊奇地发现所有的记录中都会有一个人的名字。这个人就是——辛弃疾。辛弃疾这位本准备血洒沙漠、马革裹尸的英雄少年,最终却只能笔走龙蛇,泪洒宣纸。辛苦、悲苦、愁苦伴随了他的一生。到底是怎样的人生际遇让我们只能在词作的世界中追寻他的背影呢?今天就让我们走近辛弃疾,走近这位失意的将军、杰出的文人,静静聆听他的内心的真诚独白。

(该课获2012年度上海市中青年教师教学评选一等奖)①

此导入遵循了导入技能的实施原则,既与文本联系紧密,又联系了学生已有的知识;既介绍了文本作家在文学史上的地位、创作风格,又兼顾作家一生的经历(这是学生所陌生的)。此外,开头的3个"如果",范围由大到小,也暗含着使用搜索引擎检索资料的方法。导入语言简意赅,所含信息量较大,且用时短,不失为好的导入。

(二)故事导入

这种导入方法适应于学习叙事性强的文本,如小说、戏剧等。一般说来,采用故事导入法,容易抓住学生的心,调动其学习兴趣,激发其想象力与联想力,营造良好的学习情境。但是在具体运用时,要注意几点:一是讲述内容要与文本或学习内容密切关联,详略要得当;二是语言要生动、形象,富有感染力;三是要注意控制时间。

案例研讨2

《出师表》教学实录

李玉芬

师:同学们,三国时期有很多故事流传千古,"白帝城托孤"便是其中之一。先主刘备病重,临终前他对诸葛亮说:"君才十倍曹丕,必能安国,终定大事。若嗣子可辅,辅之;如其不才,君可自取。"有哪位同学知道这"嗣子"指的是何人?

生:"嗣子"指的是后主刘禅(chán)。

师:哦?注意这个名字应该念作刘禅(shàn)。那后人是如何评价刘禅的呢?

生:称他为"扶不起的阿斗"!

师:面对扶不起的阿斗,诸葛亮会遵照先主刘备的遗言取而代之吗?带着这个问题,让我们一同走进今天的课文——《出师表》。

(该课获2013年安徽省初中语文优质课评比一等奖)②

表,是古代向帝王上书言事的一种文体。教师用有关作者的故事来导入,切合"言事"

---

① 李慧慧.《破阵子·为陈同甫赋壮词以寄之》教学实录[J].语文教学通讯,2013(7-8/B):60—62.
② 李玉芬.《出师表》教学实录[J].语文教学通讯,2014(7-8/B):57—59.

的特点,同时又可以迅速集中学生的注意力,激发其探究的热情:这位在中国历史上被称为智慧化身的诸葛亮,是辅佐刘禅呢?还是取而代之呢?真可谓一石激起千层浪,必然激发学生思考问题的积极性和一探究竟的欲望。

(三)温故知新

新讲授的内容如果与旧知识联系较紧密,可以采用这种方法。其一是通过复习旧知识,引入新讲授内容。其二是复习以前所学习的教学文本中与今天所学内容密切相关的部分,使学生在温习旧知识的基础上探索所要学习的内容,通过比较获得较为清晰的认识。其优点是有利于学生了解新旧知识间的联系,形成比较完整的知识系统。使用此法,必须找准连接新旧知识的纽带,讲清二者之间的关系,引起学生的注意和思考,使新旧知识浑然一体,避免新旧知识"两张皮":复习是复习,新授是新授。先来看一个案例,然后进行课堂讨论。

◆ 案例研讨3

《芦花荡》教学实录
李凤英

师:上节课,我们已经了解了这篇小说写了什么。请同学们回忆一下。

(屏显:谁?在哪儿?发生了什么故事?/主人公"老头子"是个怎样的人?)

生:一个老头儿,在芦花荡,护送两个女孩,因为失误使大菱受伤,老头儿用一根竹篙智杀鬼子为大菱报了仇。

师:竹篙(hāo)?你来把这个字写在黑板上。

(生写得很大也不是很好看,听课的老师笑了)

师:这个孩子很善良,他怕大家看不见,竹字头的读(gāo),组个词——"竹篙",草字头的读(hāo),组个词——"茼蒿",就是我们吃涮羊肉涮的那种蔬菜。(师板书,领读,示意学生回答第二个问题)

生:老头子是个自尊自信有智慧有胆识的抗日英雄。

师:很好,大家都了解了这篇小说写了什么。但是如果你没有看过这篇小说,单是一个人给你如此讲述一个老头儿在芦花荡中为了给受伤的孩子报仇,不用枪弹,单枪匹马杀死好些个鬼子,你有什么想法?

生:觉得简直就是个传奇。

师:"传奇"这个词用得很漂亮。什么是传奇呢?(生查字典)

生:事情的发展或者人物的思想行为超越了常理,我们就说这是个传奇或者有传奇色彩。

师:非常好!这么一说,这个"传奇"还真是恰当得很,小说中有好几处超越常理,所以才构成孙犁这篇小说的传奇色彩。那你们想知道孙犁是怎样打造这个传奇的吗?这节课,我们就随孙犁一起走进《芦花荡》,领略一下孙犁小说精妙的构思。

(该课获2012年河北省语文优质课大赛初中组一等奖)[1]

---

[1] 李凤英.《芦花荡》教学实录[J].语文教学通讯,2014(7-8/B):45—47.

课堂讨论

1. 分析复习的知识与新授的知识之间的关系。
2. 教师是如何将新旧知识衔接在一起的？这样的衔接是不是最好的？想一想，用其他方法衔接。比较二者的优劣。
3. 关于"篙"的读音，能否不在导入中教学，把它放在即将结课时，与其他生字一起教学？

（四）设置悬念

设置悬念的导入技能是指针对所讲授的内容设置问题或悬念，引入新课。其优点是能够引起学生的注意，调动学生的思维，激发学生解决问题的欲望。在具体操作时，要注意问题的设置一定要切合学生的已有知识水平以及心理实际。问题难度过大或太简单，或与学生的生活相去甚远，都难以激发学生的求知欲，难以取得良好的教学效果。

案例研讨4

《记承天寺夜游》教学实录

段岩霞

师：林语堂曾这样形容一位名人："他是一个不可救药的乐天派，一个伟大的人道主义者，一个百姓的朋友，一个大文豪、大书法家、画家……一个月夜的漫步者，一个诗人，一个生性诙谐爱开玩笑的人。""他曾为妓女题诗，他与和尚趣谈，他为百姓求雨，他四处游历。"你们知道他是谁吗？

生：苏轼。

师：对！他就是诗书画文俱绝、多才多艺的苏轼——苏东坡。今天我们来学习他的一篇游记——《记承天寺夜游》。

（该课获2012年山东省初中语文优质课评比一等奖）①

该导入语，运用了猜谜式的言语呈现方式来介绍作者，借鉴时下一些文艺节目所采用的、为人们喜闻乐见的方式，随着教师评介言语的展开，学生也在积极思考，寻求答案。这一过程激发了学生思维的积极性和求知欲，营造了生动活泼的课堂气氛。如果将此导入语改为"我国著名学者林语堂曾评价苏轼是……"的直接介绍式，未免平铺直叙，很难引发学生的学习兴趣。

（五）虚拟情境

指运用现代技术手段，为学生创设出"真实"的图景，生动地再现文本所描绘的场景，让学生感知那些所未见的场景，帮助其理解教学文本。现代信息技术与语文学科的整合，往往能够以新的呈现方式为学生提供立体的、丰富多彩的学习情境，激发学生的学习兴趣。

---

① 段岩霞.《记承天寺夜游》教学实录[J].语文教学通讯，2013(7-8/B)：15—17.

案例研讨 5

《胡同文化》教学实录
郑逸农

上课铃声响过,教师打开多媒体,屏幕上马上映出古朴辉雅的北京胡同,高亢热烈、韵味淳厚的京腔歌曲《故乡是北京》在京韵大鼓的伴奏下袅袅而起,响彻教室。

师:看大家的表情,都被这画面和歌曲深深地吸引住了。感觉怎么样?

生:太美了!太有魅力了!

师:对,古朴辉雅的北京胡同,韵味淳厚的京腔京曲,让我们感受到了北京文化绵绵的魅力。今天,我们学习的是一位文化老人写的京味小品文《胡同文化》。①

执教者用多媒体为学生展示了北京的胡同,使不熟悉北京胡同的学生有了较为直观的感受,同时配以京腔京韵的歌曲,创设了很好的学习氛围,为学生理解《胡同文化》的内涵奠定了良好的基础。

值得注意的是:在语文课堂教学的具体操作中,我们既要看到现代信息技术的巨大作用,又要看到它工具性的本质;从而既要防止技术至上主义,又要避免陷入技术无用论的泥坑。也就是说,既要大胆运用现代信息技术创设学习情境,又要避免无节制的、脱离语文教学的实际情况的盲目运用。我们提倡以提高语文课堂教学质量为目的,以转变学生的学习方式和促进学生发展为宗旨的教学技术应用观。

(六)解析课文题目

这是语文课堂教学中较为常用的一种技能。其优点是能够通过分析题目来理解文章的内容,明了文章的结构,起到以点带面的效果。如《邹忌讽齐王纳谏》就可从对题目进行语法分析入手,当学生明白这是个兼语句时,也就明白了文本主要写了两件事:邹忌讽齐王,齐王纳谏,自然也就明白了文章的结构。我们再来研究一个案例。

案例研讨 6

《信客》教学实录
黄华英

师:同学们,今天我们一起学习余秋雨先生的《信客》。(师板书课题、作者)

师:"信"是一个会意字,由"人"和"言"两个字根组成。"人""言"为"信",它是指走动着传达口信的人。"信客"就是送信的人。在 2005 年"感动中国人物"中,有一位邮递员被称为"大山里的孤独信使,马班邮路的铁汉。"他就是——王顺友。

(屏显王顺友简介,此略)

师:王顺友在平凡的工作中表现出一种不平凡的伟大。现在,就让我们走近信客,去感受他们那凄苦而伟大的人生。

(该课于 2012 年第二届江西省中学优秀语文教师评选活动初中组获奖)②

---

① 郑逸农.品味文化 感受魅力——《胡同文化》教学实录[J].中学语文教学,2002(8):25—28.
② 黄华英.《信客》教学实录[J].语文教学通讯,2014(7-8/B):43—45.

教师从分析"信"字的字形、字义入手,解析课文题目的含义,继而又援引现代生活中的邮递员王顺友的事例,进行对比,进而揭示课文的主旨。

(七)揭示目标

揭示目标是指在上课之初,教师直接陈述或以其他方式直接呈现本节课所要学习的主要内容。其优点是节省时间,使学生的思维明确地指向学习目标,并以学习目标调控学生的学习行为。其缺点是不生动,缺少循序渐进的过程,不易调动学生的学习兴趣。操作时,应结合学生和文本的实际情况来进行。

案例研讨7

《小石潭记》教学实录

田 玲

清代的才子涨潮有言:"文章是案头之山水,山水是地上之文章。"这节课,老师要带大家穿越到唐朝,跟柳宗元一起去看看永州的小石潭。(师板书课题及作者)

此行我们有三个目的:一是欣赏小石潭的美景,二是体悟柳宗元对小石潭的情感,三是引导同学们学到写作的技法。(师板书"景、情、技")

(该课获2013年陕西省中学语文教学优秀成果一等奖)[①]

教师以名言入文,直接提出了本节课的学习目标"有三个目的",并以精练的语言概括之,书写在黑板上加以强调。这一系列教学行为,将学生的注意力集中在本节课的教学目标上,使学生清楚地知道了本节课的学习任务是赏析美景、体悟情感、学习写作技法。

(八)朗读导入

应该说,书声朗朗是语文阅读教学的显著特征之一,以朗读课文作为一节课的开端,能够使学生初步感知文本,体味文中的思想情感。特别是文学作品更适合用朗读来导入。在操作上,教师要注意以下几点:一要"教"学生"读"。学生由于受生活阅历、文化知识等的限制,对文本的理解不够全面、不够深入是在所难免的。因而,教师要讲解文义,从停、连、轻、重、语调等方面进行指导。二要坚持鼓励的原则。教师不可以"专家"自居,抱着挑毛病的心态来教学生朗读;而要以平等的心态来教学,对学生读得好的句段,哪怕是一个字、一个词也要及时表扬,以培养学生朗读的兴趣。三要遵循反复体验的原则。学生朗读不一定能够一次就朗读到位,教师要放手让学生多读,多体会。四要尊重学生独特的体验。由于每一个学生的生活经历不同,因而对文本的理解也会不同,朗读的方式也因此而异,这是符合文学鉴赏规律的。语文课堂教学中,在不违背文本主旨的前提下,要尊重学生独特的体验,独特的朗读,不一定要求学生都用统一的语调、统一的方式来朗读;也不强求学生的理解一定要和教师的理解一致。

---

① 田玲.《小石潭记》教学实录[J].语文教学通讯,2014(7-8/B):88—91.

案例研讨8

《律诗二首》教学实录
余映潮

师：今天学习《律诗二首》。这课咱们没上过，把两首诗放在一起，会有另外一种韵味在里面。诗歌最重要的学习方法是朗读。下面请两位同学将《过故人庄》和《游山西村》分别读给老师听一下。

（生甲读《过故人庄》，生乙读《游山西村》）

师：呵，读错了一个字，两个读反了。再读的时候节奏要分明一点，不能读断。你们听我读："故人具鸡黍，邀我至田家。"

（学生齐读《过故人庄》和《游山西村》，教师板书：朗读）

师：读文言诗词，重要的是吟读。（板书：吟）吟读，是按照诗的个性来读，按照自己的体会来读。要读得比较慢，有时候要拖音。①

（九）创设情境

教师用饱蘸着感情的言语，与学生交流，激发学生内心的情感，从而使学生与文本所抒发的思想情感产生共鸣。这一技能能够创设很好的学习情境，为学生理解内容，掌握和运用所学知识奠定良好的基础。

案例研讨9

《关注行动　写活人物》教学实录
李晓萍

同学们上课之前，我想跟你们分享一下我的心情。今天坐在这个宽敞的体育馆里，我的心里一直洋溢着满满的感动和感谢。我们三美学校的同学每上完一节课，都会向上课的老师鞠躬致谢，然后依次整齐地向左、向右、向后鞠躬，向在场的每一位老师致礼，这个举动深深地温暖和感动着我们在场的每一位老师。谢谢你们。（师鞠躬，生鼓掌）

从这件事情中，我也感受到生活有时候不需要语言，只是一个简单的行动，就让我们印象深刻。作文也是如此，人民文学艺术家老舍说："只有描写行动，人物才能站立起来。"可见行动描写对于表现人物非常重要。这节课我们就来探讨一下如何通过行动描写写活人物。（板书课题"关注行动　写活人物"）

（该课获2011年广西中学语文优质课展评（初中组）一等奖）②

这是一节写作教学课的导入，其教学内容是"关注行动　写活人物"。教师以自己在教学现场看到的三美学校的学生向听课教师鞠躬致礼的行动，创设了真实可感的学习情境，为学生学习"通过行动描写写活人物"的教学内容奠定了基础。

---

① 余映潮，汪中苏.《律诗二首》教学实录[J].语文教学通讯，2002(11 A)：17.
② 李晓萍.《关注行动 写活人物》教学实录[J].语文教学通讯，2013(7-8/B)：75—77.

（十）联系生活经验

教科书选择文本的要求是"文质兼美,具有典范性",因而一些文学史上的经典,与学生的生活有一定的距离,造成学生理解上的困难。在教学这样的经典时,教师可以选择恰当的角度,联系学生已有的生活经验,去体验作者传达出的情感。

案例研讨10

《乡愁》教学实录
胡 健

师：同学们,老师问你们一个问题,离开过家没有?

生：在初二上学期的时候,离开家三天两夜去园博园。

师：哦,第一次离开家,离开父母是吗?

生：嗯。

师：有什么感觉?

生：还不错。(生笑)

师：还不错!没有爸爸妈妈在旁边唠叨,很爽!还有同学有这样的经历吗?

生：有一次我跟同学出去旅游,两天没回来!

师：两天没回来!

生：嗯,挺想家的,那种感觉就是很想回到父母身边。

师：哦,离开两天就想家了。

生：是的。

师：同学们,正如刚才那位同学说的,我们刚刚离开家的时候,可能还曾庆幸没有了妈妈的唠叨、爸爸的呵斥,可是时间一久,我们就体会到想家的滋味。如果让你一年、两年、甚至十年、二十年离开家,那又是一种怎样的伤痛呢?今天老师和你们一起来学习台湾诗人余光中的《乡愁》。我们一起来感受诗人那浓情似雾的乡愁世界,一起来倾听诗人内心的呼唤。现在请大家把诗歌大声地、自由地朗读一遍。

(该课为2013年江苏省"教学新时空"名师课堂初中组获奖课)①

余光中的《乡愁》中所描绘的乡愁,具有历史感、地域感、现实感,具有以往的乡愁诗所不可比拟的广度和深度。以初中生的年龄与经历是很难体会到位的。教师选择了联系学生生活实际导入课文,为学生走进《乡愁》,体验情感,奠定了基础。

四、导入技能的评价

导入语的预设性比较强,有效导入的教学效果在于激发学习兴趣,形成学习动机,集中注意力,进行自主学习和有意义学习。因而对导入技能的评价也应该紧紧把握这几点。可运用表3-1评价导入的教学效果。

---

① 胡健.《乡愁》教学实录[J].语文教学通讯,2014(7-8/B):33—36.

表 3-1 导入技能的评价表

课题：		讲课教师：		评价者：		时间：

评价项目	权重	评价等级				得分
		优秀	良好	中等	不合格	
导语新颖,能激发学习兴趣,集中注意力	0.15					
导入目标明确,学生清楚学习任务,形成学习期待	0.20					
新旧知识之间联系紧密,衔接过渡自然	0.15					
导入能引发学生积极思考,促进探究	0.15					
导入语言精练、生动,条理清晰	0.20					
时间控制合理,紧凑不拖沓	0.15					
总分						
补充意见或建议						

注：请在听课前阅读该表中的项目；听课时认真观察教师的表现；听课后根据讲课者的表现作出评价。总分在 9～10 之间为优秀,在 7～8 之间为良好,在 6～7 之间为中等,在 0～5 之间为不合格。

第二节 讲授技能

一、讲授技能的概述

讲授一直是语文课堂教学的一种重要形式。讲授就是教师在消化了教材以后,根据教学目标和学生的实际,通过语言和其他辅助教学手段对系统的学科内容进行讲述的教学活动。① 此定义对讲授技能做了四方面的限制,即只有符合这四条要求,才能称之为讲授。

（一）教师必须二度消化教材

一度消化教材是教师作为学习者对输入信息的加工,目的是理解；二度消化教材则是作为教师,针对学生存在的问题,结合学生的特点、条件,对即将输出的信息进行的加工,目的是让学生更好地理解。

（二）讲授的内容要具有系统性、科学性

在语文教学中,教师不论是传道、授业,还是解惑,都必须有系统性和科学性。例如"有感情地朗读课文",如果只是告诉学生要有感情地朗读,然后播放名家朗读的录音,或教师示范,而后学生模仿,在朗读课文的实践中去"悟",这就不叫讲授。如果能够讲出此课文的感情是什么,这样的感情要用怎样的语调、语速来朗读,可谓系统地讲了怎样朗读；如果能够对发声、气息和情感表达之间的关系讲出一定的科学道理,谓之有科学性。只有将这二者结合起来才能称之为讲授。

（三）讲授要制约于教学目标

一定的教学要求是构成讲授的必要因素之一。所谓一定的教学要求是指学生通过听讲

---

① 杜和戎.讲授学[M].北京：华语教学出版社,2007：13.

而达到的学习结果,如知道、懂、理解、接受、掌握等。讲授作为语文课堂教学的一种技能,不同于一般意义上的言语活动,如学术讲座、相声等,必须要受到教学目标的制约,达到一定的教学要求,并通过一定的方式检测其是否达到教学要求。

(四)讲授必须通过语言来表达

讲授和语言密切联系,没有语言就没有讲授。语言比文字承载着更多个性化的信息,与其他教学手段相比,语言更为方便、及时、灵活。有声语言的这些特性,使得它在讲授中占据着独特的位置,起着主要作用。语言使用的必要性也是讲授与其他教学方式(作业、自读)的主要区别。

二、讲授技能的实施原则

(一)精准性的原则

所谓精准性,有两层含义,一是指教师在二度消化教材时,对所要讲授的内容理解准确、透彻、通达;二是指在此基础上,教师于课堂教学中所讲授的内容是精炼的、正确的,并使学生对所学内容的理解逐步准确、透彻。这是实施讲授所必须要遵循的一条原则。如果教师讲授的知识不准确,会造成学生理解错误。这种错误有时会伴随学生很长一段时间,甚至是终身。为此,教师在研究教材上要下真功夫,真正做到消化教材,吃透教材,并且能够将教材内容教学化。

(二)启发性的原则

讲授就是把知识讲准确,把道理讲得透彻,把学习内容讲得浅显易懂,以帮助学生更好地学习。孔子在《论语·述而》中云:"不愤不启,不悱不发,举一隅不以三隅反,则不复也。"宋代理学家朱熹解释:"愤者,心求通而未得之状也;悱者,口欲言而未能之貌也。启,谓开其意;发,谓达其辞。"这段话旨在强调学生积极思考,强调教师注重启发。叶圣陶也曾经说过,"'讲'都是为了达到用不着'讲'","教师就要朝着促使学生'反三'这个标的精要的'讲',务必启发学生的能动性,引导他们尽可能自己去探索。"[1]可见,在讲授中启发学生积极思考,诱发学生达到"愤""悱"的状态,为学生的思维定向,进而指导学生学习,是讲授的要义之所在。

(三)感染性的原则

一方面,语文课程的教学文本蕴含着作者对人生、对社会、对自然等方方面面的情感体验,学生在学习过程中必然也会体验到这些丰富的情感;另一方面,语文课标明确指出培养学生"高尚的道德情操、健康的审美情趣和积极的人生态度"是语文教学的一个任务,要"注重感染熏陶,潜移默化,把这些内容渗透于日常的教学过程中",提高学生的审美情趣。为此,语文教师实施讲授时,既要挖掘教材中的美育因素,有意识刺激学生的审美需要;又要全身心投入,用自己的言语去触动学生的情感、美感和灵感,以情动之。

---

[1] 叶圣陶.大力研究语文教学 尽快改进语文教学[C].全国中语会编.叶圣陶 吕叔湘 张志公语文教育论文选.北京:开明出版社,1995:6.

(四)切合需要的原则

讲授技能在教学中源远流长且广泛运用,从两千多年前孔子的"私学",柏拉图的"学园",一直延续至今,中外教学无不运用,足见讲授是重要的教学方法。新课程改革以来,倡导合作、探究的学习方式,少讲、精讲已成为语文教师们对讲授达成的共识,然而,学生在学习过程中还是会有疑难问题,讲授依然是主要的教学方法。讲什么,怎么讲,也一直是语文教学中备受关注的问题。讲授的内容要切合学生的实际,学生懂的不讲;模棱两可,或者不懂不知的问题则要讲深讲透。惟其如此,才能讲为学用,才能激发学生的求知欲。

(五)示范性的原则

语文教学,负载着对学生的语言教育,因而,语文教师的言语表达对学生有着较大的影响作用,学生,特别是年龄较小的学生,经常模仿教师的语言、动作、板书等。为此,语文教师教学言语表达具有示范作用。因而,在规范、准确之上,还应该追求形象生动,同时应辅助以得体的体态语,增强言语表达的效果,成为学生模仿、学习的范例。

三、讲授技能的实施策略

讲授的方法多种多样,在语文教学中常用到的有直接讲授、对比讲授、从具体到一般、从一般到具体、引导式讲授等。

(一)直接讲授

顾名思义,这种方法就是直接陈述知识的内容。往往用于回答比较简单的陈述性知识。我们来看下面的例子。

案例研讨 1

《陋室铭》课堂实录(一)
李卫东

师:我们第一遍读,要求结合注释读准音,并大体弄懂文章的意思。如有疑问,可以和同桌商量,实在解决不了,请提出来。

生:"白丁"是什么意思?

师:谁来回答这个问题?

生1:"白丁"是平民的意思。

生2:这里指没有学问的人。

师:简单说一下。在唐朝,穿衣服能体现人们地位的高低,以黄赤最为高贵,红紫为上等,蓝绿次之,黑褐为低下,白色是没有地位的。所以,"白丁"指平民百姓,这里指没有学问的人,为什么?

生:因为前文中有"谈笑有鸿儒"的句子,"鸿儒"指有学问的人,前后对应,后文的"白丁"应指没有学问的人。

师:这位同学能结合语言环境来理解词语的意义,很好。[1]

---

[1] 李卫东.《陋室铭》课堂实录[J].语文教学通讯(初中刊),2003(3):23—24.

◆ 课堂讨论

1. 教师是否把"白丁"讲清楚了？请小组讨论，并运用本节所讲授的内容进行评价，写一段分析本案例的文字。
2. 教师是否关注学习方法的教学？

（二）对比讲授

语文教学的一大任务就是引导学生正确理解文本的语言文字。由于文本所描述的生活与学生的生活经历有着一定的距离，造成学生理解上的困难。这就需要教师结合文本，为学生创设语境，通过对不同句式表达效果的比较、讲解，让学生在具体语境中理解文本语言所表达的思想情感。

◆ 案例研讨2

用另一种眼光读孙犁：从《荷花淀》看中国文化

程少堂　邹　玲

师：大家看第2页水生和他媳妇之间的对话，这些对话非常简洁，但是又情意绵绵。"水生笑了，女人看出他笑得不平常，'怎么了，你？'"这句话很多资料上都有。我把它改一改，两种改法。一种是把"你"字去掉，改成："怎么了？"另一种是把主语"你"提到前面去，改成："你怎么了？"表达的感情有什么不同？

生：少了一种夫妻之间的关怀，还有妻子对丈夫的牵挂。

师：比较焦急，是吧？所以水生媳妇先把一种状态问出来，然后再说"你"。

师：接下来我们再改一句："女人的鼻子有些酸，但是她并没有哭。"我把它这么改："女人的泪水直往下淌，她咬了咬牙。"可不可以？（笑声）

中国文化有一个特点，就是（学生说：忍！）忍，也是对的。孔子在编《诗经》时说了句话："乐而不淫，哀而不——（学生齐答：伤）"。对，是指乐而不过度，哀伤也不过度，在这个地方也是一样的，主要表现觉悟了的中华民族的女性的精神状态。①

从上例中，我们可以看出：教师围绕着本节课的教学目标——中国文化，进行对比式讲解：先采取了修改文本的句式，之后把修改句与文本原句作比较的方法，让学生在比较中理解文本，这是感性层面的认识；然后教师列举孔子的话语，揭示作者用这样的语言描写的深层意义，这是理性层面的认识。教师讲解的作用就是在学生粗浅理解的基础上，帮助学生深入理解文本的内涵，从而与作者对话，与文本所反映的那一时代的人物对话。

（三）从具体到一般

这样的讲授方法，适合于年龄较小的学生。他们的抽象思维还不是很发达，对事物的认识通常是从具体的、可感的性状开始，然后才能抽象出规则、规律。或者是比较难以理解的内容，也需要从感知具体事物入手。

---

① 程少堂,邹玲.用另一种眼光读孙犁：从《荷花淀》看中国文化[J].语文建设.2004(5)：15—18.

案例研讨 3

《陋室铭》课堂实录（二）
李卫东

生：第一句"山不在高,有仙则名"与"水不在深,有龙则灵"对应,山对水,高对深,对仗工整。

师：这下,问题来了,紧接下来是"斯是陋室,惟吾德馨",如果改成与上文句式一致的句子不是更好吗?我们大家来改改看。（学生试着改写）

生1：房不在好,有我则行。

生2：室不在陋,有德则馨。

师：室不在"陋"吗?对,说反了,应是室不在——华,我们可以改成：室不在华,有德则馨。行吗?意见不一致。那么,我们再来看这样一句,"苔痕上阶绿,草色入帘青"。它的后面几句是"谈笑有鸿儒,往来无白丁。无丝竹之乱耳,无案牍之劳形"。如果按两两相对的结构,可以改为"有苔痕上阶绿,有草色入帘青；无……,无……"。同学们试着再加一加。（学生试改：无房子之华丽,无闲人来打扰；无奇花异草,无群蜂群蝶……师逐一点评）

师：老师也试着加一句：无名花攀影,无贵木帮衬。改后感觉怎么样啊?老师来读一下——山不在高,有仙则名；水不在深,有龙则灵。室不在华,有德则馨。有苔痕上阶绿,有草色入帘青。无名花攀影,无贵木帮衬。

生：缺少美的语感。

师：噢,他感觉出来了,结构太一致了,没有了变化,一个调子,让人生厌。整散结合,长短结合,读来才会抑扬顿挫、摇曳生姿。①

在上面的教学环节中,教师要讲给学生的知识是本文在句式的运用上,整散结合,长短结合,营造了抑扬顿挫、摇曳生姿的音乐美的意境。为使学生对这一知识有深刻的理解与认识,教师先让学生按照上下句对应来改写原文,然后朗读改写过的文章,经过比较,学生感觉到了整齐划一,"缺少了美感"；在此基础上,教师再讲一般行文的规则,要"整散结合,长短结合,读来才会抑扬顿挫、摇曳生姿"；学生有了前面的感性认识,自然就会水到渠成地、深刻地理解这一写作法则。

（四）从一般到具体

认识论告诉我们,人的认识是从具体到一般,然后再从一般到具体。所以,为了让学生掌握知识（规律）,并用知识（规律）来指导对具体文本的理解,有时也采取先讲概念,再列举例子的方法来讲解。

案例研讨 4

《我愿是急流》课堂实录（节选）
余映潮

师：好,下面我就把同学们说的回顾一下。这首诗有三美：意象丰美,意境优美,意蕴淳

---

① 李卫东.《陋室铭》课堂实录[J].语文教学通讯（初中刊）,2003(3)：23—24.

美。(课件显示)

什么是意象丰美呢?大家首先把什么是意象记下来。意象,简言之,就是渗透着诗人情意的具体形象。咱们中国人往往用红豆表示相思,用杜鹃表示悔恨,用杨柳表示送别,这就是意象。这首诗的意象丰美就表现在连用了十几个意象,而且都是两两相依。不仅角度丰富,而且层层递进,从对爱人的呵护一直写到欣慰地看着爱人的成功,每两个意象之间是相依相存,不能分开的,有急流、小河就有小鱼,有荒林就有小鸟。

第二,意境优美,什么是意境?就是文学作品中表现出来的蕴涵着作者思想感情的艺术境界。我们初中读《天净沙·秋思》,它的意境是凄婉的;我们读《十一月四日风雨大作》,它的意境是悲壮的。这一首诗的意境是开阔明朗的,是优美清新的,它具有悠远无尽的意味。

再看意蕴,什么是意蕴呢?意蕴就是文学作品里面渗透出来的理性内涵。比如说作品中渗透的情感,比如说作品中表现出来的一种风骨,表现的人生的某种精义,或者某种主旨。这首诗表现了一种甘愿牺牲的热烈的爱情,很纯粹。当然,由于人的世界观的不同,人的文化素养不同和人的性格不同,人们在爱情上往往表现出不同的想法、不同的看法,把它化为文学作品,那么也就表现出不同的意象、不同的意境、不同的意蕴。①

余映潮老师把这节课分为四个板块:美美地听、美美地读、美美地品、美美地说。节选的是第三个板块"美美地品"中的一环节。这一教学环节主要是教师在学生品读基础上的总结性讲解,余老师就采用了先讲定义再举例的方式讲解了意象、意境和意蕴。

(五) 引导式的讲授

新课程改革以来,课堂教学中的讲授方式也有了许多新的变化,引导式讲授成为重要的讲解方式。所谓引导式讲授,就是指把要讲授的内容转化为学生学习的过程。通常是教师先设计具有一定层级的问题,通过引导学生回答这些问题,而达到教学目的。教师主要的任务是设计并引导学生回答问题,不做或少做大段的集中讲授,只在学生回答不正确时,加以纠正;或在其回答散乱时,加以梳理、归纳;或以简洁的语言点明学习的目的。

案例研讨 5

微润荡漾,课堂会更"蔚蓝"
——以《蔚蓝的王国》为例

徐艳霞

这时候,有个学生提出了问题:老师,我这里不懂:"她就在这儿……虽然看不见,但近在咫尺。不消片刻,她的眼睛就会闪出亮光,她的脸上就会现出笑容……她的手就会拉着你的手——拉着你一起进入永不衰败的天堂!"这里的"她"是谁呀?

(热烈讨论之后,学生再次交流)

生:因为这是想象的世界。这个蔚蓝的王国,表面上看起来好像是大海,其实不是,这是一个幻想中的世界,不然就不可能有仙岛;既然有仙岛,就会有仙女,是想象的呀!

生:是想象的,诗中说"驾驶它的是我们自己无忧无虑的心灵",这就说明是想象的。

---

① 余映潮.《我愿是急流》课堂实录[J].语文教学通讯(高中刊),2004(10):25—27.

（学生的交流不能说没有一定道理，但是过于理性，而且没有直接回答"这个'她'到底是谁"这个问题）

师：同学们，我们再回到文本中，读一读这段文字前面的一段文字：

随同花儿和鸟儿一起飘来一阵甜滋滋的声音……其中仿佛有女人的声音……周围的一切：天空、海洋、微微飘动的风帆、船尾潺潺的水流——一切都在倾诉着爱情，倾诉着无比幸福的爱情！

师：有什么发现吗？

生："一切都在倾诉着爱情，倾诉着无比幸福的爱情！"这个"她"应该是诗人的爱人吧？

师：好。还可以说，是"爱的化身"，这里的"她"不是一个具体的对象，而是一个爱与美的化身。所以这个"她"是"我们每一个人都爱着的那个人"。这样美好的爱，是每个人都向往的，她可以"拉着你一起进入永不衰败的天堂"。

学生明白了这个"她"，脸上露出快乐的神情，对"蔚蓝的王国"更加向往和热爱了。①

这个案例中，学生读不懂课文，提出"这里'她'是谁"这一问题。教师没有选择直接讲解的策略，而是先让学生讨论，之后交流，试图解答疑问；但是学生并没有完全理解文章，因而学生的交流虽有一定的道理，但并没有直接回答问题；在这种情况下，教师引导学生"再回到文本中"，通过再读文本，去"发现"答案；在学生对此有了一定认识的基础上，才作了讲解，使学生明白了"'她'不是一个具体的对象，而是一个爱与美的化身"。教师的这一系列教学行为，把学生个体的问题转为全体学生的学习内容，有效地避免了信息的单向传输，并引导学生紧扣文本，寻求答案，避免了游离文本任意解读的弊端，于讲授过程中彰显语文学科特点，教学效果好。

四、讲授中应该注意的几个问题

（一）落实到发展语言和思维上

语文是对学生进行母语教育的课程，义务教育语文课程标准把"发展语言能力的同时，发展思维能力"作为语文课程的总目标之一。所以，语文教学中的讲授，就是要让学生学习作者是怎样遣词造句的，用怎样的语言形式来表达思想情感的，理清其文思脉络。也就是说，教师不论是答疑解惑，还是集中讲授，都要围绕着发展学生的语言能力，发展学生的思维能力这一主旨。

（二）具有合理的讲解结构

讲授知识、解答问题或讲述事件，要有合理的结构和思路。这种结构和思路，是教师对知识、问题或所要讲述内容的合理组合和解析，同时这种组合与解析也要符合知识结构之序，符合学生思维发展之序。为此，教师的讲授要提出系列化的关键问题，进而形成清晰的讲授框架。所谓讲授框架，就是一个完整的思维过程，它包括思维的起点、逻辑进程和思维的结果。思维的起点最重要，也就是讲授的"突破口"。在确立讲授框架时，首先要选好突破口；其次是在逻辑进程中，抓好能实现讲授目标的关键点。

在讲授时，应力避随意性。一些教师在讲授时，主次、详略处理不恰当，往往想到哪儿讲

---

① 徐艳霞.微澜荡漾，课堂会更"蔚蓝"——以《蔚蓝的王国》为例[J].中学语文教学.2014(11)：27—29.

到哪儿,按照个人的喜好,随意发挥,不顾及学生的认知特点和学习的实际情况,在不重要的枝节上大讲特讲,重要的内容却轻描淡写,甚至没讲到。这样的讲授,必然会造成学生思维混乱,使学生摸不着头脑,抓不住要领,从而难以形成正确的语文学习方法和思路。革除上述现象,教师需要有扎实的专业基础和广博的文化知识背景以及敏捷的应变能力。

(三) 运用恰当的教学语言

教学是语言的艺术,同时也是交流的艺术。教师的讲授是为了帮助学生更好地理解和运用祖国的语言文字。教学语言是教师进行教学的主要凭借,所以,选用教学语言就显得十分重要。

1. 教学语言应是口语化的

不少教师,特别是准备走上讲台的师范生,对这一点认识不足,容易犯教学语言书面化的错误,给学生的感觉是教师"坐"在电视机里,缺少亲切感,师生之间距离远,不容易沟通,而口语则能够弥补这方面的不足。

2. 教学语言应适合学生的年龄特点

给年龄小的学生讲授知识,通常用描述性的语言,尽量少用术语,不能够过多地考虑科学性。对年龄大的学生则相反,要考虑科学性,要适当地运用术语。例如,初中阶段,学生刚接触议论文,我们把论证方法称为"举例子""打比方"等,而高中阶段则称为"举例论证""比喻论证"。

3. 教学语言要适应讲授的内容

讲授文学性强的内容,则宜多用描述性的语言进行生动形象的讲解;讲授其他类的知识,则适宜用阐释性、说明性的语言。

(四) 选择适宜的策略

1. 把握讲授的度

指难易程度,这是由语文知识的序列和学生的认知水平决定的。语文教师应根据讲授的内容所处的语文知识序列的点和学生语文学习的实际情况,确定讲授内容的难易深浅。既不能讲得过浅,学生会因内容的浅易而提不起学习兴趣;又不宜讲得过深,超过学生的接受能力,使学生产生畏难情绪,放弃学习。应该以"跳一跳够桃子"为准则,难易适中。用心理学的理论来看,也就是说,所讲解的内容,不能只适应学生发展的现有水平,走在发展的后面,而应适应最近发展区,从而走在发展的前面,并最终跨越最近发展区而达到新的发展水平[①]。这样,才能有力促进学生认知的发展,才能使讲解收到良好的效果。

2. 把握讲授的时机

讲授的时机是非常重要的,同样的内容,在不同的时间去讲,学生的接受程度可能就不一样。首先,教师要千方百计地为学生创设学习的情境,让学生处于一种渴望得到知识的情境中,教师再讲解知识的关键点,或者解决学习知识困难的环节。这也就是孔子说的"不愤

---

① 连声主编.学与教的心理学(第四版)[M].上海:华东师范大学出版社,2006:37.

不启,不悱不发"。其次,也可以通过老师的启发诱导,在水到渠成之时再讲解给学生。心理学的研究成果告诉我们:任何知识的获得都必须经过学生的主动同化才能实现,因此,不能满足于把知识灌输给学生,而应该通过讲授,给学生设置思考的点和线,使学生运用自己的思维来掌握知识,形成能力。

3. 善于使用例证

例证是进行学习迁移的重要手段。例证能将熟悉的经验与新的知识、概念联系起来,举例的数量并不重要,重要的是所举的例子与新讲解的内容之间具有实质性的、非人为的逻辑联系,并要对此联系作透彻的分析。

4. 恰当运用强调

在清楚连贯、系统讲授的基础上,突出重点,对新旧内容之间的联系和新内容作透彻的分析,给学生留下深刻的印象是非常重要的。恰当地运用强调,是做到这一点的重要手段。强调的内容应该是讲授的重点或关键部分,强调的方法主要有:① 用语调的变化进行强调,可以加重语气,提高音量或降低音量;② 用非言语进行强调,可以适当地用面部表情、身姿、手势等非言语手段,增强言语表达的效果,从而凸现重要或关键内容;③ 直接用语言提示进行强调;④ 运用重复进行强调;⑤ 板书或在板书上做出标记进行强调;⑥ 与学生互动,通过提问等方式进行强调。

5. 重视反馈,及时调控

在调控过程中进行强调。在讲授中,教师要善于通过观察学生的表情、动作、留意学生的非正式发言,向学生提出问题或给学生提出问题的机会,收集讲解效果的反馈信息,弄清学生的理解程度,并及时调整讲授的程度和方式,以达到教学目标。

五、讲授技能的评价

讲授是语文教师最基本的、也是重要的专业技能。可借助下表进行评价。

表3-2 讲授技能评价表

课题: 　　　　　　　　讲课教师: 　　　　评价者: 　　　　时间:

评价项目	权重	评价等级				得分
		优秀	良好	中等	不合格	
讲授紧扣教学内容,重点突出,不枝不蔓	0.20					
讲授结构合理、清晰,具有启发性	0.20					
讲授策略选择恰当,符合教材、学生特点	0.20					
讲授语言表达准确、生动	0.20					
讲授时机、时间把握恰当	0.10					
注意收集学生的反馈信息并据此作出调控	0.10					
总分						
补充意见或建议						

注:请在听课前阅读该表中的项目;听课时认真观察教师的表现;听课后根据讲课者的表现作出评价。总分在9~10之间为优秀,在7~8之间为良好,在6~7之间为中等,在0~5之间为不合格。

第三节 提问技能

　　课堂提问是语文教学中反馈学生掌握情况的常用的手段。它是一种教学方法,也是一门艺术,不仅可以及时检查学情,开拓学生思路,启迪思维,还有助于发挥教师的主导作用,调节教学进程,活跃课堂气氛,促进课堂教学的和谐发展。课堂提问更是课堂中最普遍的师生互动方式。它能帮助教师了解和把握学生的学习状况,调控课堂教学,精彩而有效的提问能使教学有点有色,提高课堂教学的质量。①

一、提问技能的概述

　　所谓提问,就是提出问题寻求答案。语文课堂教学中的提问是指教师依据一定的教学目标,针对教学内容,设置问题,引导学生积极思考、参与学习活动,帮助学生获得知识,发展其语文能力的一种教学行为。它包含四个要素:

　　（一）设计有效问题

　　我们认为,提问技能实施的关键因素是设计有效问题。许多教师在课堂上提出的问题并不能称其为"问题",诸如:《春》的作者是谁?这样描写好不好?这样的问题,学生不需要思考,就能够回答。那么,什么是问题?能够引发学生积极思考,并积极参与到解决问题的学习过程中的问题,才能称得上是有效问题。

　　（二）具有鲜明的目的性

　　提问是有目的的课堂教学行为。这要求教师在提问之前,必须明确为什么要提出这个问题,不提无目的的问题。在现实的语文课堂教学中,有的教师只是为提问而提问,或者只是朦胧地、感性地认为要提出问题,极少考虑通过提问要达到什么样的教学目的。教师只有自觉地从理性的角度去思考提什么样的问题、为什么要提问,既知其然,又知其所以然,才能提高语文课堂教学的有效性。

　　（三）引发学生积极思维

　　有经验的教师在教学过程中常常以精心设计的提问启迪学生的思维,激发他们的求知欲,促使他们积极参与学习,帮助他们理解和掌握知识,为学生发现疑难问题、解决疑难问题提供桥梁和阶梯,引导他们一步步打开知识的大门。② 从这个角度来说,一个好的问题应该是一个高级组织者,它为紧随其后的学生的回应提供了一个思维的框架。③ 也就是说,教师所提出的问题,要与所讲授的内容紧密联系,学生循着教师提出的问题寻求答案的过程,就是在学习本节课的重点内容,找到了答案,也就达成了本节课的学习目标。

　　（四）有一定的教学效果

　　一般来讲,提问技能的实施主体是教师,提问必须要追求教学效果。从教师的角度而

---

① 赵国忠.透视名师课堂管理——名师课堂管理的66个经典细节[M].南京:江苏人民出版社,2007:86.
② 赵国忠.透视名师课堂管理——名师课堂管理的66个经典细节[M].南京:江苏人民出版社,2007:86.
③ 〔美〕加里·D.鲍里奇.有效教学方法(第四版)[M].易东平,译.南京:江苏教育出版社,2002:211.

言,语文课堂教学中的提问要紧扣语文课程的教学内容,以提高学生的识字写字、阅读、写作、口语交际等语文素养为目标,求得教学效果最大化。从学生角度而言,学生对问题作出的回应的过程,要么是获得、巩固了知识,要么是发展了思维,形成了能力。

资料卡片

提问的目的

1. 引发兴趣和吸引注意力
2. 发现问题及检查
3. 回忆具体知识或信息
4. 课堂管理
5. 鼓励更高层次的思维活动
6. 组织或指导学习

——〔美〕加里·D.鲍里奇.有效教学方法(第四版)[M].易东平,译.南京:江苏教育出版社,2002:210—211.

二、提问技能的实施原则

(一)关联性原则

提问是教学的工具,只用于特定的目标。每一个问题都应该成为实现特定教学目标、完成特定教学内容的手段;反之,任何脱离教学目标和教学内容,为提问而提问的做法都是不可取的。

(二)生本原则

一是教师要换位思考,从学生学习的角度去设置问题;二是提问应以学生为主体,尽量启发学生去回答,避免自问自答;三是关注学生的自尊心,有难度的问题,向学习水平高的学生提出,简单的问题则向学习水平较低的学生提出;四是耐心倾听学生的回答,用言语和体态语向发言的学生传递期待、激励、肯定等信息,以增强学生的勇气和自信心。

(三)预设性原则

古人云:"凡事预则立,不预则废。"提问亦如此。教师首先要做好的就是踏踏实实地、深入地研究教材,吃透教材,惟其如此,才能精准地把握教材,为提问作答奠定良好的基础。其次,要针对任教班级学生精心设计问题,做好答案。再次,要提前预设学生可能出现的回答以及自己的应对。教师只有知己知彼,有备而来,才能以不变应万变。

(四)把握时机原则

提问的时机很重要,教师要善于把握时机。在学生处于"愤""悱"之状,"心求通而未得之意,口欲言而未能之貌"态势时及时提出问题,往往会取得事半功倍之功效。

(五)引导原则

一是当学生的回答与教师课前预设好的答案不尽相同或者相去甚远时,教师要针对学生的答案适时引导,进行调控,帮助学生逐步接近答案,不可自问自答;二是在实际的课堂教学中,学生会在学习过程中生成问题,向教师提出。面对这种情况,教师也要根据课堂教学的实际情况,依据关联性的原则相机引导。

(六) 兼顾性原则

研究表明,不同类型、不同层次的问题,其功能不同。语文教学要以提高学生的语文素养为目标,提问是达成这一目标的有效教学方法。为此,教师在提问时要兼顾不同类型和不同层次的问题,不宜过度偏重于某一类型的问题。尽量兼顾封闭性问题与开放性问题;兼顾识记性问题、理解性问题、应用性问题、分析性问题、综合性问题和评价性问题。

资料卡片

问题的多级分类

布鲁姆	莫利	克拉克和斯塔	布朗和埃特蒙森	国内学者
知识性问题	事实性问题	认知记忆性问题	认知性问题	记忆性问题
理解性问题	经验性问题	收敛性问题		推理性问题
应用性问题				
分析性问题				
综合性问题	创造性问题	发散性问题		创造性问题
评价性问题	评价性问题	评价性问题		评价性问题
			管理性问题	管理性问题
			情感性问题	

——肖锋. 学会教学——课堂教学的理论与实践[M]. 杭州:浙江大学出版社,2002:200.

三、提问技能的实施策略

(一) 问题的设计策略

问题的设计是提问技能中非常关键的技术。一般说来,设计问题要注意几点。第一,要在学生学习的重点和难点处设问,帮助学生学习知识;第二,要在能激发兴趣,培养思维之处设计;第三,要在有疑处设计,启发学生思考,展开对话,培养学生解决问题的能力;第四,要在无疑处设疑,引导学生深入思考,与作者、教材编辑者进行对话,培养学生发现问题的能力;第五,问题的设计,应难易适度,学生经过思考和努力能够解决,即常说的"跳一跳够桃子";第六,一节课所设计的问题,应该有一定的梯度,一般来说,要先易后难,先简单后复杂;第七,每节课设计的问题数量要适宜,太多,则容易为问题所累,疲于思考,太少,又不能够很好地调动思维,促进对话。下面我们从问题的功能角度来探讨问题的设计策略。

1. 以学习知识为目的

这类问题的设计比较简单,主要是直接提出,如:"'苦心孤诣'是什么意思""这两个词的意思有区别吗""小说的要素是什么",等等。此外,在语文教学实践中,有的教师在提出问题之后,往往附加例句句式的要求,引导学生的思维,使问题更加具体化,设问目标更加清晰化,而且还引导学生学会了回答问题的表述方式,这对于中小学生还是非常必要的。

◆ 案例研讨1

《看云识天气》课堂实录

黄小娟

师：请同学们用心朗读课文第一段，思考这段文字在表达上有什么特点？请以"××词用得好，好在"的句式，来品析第一自然段的优美语言。

生11："姿态万千""变化无常"这两个词用得好，因为很有概括性，总领了一大段内容。

生12：……①

2. 以引导学生理解文本为目的

首先要依据课文内容，紧扣课文的语言文字设计问题，引导学生理解内容，理解作者的思想情感。例如：

◆ 案例研讨2

由《囚绿记》的教学引发的思考

张 锐

一位教师在执教《囚绿记》时，为帮助学生理解课文内容，设计了6个问题：
① 课文在什么地方写了"囚绿"，根据课文内容谈谈"我"是怎么"囚"的绿？
② "我""囚"了的绿的结果是什么？
③ "我"发现绿不想被"囚"。"我"是怎么做的？
④ "囚"既然是一件很不好的事，那"我"为什么要坚持？
⑤ 你从哪些地方看到了"我"爱绿？"我"爱绿爱到什么程度？
⑥ 我们还需要进一步思考的一点是，为什么"我"的爱会伤害了它？②

案例中的前3个问题，是教师依据教学内容设计的，起到了以问题引导学生梳理并理解课文的内容的作用。问题④～⑤两个问题则是在理解课文的基础上深入思考"我"囚绿的动机，问题⑥则由课文拓展开来探究爱的本质。6个问题分为3个层次，彼此相因，层层递进，引导学生逐层理解课文内容。

其次，要依据对教科书和学生认知水平的研究设计好主问题。所谓主问题，就是与教学文本的主旨以及学生学习的重点、难点密切联系的问题，换言之，解决了主问题，就解决了学习教学文本的关键问题。例如《岳阳楼记》构思独特，教师抓住"前人之述备矣，览物之情，得无异乎"一句中的"备"和"异"设计问题，"作者的览物之情与前人有何异处"这个小问题却是牵动全文的大问题，既触动了学生深层的思维，又把文章中岳阳楼的独特景象和迁客骚人的精神世界连缀起来，借此，可以迅速理清文章的结构。③

---

① 黄小娟.一堂有趣的说明文教学课——《看云识天气》课堂实录[J].中学语文教学参考(初中),2015(1-2)：105—107.

② 张锐.立足于文字本身解读文本——由《囚绿记》的教学引发的思考[J].中学语文教学参考(上旬),2015(1-2)：60—62.

③ 刘德福.一"问"牵全文[J].中学语文教学,2006(3)：47—48.

再次，要为解决主问题，设计好辅问题。如一位教师为《社戏》设计了这样的问题：① 社戏好看吗？② 既然社戏不好看，为什么小说在篇尾说"真的，一直到现在，我实在再没有吃到那夜似的好豆，——也再没有看到那夜似的好戏了？"第二问就是依据学生学习中的难点设计的主问题，它包含着对小说的主题、叙述方式等的理解。解决了这一问题，学生对小说中关于"我"与小伙伴们玩耍、等待看戏等情节的叙述与描写，以及作者所表述的思想情感等问题就会迎刃而解；从两个问题的关系来看，第一问属于辅问题，为第二问做铺垫。

3. 以发展学生的思维或迁移所学内容为目的

例如：

◆ 案例研讨3

十位名师教《老王》

魏本亚　尹逊才

黄玉峰老师执教《老王》时，提出3个问题：

在我们上课之前思考这几个问题：

第一，老王为什么在临死前支撑着病体送鸡蛋香油给杨绛家？请从书中找根据。

第二，杨绛理解了老王的心事没有？杨绛说她感到"愧怍"，她愧怍什么？请从书中找根据。

第三，看完课文，你读出了什么？你想到了什么？从书中生发开去。①

通过案例，可以看出：第一、第二两个问题，主要是以问题引导学生理解课文，第三问则是以问题引导学生从教学文本生发自我的认识。与此同时，教师两次强调"请从书中找根据"，之后又强调"从书中生发开去"，是在教给学生理解文本、理解作者思想情感的方法是"读书—思考—生发"。综观三个问题，前两问是第三问的基础；三个问题结合起来，教师意在培养学生独立思考问题的能力。

再如，一位教师在教学《湖心亭看雪》时也设计了三个问题：① 从文中找出内容上看似前后矛盾的地方。② 张岱到底是怎样一个人？请用一个字概括，并结合课文内容说说你的理由。③ 假设时空倒流，张岱在湖心亭遇到钓鱼的柳宗元，你觉得张岱会把他当做知己吗？②其中第三个问题，就是一个延伸拓展的题目。题干设定的具体情境，既与课文的内容有一定的关系，又为学生思考问题提供了方向，却没有束缚学生的思维。这样的题目能够培养学生综合分析问题的能力和想象能力。

（二）提问的表述策略

在问题的表述上，常常存在着表述不具体、空泛，表意不准确、含混的现象，这常常会误导和混淆学生的思维。我们借助一个师范生的问题表述案例来分析这一策略。

---

① 魏本亚,尹逊才.十位名师教《老王》[M].上海:上海教育出版社,2014:23.
② 楼红.让学生真正走进文言世界——《湖心亭看雪》教学实录[J].语文建设,2007(2):19—21.

◆ 案例研讨 4

诗人由远远的街灯想到了什么？这样的联想有什么特点？

（郭沫若《天上的街市》）

案例有两问，第一问具体且表述清楚；第二问则表述不具体、模糊，没有能够为学生的思维引导方向。设计者给出的答案是：诗人把"街灯"比喻成"明星"，又把"明星"比喻成"街灯"，由近及远，形成一种循环复沓的美。从答案逆推，一方面，第二问的题干中的"这样"指的是"联想"的语言表述方式；而把第一问和第二问连在一起，学生最容易想到的是二者在内容上有什么特点，学生的思维可能是这样的：把"街灯"比喻成"明星"有什么特点呢？老师是不是想问联想这一思维方式的特点呢？另一方面，从题干到答案，缺少了必要的环节。我们换一种方式来表述，就能够为学生正确思考提供必要的条件：作者用怎样的句式描述他的联想？这样的句式有怎样的表达效果？

可见问题表述首先要具体；其次要清楚，无歧义。这样，才能使学生明白教师提出的要求。

◆ 案例研讨 5

周远喜、苟中连两位教师针对学生对菲利普夫妇认识的不同，为《我的叔叔于勒》设计了三组非常具体的问题：

第一组：①小说的插叙在结构和内容上有什么作用？②菲利普夫妇的家境怎样？从哪里可以看出来？

第二组：③对菲利普夫妇急切盼望发了财的于勒归来，你怎么看？④对菲利普夫妇在船上请女儿和女婿吃牡蛎时的不同表现，你怎么看？

第三组：⑤事情真相大白后，菲利普夫妇的异常表现真的就那么可恨吗？你有没有几分同情？⑥小说中写"我"看见父母拒认于勒后的内心感受，用意何在？[①]

我们研究上例中问题的表述方式，可以看出，三组六个问题，在表述上有以下特点：一是紧扣文本内容，表述具体、简洁、清楚，较好地引导学生阅读文本，理解文本，如问题①、②、⑥；二是语言口语化，与学生直接交流，距离感较小，在引导学生走进文本，体验情感，培养价值观方面有较好的作用，如问题③～⑤。如果我们换一种表述方式，如把问题③～④，表述为"谈谈你对菲利普夫妇种种表现的看法"，对学生的引导作用就会大大削弱。因为"种种表现"，所表述的内容范围广，不具体。学生在思考问题时，就不会指向某一种具体的行为，回答问题时必然会泛泛而论。

（三）提问的呈现策略

1. 直接提问

这是最常用的提问方式，即教师直接提出问题，要求学生回答或组织讨论之后再回答。例如："同学们知道'云'的繁体字的写法吗？与这个繁体字偏旁相同的字还有哪些？"

[①] 周远喜,苟中连.个性化阅读 教师的引领作用必不可少[J].语文建设,2006(4):30.

2. 曲问

所谓曲问,就是问在此而意在彼,是一种迂回提问的方式。曲问主要是通过提出有趣的问题,促使学生认真思考之后再作答,以求对答案记忆深刻。

◆ 案例研讨 6

语文教学艺术论(节选)
韦志成

师:那么,那个遗男有几岁了?
生:七八岁。
师:你又是怎么知道的呢?
生:从"龀"字知道的。
师:噢,龀。这个字很难写,你上黑板写写看。(学生板书)写得很对。"龀"是什么意思呢?
生:换牙。换牙时,约七八岁。
师:对,换牙。你看是什么偏旁?(生答"齿"旁)孩子七八岁时开始换牙。同学们不但看得很仔细,而且都记住了。那么,这个年纪小小的孩子跟老愚公一起去移山,他爸爸肯让他去吗?
生:(一时不能答,稍一思索,七嘴八舌地)他没有爸爸!
师:你们怎么知道?
生:他是寡妇的儿子。孀妻就是寡妇。……①

案例中,教师对"遗男""孀妻"没有采用直接提问的呈现策略,而是选用了曲问策略,设问有趣,调动了学生的学习积极性,加深了对这两个词义的记忆。

3. 追问

即对一个问题追根究底地查问,多次地问。追问的优点在于通过多次提问能够彻底弄清楚问题。如本节案例研讨 6 中,"你又是怎么知道的呢"和"'龀'是什么意思呢"两次提问就是追问。通过追问学生彻底明白了"遗男有几岁了"这一问题,并且了解了这一答案是从何而来的;教师也通过学生的回答收到反馈信息,知晓了学生的学习情况。

需要说明的是,很多专家和教师反对采用追问法,因为学生一旦处于被追问的状态,会没有思考时间,会紧张,思维迟滞,甚至会语无伦次,挫伤学习积极性,反而不利于学生的发展。所以,运用追问策略时一定要慎重。

4. 提问技能的综合运用

在语文课堂教学的实践中,教师需要根据课堂中学生的学习情况提出新的问题。这些问题不是预设的,而是在师生对话中生成的。这需要教师具有较高的语文学科素养和教学技能,依据课堂教学的实际情况提出问题,引导学生多角度、多层次地理解文本,深入地探究问题。在这样的语文课堂教学中,提问的技能不是单项运用,而是综合运用。

---

① 韦志成.语文教学艺术论[M].南宁:广西教育出版社,1993:201.

案例研讨 7

听王荣生教学评课

师：好，大家看看他们的讨论结果。开始拿起笔，准备做笔记。来，你们的代表，慢点，不要着急。

生：第 18 节，用了排比，语气上非常强烈，有递进的意思。（板书：排比）

师：怎样排比的？

生：第一个"有力地搏击着"，第二个"疾速地搏击着"，第三个"大起大落地搏击着"，表达的意思一个比一个强烈。

师：它跟下面的排比一样吗？"它震撼着你，烧灼着你，威逼着你。"

生：一样，一个比一个幅度大，都是越来越强烈。

师：用词上呢？我们再来看一遍。

（教师范读："后生们的胳膊、腿、全身，有力地搏击着，疾速地搏击着，大起大落地搏击着。它震撼着你，烧灼着你，威逼着你。"）

生：这里三个词都是说明了幅度。（教师看到该小组有同学举手）

师：你们小组成员想帮助你一下。

生："有力地搏击着"是力度，"疾速地搏击着"是指速度，"大起大落地搏击着"说明幅度。

师：这 3 个"搏击"和下面"震撼、烧灼、威逼"一样吗？

生：不一样，后面表明气势紧张。

师：前面一组排比都是"搏击"这一个中心词，作者从不同角度来修饰它，就像你用到的"力量、速度、幅度（板书：多角度修饰）。而且都是从力量、速度这些有震撼力的角度来修饰的（板书：力量、速度、幅度）。下面是连续运用三个动词：震撼、烧灼、威逼。

还有其他发现吗？[①]

案例中的提问是非预设的，由于学生对课文的理解比较粗浅，答案是抽象归纳、不具体的；教师针对学生的回答提出问题"怎样排比的"，将学生的思维引向具体的语句。然而，学生的回答虽然将思维方向转到具体的语句上，但是仍然不到位。对此，教师又转换角度，提出问题"它跟下面的排比一样吗"，然而，教师的导引还是没见效，学生的思路并没有打开，依旧只是从"幅度"上思考。之后，教师又提出具体的问题"用词上呢"，并范读让学生再感受，借助同一小组学生的合作回答等教学行为，继续导引学生的思维；当学生说出自己的感觉——"有力地搏击着"是力度，"疾速地搏击着"是指速度，"大起大落地搏击着"说明幅度——之后，教师继续将学生的思维引向具体："这 3 个'搏击'和下面'震撼、烧灼、威逼'一样吗？"学生的回答仍旧不够细致。之后，教师做小结，收束排比句这一内容的学习，并以"还有其他发现吗"的问题开始新内容的学习。

案例中，教师共提出 5 个问题，从呈现形式上来看有直接提问，有追问；从提问的功能上来看，一是引导学生理解排比句的内容与形式，使学生说出了自己具体且细致地感受，二是

[①] 王荣生.听王荣生教授评课[M].上海：华东师范大学出版社，2007：105—106.

引导学生的思维,使其从抽象到具体,回归到对文本具体语言的阅读与品味上来。

（四）提问的等待策略

等待是指教师提问之前、教师提问之后到学生回答问题之前、学生答问之后到教师评价之前的时间。等待是非常简单的,但是在实际的语文课堂教学中,教师往往没有等待或等待很短。对此,国外的相关研究表明这可能由以下原因所致:一是教师对沉默感到尴尬、不自在;二是教师主观上感觉的等待时间远远超过实际时间;三是等待期间教师无法确定学生是否在思考;四是长时间的停顿会减弱课堂教学的动力,导致学生的注意力分散。①

教师提问之前的等待能够促使学生做好回答问题的心理准备,吸引注意力,激发好奇心。教师提问之后到学生回答问题之前的等待能够给学生以较长的思考时间,以便形成答案并有效地组织语言。这类型等待要依据所提出问题的难易而定,难者时长,易者时短;属于知识、理解、应用等低层次的问题,停顿时间稍短些,而分析、综合、评价等高层次的问题,停顿时间则要长些。学生回答问题之后到教师评价之前的等待,可以为学生补充答案或修正答案提供时间,可以增强学生之间的互动,等待中会有学生提出意见。

为此,教师一定要耐心等待,给学生思考问题的时间,组织答案的时间,修正、完善答案的时间。惟其如此,才能提高学生回答问题的质量。

（五）提问的倾听策略

倾听是指在学生回答问题时,教师要面向学生,身体微微前倾,注视着答问的学生,不打断学生的回答,并且以面部表情、手势等体态语激励学生畅所欲言。学生回答问题时,教师切不可做无关之事,如看讲稿、左顾右盼或者写板书等,只有俟学生回答完毕之后,才能开展下一步的教学。

倾听既是教学技能,又是教学态度。它体现着教师对学生的尊重,体现着平等的师生关系,有利于建立师生之间良好的人际关系。久之,能够促使学生热爱语文,即所谓"亲其师,信其道"。

四、提问技能的评价

提问技能在师生互动的、开放式的语文课堂教学的实施过程中,占据着非常重要的地位。提问技能的高下,在某种程度上显示着语文教师的教学素养。可利用下表进行评价。

表 3-3　提问技能评价表

课题：　　　　　　　讲课教师：　　　　　　评价者：　　　　　时间：

评价项目	权重	评价等级				得分
		优秀	良好	中等	不合格	
提问目的明确,与教授内容、学生实际高度关联	0.15					
问题的难易适度,符合学生的认知水平	0.15					
问题之间有层次,有逻辑,有利于发展学生思维	0.15					
提问时机恰当,密度适宜,综合运用多种提问策略	0.15					

---

① 肖锋.学会教学——课堂教学技能的理论与实践[M].杭州:浙江大学出版社,2002:210.

续表

评价项目	权重	评价等级				得分
		优秀	良好	中等	不合格	
问题表述清楚、具体	0.10					
提问有等待，给学生思考问题的时间	0.10					
提问中耐心倾听学生作答，并根据实际情况加以引导	0.10					
提问面向全体学生，兼顾不同层次的学生	0.10					
总分						
补充意见或建议						

注：请在听课前阅读该表中的项目；听课时认真观察教师的表现；听课后根据讲课者的表现作出评价。总分在9～10之间为优秀，在7～8之间为良好，在6～7之间为中等，在0～5之间为不合格。

第四节 结束技能

一、结束技能的概述

（一）结束技能的含义

结束技能，又称之为结课、结尾、收束等，是指一节课即将结束时，教师通过总结本节教学内容、引导延伸拓展、提升学生认识的方式，帮助学生把所学内容纳入自我已有的知识体系中的教学行为。

好的结束环节对课堂教学的有效性有较大的作用：一是能对所学知识进行全面回忆，并使之条理化；二是能紧扣教学目标进行简单扼要的归纳总结，并提示知识结构和重点；三是能对重要的事实、概念、规律进行总结、深化和提高；四是能对有些内容进行拓展延伸，并进一步启发学生的思维；五是针对文本内容提升学生的认识，陶冶情操。

（二）结束技能的类型

语文课堂教学结束方法多种多样，无一定之规，常用的有以下几种：

1. 封闭型结束

是指在语文课堂教学结束时，教师将学生的注意力与思维引向固定的、明确的结论的结束类型。其主要目的是通过总结内容、强调重点等方式，使教学内容更加条理化、清晰化，帮助学生巩固所学知识，学生的学习随着课堂教学的结束而结束。

2. 开放性结束

是指在语文课堂教学结束之时，教师通过对教学内容进行延伸拓展，给学生留下思考和探究空间的结束类型。其主要目的是激发学生在课后对所学内容以及相关内容进行深入思考与探究，并在这一过程中提高语文素养，发展语文能力。

3. 任务型结束

是指在语文课堂教学结束之时，教师通过给学生布置具体、可操作的学习任务来结束课堂教学的类型。学习任务可以由学生单独完成,也可以由学生合作完成,还可以由师生共同完成。其主要目的是巩固知识,获得反馈信息。

二、结束技能的实施原则

(一)整体性

从教学过程角度可以把语文课堂教学结构划分为导入、展开、结束三个部分。导入是教学的起点,展开是教学的核心,结束是教学的终点。一方面,结束应该与导入相照应,使导入提出的学习目标在结束时达成,形成首尾呼应之势;另一方面,结束也应该成为展开的延伸。也就是说,导入、展开、结束应具有连续性、一致性,是一个有机的整体,因而不能孤立地设计结束环节。

(二)目标性

如上所述,结束是教学的一个环节,因而要为教学目标的达成服务。所以,实施结束技能时,要紧扣教学目标,从本节课的教学内容和学生学习的实际情况出发,提示知识结构。当然,要做到目标明确,重点突出,还必须分清主次,有所侧重。

(三)逻辑性

结束技能有强调重点、总结内容之功用,因而,教师在结课小结时对教学内容的梳理要注重对学生思维的培养。一方面,总结内容时要条理清晰,重点突出;要在引导学生理清作者的思路、认识作者思考问题的思维方式的基础上,进行延伸拓展,以作者的思维方式去观察生活,思考问题,表述观点,从而提高学生的思维能力。另一方面,教师要在结束语上下功夫,不论采用哪种结束策略,结束语都应该讲究逻辑性,以清晰的条理、准确的语言表达为学生示范,潜移默化地培养学生的思维。

(四)简明性

教学结束环节时间不宜过长。由于内容是刚刚学习过的,学生的记忆是崭新的,因而,教师无需过多复述,应提纲挈领地归纳概括本节内容,启迪学生思维,激发其课后探究的欲望,做到要言不烦,正如杜甫所云"篇终语清省"。

(五)多样性

结束作为教学策略,其方式是多种多样的。众多的结束方式没有优劣之分,只有适合不适合之别,各有所长,亦有所短。因而,教师不宜长期采用一种结课方式,而应根据教学目标、内容、学生实际以及自身特点,灵活多样地、创造性地设计结课方式,尽可能综合运用多种结束技能,取长补短,提高结课教学环节的有效性。

三、结束技能的实施策略

语文课堂教学的结束方式多种多样,本节选取常见的几种策略概述如下。

(一)总结内容

这是语文课堂教学中最为常见的结束教学的策略之一,是对本节课所讲授内容的梳理,目的是强调教学的主要内容,帮助学生构建认知结构。可由学生完成,也可由教师总结,还可师生共同完成。总结内容也往往与板书结合在一起使用。

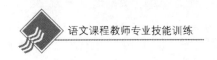

《故都的秋》课例赏鉴

王洁辉

师:同学们说得都很有道理,因为时间原因,我们的讨论只能到这儿,我把同学们的探究和老师的看法一起总结一下(板书):

喜欢悲凉 { 个人气质 文人传统 家国情怀 生命感悟

师:故都的秋景是"特别地来得清,来得静,来得悲凉",郁达夫先生在饱尝了故都的秋味的同时,也融入了自己浓厚饱满的深情。让我们来朗读文章的最后一段,读出先生绵绵的情思,深深的眷念!

(师生全体深情齐读最后一段)

师:下课。①

案例中的总结教学,由教师完成,梳理并高度概括了本节课的教学内容,同时辅之以板书,把课堂讨论中支离破碎的感受与认识统整在一起,使学生对作者的创作意图有一个整体的认识。此外,教师总结的四个方面,又是鉴赏文学作品的一般方法,这又教给学生鉴赏文学作品的方法,有助于提高学生鉴赏文学作品的能力。

(二)卒章显志

同写文章一样,语文教学的结束也可以采用"卒章显志"的策略,即在教学结束时,强调所学课文的主旨或本节课的重点内容,以强化学生对所学内容的理解与记忆。如下面的案例,教师在结束教学时,强调了"志""力""物""不随以怠"这四个条件的重要性,强调了只有"不畏劳苦的人,才有希望达到光辉的顶点",很好地突出了《游褒禅山记》一文的主旨。

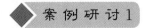

《游褒禅山记》课例赏鉴

张 蕾

师:毛泽东有一句诗:"天生一个仙人洞,无限风光在险峰。"要想领略险峰的无限风光,"志""力""物""不随以怠"这四个条件缺一不可。这四个条件用于游览风光,可以寻幽探奇,"世之奇伟、瑰怪、非常之观,常在于险远";用于治学,可以"深思慎取",摘取学问宝塔上的璀璨明珠;用于做事,可以勇往直前,乘风破浪。当然,"尽吾志也而不能至者,可以无悔矣,其孰能讥之乎?"

---

① 王洁辉.《故都的秋》课例赏鉴[J].语文教学通讯,2012(7—8/A):35—38.

最后,用马克思所说的一句话与同学们共勉:"在科学上是没有平坦的大路可走的,只有在崎岖小路上攀登不畏劳苦的人,才有希望达到光辉的顶点。"

(该课例系 2010 年内蒙古第八届中学青年语文教师基本功大赛参赛课)①

(三)朗读感悟

朗读是彰显语文教学特点的教学策略,也是一种语文学习方法。因而,以朗读结束教学,是语文课堂教学常用的结束策略。其优点在于分析、品鉴、小结课文之后,学生的认知由感觉、体验逐步上升到抽象、概括,在此基础上再朗读课文,是由认识到实践的又一过程,这符合一般的认识规律。此外,通过朗读也可以获得学生对文本理解等方面的反馈信息,对美文的朗读还能够陶冶性情。例如本节中的案例研讨 1 和案例研讨 5,教师都采用了朗读结束课堂教学的策略。需要指出的是,以朗读结束教学一般不单独使用,常与总结内容等策略结合在一起使用。

(四)升华认识

语文教学的目标之一是使学生"形成正确的人生观、价值观",因而,在语文教学中,一要帮助学生理解教学文本的内容及其情感,二要引导学生将理解的情感内化到自己的情感、审美、价值观中,并逐步形成健康的人格。这就需要教师在语文教学中充分发挥引导、升华的作用,进一步提升学生的认识。

案例研讨 3

《氓》课例赏鉴

姜 珠

师:同学们见仁见智,都谈了自己对于爱情的看法,其实,爱是一种能力,爱是两个人的事,爱需要你拥有独立人格,互相尊重,彼此扶持。现代诗人舒婷在她的《致橡树》中(配乐《追梦人》,多媒体显示)这样诠释自己的爱情观:"我如果爱你……我必须是你近旁的一株木棉,/作为树的形象和你站在一起。……不仅爱你伟岸的身躯,/也爱你坚持的位置,/足下的土地。"我想《氓》的学习让我们更明确了自己对爱情的认识,这应当是我们今天学习《诗经》的现实意义吧。

今天的课后作业是背诵《氓》全诗。下课。

(该课例荣获 2011 年第三届"圣陶杯"全国语文课堂教学大赛高中组一等奖)②

高中阶段,正是学生人生观、价值观形成的时期,案例中,教师在收束课堂教学时,对学生的讨论及时做了引导,并将当代著名诗人舒婷的爱情诗《致橡树》引入到课堂教学中,借此,把对《氓》中主人公的爱情、婚姻的理解,提升到对人生爱情的思考,并引导学生树立正确的爱情观。

(五)延伸拓展

《义务教育语文课程标准》(2011 版)中明确提出:"要重视培养学生广泛的阅读兴趣,扩

---

① 张蕾.《游褒禅山记》课例赏鉴[J].语文教学通讯,2012(7-8/A):59—61.
② 姜珠.《氓》课例赏鉴[J].语文教学通讯,2012(7-8/A):95—98.

大阅读面,增加阅读量,提高阅读品味。"①所以,在结束教学时,常常采用延伸拓展的策略。所谓延伸拓展是指在教学即将结束之时,教师向学生提出更高的学习期望,将学习内容由教科书之内延伸到教科书之外,由课堂之内拓展到课堂之外,所谓举一隅而反三隅。我们先阅读一个案例,然后进行课堂讨论。

案例研讨4

《桥之美》教学实录
汤 胜

师:下面我们总结一下这节课学习的阅读方法。(屏显,生齐读)
1. 积累语言。注意记忆和背诵优美的语句。
2. 赏析语言。在积累的基础上赏析品味语言中蕴涵的情味。

师:老师再给同学们推荐几种品味语言的方法。(屏显,生齐读)
1. 赏析词语背后的情感。
2. 品味语词间的相互关联和映衬。
3. 品味语句中蕴涵的主题。

师:就一篇文章而言,文中的每一句话都是为文章的主题服务的,掌握这几种品味语言的方法,今后的阅读就能从更高的高度欣赏文章,品味文章语言的魅力。现在,老师给同学们留两个作业。(屏显)
1. 在理解的基础上,背诵文中两到三句优美的语句。
2. 细读课文回答问题:文中列举了哪几类桥?这样列举,好处有哪些?

师:第一个作业是积累语言。第二个作业与深入阅读文章有关。同学们,《桥之美》中的桥,作者是以画家的审美视觉引领我们欣赏桥的。在历史学家眼中,桥是一部厚重的史书;在诗人的眼中,桥具有无穷的诗境美。不同的人站在不同的角度欣赏同一事物,会感受到不同的美。生活中,同学们要多积累,多感受,对同一事物要从不同的侧面看到它不同的美。这也是我们这节课要学的主要内容或一个收获!今天的课就上到这里,下课!

(该课获2013年首届全国基础教育数字资源应用评比一等奖)②

课堂讨论

1. 教师总结的教学内容与延伸拓展的内容之间的关系是怎样的?
2. 教师布置的作业与教学内容之间的关系是怎样的?

(六)布置作业

在语文教学实践中,多数课堂教学是以布置作业结束的。众所周知,作业的作用不外乎巩固知识,发展思维,培养语文能力。从形式上来讲,有口头的,有书面的,也有综合活动的;有围绕教科书内容的,有延伸拓展的,也有读写结合的。从内容上讲,如以布置作业的形式结束课堂教学,就要使作业成为课堂教学的有机组成部分。总之,不论何种形式的作业,其

---

① 中华人民共和国教育部制定.义务教育语文课程标准(2011年版)[S].北京:北京师范大学出版社,2012:23.
② 汤胜.《桥之美》教学实录[J].语文教学通讯,2014(7-8/B):84—87.

内容要和课堂教学内容相辅相成,才能起到培养学生语文能力的作用。

《马说》教学设计
覃佐菊

师:人说"韩如潮,柳如泉,欧如澜,苏如海"。韩愈的文章就像钱塘江大潮一样波澜壮阔。你看整篇文章从痛惜到无奈、悲愤、控诉、嘲讽、一浪接一浪,一气呵成,气势汹涌。现在,让我们一起饱含感情地诵读一遍文章,以感受韩愈文章那如潮的气势!

(师生共读)

(一)必做

熟读并背诵全文,完成校本作业。

(二)选做

1. 通过上网等方式找到并认真阅读韩愈的《龙说》一文,然后和《马说》进行对比,写一篇不少于300字的读后感。

2. 搜集更多关于"马"的历史传说或故事,写一篇不少于300字的关于马文化内涵的文章。①

案例中的教师,以朗读和布置作业收束课堂教学,其作业设计分为必做和选做两个层次,必做作业为积累、巩固知识类型题目;选做作业,则在教科书的内容基础上延伸拓展,阅读与写作相结合,激发学生探究的兴趣,培养学生搜集资料、提取信息、书面表达等语文能力。

四、结束技能的评价

可为一节课设计不同的结束语,并实践之。借助下表对结束技能进行评价。

表3-4　结束技能评价表

课题:		讲课教师:		评价者:		时间:	
评价项目	权重	评价等级				得分	
		优秀	良好	中等	不合格		
注重学生思维力的培养,结束语条理清楚,简明扼要	0.20						
围绕教学目标,重点突出	0.20						
结束语设计新颖,与各教学环节相呼应,形成整体	0.20						
延伸拓展,激发学生的探究兴趣	0.15						
作业布置与教学内容相辅相成,数量、难度适中	0.15						
灵活运用结束策略	0.10						
总分							
补充意见或建议							

注:请在听课前阅读该表中的项目;听课时认真观察教师的表现;听课后根据讲课者的表现作出评价。总分在9~10之间为优秀,在7~8之间为良好,在6~7之间为中等,在0~5之间为不合格。

---

① 覃佐菊.吟诵·探究——《马说》教学设计[J].中学语文教学参考(中旬),2014(11):31—33.

讨论与练习

一、思考·理解

1. 谈谈你对"二度消化教材"的理解。

2. 叶圣陶曾经说过,"'讲'都是为了达到用不着'讲'","教师就要朝着促使学生'反三'这个标的精要的'讲',务必启发学生的能动性,引导他们尽可能自己去探索"。谈谈你对这段话的理解。

二、研究·讨论

1. 从人教版语文教科书中任选一篇课文,确定一个教学目标,并围绕这个教学目标设计问题,研究这些问题与教学目标之间的关系,以及问题之间的关系,确定主问题。

2. 小组成员就同一篇课文设计相同的问题,然后就问题的表述进行比较研究,讨论不同表述的特点,选出最具体清楚、最适宜教学的表述方式。

3. 下面是特级教师薛法根《爱如茉莉》的课堂实录(节选)[①]。综合分析案例中教师的导入、讲授、提问和结束技能,并说说该案例对你的启发。

《爱如茉莉》课堂实录(节选)

师:生活中有茉莉花,我们学习的是《爱如茉莉》,这样的爱像茉莉,流淌在细节中,人物的一个动作、一句话,甚至一个眼神,都可能流露出茉莉般淡淡的真情、淡淡的爱,这要求同学们关注细节,同时要感受描述所用的语言——语言是有温度的,这种温度是通过字或者词语体现出来的,因此要通过一个字、一个词、一个句子去感受茉莉般的温情与爱。

(师板书:语言有温度,字词知冷暖)

师:自读课文,一定要出声,标出能表现细节的词句,在旁边空白处写上自己的感受。

(生朗读)

师:先把自己画出来的读给大家听,从哪些细节、哪些语段中感受了"爱如茉莉"。同一段,有不同感受可以补充。谁愿意第一个把自己感受最深的地方读一读,然后表述自己的观点。

生:(读)"爸爸直奔医院……"从"直奔"这个词我感觉到了爸爸对妈妈的爱。

(教师板书"奔 bēn"和"奔 bèn")

师:bēn 和 bèn 有什么区别吗?查过字典吗?

生:bèn 有目的,bēn 无目的。

师:文字是不是有温度的?"奔"字就体现了。"嫦娥奔月"中的"奔"应该念"bèn",表明嫦娥是向着月亮去。

师:文中有很多这样的地方。

生:(读)"病房中的茉莉更加洁白、纯净……"

师:"幽香钻进鼻子"可以理解,为什么写"钻"到心中?你对这个"钻"有什么别样体会?说说是怎样体会的。

生:"钻"到心中在现实中不行——幽香是气味,不可能钻进心里。打动我们心的,是父

[①] 雷玲. 好课是这样炼成的——品读名师经典课堂(语文卷)[M]. 上海:华东师范大学出版社,2006:32—35.

母之间的爱。

师："爱"温暖人们的心,所以觉得周围的一切都十分纯洁……人们心情好,感到周围的一切都是好的。

……

师：哪个画面、哪个词语给你留下了深刻的印象？

师：轻轻柔柔地，阳光悄悄地"探"了进来。有没有温度？有没有温暖？是几度呀？"探"字有温度吗？

（教师板书：探）

生：应该是有的，因为阳光充满了温情。

师："探"和"照"有什么不同？

生："探"用的是拟人的写法。

师：为什么用"探"？"照"和"射"都可以呀！

生1：这样写比较轻。

生2：改了别的字就不是拟人了。

生3：用上"探"，说明阳光也不"打扰"这幅画面。

师：阳光也像做儿女的一样，不愿意"打扰"这样的画面。这些景语是有感情的，所以是有温度的。同学们再读一读。

三、设计·实践

1. 为同一课文确定一个教学目标，并围绕此目标设计三种不同的导入（结束）法，在小组中模拟实践；分析比较每一种导入（结束）的优点与不足。

2. 用同样的导入（结束）策略，为不同的三篇课文设计导入（结束）语，并在小组中模拟实践；之后进行比较，分析导入（结束）策略的优点与不足。

3. 从人教版语文初中（高中）教科书中任选一篇课文，设定一个教学目标，并围绕这一教学目标设计一节课，综合实践导入、讲授、提问、结束的技能，并运用评价表进行评价。

第四章 语文课程教学的实施技能(中)

◆ 学习目标

1. 理解朗诵技能、板书技能、体态语技能、多媒体教学技能的含义、实施原则及策略。
2. 通过实践训练,掌握并熟练运用朗诵、板书、体态语、多媒体等教学技能。
3. 掌握语文教学中朗诵、板书、体态语、多媒体等教学技能的评价内容与标准。

◆ 学习建议

1. 在理解概念的基础上,多阅读教学案例,分析案例中的朗诵、板书、体态语、多媒体等技能的运用,思考有无更好的实施策略,并记录你的思考结果。
2. 观察教师在课堂教学中朗诵、板书、体态语、多媒体教学技能的实施,积累典型案例,并为案例编写说明文字。
3. 在充分研究教科书及学生的基础上,加强对这四项技能的预设,针对同样的教学内容,可设计不同的朗诵、板书、体态语、多媒体的预案;并在教学实践中深入理解每种教学技能的实施策略。

◆ 核心概念

朗读技能、板书技能、体态语技能、多媒体教学技能

◆ 名人语录

教师修养的三点基本要求:要有"德"——崇高的思想品德;要有"才"——渊博的专业知识;要有"术"——高超的教学艺术技能。

——爱因斯坦

第一节 朗读技能

朗读是一门既古老又年轻的语言艺术。从有文字记载以来,朗读就已经受人重视,我们今天仍然需要借助朗读来交流信息、传递情感。朗读是一门自成体系的语言艺术,具有广泛的活动领域和很高的实用价值。

一、朗读技能概述

朗读是现代生活中不可缺少的一项技能,好的朗读是情感与情感的共鸣,心灵与心灵的沟通,精神与精神的给予。作为教师,无论教授哪一门课程,或多或少都会涉及朗读。对语文教学而言,朗读是一个必不可少的重要的教学环节。每一个语文老师,都应该是一个合格的朗读者,教师如果能用标准而流利的普通话朗读文本,具有非常重要的意义。因此,朗读是教师,尤其是语文教师必须熟练掌握的基本技能。

(一)朗读的含义

朗读就是用生动的普通话标准音,把书面的文章作品读出来,成为有声有色的口头语言,并通过声音的运用,增强效果,使听者产生更深刻感受的一种再创造性活动。可以说,书面语言是一种不完全的语言,因为它不能呈现生活语言的语气、语调、轻重缓急、抑扬顿挫以及情感上的微妙变化。朗读要把这些书面语言无法传达的内容再现出来,就离不开朗读者的再创造。在文字作品里,作者对生活的体验与感受,不是对生活原原本本的反映,而是融入了作者的主观色彩。这种创造融进了朗读者对生活的理解、认识;而朗读者是面对作者创造的成品进行二度创造,就是对生活的间接创造。因而,朗读是入于眼、出于口、闻于耳、记于心的过程,是把诉诸视觉的书面语言转化为诉诸听觉的有声语言的再创造活动。

朗读一般是以文字作品为依托,古今中外的名家高手以他们的生花妙笔反映生活,阐明事理,抒发情感。朗读这些作品时,绝不是念字出声的无思维活动,而是把静止的书面语转化为生动形象的有声语言的艺术再创造。因而朗读者应该是听者的引路人,以作品为依据,用具体的思想感情表现出作品的思路、文路和言路,把听者引入一个新奇美妙的世界。

朗读教学,是通过有声语言再创造书面语言,鲜明、准确、生动地传达出文本的思想底蕴、情感意境,从而使学生获得信息、掌握知识、达到美的享受的过程。朗读有助于体会文本中作者要表达的思想情感,领悟语言运用的妙处,加深对文本内容的理解,朗读在语文教学中有着举足轻重的作用,是语文教师必须掌握的教学技能。

(二)朗读的作用

1. 朗读可以锻炼朗读者的思维能力

语言是思维的工具,语言的表述就是对思维的整理。典范的文学作品里,文气的贯通、层次的构成,语脉的发展,对朗读者的逻辑、分析、理解、判断能力都是极好的锻炼;朗读者在分析感受作品的过程中,始终保持着积极的思维状态,要把作品的内容、语言转化为自己的思维过程和心理活动。因此,朗读训练可以锻炼一个人的思维能力。

2. 朗读可以提升朗读者的艺术鉴赏力

朗读是一门艺术,在书面语言转化成有声语言的过程中,朗读者要调动形象感受,再现鲜明的人物形象,体会作品复杂的感情等,朗读把握得好,不仅能够创作出好的听觉艺术形象,而且朗读者还能通过朗读实践提高自身的艺术鉴赏能力。艺术鉴赏能力的提高,反过来又作用并指导于艺术创作,从而提高艺术创作的质量,使朗读者自身的艺术修养不断地提高。

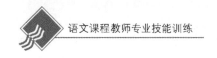

3. 朗读可以提高朗读者的语言运用能力

朗读过程是广泛汲取古今中外名家高手语言精华的过程。作品中准确的词语、精湛的句式、妥帖的修辞,总是在潜移默化地丰富朗读者的知识积淀,因而,朗读训练可以提高朗读者的语言修养。普通话对语音、词汇、语法三方面提出了规范的要求,这种规范较集中地体现在现代白话文著作中,因此朗读会在潜移默化中提高我们的语言运用能力。

4. 朗读可以调动学生的学习兴趣

朗读是一门艺术性很强的教学技能,处理得好,感染力也就强。教师在教学中的朗读技能运用,可使学生体味到朗读的艺术魅力,从而会更加主动地参与学习。所以,朗读是语文教学中的一个重要教学手段,它可以增强教学效果,提高教学质量,激发学生的学习兴趣。

5. 朗读可以提高学生理解文本的能力

朗读是语言教学的一个有机组成部分。课文朗读得好,学生对课文的理解把握会更准确、深刻。某些语言只能意会不能言传,很难通过讲解来分析出它的意味,借助朗读就可以立刻感受到。

6. 朗读是学习普通话的重要途径

推广普通话是当今语言文字工作者的重要任务,教师和学生是普通话的重要推广者。朗读是学习普通话的重要途径,经常让学生朗读,必然使学生的普通话口语能力得到极大提高。

二、朗读技能的实施原则

(一) 正确把握朗读者的语言和身份

1. 朗读不同于朗诵

朗诵是一种表演艺术形式,它是运用稍事夸张的声音,并辅助一定的表情、手势等表演技艺将文字作品的思想情感表达出来的再创作活动。朗读不必脱离书本,不需要声音以外的眼神、手势、姿态的配合动作,也不必过分的夸张,只是把书面语言口语化,使之成为活生生的生活语言即可。

2. 朗读不同于一般意义上的"读"

"读"是一种有声的"识读",它是通过正确的有声诵读来学习和掌握文章内容的方法。这种"识读"有两个特征:第一,它的目的是为了学习与掌握文章内容,而不是追求审美的艺术享受;第二,声音只是作为把书面文字转化为声音语言的手段,而不是作为艺术再现的手段,因而不讲究声音的魅力。而朗读与一般意义上的"读"不同,它是一门艺术,是有声语言的艺术化;它塑造的是听觉上的艺术形象,因此,朗读作为一门艺术,是借声音形象的刻画来追求艺术形象的饱满与完美。朗读的再创性特点要求我们不能把朗读看做是简单的文字作品的声音转化形式,或是照字读音的简单过程。

3. 朗读不同于戏剧表演

朗读者的任务,是把文字作品的精神实质通过自己的有声语言创造性地传播给听众,他不是作者的代表和化身,因而切忌充当演员去扮演作品中的人物(分角色朗读除外)。而戏剧表演中,演员要扮演角色,进行人物再创造,不但外形要像扮演的人物,而且内心世界也要和角色一致,因而二者之间有本质的区别。

4. 朗读者不同于一般读者

从理解文字作品的角度看,朗读者是一个读者,但不同于一般的读者。他不局限于自己的朗读,而是需要在自己理解作品的同时,考虑怎样对听者有益,哪里是重点,怎样启发人、吸引人。

(二)严格遵守朗读的规范和要求

1. 忠于原作,不错不漏

朗读要严格依据文字材料,忠实地把它转换成有声语言。因此要求应试者忠于作品原貌,不错读、漏字、添字、改字、回读。朗读时,在声母、韵母、声调、语流音变、多音字(词)、形近字、异读词等方面都要符合普通话语音的规范。

2. 语调准确流畅、朴实大方

朗读要求通过富有感染力的声音,生动准确地再现作品的思想内容,起到表情达意的作用,而不是一般的照文念字,因而,朗读要求语调准确流畅,连贯自然,不过分夸张修饰,做到亲切自然、朴实大方。

3. 克服固定腔调

朗读里的固定腔调,是指使用某种固定不变的声音形式,把词语纳入一种单一的格式,以不变的声音形式应万变的朗读材料。错误的朗读方式,只能给听者以虚假、厌烦之感,不能带来美的享受。

4. 朗读状态积极主动、精神饱满

朗读者的任务,是把文字作品的精神实质通过自己的有声语言创造性地传播给听者。人的精神状态对发音有直接影响,朗读的精神状态不正确,或过分紧张,或无精打采,或缺乏信心,或拿腔捏调,都不会取得较好的朗读效果。

(三)恰当处理朗读教学与学生能力的关系

1. 朗读要有助于培养学生的表达能力

朗读作为教学方法,是教师培养学生表达能力的重要过程,而作为学习方法,是学生的语言实践活动。为此,教师在学生朗读过程中要矫正学生的方言土音,读准语音,讲好普通话;揣摩语速、语调、语气、语流等各方面的变化与表达思想情感的关系,并加以适当地指导,使朗读成为培养学生语感的重要手段;要让学生感知语言的优美,领略文章的韵味,在熟读成诵、反复吟诵的过程中,不断积累,逐步培养学生的语言感受力,从积累到模仿到灵活运用,不断提高其语言表达能力。

2. 朗读要有助于提高学生理解文本的能力

母语学习中有些东西是只可意会不能言传的,对于这样的内容采用其他的教学手段,是不会使学生明白的,而朗读恰恰是最好的教学手段。宋代学者朱熹说过:"读书之法,在循序而渐进,熟读则精思。"可见,熟读是理解文章的基础。因此,教师要放手让学生去朗读,去充分地熟悉文本、体验文本、感悟文本,最终达到深入理解文本的目的。

3. 朗读要有助于学生艺术创造力的提升

教师在运用朗读进行教学时,要运用朗读理论对学生进行科学指导,以提升学生的朗读能力。要在引导学生正确把握文本基调的基础上,可采取分角色读、跳读、补读、复读、演读、讲读等不同的方法,鼓励学生运用自身的知识、生活经验,充分发挥联想力,通过朗读对文本进行再创造。

三、朗读技能的训练策略

早在古代,学者就很重视诵读。荀子在《劝学》中就指出:"诵数以贯之,思索以通之。"古人说:"熟读唐诗三百首,不会写诗也会吟。"书声琅琅,本是语文学习的重要方法之一。语文教学的第一任务是让学生学习语言,而朗读是学习语言的重要途径之一。通过朗读,可以使书面语言内化为学生自己的语言,能有效地提高学生理解、运用语言的能力。因此,语文教师必须熟练掌握朗读技能。

(一)了解朗读的发声方法

人们都希望自己的语音准确、清晰、响亮、圆润,教师更是如此。日常生活中,人们往往以为声音是否优美是由发声器——声带决定的,但仅依靠声带说话的情形,实际上是不存在的。声带本身发出的声音很微弱且不优美,所以必须借助人体的共鸣器官,才能扩大音量,美化音色。许多教师一堂课讲下来,往往声音嘶哑、口干舌燥,就是因为不懂科学的发声技巧造成的。因此,发声技能是教师保持声音青春常在的一项基本功。

1. 用气发声法

"气乃音之本""气动则声发",呼吸是发声的动力。口语表达中的亮度、力度、清度,以及音色的甜润、优美、持久等,主要取决于气息的控制和呼吸的方式。常见的呼吸方式有胸式呼吸、腹式呼吸和胸腹联合呼吸三种。口语交际中较为理想的呼吸方式是有控制的胸腹联合呼吸方式。人们往往吸入大量气息,迫使胸腔下部、腹腔上部逐渐扩张、小腹自然回收,便出现了胸腹联合式呼吸。胸腹联合呼吸有效地扩大了胸腔容量,增大吸气量,容易产生坚实、响亮的音色,而且便于控制。

2. 共鸣控制法

共鸣是指声带震动时,影响到其他邻近的器官或器官内部的空间所产生的声音效果。人体的共鸣器官包括全部发声系统的空腔,有胸腔、喉腔、咽腔、口腔、鼻腔。人体的共鸣机构,从共鸣效果来说,分高音、中音、低音三个区域:中音共鸣就是口腔共鸣,包括硬、软腭以下,胸腔以上各共鸣腔体;低音共鸣主要指胸腔共鸣;高音共鸣主要是鼻腔共鸣,包括硬、软腭以上的共鸣腔体。对于教师来说,高音共鸣过多,声音显得单薄、飘浮;低音共鸣过多,声音沉闷,影响字音清晰。因此,运用"以口腔为主,中、低、高三腔共鸣"的方式,才是教师所需要的。

3. 吐字归音训练

吐字归音是我国传统说唱艺术理论中在咬字方法上所用的一个术语。它从汉语特点出发,把汉字一个音节的发音过程分为出字、立字和归音三个阶段:出字是指字头发音过程,字头包括声母和韵头;立字是指字腹的发音过程,字腹就是韵腹,是韵母中的主要元音;归音是指音节发音的收尾过程。吐字归音对一个音节的每个发音阶段都提出了具体要求,那就是吐字要有力、清晰;立字要拉开、立起;归音要到位、干净、利落。

课堂讨论

4人一组,一名同学尝试运用发声技巧,阅读一小段文字,其他同学对照发声技能的要求,分析该同学发声方面的优点与存在的问题,并提出改善的建议,小组成员轮流进行。

(二)熟练掌握朗读的基本技巧

1. 停连把握准确

停连是指朗读中语流声音的中断和连接。一般来说,朗读时,有些句子较短,按书面标点停顿就可以。但朗读实践表明,不能完全受标点符号的束缚,有些句子较长,结构比较复杂,句中虽然没有标点符号,但为表达清楚意思,有时也需要停顿,有标点的地方,有时则需要连接。顿连需要根据文本的内容和语句表义的目的,恰当运用;否则停顿太多,会造成语义支离破碎,停顿不当,会使语句产生歧义;连接太多,则语义混乱,不能够很好表情达意。正确的停顿有以下几种类型:

(1)标点符号停顿。标点符号中的点号是书面语言的停顿符号,也是朗读作品时语言停顿的重要依据。标点的停顿规律一般是:句号、问号、感叹号、省略号停顿略长;其次是分号、破折号、连接号;然后是逗号、冒号;停顿最短的是顿号。

(2)语法停顿。句子中间的自然停顿就是语法停顿。它往往是为了突出、强调句中主语、谓语、定语、状语、补语等成分而作的短暂停顿。它有助于我们在朗读中正确地停顿、断句、破句,恰当地表达作品的思想内容。

(3)逻辑停顿。逻辑停顿是为突出或强调某种含义而作的停顿。由于这种停顿是由朗读者的意图和感情决定的,所以没有明确的规律。逻辑停顿与语法停顿有时一致,有时不一致。

(4)感情停顿。感情停顿不受书面标点和句子语法关系的制约,完全是根据心理或感情的需要而作的停顿,它受感情支配,根据感情的需要决定停与不停。它能把原作的感情表达得更加充分,其特点是声断情连。

案例研讨 1

下面是一位语文教师朗读课文时所做的停顿处理:

难道你又不更远一点想到/这样枝枝叶叶靠紧团结,力求上进的/白杨树,/宛然象征了/今天在华北平原纵横决荡/用血/写出新中国历史的/那种精神和意志。

——节选自茅盾的《白杨礼赞》

这句话中有数次短暂的停顿,有些是按标点、语法规律停顿的,如"想到""象征了""靠紧团结""上进的"和"历史的"后面的停顿;有些是为了突出强调所做的逻辑停顿,如"纵横决荡"和"用血"之后的停顿,这样的停顿处理,表达了作者对敌后抗战军民的由衷赞美之情。

课堂讨论

下面是一位教师根据逻辑和情感的需要所做的朗读停顿,请分析这样处理是否恰当,说出理由。

1. 虽然都是/极熟的朋友,却是终年/难得一见……

——节选自杏林子《朋友和其他》

2. 桌子放在堂屋中央,系长桌帷,她还记得照旧去分配酒杯和筷子。"祥林嫂,你放着吧,我来摆。"四婶慌忙地说。她讪讪地缩了手,又去取烛台。"祥林嫂,你放着吧,我来拿。"四婶又慌忙地说。

——节选自鲁迅《祝福》

(注:例1句中"极熟的朋友,却是终年"中间有逗号,例2句中"祥林嫂,你放着吧,我来摆。"和"祥林嫂,你放着吧,我来拿。"两句中也都有标点分隔,但朗读中可以不停顿,一气读出。)

2. 重音处理得当

为了达到朗读目的,朗读时常常要强调和突出某个音节、词语、短语等,这些被强调的部分称为重音。一般说来,凡是能够区分程度,突出性质、动作、范围、感情或提示注意的词或短语,都应该重读。重音可以分为语法重音、逻辑重音和心理重音。

(1) 语法重音。语法重音是根据句子的语法结构,按语言习惯自然重读的音节。语法重音的一般规则是:短句的谓语部分和修饰语重读,在带有宾语的句子中宾语要重读,疑问代词和指示代词要重读;列举事物时并列的词语要重读;比喻中的喻体要重读;人名地名的最后一个字,轻声音节的前面的字要重读。

(2) 逻辑重音。逻辑重音不受语法制约,是语句中为了突出或强调说话人的意图和态度而重读的词语。逻辑重音的作用在于揭示语言的内在含义,对语义的表达有关键性的作用。

(3) 心理重音。心理重音是指根据表达情感的需要确定的重音。一般说来,心理重音不是固定不变的,不同的人有不同的理解,因而心理重音就可能不相同;但心理重音的确定不是无原则的,一般要服从文本的主旨或感情基调,即服从于文本表情达意的需要。

案例研讨2

下面是一位语文教师朗读课文时所做的重音处理:

这南方初春的田野,大块小块的新绿随意地铺着,有的浓,有的淡,树上的嫩芽也密了,田里的冬水也咕咕地起着水泡。这一切都使人想着一样东西——生命。

——节选自莫怀戚的《散步》

这段话朗读中的重音处理比较合理,"新绿""嫩芽""冬水""生命"这几个词语的重读,既是语法重音的需要,更是表达情感的需要,尤其是"生命"一词采用逻辑重音的处理,表达了对生机勃勃、充满活力的春天万物的礼赞。再加上"随意""浓""淡""密"等形容词的重读,更突出表达了作者对初春到来的欣喜和赞美之情,处理恰到好处。

3. 语气语调符合语意

语气是支撑声音表现出来的话语的"气息状态"。语气包含两方面的内容:文本内在的思想情感的色彩和分量("神")和外在的高低、快慢、强弱、虚实的声音形式("形")。朗读时,朗读者的感情、声音、气息状态与表情达意有着极为密切的关系。感情决定气息,气息支配声音;不同的气息、不同的声音方式,可以表达不同的思想情感。朗读中的语气是丰富多彩的。常见的语气类型有:陈述语气、疑问语气、赞扬语气、喜悦语气、挚爱语气。

为适应思想感情表达的需要,说话或朗读时,句子总是有高低升降的变化,这种变化就形成了语调。语调是有声语言所特有的,是口语中表达各种语气的声音色彩。朗读时,借助丰富多彩的语调,可以增强有声语言的感染力和说服力。语调的基本类型有四种:平直调、高升调、降抑调、曲折调。

课堂讨论

> 小组合作:2~4人一组,先为下面的语段设计语气、语调,然后一人进行朗读,其他同学点评,指出优缺点,提出改进建议。
>
> 所以在这阴冷的四月里,奇迹不会发生。任凭游人扫兴和诅咒,牡丹依然安之若素。它不苟且、不俯就、不妥协、不媚俗,甘愿自己冷落自己。它遵循自己的花期,自己的规律,它有权利为自己选择每年一度的盛大节日。它为什么不拒绝寒冷?
>
> ——节选自张抗抗《牡丹的拒绝》

4. 节奏、语速符合感情基调

节奏是由一定的思想感情的波澜起伏所形成的,在有声语言的表达上所显示的快与慢、抑与扬、轻与重、虚与实等种种回环交替的声音形式。节奏是就整篇作品而言的,回环往复是节奏的本质,思想感情的运动状态是节奏的动因。基本的节奏类型有六种:轻快型、凝重型、低沉型、高亢型、舒缓型、紧张型。

语速是指语流的速度,是指朗读和说话时每个音节的长短和音节之间连接的松紧,属于音长现象。语速是朗读中形成生动语言节奏,丰富有声语言形式,准确表情达意的一种重要技巧。朗读的快慢要与文章的思想内容相适应,语速要适中,既不能过快,也不能过慢。语速的具体形式主要有三种,即快速、中速、慢速。普通话的正常语速为中速,大约每分钟240个音节左右。

案例研讨3

下面是程翔老师的示范课《背影》的课堂教学实录片断:

生:(读)他戴着黑布小帽,穿着黑布大马褂,深青色棉袍,蹒跚着走到铁道边慢慢探下身去,尚不大难。可是他穿过铁道,要爬上那边月台,就不容易了,他用两手攀着上面,两脚向上缩,显出努力的样子。这时我看着他的背影,我的泪很快流下。

师:好,同学们要注意,读这几句的时候,你们说心情是欢快的还是沉重的?

生:沉重的。

师:嗯,对,沉重的。在读的时候语调要压得怎么样呀?

生:低沉。

师:对,低沉一些。语速要怎么样呀?

生:缓慢点。

师:缓慢些,这样感情表达就充分一些。好,同学们听老师读(饱含深情,读毕,生发自内心鼓掌)。①

这段文字,是朱自清先生在远远地望着年迈、肥胖、脚步蹒跚、差事交卸、母亲亡故的老父亲送子求学时过铁道为儿子买橘子的特定场景,曾经让作者流下了热泪,也感动了无数的读者,字字饱含着深情。朗读时,要走进作品,体会作者内心的那份压抑、沉重和复杂,合理调整语气、语调及语速,来准确诠释作品要传递的情感。程翔老师教学中这段文字的朗读处理恰到好处。

(三)落实表情达意的功能需要

表情达意是朗读的主要功能。朗读并不是简单的念字现象,而是一个有着复杂的心理、生理变化的驾驭语言的过程,是一个语言艺术再创作的过程。见字出声是容易的,要准确地体会到蕴藏于字里行间的情意却并不容易。因此,朗读者应认真地分析理解作品,把握语言表达的含义。

◆ 案例研讨4

这是全国特级教师于永正老师的示范课《圆明园的毁灭》的课堂教学实录片断,我们先阅读这个案例,之后进行课堂讨论。

师:同学们读了两遍课文,老师发现同学们表情发生了变化,再不是刚才愉快的表情,请你告诉我,你读了这篇课文,心里什么滋味?你读出了什么?为什么你的表情变了?

生:我十分愤怒!

师:他读出了"愤怒"!于老师写这个"怒"字,再不是一笔一画地写,这就是中国字,这就是我们的汉字,是表达感情的,请坐!(举手示意其他同学回答)心情怎么样?

生:我恨!痛恨清王朝统治的懦弱无能!

师:请坐。他读出了一个"恨"字("恨"字语气加重,板书"恨"字),这个"恨"我也不是一笔一画写的,我替他,替所有同学表达一种恨的感情!请讲。(做请状)

生:我觉得我受尽了耻辱!

师:中国人民的耻辱!他读出了一个"耻辱"。这是你们读了两遍课文的感受。

师:(激动、赞赏的口气)这个声音应该让至今还在欺负别的国家的人都听到!同学们,

---

① 刘丽丽.新课程·新理念·新视域[M].天津:南开大学出版社,2014:7.

拿起书来,记住这段历史"1860年10月6日",读!①

1. 分析于永正老师在课堂朗读教学环节中和学生的互动,说说他是怎样组织学生朗读的?学生从中明白了朗读的真正功能是什么?掌握了何种朗读技巧?
2. 谈谈这个案例对你的朗读技能的提高和朗读教学的开展有怎样的启示。
3. 小组合作,选取有代表性的课文,根据表情达意的需要进行朗读练习,并互相评价。

四、朗读技能的评价

请设计一节微格课堂教学,必须有朗读教学环节,以小组为单位,每位同学试讲后,小组成员对教师课堂教学中的朗读技能作出评价。

表4-1　朗读技能评价表

课题:　　　　　　　　　讲课教师:　　　　　　评价者:　　　　　时间:

评价项目	权重	评价等级				得分
		优秀	良好	中等	不合格	
语音面貌:普通话发音标准,吐字清晰,不添字、漏字,不回读,不破读,准确完整地朗读指定的内容。	0.30					
流畅程度:朗读熟练,节奏正确,语速恰当,停顿合理,自然流畅。	0.30					
表情达意:感情真挚、充沛,语气语调处理恰当,能正确把握作品内涵,准确读出作品感情基调。	0.30					
仪态表情:表情自然,教态大方,精神饱满,着装得体。	0.10					
总分						
补充意见或建议						

注:请在评价前阅读该表中的项目;听课时认真观察教师的表现;听课后根据讲课者的朗读表现作出评价。总分在9~10之间为优秀,在7~8之间为良好,在6~7之间为中等,在0~5之间为不合格。

第二节　板书技能

一、板书技能概述

板书是课堂教学的重要环节,精湛的板书是教师创造性劳动的结晶,它渗透着教师的学识、智慧和技艺,体现了教师的教育教学理论水平和审美素养。

---

① 刘丽丽.新课程·新理念·新视域[M].天津:南开大学出版社,2014:86—87.

（一）语文课堂教学板书技能的含义

板书是教师根据教学需要，为引导学生学习、达成教学目标，辅助课堂口语的表达而写在黑板上或投影片上的文字和其他符号。所谓板书技能，就是教师在板面或屏幕上书写和设计文字及其他符号的技巧。板书特点如下：

1. 直观性

板书是一种直观性教学活动，它以文字、符号、图表等具象性手段，通过简洁、形象、直观的形式将教学内容直接作用于学生的视觉，丰富了学生的感知表象，将语文课堂教学的内容以及教师所要传达的教学信息，清晰、准确地展现在学生的面前，使学生便于掌握、理解和记忆。有一些比较复杂抽象的语文知识，用口头语言教学往往说不明白的内容，可以借助板书来弥补，教师可以用精炼的文字概括，也可以用简明的表格来归纳，还可以用形象的画面来图解，这样浅显明白、简明扼要，学生看了会一目了然，容易认知。

2. 简洁性

板书贵在"少而精"。古人说："少则得，多则惑。"板书要做到"少书""精书"；书在关键处、书在点子上，能起到"提纲挈领""画龙点睛"的作用。好的板书是教学内容的浓缩和深化，而不是讲解内容的简单重复，因而教学板书的语言应是经过精心提炼的，符号与图像也应是精当节省的，既概括凝练，又精准得当。教师应把讲解内容经过分解、综合、归纳、总结，使板书内容更加提纲化、系统化、形成知识网络，便于学生掌握和记忆。

3. 示范性

教学板书具有很强的示范性特点，好的板书对学生是一种艺术熏陶，起到潜移默化的作用。学生善于模仿，教师的语言行动、仪表神态，读书写字，都在无形中向学生做着示范。教师板书的示范作用尤为重要，它关系着学生学习习惯的培养问题，因而，教师板书的文字必须正确、规范、美观；表达必须文从字顺；布局力求美观大方。这样，久而久之，学生将会受到潜移默化的影响，养成良好的学习习惯。

4. 启发性

好的板书能够帮助学生理解所学内容，引领学生去体验、领悟、发现知识，因此，板书内容应当具有启发性。板书中的每个字、每个词、每句话、每个标点符号、每张图形表格，都应当是富于启发性的，能够引发学生的联想和想象，加深学生对所学内容的理解和记忆。教学板书的启发性往往来自板书本身的含蓄，所以，板书时要注意给学生留下想象和思考的空间，这样才能充分调动学生的学习积极性。

5. 趣味性

板书是语文教学中最主要、最基本的直观教学手段，因而教学板书应该灵活而不呆板，力求用生动、形象的内容，激发学生的情感，促进学生的思维，调动学生的热情。教学板书的趣味性，能有效调节课堂教学气氛，调整课堂教学的节奏，激发学生的学习兴趣。教师在设计板书时，要力求使板书新颖别致、妙趣横生。教师板书时可以采用图形、符号，还可适当（特别在低年级）运用红、蓝、黄、绿等彩色粉笔配合标示，加强板书设计的艺术性，使板书更加美观、生动、醒目。

6. 审美性

板书设计是一种特殊的艺术创造,渗透着教师的智慧、学识和情趣。内容完善、语言精练、构图美观、字体秀美的板书,不仅能给学生以美的享受,而且能起到激发兴趣、加强记忆、凝聚注意力、促进思维、提高教学效率的作用。因而,教师的板书设计要注意内容美和形式美的和谐统一,板书图示的排列和组合在准确体现内容的前提下,力求生动活泼,给人以形式上的美感。

(二)板书的功能

独具匠心的板书设计,可称得上是内容精练、形式优美的微型教科书。板书设计体现着语文教师的课堂教学艺术,其功能如下:

1. 体现思路,提示重点

教师上课有明晰的思路,有利于学生对课文内容的理解、记忆和巩固。由于在板书设计过程中,教师要对包括教科书、学生在内的大量的教学资源进行分析、综合、抽象概括、筛选组合,因而板书是教师对教学资源综合思维结果的"物化"。这一"物化"的过程,能够帮助教师把教学内容按照合理的形式表现出来,或者把零乱的内容条理化,形成清晰的教学思路。由于板书有限的空间,书写在黑板上的都是经过教师教学认真筛选过的重要的学习内容。因而,板书往往揭示教学重点。

2. 启发思考,促进思维

板书是一种直观教学的手段,好的板书提纲挈领,概括出了教学内容的要点和难点,体现出了教学内容的前后逻辑联系。所以,板书是教师思维的产物,具有很强的概括性、逻辑性、综合性和形象性,学生通过对板书内容进行比较、分类、抽象,概括,就有助于将感性知识上升为理性知识。因而,板书体现出的"强烈"的思维性,有助于学生抽象思维和形象思维的培养。

3. 强化记忆,提高效率

心理学实验证明,让人识别东西,用语言描述需要 2.8 秒,用图像符号只需要 1.5 秒,看一遍比听一遍的信息量要多 1.66 倍。只凭听觉,一份材料三天后只能记住 15%;只凭视觉,则三天后能记住 40%;视听结合起来,三天后则能记住 75%。在课堂上学生接受知识信息的渠道有两个:视觉、听觉。教师边讲边板书,学生在听了教师讲解之后,又看到板书,再抄到笔记本上,这样一个过程调动了眼睛、耳朵、手等器官,容易在大脑中留下深刻印象,增强记忆效果,从而提高学习效率。

4. 提供示范,培养审美

教学板书具有很强的示范性,教师在板书时的书写笔顺、字形字迹、内容呈现、布局安排都会给学生一种示范。好的板书对学生也是一种艺术熏陶,板书设计如果运用一定的美学方法,合理布局,从构图、字体、色彩等方面都能给学生以审美享受。所以,教师板书的展示,不仅能给学生起到示范作用,而且能培养学生的审美情趣。

二、板书技能的实施原则

教学板书不能随心所欲,需要教师精心设计,要遵守一定的要求,遵循一定的原则。

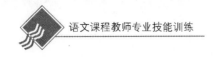

1. 客观性与审美性的统一原则

因为板书服务于课堂教学,有实用价值,所以板书具有客观性。此外,教师要通过板书调动学生的学习兴趣,因而板书还要有艺术性。如果板书只重视了艺术性,忽视了实际操作价值,板书就只能是摆设。"板书既要中看,更要中用,不能像塑料花,好看不实用。"[1]说的就是这个道理。板书作为一种传统的教学手段在语文教学中的运用,已远远超越了原先只是把重要内容写下来、便于学生做笔记的初衷,而是已经升华到运用美学方法、关顾学生的审美心理需求这样的艺术境界。

2. 系统性与重点性的统一原则

语文教学板书的设计要根据文本、教学内容、学生学习的需要,力求体现教学内容的系统性和完整性。此外,教学板书受书写时间和书写空间的限制,因此板书设计还必须追求重点性。重点突出的板书,条理清晰、概括性强,有利于学生抽象思维的形成。

3. 计划性与灵活性的统一原则

板书设计要有计划性。上课之前,教师对于板书内容呈现的先后、内容间的呼应、文字的大小、布局的调整、虚实的配合、符号的运用等,都要事先进行周密的考虑,力求恰当、合理、顺理成章。同时,课堂教学又是千变万化的,板书设计同时必须具有适当的灵活性。在课堂教学的师生双边活动中,常常会遇到原来设计的板书难以自然呈现的情况。这时候,就要在不影响教学要求的前提下,适当地采取随机应变的措施,切忌墨守成规,一成不变。

4. 主板书与副板书的统一原则

板书有主板书和副板书之分。主板书又称正板书、基本板书或中心板书,是教师讲授内容的纲要和重点,体现课堂教学的知识要点,反映教师的教学意图。主板书要保持整洁、规范、不能随意擦掉。副板书又叫辅助式板书、附属性板书、注释性板书,它表现与教学有关的零散知识,或书写口语表达中学生不易理解的词语等,是对主板书的一种注释、说明和补充,副板书可随写随擦。

5. 书写和讲解的统一原则

板书和语言讲解是一个不可分割的整体,二者有机结合才能更好地传递教学信息。教师可以先讲后写,也可以先写后讲,或者边讲边写,切不可讲完课后往黑板上抄板书,也反对先把板书写在黑板上,然后再依板书讲。

三、板书技能的实施策略

语文教学板书是艺术,独具个性、新颖别致、极富美感的教学板书,是教师创造性思维的结晶。语文教学中,板书的类型是多种多样的,从所反映的教学内容来分,有综合式板书、分课时板书、重点段落板书等;从语言的运用来分,有提纲式、词语式、归纳式板书等;从表现形式来分,有文字式、图表式板书等;从结构方式来分,有总分式、对比式、并列式板书等。

---

[1] 刘显国.板书艺术[M].北京:中国林业出版社,1999:57.

1. 词语式板书

词语式板书是以课文中关键性词语为主组成的板书。这种板书有助于学生抓住课文的重要词语来理解文本内容,对丰富学生的词汇、提高表达能力很有帮助。词语式板书的主体是文中的词语,设计时必须注意两个问题:第一,应选用词汇丰富、含义深刻、对学生的语言学习有示范作用的词语;第二,应遵循精要性原则,选用能反映教学重点、课文思路的词语。

◆ 案例研讨 1

下面是一位语文教师为《论雷峰塔的倒掉》整体感知文本环节设计的板书[①]:

希望倒掉
居然倒掉
活该倒掉

这则板书设计简洁明了。"希望""居然""活该",这三个词语都是课文中的原词,教师独具慧眼,敏锐抓住这三个词语,高度概括了《论雷峰塔的倒掉》这篇文章的行文思路,为下一步学生研读课文,准确理解文本内容奠定了扎实的基础。

2. 结构式板书

结构式板书是指用文字把文章的结构归纳概括出来,帮助学生掌握文本的结构,进而理解文本内容的板书方式。这种板书设计方法基于教师对教材的研究、分析及自身的概括能力。高度的概括能力是抽象思维的良好品质,因此这类板书对培养学生的抽象思维能力也有较好作用。

◆ 案例研讨 2

下面是一位语文教师为夏衍的《包身工》(人教版高中语文必修 1)设计的板书[②]:

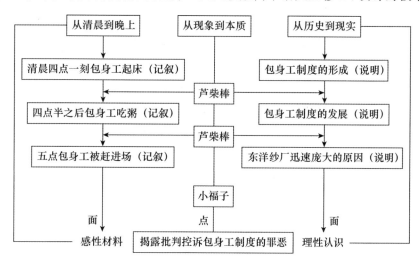

---

① 时金芳.语文教学设计[M].北京:社会科学文献出版社,2001:234.
② 任志鸿.高中同步测控优化设计(语文必修 1)[M].北京:人民教育出版社,2013:62.

《包身工》是夏衍写的一篇报告文学,原文篇幅很长,给学生的阅读理解造成一定的困难。因此,梳理文章的思路和行文脉络,对解读文本的内容、揭示主旨有很大的帮助。这则板书设计,脉络清晰,从包身工的一天遭遇这一现象,上升到包身工制度的理性剖析,并以人物为例,点面结合,揭露包身工制度的罪恶,不失为一则好的板书设计。

3. 提纲式板书

这是课堂中常用的一种板书形式,主要是按顺序概括课文内容要点,并借助标题式的语言,以提纲的形式写出来。这种板书具有整体性和概括性的特点,提纲挈领、言简意赅、脉络清楚,既反映文章整体结构,又概括主要学习内容。

◆ **案例研讨3**

《蜀道难》板书设计[①]:

<pre>
                两地相隔之久
       ┌ 蜀道来历之巧 ┐
  一叹 ┤   ├ 山高
       └ 峨眉青泥之高 ┘

       ┌ 羁鸟古木之悲 ┐
       │ 子规空山之愁 │
  二叹 ┤   ├ 路险
       │ 连峰去天之近 │
       └ 飞湍瀑流之喧 ┘

       ┌ 剑阁地势险要 ┐
  三叹 ┤ 防守多为豺狼 ├ 人恶
       └ 锦城虽乐非家 ┘
</pre>

提纲式板书的设计要符合两个要求:① 板书内容要体现教学性。它不是简单的结构层次和段落大意的概括,而是借助提纲的形式反映出课文的学习内容和学习重点,体现教学的目标。② 要点概括要准确、简练,不宜长篇大论,贪多求全。这则板书精炼地概括了文本的主要内容,体现了教师极强的板书设计能力。

4. 线索式板书

有些课文本身就有鲜明的线索,学生通过把握线索就能顺利地领会全文内容,这类课文可采用线索式板书。它依文章的线索设计,以文章的线索为板书的主体。有一些课文采用明、暗双线结构的方式,达到深刻揭示主题的目的,设计时也可用线索式板书,帮助学生理解。

◆ **案例研讨4**

《林教头风雪山神庙》的板书设计[②]:

[①] 任志鸿.高中同步测控优化设计(语文必修3)[M].北京:人民教育出版社,2013:23.
[②] 任志鸿.高中同步测控优化设计(语文必修5)[M].北京:人民教育出版社,2013:4.

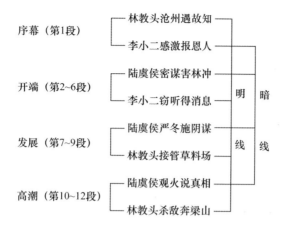

　　《林教头风雪山神庙》是人教版高中语文必修5的一篇课文,节选部分的故事情节围绕两条线索展开,明线是林冲的遭遇,暗线是陆虞侯的行踪,双线结构的安排丰富了故事情节。这则板书编排精当,线索清晰。

　　5. 对比式板书

　　这类板书是把几组事物(或一个事物的几个方面)放在一起进行比较。语文教学中,有一些课文在内容、写法上就运用了对比的方法突出重点、中心,这类课文可采用对比式板书。对比式板书主要是对具有可比性的双方进行对比,设计时应注意突出双方的差异度,使之形成鲜明的对照。差异度越大,对比就越强烈,重点也就越生动、突出、鲜明。

◆ **案例研讨5**

《故乡》人物对比的板书设计[①]:

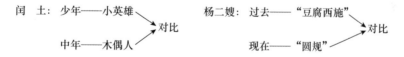

◆ **课堂讨论**

　　1. 你觉得这则板书的设计是否合理?请说出理由。
　　2. 仿照这种方法,选取合适的内容,自己设计一则板书,并与同学分享。

　　6. 图文式板书

　　图文式板书是指文字与图画有机地组合在一起的板书。这种板书往往能够变抽象为具体、变深奥为浅显,能够调动学生的学习兴趣,较好地帮助学生理解文本。这种方法基于教师对文本的认真钻研、高度概括和独到表达。同时也反映教师的兴趣爱好、个性特长以及审

---

① 时金芳.语文教学设计[M].北京:社会科学文献出版社,2001:235.

美情趣。

案例研讨6

《我的叔叔于勒》板书设计[①]：

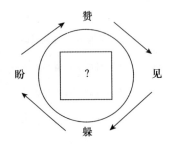

这则板书设计独具匠心,设计者巧用"盼""赞""见""躲"四个字揭示故事情节,板书的外形是一枚铜钱,中间的"?"引人深思,巧妙地揭示了小说要表现的主题：资本主义社会人与人之间的关系是赤裸裸的金钱关系。

7. 表格式板书

表格式板书是指通过表格或线条、框图等的方式来设计的板书。这类板书或借助表格进行对比、整理、归纳,可以让学生以填空的方式完成；或借助框图、线条帮助分析、推理,结合教学进程完成板书内容。以填空方式完成的,设计板书时,应注意建立知识间的联系,便于学生对知识进行对比、整理、归纳；借助线条、框图的,应注意线条等的简洁、明晰,文字内容则应高度概括,言约而义丰。

案例研讨7

《鸿门宴》板书设计[②]：

内　　容	目　　的	针对性
臣与将军戮力而攻秦,将军战河北,臣战河南	叙旧	项羽念旧情
然不自意能先入关破秦,得复见将军于此	逢迎	项羽好大喜功
今者有小人之言,令将军与臣有郤	回避实质	项羽目光短浅

这是教师对《鸿门宴》中刘邦性格分析的一则板书,设计者通过图表的形式,针对文本中刘邦的典型语言进行分析,概括其性格特点,清晰准确,一目了然。

8. 人物分析式板书

人物分析式板书主要是依据课文中对人物形象的刻画来设计板书,在课堂教学中结合对内容的分析进行板书,促进学生对人物形象的理解。这是语文教学中的一种常见的带有专题性质的板书。

---

① 魏传宪.语文教学概论[M].成都：四川大学出版社,2002：184.
② 张西久,张月东.新课标教案：语文必修1[M].延吉：延边教育出版社,2012：38.

◆ **案例研讨 8**

《烛之武退秦师》板书设计：①

◆ **课堂讨论**

分析以上《烛之武退秦师》中对主人公形象分析设计的板书，回答：
1. 你觉得这则板书的设计是否合理？请说出理由。
2. 人物分析式板书的好处何在？设计时应注意什么？
3. 仿照这种方法，选取合适的内容，自己设计一则板书，并与同学分享。

9. 归纳式板书

归纳式板书就是采用适当的板书形式对语文学习内容进行概括归纳的一种板书方式。归纳式板书的目的在于帮助学生概括整理，加深印象，增强记忆，故一般是在教学的总结阶段出现；板书的内容应有高度的概括性，能全面反映文章的重点。

◆ **案例研讨 9**

《囚绿记》板书设计：②

情节：寻绿——观绿——囚绿——放绿——怀绿
情感：期待——喜悦——不快——恼怒——祝福
写法：象征——珍爱生命，追求自由，坚贞不屈

《囚绿记》出自人教版高中语文必修 2 的一篇经典散文，文章运用了象征手法，借自己"囚绿"的过程来表达作者要摆脱黑暗束缚，追求光明的心声。这则板书设计，在梳理文本情节和作者情感变化的基础上，水到渠成，总结归纳出文章的主旨，点明写作手法，文字简洁，条理清晰。

四、板书技能的评价

板书技能的评价是以一定的目标、需要、期望为准绳的价值判断过程，通过对板书技能

---

① 任志鸿.高中同步测控优化设计(语文必修 1)[M].北京：人民教育出版社，2013：36.
② 任志鸿.高中同步测控优化设计(语文必修 2)[M].北京：人民教育出版社，2013：17.

的考察和分析,对教学的构成、作用、过程、效果等进行科学的价值判断,来评价受训者的板书技能。在板书技能的学习和提高过程中,评价起着重要的作用,没有评价就不能通过微格教学对板书技能进行改进。

请设计一节微格课堂教学,必须有板书呈现,以小组为单位,每位同学试讲后,小组成员对模拟教学者课堂教学中的板书技能作出评价。

表 4-2　板书技能评价表

课题:　　　　　　　　　讲课教师:　　　　　评价者:　　　　时间:

评价项目	权重	评价等级				得分
		优秀	良好	中等	不合格	
板书设计与教学内容紧密结合,紧扣教学目的	0.20					
板书设计富有艺术性,能激发学生的学习兴趣	0.20					
板书内容精当、简明扼要,结构合理,条理清晰	0.20					
板书文字书写规范、美观、流畅、布局合理	0.15					
板书与讲解配合得当	0.15					
主副板书布局合理	0.10					
总分						
补充意见或建议						

注:请在听课前阅读该表中的项目;听课时认真观察教师的表现;听课后根据讲课者的板书技能表现作出评价。总分在9~10之间为优秀,在7~8之间为良好,在6~7之间为中等,在0~5之间为不合格。

第三节　体态语技能

"耳闻总不如目睹",从某种意义来说,师生沟通中的非言语交流也许比言语交流更为重要。科学研究发现:人们接收到的外界信息70%~80%来自视觉信息,也许,人们能够一时停止有声的说话,但却不能停止通过各种身体的态势有意无意地不断发出信息。可以这么说:没有丰富协调的体态语,就不可能有融洽亲密的师生关系,就不可能有高效的师生沟通。而没有表情的死板说教只能使学生对教师敬而远之,不会对教师敞开心扉。所以,好教师应懂得"身教重于言教",应学会恰当使用体态语。

一、体态语技能概述

体态语,又称体势语或称身体语言、肢体语言,西方习惯称人体示意语言。它是一种没有声音表达、没有文字呈现,借助人的姿势、动作、表情等去传递信息和表情达意的另类语言形态。将体态语运用于语文课堂教学,可以产生直观、形象、生动、引人深思的良好效应。

(一)体态语的类型

体态语包括面部表情、手势、穿着打扮、外表形象、姿势走动等五种类型,在语文教学中这几种类型常常是综合呈现的。

资料卡片

体态语：
- 有声：副语言
- 无声：
  - 动态语言：肢体语（首语、手势语）；表情语（目光语、微笑语）
  - 静态语言（姿势语、界域语）

——贝克(K.W.Bark)《语言与交际》(1977年出版)

（二）体态语的特点

语文课堂教学中，师生间的交流，除了有声语言（口头语）和有文语言（书面语）外，每时每刻都少不了必要的体态语，教师教学中的体态语有如下特点：

1. 辅助性

教师体态语是有声语言的辅助，教学中它常常要配合有声语言才能收到"如临其境，如闻其声，如见其人"的效果。

2. 情境性

教师的体态语言表达要借助一定的课堂教学情境，否则就会变得令人难以理解。一般而言，体态语言的情境性在教学实践中，主要用以模拟形象、再现情境和渲染气氛等。

3. 传情性

由于学科特性，语文教学的体态语往往要传达文本中所表现出的思想情感。教学中，语文教师要常常运用自己的面部表情、身姿、手势等表情达意，帮助学生理解文本的情感。

4. 伴随性

语文教师的体态语绝大部分是伴随着教学言语出现的，具有伴随性。得体、自然的体态语不仅可以辅助教师表达情意，而且也能增强教学语言的表现力和感染力。

5. 有意性

语文教师的举手投足都要有目的性，教师要有意识地使用体态语来辅助教学语言，增强教师自我言语的魅力。研究表明，教师有意识地设计体态语言并能在语文课堂教学操作中恰当调控，就能够收到良好的教学效果；反之，对体态语言放任自流，不加约束，就会影响讲课效果。

（三）体态语的作用

课堂教学体态语伴随着教师的言语表达，贯穿于语文课堂教学的全过程，在语文教学中占据着重要的地位。

1. 示范作用

身教重于言教，教师的身教反映在许多方面，而非语言的教学行为是身教的一个重要方面。老师充满爱意的眼神、潇洒的手势、优美的姿势、得体优雅端庄的装扮、良好的情感态度、宽容的心态，都会对学生有着强烈的潜移默化的示范教育作用。

2. 激励作用

教师的非语言教学行为，除了能使课堂气氛生动活泼外，还能为学生的学习创造良好的、安全的心理环境，能激励学生的主动性、创造性的迸发。

3. 启发作用

教师的非语言教学行为具有模拟性和象征性，它能引起学生对事物的丰富联想。尤其是一些难于用语言表述清楚的动作和感情，通过教师的动态语言能较好地表现出来。因而对学生具有启发思维、促进理解的作用。

4. 强化作用

教师非语言教学行为能把学生的视听有机地结合起来，用视听两个方面的刺激作用于学生的感官，增大了接收的信息量。美国心理学家艾帕尔·梅拉列斯总结了人接受信息的效果公式：信息的总效果＝7％文字＋38％音调＋55％面部表情。从公式中我们可以充分地看出，教师的非语言教学行为对于学生接受信息具有重要的强化作用。

二、体态语技能的实施原则

（一）辅助性原则

在课堂教学中，起主要作用的是有声语言的表达，非语言表达只起辅助作用。因而教师在进行言语表达时，要有用体态语辅助有声语言以增强表达效果的意识，切忌喧宾夺主。

（二）准确性原则

非言语同语言一样，其"词汇意义"也是约定俗成的。为此，教师要充分注意到这一点，运用正确的体态语进行表达，不能随心所欲。

（三）有效性原则

教师的体态语会对学生产生教育作用及情感上的激发作用，使教学变得生动活泼。因此，教师体态语的运用必须准确，才能发挥其实效。

（四）得体性原则

体态语的运用必须符合语言交际的环境，符合教师自身的年龄特点。教师要在教学过程中养成得体大方、亲切自然的非言语表达风格，增强教学言语表达的魅力。

（五）适度性原则

教师体态语的运用要掌握分寸，恰当得体，不宜夸张，而且要繁简适度。过繁会弄得人眼花缭乱，过简会显得呆板，都会影响效果。教师在课堂上教学动作要适度，否则会影响教学效果。

（六）协调性原则

教师在课堂教学活动中所采用的体态语言，必须与教学内容、课堂气氛、课堂情境、学生反应等具体情况协调一致。教师的眼神、表情、姿态、手势、服饰等必须相互配合，协调一致；教师的体态语言要与有声语言所表述的情、形、境协调一致。

三、体态语技能的实施策略

现代教育科学的研究表明：目前，发达国家的师范教育不仅在传统的幼儿师范教育中，而且在对所有层次的教师教育中都开始重视教师体态语的研究和训练，对未来的教师来说，

"有声有色"地教学将是一项必备能力。因而,在进行课堂教学时,语文教师必须掌握相关的体态语运用技巧。

1. 面部表情的使用技能

面部表情是指教师通过自己的眉毛、眼睛、嘴巴等器官和脸部肌肉运动来表达或辅助表达有关课堂教学内容信息的活动。常言道:"喜怒哀乐,形之于色。"人的面部的表情最为丰富,据研究有 2500 种之多。教师面部表情的每一个细微变化都能被学生捕捉到,表情传递的复杂信息对学生的心理和行为都会产生重要的影响,因此,教师必须学会正确运用面部表情。

(1) 眼神。"眼睛是心灵的窗户",眼睛能传神,而且能传递微妙的情感与复杂的感受。眼睛是脸部表情中最为活跃的组成部分,有研究表明:人在兴奋时,瞳孔会比平时放大 4 倍,并会闪闪发光;相反,在情绪低落或生气的时候,瞳孔就会收缩,且呆滞无光。教师在教学过程中,会经常和学生的眼光发生碰撞,眼神的交流会传递丰富的教学信息和复杂的情感。教师在使用眼神时,要注意以下问题:

① 弄清眼神的内涵。不同的眼神具有不同的作用。它可以用来表示兴奋、批评、否定的情绪,也可用来暗示期待、满意、怀疑、警告等情感。教师尽量多用表关切、亲近、肯定、慈祥的目光,少用冷漠、否定、厌恶的眼神,不使用傲慢、嘲讽、贬损、尖刻的目光。

② 用目光调控课堂。走上讲台时,教师首先要面对学生,用亲切的目光环视教室中的每一个学生,可以让学生意识到开始上课了。教师在课堂上要保证 80% 以上的时间与学生进行目光交流,及时观察学生的非言语所表达出的内容,并要学会不断变换目光注视的位置,来调控课堂。课堂教学中运用目光,有三忌:一忌不交流,目光散乱,看教案、天花板或窗外等,往往会使学生感觉到老师今天精力不集中,不想上课;二忌长时间注视着一个学生,这样会使学生感觉不舒服;三忌眼神呆滞冷漠或目中无人,这会让学生产生逆反情绪。

③ 把握眼神注视的方式。课堂教学中,我们提倡教师尽量将目光公正、均匀地分配给每位学生,让每位学生都能够沐浴在教师的眼神关注中,感受到老师给予的关爱和温暖。教师的目光应该坚定,不能飘忽游移,否则会给学生造成教师紧张、不自信的印象。

(2) 嘴形。嘴形在教师脸部表情中起着十分独特的作用,如果教师嘴唇微启,嘴角上翘,表示对学生的肯定和赞许;如果教师嘴唇紧闭、嘴角下垂,或者上齿紧咬下嘴唇,表示对学生的不满、否定、愤怒等。

(3) 眉毛。眉毛是脸部表情的重要组成部分,在人际交往中起着重要的作用,我们日常交际中,经常会听到"扬眉吐气""眉飞色舞""眉开眼笑""愁眉苦脸""挤眉弄眼"等词语,说的就是眉毛在表情达意中的内涵。在课堂教学中,教师如果双眉舒展可以传达满意之情,双眉上翘可以传达欣慰之意;双眉紧锁、双目下垂可以传达失望、愤怒之意。

(4) 微笑。坦诚的"微笑"是与学生交流中最好的"催溶剂",但必须是发自内心的,如果是做作的"笑",会适得其反,甚至可能会给学生的心灵带来伤害。如教师在回答学生的提问后,下意识地"撇嘴",无异于告诉学生:你提的问题太蠢了,你太笨了。为此,教师在与学生的交流中,要控制自己的面部表情,力避下列表情:一是皱眉、撇嘴,特别是倾听学生提问或回答学生问题时;二是瞪眼、张大嘴等夸张、做作的表情,会引起学生的模仿;三是紧闭双唇,面无表情,拒学生于千里之外,不利于师生交流。

◆ **案例研讨 1**

  初秋的一个下午,张老师一踏进教室就感到气氛有点沉闷,虽然值日生一声"起立",声音响亮,但还是有人睡眼惺忪。张老师转身写下今天的课题,略微减慢了一点语速,同时仔细观察了全班同学当时的不同神态。他发现:坐在后排的同学,有的看着手表,有的仰头望着天花板,有的看着窗外,有的看别人……坐前几排的同学看起来似乎不错,脖子伸得直直的,两眼盯着黑板,很久都不眨一下眼睛。可是,此时的张老师已经认识到,后几排的同学东张西望,已显示出他们无心上课,而前几排的同学"呆滞"的神态说明他们同样也缺乏上课的兴趣!

  这时,张老师突然停顿了几秒钟的讲课,引起学生注意后,他用抑扬顿挫的声调说:"同学们,俗话说春困秋乏,为了使大家减轻疲劳感,我先给大家说个有趣的小故事。"此话刚停,同学们立刻都表现出引颈企盼的姿态。然后,张老师一边说着故事,一边辅以生动的表情和手势。一眼望去,全班几十名同学逐渐都开始歪着脑袋"倾听"。听到精彩处,他们的眼睛都会闪着异样的神采。听到热切处,他们更以笑声和点头给以反馈。故事结束了,同学们也都"清醒"了,接着刚才高昂的情绪,他们开始沉浸于张老师传授的知识海洋中,课堂里出现了真正理想的学习气氛。[①]

  从以上的教学案例中我们可以认识到:教师应该学会一点"知人之术",尽量能够"明察秋毫",慧眼识"体语",能顺藤摸瓜、探明展示学生真正心迹的"蛛丝马迹",然后选用合适的体态语和教学手段,这样才能在教学中"知己知彼,百战百胜"。

  2. 肢体动作的使用技能

  肢体动作是指教师通过自己的头部、躯体和四肢动作来传达或辅助传达有关课堂教学内容信息的活动,主要包括头姿、手势、坐姿、站姿、走姿。肢体动作语言在信息交流和表达思想中占有十分重要的位置,能以生动形象的动作表现教学内容和教师情感,有助于学生理解和掌握教学内容。

  (1)头姿。教师的头向、头姿在课堂师生交流中发挥着重要的作用。例如:教师点头表示肯定、赞成;教师摇头表示反对、失望;教师低头表示沉思;教师仰头表示叹息;教师侧耳倾听表示对学生的关注;教师扭头表示对学生的不屑一顾等。

  (2)站姿。教师良好的站姿会让学生得到一种形象美的熏陶,有利于学生良好的仪态行为的培养与形成。教师站姿基本的要求是:稳重自然、落落大方、优雅得体。对于以讲授为主的课堂教学,教师最佳的站位应该是讲台的中央;当需要阐述、描述或者分析时,教师应站在学生中间,让学生听清楚的同时感受到教师的亲切;当学生回答问题时,教师身体应微微前倾,以示教师的注意力都集中指向学生。课堂教学中教师的站姿,应是轻松站立,即直立站稳、膝部微微伸直,双脚微张、与肩同宽。这样的站姿给学生以良好的精神面貌的印象。教师的站姿,一忌不时地左摇右晃、懒洋洋地后仰或前倾趴在讲桌上;二忌双手叉腰或单手叉腰;三忌双手插兜,低着头;四忌身体僵直、死板地站立。

[①] 袁振国. 师生沟通的艺术[M]. 北京:教育科学出版社,2001:85—86.

(3) 走姿。如果教师整节课站在一个地方一动不动,会让课堂显得单调而沉闷。因此,教师应适时地在学生面前走动,课堂就会变得有生气,还能激发学生的兴趣,调动学生的积极情绪。教师在课堂上的走动大体有两种:一种是教师在讲课时适当地在讲台周围走动,另一种是在学生做练习、讨论时,教师在学生中间走动。走动要有控制,不能分散学生的注意力,为做到这一点,教师在课堂上走动时应注意:适当控制走动的频率、控制走动的速度、走动时姿势要自然大方、走动范围要均匀分布等。

(4) 手势。手势是指用手指、手掌、拳头、手臂的动作和造型来传递信息和情感的一种教学行为。教学过程中教师的手势应严格地与讲授内容相一致、与有声表达及其他辅助教学手段相协调,应当体现对学生人格的尊重和与学生情感上的融洽。手势语按动作的部位可分为手指势语、手掌势语和手臂势语三种。

① 手指势语。翘起拇指向上是表示肯定、称赞、首屈一指等意义,用时必须和面部表情密切配合,否则有应付或讽刺意味。切忌用大拇指向下或指向身体外侧并晃动几次的手势,因为这一手势表达严重的蔑视意味,同时也有损教师自己的形象。食指也许是使用最多的手指,但切忌用食指向学生作斥责性的上下点动。蔑视性地伸出小指伤害学生的自尊心的行为也绝不可取。

② 手掌势语。单手上抬,指向某学生,可表示介绍、请求发言的意思。双手上抬、掌心向上,除表示起立外,在与学生谈话时可表示自己的诚恳和可信任。亲切温和的招手、带头鼓掌等都是积极的体态语。切忌讽刺性地鼓倒掌、宣怒性地拍桌面。

③ 手臂势语。与学生谈话时,教师如把双手随意相叠在胸前,或配以适当手势,学生会感到亲切、真诚和愉快。教师如把双手背到身后,会给学生以盛气凌人、高高在上的感觉。因此,除监考、巡视时教师可适当背手外,一般不应该出现背手现象。还有,双臂交叉置于胸前,无论对教师或学生来说,都是一种消极性的体态语。

运用手势语时,切记:一要适量适度;二要保持协调、准确、自然;三要避免使用消极手势语或不雅手势语。

案例研讨 2

当教师在课堂教学过程中处理学生不良行为时该如何运用肢体语言呢?请看下面这位教师的处理方法:

1. 当李老师在讲课时,两位男生说笑着。李老师就用眼神注视他们,停了一会儿,然后才继续讲解。当老师注视他们时,两位可能停止说话。但如果他们继续讲话的话⋯⋯

2. 李老师再度暂停,看着他们,缓慢而明显地摇头。他也许做一个短暂伸出手掌的手势。两位学生停止说话。但如果他们继续的话⋯⋯

3. 李老师冷静地走过去站在他们旁边,并问全班说:"谁认为自己能到黑板上写出这几个词语?"这时他们应该会停止说话了,可是如果他们继续的话⋯⋯

4. 李老师注视他们并冷静地说:"我要你们现在立刻停止说话。"

美国的心理学家福得列克·琼斯认为:纪律就是 90% 有效的肢体语言,课堂常规就是教师 90% 有效肢体语言运用的结果。① 以上案例中,这位教师在课堂教学中对学生的行为

---

① 袁振国. 师生沟通的艺术[M]. 北京:教育科学出版社,2001:165.

进行的管理就是琼斯的肢体语言理论的典型例证。

以上的案例中,如果学生蔑视老师的命令,教师应该怎么做才既不影响课堂教学的进度,又让学生的错误行为得到制止?

3. 仪表语言的使用技能

教师的仪表风度包括服饰、打扮、举止、姿态等,它是教师人格、个性、情感、观念、操守的综合反映,是教师品德素养、文化素养、审美素养的外化,对学生的成长影响至深。教师衣着要大方得体,不着奇装异服;衣帽鞋裤要整洁有条理,不可邋邋遢遢、随随便便;容颜面貌要端庄得体,发型发色不宜追逐时髦,装扮要清新自然,切忌浓妆艳抹、珠光宝气;神情要庄重谦和,不要盛气凌人;言谈举止要文雅文明,不能张狂粗俗;精神要饱满,姿势要挺拔,站如松坐如钟,轻快活泼,不能有拒人千里之外的孤傲自大或令人望而生畏的冷漠麻木。堂堂的仪表、优雅的风度、优美的造型、彬彬有礼的神韵,不但给学生美的感受,更让学生能受到潜移默化的影响,进而形成愉快轻松的学习氛围。

四、体态语技能的评价

请选择一篇自己感兴趣而内容的情感变化又比较丰富的课文,设计一个 5~8 分钟的微型课。在设计时要注意包括眼神交往、面部表情、身体局部动作、走动等几种教态变化的类型,同时要注意教态变化技能应用的原则。以小组为单位进行微格实践并录像,然后组内对模拟者的体态语进行分析、评价。评价内容及标准如下:

表 4-3 体态语技能评价表

课题:　　　　　　　　讲课教师:　　　　　　评价者:　　　　　　时间:

评价项目	权重	评价等级				得分
		优秀	良好	中等	不合格	
头姿:肯定或否定及时、适度	0.10					
眼神:注重眼神交流,会管理和引导学生	0.10					
表情:和蔼可亲,创造和谐课堂气氛	0.10					
手势:以手势帮助表达,没有多余的动作	0.10					
站姿:站立姿势端正,自然大方	0.10					
站位:正面面对学生,而不是侧身或者面向黑板	0.10					
走姿:适当走动、快慢合适、停留得当	0.10					
仪表:发型、着装得体	0.10					
距离:随教学活动合理调整与学生的距离	0.10					
协调:各种体态语与教师口语配合默契	0.10					
总分						
补充意见或建议						

注:请在听课前阅读该表中的项目;听课时认真观察教师的表现;听课后根据讲课者的体态语技能表现作出评价。总分在 9~10 之间为优秀,在 7~8 之间为良好,在 6~7 之间为中等,在 0~5 之间为不合格。

第四节　多媒体教学技能

多媒体教学技能是指在语文教学过程,教师根据教学目标和学生的特点,通过教学设计合理选择和运用现代教学媒体和教学软件并与传统教学手段有机组合,共同参与语文教学全过程,以多种媒体信息作用于学生,形成合理的教学过程结构,以达到最优化的语文教学效果的一种教学技能。现在我们通常所说的语文多媒体教学技能,特指运用多媒体计算机并借助于预先制作的多媒体教学软件来开展语文教学活动过程的教学技能。

多媒体技术是现代教育技术中最具活力的、最有前景的教育技术,是教育信息化的重要手段,是现代教育技术的重要组成部分。应用多媒体技术已经成为广大教育工作者改进教学手段、改革教学方法、提高教学质量的重要途径。

一、多媒体教学技能概述

教学媒体是语文教学系统的要素之一。它直接参与语文教学活动过程,影响着语文教学的效果。语文教学媒体的运用,能激发学生的学习兴趣,大大提高语文教育教学的质量,并推动语文教育改革的发展。可以说,了解多媒体知识、掌握多媒体课件的制作技能、具备良好的计算机辅助教学素养,是语文教师应该具备的基本素质。

在计算机领域,多媒体有两种含义:一种是指存贮信息的实体,中文常译为"媒质",例如书本、磁带、光盘等;另一种是指传递信息的载体,中文常译为"媒介",如数字、文字、声音、图形和图像、动画等。多媒体技术(Multimedia Technology)是一种把文字、图形、图像、视频图像、动画和声音等媒体信息结合在一起,并通过计算机进行综合处理和控制,将多媒体各个要素进行有机结合,完成一系列随机交互操作的信息技术。因为多媒体系统是多种表现信息的载体和存储信息的实体的集合,所以称为"多媒体"。①

教学过程是教师应用一定的教学媒体向学生传播知识的活动。媒体是指传播信息的中介物,包括表现信息的载体(如文本、图形、图像、声音、语言、动画等)和存储、传递信息的实体(如画册、报纸、幻灯片、投影片、录音带、电影片、磁盘、光盘及相关的播放设备等)。如果媒体承载的是教学信息则称为教学媒体。教学媒体就是在教学过程系统中,用来传递教学信息的载体,是保障教学过程顺利、有效完成的通道和桥梁。教师正是用教学媒体来保障教学信息传输给学生的。因此,教师对教学媒体的选择制约和影响着教学效果。

(一)多媒体教学的内涵

多媒体教学是指在教学过程中,根据教学目标和教学对象的特点,通过教学设计,合理选择和应用现代教学媒体,并与传统教学手段有机结合,共同参与全过程,以多种媒体信息作用学生,形成合理的教学结构,使学生在最佳的学习条件下进行学习。

美国心理学家普莱西(S. L. Pressey)最早提出了程序教学,并于 1924 年设计了第一台

---

① 乌兰图雅.多媒体课件制作教程[M].呼和浩特:内蒙古教育出版社,2005:13.

教学机器。20世纪50年代,哈佛大学的斯金纳(B. F. Skiner)结合操作条件反射,积极强化理论,在普莱西教学机器的基础上,提出了科学程序化的设想:用预先编好的"程序"指导或控制学习的全过程,并将"程序"装在教学机器里,由机器进行教学,并运用不同的教学机器如幻灯、投影、广播付诸实践,这可以说是计算机辅助教学(CAI,Computer Aided Instruction)的雏形。随着计算机的发展,美国的IBM公司的沃斯顿研究中心开始研究将计算机用作教学机,并在1958年设计了第一个计算机教学系统。我国在20世纪60年代也开始了对CAI的研究,但由于"文化大革命"而夭折。20世纪七八十年代,发达国家在中小学也普遍开展了计算机教育。1984年我国少数中小学开始了计算机辅助教学试验。20世纪90年代随着多媒体技术和计算机网络技术的应用,多媒体、超媒体的普遍使用,计算机的辅助教学上了一个新台阶:多媒体网络教室的建立、网络图书馆的使用、远程教育的开展……使计算机辅助教育呈现出多媒体、网络化趋势。与此同时,我国的大、中、小学也积极开展了相关实践,与国际接轨,建立信息网,开展远程教育,开发CAI软件。[①]

信息技术与课程整合(IITC,Integrating Information Technology into the Curriculum)是在课程教学过程中把信息技术、信息资源、信息方法、人力资源和课程内容有机结合,共同完成课程教学任务的一种新型的教学方式。其本质与内涵在于将信息技术作为促进学生自主、协作学习的认识工具和情感激励工具以及丰富的教学环境的创设工具,实现各种教学资源、各个教学要素和教学环节的相互融合,以达到培养学生创新精神与实践能力的目的。就目前的现状看,将信息技术引入到语文课程当中来,人们的注意力主要集中在语文课堂教学与信息技术的整合上,具体表现为:在语文课堂教学中有效利用计算机多媒体技术提供并展示教学所需的资料和信息,包括文字、声音、图像等多媒体的综合运用;创设模拟各种教学所需情景;利用计算机对学生实行个别化教学。

语文教学信息技术要求教师不仅要具有现代化的教育思想、教学观念,掌握现代化的教学方法和教学手段,掌握基本的信息技术知识,而且要求教师能有效获取信息和处理信息,具备数字化资源使用和开发的能力。

(二)多媒体教学的特点

多媒体教学具有以下特点:

1. 丰富性

多媒体技术是一种大容量的知识库,可容纳非常丰富的教学信息资源。多媒体技术能够把符号、语言、文字、声音、图形、动画和视频图像等多种媒体信息集成为一体,使人通过多种感官来获取相关信息,提高信息的传播效率。同时,多媒体教学在营造语文学习氛围、创设课堂教学情境、烘托课堂教学气氛等方面所起到重要的作用,也是语文教学信息技术区别于信息技术在其他学科应用的显著优势。

2. 交互性

交互性是计算机信息技术最突出的特性,主要体现在两个方面:信息交互和人机交互。信息交互是指以数字信号形式存在的各种信息之间的交换。各种信息之间的交互使计算机

[①] 魏传宪.语文教学概论[M].成都:四川大学出版社,2002:182.

媒体高效地承担着多媒体教学的各项任务。人机交互能有效激发学生的学习兴趣,使学生产生强烈的学习欲望,从而形成学习动机。

3. 超文本性

超文本(Hypertext)是按照人脑的联想思维方式,用网状结构非线性地组织管理信息的一种技术。它所管理的信息不仅是文字,而且还包含图形、动画、图像、声音、视频等其他媒体信息。利用多媒体计算机的超文本特性可以实现对教学信息最有效的组织与管理,可以根据教学目标的要求,把包含着不同媒体信息的各种教学内容组成一个有机整体,也可以根据学生的知识基础与认知特点,把相关学科的预备知识及开阔视野的扩展性知识组成有机的整体。

4. 共享性

因特网为教学提供了有效的共享资源和信息交流的方式,电子邮件、聊天室、BBS、视频点播、远程课堂等可以实现教师与学生彼此之间的交流沟通。信息技术进入教学还可以扩展教师和学生的信息来源,可以通过访问各种电子化的课程资源库,获得直接相关的素材和资料;通过网络检索图书馆中的专业网站,获得该学科的最新信息。学生可以通过网络通信技术与同伴、专家及其他读者合作,发布作品并进行交流;利用电子邮件开展合作学习,并把自己的观念和信息有效传播给其他人;建立个人主页,创设个性化的学习平台,有效地促进学生的协作学习。

(三)多媒体教学的作用

语文教学中采用现代多媒体计算机系统教学,尤其是计算机网络教学,是一种真正意义上的教学变革,其作用如下:

1. 有利于激发学生的学习兴趣

多媒体教学的特点是形象、具体、生动。它可以直观地、多角度地展示各种图文声像,为学生营造出形象逼真的学习环境,激发学生的学习兴趣,拓展学生的思维空间,提高学习效率。

2. 有利于激发学生的创造性思维

在语文课堂中,采用多媒体教学,既能以情景交融的艺术情境向学生传播信息,让学生多渠道体验文字信息;又能使学生手、脑、眼、耳都动起来,增强信息的刺激作用,激发学生创造性思维的发展,也给学生探究性学习提供了可能。

3. 有利于增加课堂教学容量

利用多媒体网络系统,可以实现网上多媒体信息传递和网上多媒体信息资源共享。网络提供的学习资源远远大于任何教师、任何教材,甚至任何一个图书馆所能提供的信息量。同时,多媒体教学利用课件中编辑的图表、文字、示例等直接投影于屏幕,教师不必花费大量时间在黑板上进行板书,能增大教学容量,提高教学效率。

4. 有利于促进新课程教学观念和教学方式的变革

计算机辅助教学,突破了传统教学媒体、教学模式的樊篱,有效地实现个别化教学,扩大了教学范围,提高了教学效率,多媒体技术应用于课堂教学,可以为教和学创造多层次的需求。飞速发展的信息技术扩大了传统教学手段和方式方法,新出现的WebQuest教学模式、情境化教学模式、网络协作学习教学模式等为学生提供了新的学习方式和学习体验;[①]也极大地促进了教师教学理念、方法的更新和发展。

二、多媒体教学技能的实施原则

在语文教学中开展计算机辅助教学,教师除了遵循一般的教学规律和教学设计原则外,在多媒体教学中还应特别注意考虑以下原则:

（一）教学的适用性原则

与传统教学技术相比,信息技术在呈现教学内容和创设教学情境等方面具有较大的优势,但信息技术绝不是适用于所有教学内容和教学目标的万能技术。在教学设计时要考虑信息技术是否适用于当前教学内容、学习者和教学目标,是否具有不可替代的优势,可能会出现哪些潜在的不利影响。总之,不能将信息技术的优势泛化,不加选择地将信息技术用于所有教学内容和教学活动。

（二）教学的有效性原则

语文教育的信息化并不意味着语文教育信息传播模式的唯一化。信息化是对传统语文教育媒体的有益拓展和补充。媒体的选用应当因地制宜、因时制宜、因人制宜、因文制宜,应当根据语文课程教学目标的实际要求以及教师自身教学能力的实际情况而进行恰当地选择。

（三）多通道的交流原则

多媒体教学提倡"人-机"交流,但"人-机"交流绝不能取代"人-人"交流(学习者-教师、学习者-学习者)。因为"人-人"交流除了学习专业知识外,还可交流心理、思想、感情,发展良好的人际关系,教师应多向学生提供多通道交流机会。

（四）与其他教学技术整合原则

功能强大的多媒体技术的出现并不意味着传统教学技术价值的消亡。录音机、幻灯机、电视机、放映机等较为传统的教育技术,甚至黑板、粉笔、挂图、模型等传统教学工具,在中小学语文教学中曾经发挥了重要作用,并仍然具有独特的教育价值。教师应结合本校实际,充分发挥现代多媒体技术与其他教学技术、数字化教学资源和非数字化教学资源的整合功能,达到课堂教学效益的最大化。

（五）传统教学与多媒体教学兼顾原则

不能因语文教学有了信息技术的加盟就完全否定传统教学。阅读、写作、口语交际永远是语文教学的主题,永远是语文教学的重点。传统语文教学中,值得借鉴的经验和方法应当很好地继承下来,不能因信息技术的介入而丢弃,诵读、演讲、写作等语文能力的训练一定要按照语文能力的训练规律来进行,信息技术只是帮助实现能力训练的目标,而不能代替能力训练。

---

① 路宏,孙月圣.信息技术与课程整合的理念与实施[M].北京首都师范大学出版社,2007:23.

（六）统一要求与兼顾差异的原则

教师在教学设计时，应分析学生的年龄特点、认知特点和学生多方面的差异，掌握学生的已有知识经验，发挥多媒体技术交互性强并能很好地支持个别化学习的优势，为不同认知水平、不同认知风格和发展需求的学生创设个别化的学习环境，提供个性化的学习工具和资源，创设自主学习的机会。

三、多媒体教学技能的实施策略

多媒体教学软件不同于一般的计算机软件，它是一种适合于某类教学对象，专门辅助某个学科教学的教学媒体。是一种根据教学目标设计的，表现特定的教学内容，反映一定的教学策略的计算机教学程序。它可以用来存储、传递和处理教学信息，能让学生进行交互操作，并对学生的学习作出评价的教学媒体。作为多媒体教学软件，必须能正确表达学科知识内容、反映教学过程和教学策略、具有良好的人机交互界面和具有诊断评价、反馈强化的功能。

（一）熟练掌握多媒体软件的功能

熟练掌握一些软件的功能，是语文教师制作教学课件的基本条件。这些软件包括[①]：

（1）制作课件的基本软件。PowerPoint、AuthorWare 操作方便，有强大的幻灯片制作功能和多媒体素材插入功能，可以制成包括声音、文字、图像、动画和视频剪辑片段的多媒体文件。其缺点是如果插入较多的动画和视频，运行速度会减慢，交互性较差，不能实现灵活控制。AuthorWare 是一种可视化多媒体课件开发工具，它提供了直观的图标控制界面，利用对各种图标的逻辑结构与布局，实现整个系统的制作。它的突出优点是提供了几十种交互方式供使用者选择，用户只需要几个简单的图标就能完成灵活、丰富的人机交互。运用 AuthorWare，无须使用复杂的编程语言，便可以制作出具有专业水平的作品。

（2）图像处理软件。Photoshop、Picasa 能广泛应用于图片的获取、管理、浏览、优化。

（3）动画制作软件。包括 Flash、Director、Animator Studio 等。

（4）声音处理软件。包括 Sound Forge、Freehand。

（5）视频处理软件。包括最优秀的是 Adobe Premiere，它集视频的采集、录制和创作于一体，不仅能对视频素材进行创建、录制、非线性编辑与合成，还可以增加各种特技效果、字幕和音效。

◆ 课 堂 讨 论

1. 请说出你在多媒体教学中经常使用的软件，介绍他们的功能特点。
2. 熟悉制作多媒体课件的各种软件，选择中学语文教材的一篇课文，使用相关软件进行教学设计，并与同学交流。
3. 请说出你在网上经常浏览的语文教学专业网站，介绍它们的功能特点。

（二）采集与管理多媒体教学资源

教师要能够分析鉴别信息，根据教学目标和学生的实际情况，对图像素材、声音素材、视

---

① 张军.多媒体教学的回顾与思考[J].电化教育研究，2004(10)：57—58.

频和动画素材进行采集和加工处理,并对信息进行分层管理,以适应不同层次学生个性发展的需要。例如:利用 PowerPoint、AuthorWare 等多种软件制作多媒体课件;利用 Flash、Photoshop、Sound Forge、3D Max 等软件进行图形、图片、声音和动画制作与处理。[①]

  多媒体教学资源可以通过从网络下载,从资源光盘或资源库、电视节目中录制等方法获取。网络是当今最大的资源库,大量的多媒体教学素材都可以从网络上搜索到。目前使用最普遍的搜索引擎有百度等门户网站,其搜索的简单技巧是键入关键字、关键词加限制词或符号。还可以通过对一些专题资料网站进行搜索,能够在一定范围内得到更多更精确的资源。如:涵盖范围广泛的"中文搜索引擎指南",http://www.sowang.com/link.htm。再如:视频素材可以通过"CCTV 视频搜索"http://search.cctv.com 来获得。前者提供中央电视台各频道电视节目片段,后者包含数百万个已编制索引并可观看的视频,可以从整个网络搜索并观看数量不断增加的一系列电视节目、电影剪辑、音乐视频、纪录片、私人作品和其他视频。FTP 是 File Transfer Protocol 的缩写,是存放各类文档的服务器,一般是教育科研单位的内部资源库,资源丰富,专业化程度较高。北大天网 FTP 搜索,可以检索国内外 FTP 服务器上的文件,包括 PowerPoint 文档、Word 文档、Flash 动画、视频文件、音频文件、图片等。定位于专门领域的论坛,致力于集中本领域各行各业的发展动态、行业资源,为专业人士提供交流学习的平台。

◆ 资料卡片

网络语文教育教学资源推荐:
中国信息教育网 http://www.chinaedu.edu.cn/
21 世纪教育网 http://www.21cnjy.com/
中学语文教学资源网 http://www.ruiwen.com/
中国语文教育网 http://www.zgywjy.com/
K12 中小学教育教学网 http://www.k12.com.cn/
无忧无虑中学语文网 http://www.5156edu.com/
育星教育网 http://www.ht88.com/
好资源语文教育网 http://www.zw0546.com/
语文教学公开课(在线视频)http://www.sp910.com/shipin/yuwen/mskt/
语文备课大师 http://www.xiexingcun.com/
语文课堂网 http://www.ywkt.com
作文岛 http://www.zuowendao.cn/
新作文在线 http://www.xinzuowen.com/
中小学作文网 http://www.zuowen.com/
人教网高中语文 http://www.pep.com.cn/gzyw/
人教网初中语文 http://www.pep.com.cn/czyw/
人教网小学语文 http://www.pep.com.cn/xiaoyu/

---

① 张军.多媒体教学的回顾与思考[J].电化教育研究,2004(10):57—58.

(三)多媒体课件的制作

通常情况下,多媒体教学课件是指在现代教育理论和学习理论的指导下,采用某种计算机编辑语言或编程工具设计与制作的计算机软件。通常情况下,多媒体课件制作的流程一般包括确定选题、教学设计、素材准备、制作合成和测试与评价等几个阶段。

1. 确定选题

语文教学信息技术与传统语文教学手段之间并不存在非此即彼的关系,有的课文可能用传统的教学手段讲授比用计算机辅助教学手段还要好。因此,要想让课件发挥作用,就有必要认真地确定选题。一般来说,适合于选用多媒体辅助教学手段的课题具有以下特点:用单一媒体表达不清楚或难以用语言描述的教学重点与难点;需要以学生为教学活动的主体的自主学习的教学内容;单纯依靠传统教学手段没办法达到最佳效果的教学内容。

2. 进行教学设计

教学设计是多媒体课件制作的关键环节,直接影响着教学的最终效果。

(1)确定教学目标。教师不但应根据对《语文课程标准》的分析,确定教材在课程中的地位、作用与前后的衔接关系,而且应该确定课件制作对该教材知识的理解、掌握技能的项目以及熟练程度的作用。

(2)分析教学任务。教师根据语文教材在课程中的位置,要分析教材的教学任务、内容、范围、深度、体系及进度。同时应该分析课件的任务、内容、范围、深度、体系及进度。

(3)分析学习者。教师在教案编制中应分析学生的智力因素与非智力因素,确定对教材的处理,并以此来分析课件媒体的选用,促使学生的认知发展。

(4)确定教学形式。教师根据以上分析,确定了教学内容就可以确定采用相关的教学形式,CAI课件通常以视听相结合的方式进行。

(5)确定课件稿本。这是CAI教案编制的一个重要环节。教师应综合教学内容,进行教学媒体设计。通常采用表格形式,直观简洁地表现出教学内容与教学媒体之间的关系。(见表4-4)

表4-4 多媒体课件文字稿本基本格式

编　　号		课件名称		适用对象	
设计者		设计者单位		填写日期	
使用方式	( )课堂演示( )学生自学 ( )资料库( )模拟试验( )游戏( )复习				
教学策略	概括说明课件的基本内容,包括的单元、教学目标和知识点,教学设计和结构设计				
注　　释	填写对卡内内容的说明				

(6)设计课件框面,制作课件流程图。课件内容一般以框面(Frame)作为单位,所谓一个框面就是一个单一的、相对独立的教学内容,与某个单一的教学目标相对应。具体的框面内容包括各媒体在什么时候、按什么方式显示信息,以及声、像、图、文之间的配合,甚至精确到各媒体在屏幕上的相对位置。教师应该具体确定课件各框面的内容要点以及各框面的连接方式,可以绘制出框面连接图。教师还要根据各框面的有序连接,根据教学策略设计出课件教学流程图。

3. 收集课件素材

语文课件中的素材收集包括文本、图形图片、动画以及音频、视频等。课件素材的准备应根据脚本的需要进行搜集。要克服媒体素材与学习内容相脱离，追求好看的毛病。

(1) 文本素材的获取。文本即文字资料。文字是课件中最基本的素材，其制作也比较容易。计算机的文件存储功能，使文字材料能方便地共享和修改。在屏幕上编辑文本，制作表格，进行图文混合排版等高效修改，普遍应用的文字处理工具有美国微软公司的 Word 和我国自主生产的金山 WPS。计算机 Windows 操作系统内置的写字板也是一个功能比较全面的文字处理工具。

(2) 图形、图片素材的获取。书上插图的缩放，从图片图库中选择，相关杂志、画报、印刷品的扫描，动态视频的抓拍、用数码相机拍摄，以及用计算机绘制。常用的工具有 CorelDraw、Adobe Photoshop、PhotoStyler、Picasa 等。Windows 的绘画板应用程序也是适合使用的图形编辑工具。

(3) 音频素材的获取。语文课件中的声音包括教师的语音提示、课文范读、归纳讲解、课件的背景和系统音乐。常常采用录音机录音，可利用 Windows XP/7 自带的"录音机"软件；可以引用现成的系统数字化音频信息，如 Windows/Media 文件；也可以从 CD、VCD 盘采集，并采用声卡附带的播放软件以及其他专业软件来采集、编辑，使之符合教学要求，常采用录音大师、Creative WaveStudio 以及 CakeWalk 等专业软件。

(4) 动画素材的获取：那些抽象复杂、受时空限制、传统教学媒体难以表现的教学内容可以用动画的形式来表现。实物动画可用摄像机进行拍摄，无实物动画则可以用计算机软件制作。常用的动画制作编辑软件有 Animator Studio、3Dmax、3Dstudio、Flash 等。

(5) 视频素材的获取：利用视频采集卡将录像机等模拟视频信号转换成数字视频信号，以视频文件格式存入计算机，然后通过视频处理软件完成视频编辑与效果处理。在编辑过程中，要保证声音与图像的同步。常用的视频编辑工具有 Adobe Premiere、Animator Studio、Windows 自带的 Moviemaker 等。

4. 制作 CAI 课件

程序设计完成了素材的收集后，就该进行程序设计阶段——课件制作的实质阶段，也就是选用一种课件写作工具将各框面内容构想付诸实现，并提供一系列的交互智能控制。课件写作工具种类较多，目前对于教师大多采用不需要编程的写作系统。例如：幻灯型——PowerPoint，流程图型——AuthorWare，网页型——Dreamweaer。具体的操作方法在通识课程《现代教育技术》中都有讲授，在此不再赘述。

案例研讨

采用 PowerPoint 系统制作一组幻灯片就可以构成一个课件，参见以下示例。

示例：幻灯片《天上的街市》的制作[①]

① 在 Windows XP/7 的"桌面"上单击"开始"按钮，选择"程序"中的"Microsoft Power-

---

① 魏传宪.语文教学概论[M].成都：四川大学出版社，2002：190.

Point"进入 PowerPoint。

② 选用"空白"模板,开始编辑幻灯片:利用"插入"菜单,选用"插入对象"中的"影音文件来自文件"选项。

③ 插入素材"天上的街市"影音文件,调整"多媒体"在屏幕框面的位置,并调整其大小界面。

④ 在"幻灯片放映"菜单中选择"自定义动画"选项,设定进入方式。鼠标点按演播、暂停切换,这样就可进行放映测试。一张随时可以放、停的《天上的街市》的朗读指导幻灯片就制成了。如果再制作内容不同的多张幻灯片,利用"超级链接"命令,借助动作按钮就构成了一个交互幻灯片课件。

5. 测试和评价

课件制作完成以后,要反复地进行测试、评价、修改,及时发现问题,改正错误,修补漏洞,使课件完善优化。测试和评价应贯穿课件制作的每一个阶段,以达到既定的教学目标,满足教学内容的需要,随时测试、随时评价、随时更正。

四、多媒体教学技能的评价

每人设计一个 20 分钟的多媒体微格教学课,以小组为单位,一位同学试讲后,小组成员对其多媒体教学技能作出评价。量化评价表如下。

表 4-5　多媒体教学技能评价表

课题:　　　　　　　讲课教师:　　　　　　　评价者:　　　　　　　时间:

评价项目	权重	评价等级				得分
		优秀	良好	中等	不合格	
媒体选择与教学目标、教学内容的匹配性	0.20					
多媒体软件设计的科学性、技术性、实用性	0.20					
媒体运用中教学方法、教学结构的最优化程度	0.10					
多媒体操作的熟练性	0.20					
媒体运用中多种方法的结合度	0.10					
媒体运用的教学效率与教学质量的最优化	0.20					
总分						
补充意见或建议						

注:请在听课前阅读该表中的项目;听课时认真观察教师的表现;听课后根据讲课者多媒体教学技能的表现作出评价。总分在 9~10 之间为优秀,在 7~8 之间为良好,在 6~7 之间为中等,在 0~5 之间为不合格。

◆ 讨论与练习

一、思考·理解

1. 谈谈你对朗读与语文教学关系的认识。

2. 随着现代信息技术的发展,有人说"教师不用再在板书上花工夫练习"。通过调查和走访语文教师,谈谈你对这种观点的看法。

3. 教师体态语技能的应用有哪些注意事项？结合自己的实践谈谈体会。

二、研究·讨论

1. 观看一节语文课（或看录像），对讲课教师的板书技能从类型选择、构成要素的完成质量、功能的发挥等方面进行点评。

2. 下面是一位中学生对教师目光的描述，请你对老师的教学体态语加以点评。

老师面色严肃，她的目光注视着我的脸，盯着我的眼睛，似乎要把我的内心秘密刺穿。我还从没见过邢老师如此严肃，我的印象里她的眼睛一向是笑眯眯的。"项凯同学，我希望你说实话，我相信你有这个勇气！"在邢老师炯炯目光的注视下，我再也无法隐瞒了，"是我干的，我不对……"眼泪却不争气地淌了出来。[1]

三、设计·实践

1. 选择中学语文教科书中一段内容，做 20 分钟的课堂教学设计。然后用多媒体、现场板书同时并进式展现过程，完成后，同学之间进行交换并根据板书技能评价量表的指标进行评价。

2. 自选自己感兴趣的内容，设计一个 10 分钟的微格课。设计时要注意包括走动、身体局部动作、面部表情、眼神交往、音调音质变化等几种教态变化的类型，同时要注意教态变化技能应用的原则。对实践过程进行录像，然后进行讨论、评价。

---

[1] 袁振国.师生沟通的艺术[M].北京：教育科学出版社，2001：91.

第五章 语文课堂教学的实施技能（下）

◆ 学习目标

1. 理解组织教学的作用与策略。
2. 掌握反馈与评价的原则，并能灵活运用反馈与评价的策略。
3. 掌握应对变化技能。
4. 能在语文课堂教学中综合运用反馈评价、应对变化等技能。

◆ 学习建议

1. 在理解概念的基础上，阅读大量案例，特别是名师案例、获奖课例，分析其课堂教学的实施技能。
2. 到学校观察语文教师的课堂教学的实施技能，并做好记录；课后与同伴研究之。
3. 在微格课上有目的地综合实践组织教学、反馈评价、应对变化等技能；课后凭借录像可做复课研究，以期增强训练的有效性。

◆ 核心概念

组织教学、反馈与评价技能、应对变化

◆ 名人语录

教育的技巧并不在于能预见到课堂的所有细节，而在于根据当时的具体情况，巧妙地、在学生不知不觉中做出相应的变动。

——[俄]苏霍姆林斯基

第一节 组织教学的技能

一、语文课堂组织教学技能的概述

在以教师为中心的课堂教学中，课堂往往是封闭的，教师讲，学生听；教师问，学生答。

教师按照自己准备好的教案实施即可,学生处在"配合"教师讲课的位置。因此,课堂教学中,偶然出现了与教师"预设"不一致的情况,教师就会很快地把学生的思绪拉回到自己课前预设好的"教学程序"和"教学内容"中。而始于本世纪初的新课程改革,则倡导以学生为主体的教育理念,教师在课堂教学中是学生学习的组织者、引导者;倡导自主、合作、探究的学习方式。在这样的教育理念下,语文课堂教学的形式发生了很大的变化,师生间多向度对话、课堂讨论成为常态,特别是近年来先学后教、以学定教的理念使得课堂呈开放状态,学生提出的问题以及对课文的理解,常常与教师的预设不很一致,甚至相去甚远。而学校教育中的课堂教学又不能不要求高效率,这就对教师在语文课堂教学中的组织活动技能,提出了更高的要求。

(一)语文课堂组织教学技能的含义

本节所讨论的组织教学技能不同于广义的课堂组织技能。广义的课堂组织技能是指教师在课堂教学中组织教与学的技术,具体包括分组(年级、班、小组)技术、组织教授的技术和组织学习的技术,其外部表现形式为一定的教学组织形式。组织教授的形式包括个别教授、班级教授、小班化教育、复式教学、小组教授、共同教学、包班教学等。组织学习的形式包括个体自学和合作学习。[①]

◆ 资料卡片

教学组织

所谓教学组织,是指在教师指导之下,如何组织学生,掌握教材的外部组织框架。在这种教学组织论中包含了教学组织的基础——班级授课组织和教学中班级的组织结构(同步学习、分组学习、个别学习)问题。

——〔日〕佐藤正夫.教学原理[M].钟启泉,译.北京:教育科学出版社,2001:369.

本节所说的组织教学技能,是就我国现在普遍实行的班级教学而言,指教师在课堂教学中,运用各种教学手段组织、引导全体学生积极参与课堂教学活动,保证教学环节的顺利承转与过渡,最终达成教学目标的行为方式。就其范畴而言,当属于课堂教学中班级的组织结构;就教师的教学技能而言,又属于综合运用多种教学技能,包括组织学生个别学习、合作学习等。组织教学技能主要有两种方式:一是教师为达成预设的教学目标,针对教学内容的学习而组织的课堂上的学习活动,如课堂讨论、课堂合作学习等;二是针对课堂教学中学生学习语文过程中出现的问题,对教学的再组织,如导学新知识、生成新资源等。

(二)语文课堂组织教学技能的作用

1. 创造民主平等的课堂气氛

课堂气氛是一种教学环境,是指课堂中师生之间和学生之间围绕教学目标展开的教与学的活动而形成的某种占优势的综合心理状态,是师生之间在教学活动中形成的某种稳定

[①] 肖锋.学会教学——课堂教学技能的理论与实践[M].杭州:浙江大学出版社,2002:379—416.

而积极的情感体验的综合反映。民主平等的课堂教学气氛可以使学生在宽松和谐的情境中愉悦地参与到教学活动中来。从教育的角度来看,民主平等的课堂气氛,是一种具有感染力的教育情境,能够使学生受到感化和熏陶,产生情感上的共鸣。从教学的角度来看,生动活泼的课堂气氛,会使学生的大脑皮层处于兴奋状态,有利于调动学生的学习主动性,取得良好的学习效果。

2. 组织和维持学生的注意

从心理学角度讲,中学生注意的特点是,有意注意逐渐发展,无意注意仍起在作用,易兴奋,注意力不稳定。为了有效地组织学生的学习,教师必须重视随时唤起学生的注意。同时,要想在教学活动中发展学生的思维,教师必须做到几点:一是对学习内容有充分的研究,把握学习内容的实质;二是要充分研究学情,加强对学生学习新知识时可能出现的情况的预判;三是在师生的交流中要认真倾听学生的发言,这样才能根据学生的学习情况组织教学。

3. 发展学生的思维

在师生互动、生生互动的教学组织形式中,学生首先必须独立思考,形成自己的观点,继而才能在交互的发言中,不断汲取他人的智慧,修正自己的观点。在这一过程中,能培养学生的思维能力和解决问题的能力。从学习心理的角度来讲,学生在互动式教学活动中,对教师和教材的依赖性减弱,而好奇心、主动性增强,喜欢发表个性化的见解,追求与众不同。因而,教师应鼓励学生积极思考,敢于探索,勇于批判,进而培养学生独立思维的能力和创新思维的能力。

4. 提高学生的言语表达能力与交际能力

无论是课堂讨论,还是合作学习,都要表达自己的观点,为此,学生必须在思考的基础上,将自己的内部言语转化为外部言语,清晰地表情达意。与此同时,还需要思考怎样表述才能让他人接受自己的见解,等等。在这样的语言表达、交流的实践中,学生的语言表达能力和交际能力必然会得到锻炼和提高。

二、语文课堂组织教学技能的实施原则

(一) 以提升学生的语文素养为目标

语文课程标准中对语文课程的性质是这样表述的:"义务教育阶段的语文课程,应使学生初步学会运用祖国的语言文字进行交流沟通,吸收古今中外优秀文化,提高思想文化修养,促进自身精神成长。"[①]"高中语文课程应进一步提高学生的语文素养,使学生具有较强的语文应用能力和一定的审美能力、探究能力,形成良好的思想道德素质和科学文化素质,为终身学习和有个性的发展奠定基础。"[②]由此我们可以看出,使学生"学会运用祖国的语言文字进行交流沟通""提高学生的语文素养"是语文课程不同于其他课程的根本属性,所以,任何语文教学活动都要围绕这一根本属性展开。当然,组织课堂教学活动,或者针对课堂的实

---

① 中华人民共和国教育部制定.义务教育语文课程标准(2011年版)[S].北京:北京师范大学出版社,2012:2.
② 中华人民共和国教育部制定.普通高中语文课程标准(实验)[S].北京:北京师范大学出版社,2003:1.

际对教学的再组织,都不能脱离语文课程的根本属性,都应该以学习和运用祖国语言文字、提高语文素养为目标,任何脱离这一根本属性的教学活动都不属于语文课程教学。

(二)围绕教学重点、难点组织教学活动

一方面任何教学内容都依赖于一定的教学组织形式来实现,而教学组织形式又都是服务于一定的教学内容的,是教学内容的载体。为此,组织教学活动,一定要紧扣教学重点、难点,引导学生在课堂的交流、互动中学习并深入理解教学内容。要杜绝那些脱离教学内容的非语文或泛语文的活动,只为活跃课堂气氛而设计并组织的教学活动,或是名为延伸拓展,实际早已远离语文教学内容的活动。另一方面,我国现行的班级教学有其自身的特点,即必须在规定的课时内完成教学任务;教学内容必须根据我国教育部制定的课程标准来确定。所以,在班级授课制度下,教师在课堂上组织教学活动也必须考虑教学时间,考虑教学效率,其内容也要围绕着教学内容,在活动中引导学生学习教学重点内容,突破教学难点,进而达成教学目标。

(三)引导学生形成健康的审美情趣和健全人格

日本著名的课程专家佐藤正夫在他的《教学原理》中指出:"教学中儿童的学习活动总是借由班级这一团体或社会中某种人际关系来操作学习课题的。不管愿意与否,儿童总是在这种操作活动中掌握着一定的态度和行为方式。亦即通过什么样的人际关系,用什么样的态度对待学习课题,儿童就会掌握各不相同的理想或不理想的社会道德态度和行为方式。因此,我们在教学中必须用这种方式来组织儿童的学习活动:不仅使之掌握知识技能,同时使之形成理想和社会道德态度与行为方式。"[①]我国的语文课程标准中也有相关表述:"培养学生正确的思想观念、科学的思维方式、高尚的道德情操、健康的审美情趣和积极的人生态度,是与帮助他们掌握学习方法、提高语文能力的过程融为一体的,不应当做附加任务。应该根据语文学科的特点,注重感染熏陶,潜移默化,把这些内容渗透于日常的教学过程之中。"[②]可见,在语文课堂中的组织教学活动,引导学生形成健康的审美情趣和健全人格是教师必须遵循的原则。

三、语文课堂组织教学技能的实施策略

(一)课堂讨论的组织技能

1. 讨论的组织技能

教师组织全班学生讨论,要做好几项工作。第一,用来讨论的问题是有价值的,问题的呈现方式是清晰而具体的。这方面的内容,已在第三章第三节进行了论述,在此不再赘述。第二,要善于运用语言激发学生思考问题、回答问题的兴趣。如:"谁来做第一个吃螃蟹的人";"男同学已经发言了,巾帼岂能让须眉,哪位女同学来发言",等等。第三,讨论之前,要明确提出要求,引导学生的思维方向和讨论结果的呈现方式。第四,要对学生进行鼓励,特

---

① 〔日〕佐藤正夫.教学原理[M].钟启泉,译.北京:教育科学出版社,2001:346—347.
② 中华人民共和国教育部制定.义务教育语文课程标准(2011年版)[S].北京:北京师范大学出版社,2012:20.

别是对那些平常不经常发言的学生,要保护他们当众表达的积极性,不能漠视学生的发言。为此,一是在学生发言时,要认真地做一个"倾听者",对学生发言的内容迅速进行分析,作出判断,作好反馈准备;二是在倾听时,要不断地用眼神、手势等体态语与学生进行交流,使学生感受到教师对自己的关注;三是针对其发言的实际情况,或从观点、内容,或从思维方式,或从语言表述上加以肯定。当然,无原则的肯定,泛泛的表扬,如"非常好""棒极了"等类的语言是应当避免的,是有害而无益的。因为,听多了,学生会感觉到"教师是在敷衍我们",进而削减了表达的欲望。第四,教师要善于捕捉学生讨论中有价值的观念闪现,引导学生进行深入的交流,或捕捉不同的观点,让学生在论辩中逐步认识到事物的真谛。总之,一句话,要想使讨论有效地开展下去,就必须让学生在讨论中感受到在知识、思维、表达等方面有所收获,产生成就感。只有这样,才能积极地、不断地参与讨论,使讨论进入良性循环。

◆ 案例研讨 1

《失街亭》课例赏鉴
邢小雷

下面的四个问题,就要交给同学们来自主探究、合作交流了。因为我知道,今天在座的各位同学都是整个西安乃至全国顶尖的学子,这些棘手的问题交给大家非常合适。再说,同学们自己能做的事情,我也从来不麻烦自己。

在交流自己的探究成果时,我向大家提出几点建议:

1. 发言时一定要紧扣文本,有理有据,不要架空分析。
2. 在交流时,要坚持己见,但不要固执狡辩;要善于倾听别人的意见,但不要随波逐流。
3. 要尽量使自己的答案简洁、条理。

(该课荣获第七届"语文报杯"全国中青年教师课堂教学大赛一等奖)[①]

教师用简短的语言在讨论之前,先组织教学,肯定学生是"整个西安乃至全国顶尖的学子",继而鼓励学生非常适合解决"棘手的问题"。之后才按照学习的过程给同学们提出探究交流的三条建议:紧扣文本分析;既要坚持己见,又要善于听取他人意见;表达观点要简洁而有条理。这一教学环节用时短,却明确地交代了讨论过程中的学习任务,并引导了学生在讨论交流中的思维走向。

2. 讨论的维持技能

在讨论的组织过程中,如何将学生的讨论热情延续下去,如何在学生讨论的基础上,推波助澜,将讨论引向纵深,是非常重要的,这直接关系到讨论的效果。所以,教师必须具备维持讨论的技能。这要求教师有敏捷的思维力,扎实的学科知识和较强的应变技能。这主要表现在以下几方面:

第一,进行问题预设时,能抓住问题的本质,清楚从问题到结论的思维过程;初步判断学生讨论中可能出现的观点和思维障碍。

第二,能根据学生讨论的实际情况,洞察学生言语表述下的思维方式,及时推断对话的

---

① 邢小雷.《失街亭》课例赏鉴[J].语文教学通讯,2012(7-8)A:63—66.

走向,把讨论引向深入。

第三,能根据讨论实际,及时提出问题,或推波助澜,将讨论引向深入,或进行调控、转移,将无价值的问题和争论,引向有价值的学习和探索,如本节"导学新知识"部分的案例研讨4中于漪老师的案例。

我们先阅读一个案例,之后进行课堂讨论。

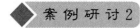

《谈骨气》教学实录
钱梦龙

师:作者为什么要这样写?我们着重来讨论一下作者为什么要举很多例子。
生1:如果不举例子就不能以理服人。
师:是啊,事实是最有说服力的,有句成语怎么说的?
生2:事实胜于雄辩。
师:这样看来,例子举得越多越好啰?
生(齐声):不是。
师:那该怎么举例子呢?
生3:要举典型的例子。
生4:要举最有说服力的例子。
生5:要举能说明中心论点的例子
师:噢,说得都好。就是说要围绕中心举出最有说服力的典型例子,而不是举例越多越好。本文写到三个时期,就分别举出三个典型例子来,非常恰当。有的例子尽管非常好,作者也知道,但他没有举,例如作者提到了毛主席的《别了,司徒雷登》。那篇文章里除了写闻一多以外,还写到了一个你们也知道的人,你们还读过他的文章呢……
生6:(插话)朱自清!
师:(惊喜)啊,你怎么知道的?
生6:看到过。(众生笑)
师:你是说你看到过有关的文章是吗?但你怎么知道我现在要说的是朱自清呢?你又怎么知道毛主席的文章里写到过朱自清呢?你是猜出来的,是吗?
生6:不是。
师:那你根据什么说的呢?
生6:我看到过,说是朱自清不吃美国"救济粮"。
师:好,好,好极了!你真不简单,阅读面这样广。在旧社会,朱自清虽然是大学教授,但生活非常贫困。当时有美国的"救济粮"。朱自清宁肯贫病交加,也绝不去领美国的"救济粮"来吃,表现了我们中国人民的骨气。毛主席在文章里赞扬他:"朱自清一身重病,宁可饿死,也不领美国的'救济粮'。"后来,朱自清贫病交加死了,他还立下遗嘱,叫家里人绝对不要去领"救济粮"。看,朱自清有骨气吗?
生(齐声):有!
师:这个故事比起"饿人"的故事还要感人,为什么作者不用?

生7：因为作者要写的是整个历史发展的过程，要从历史上看我们民族的优良传统。

师：这就证明了我们前面说的："写议论文要围绕中心选择典型的例子。"①

课堂讨论

1. 这个节选片段，教师预设的教学内容是什么？
2. 分析钱梦龙老师在课堂讨论中的发言，说说他是怎样组织学生讨论的？又是怎样使讨论得以维持的？
3. 如果用讲授法教学这一内容，设想其教学效果，写一个微课教案。

（二）课堂合作学习的组织

语文课程标准将"积极倡导自主、合作、探究的学习方式"作为语文课程的基本理念之一。新课程改革实施十余年来，合作学习已逐渐成为我国语文课堂教学中常见的学习方式之一。为此，组织课堂的合作学习活动也就成为语文教师必备的教学技能。

美国的鲍里奇经过25年的课堂教学研究，撰写了《有效教学方法》，提供了可操作的有效教学方法。我们认同鲍里奇关于组织课堂合作学习活动的观点及操作方法。他认为组织课堂合作学习活动包含四个要素：① 师生互动，其目的是促进学生独立思考；② 生生互动，其根本要素是每位学习者促进同组成员完成任务的欲望；③ 任务专门化及其材料，合作学习通常使用任务专门化的方法，合作任务结构的目标是将一个较大的任务在学习小组之间进行分配和专门化，其结果取决于小组学习者之间的共享和合作；④ 角色期望与角色任务，合作学习活动的成功取决于教师对角色的期望和角色任务的传达，教师需要在学习者和专门任务之间分配工作，而且还必须指定支持有序完成任务的角色。鲍里奇还指出，为某个合作学习活动建立任务结构，包含五个步骤：明确活动目标、组织任务、教授和评价协作过程、监控小组表现和听取报告。②

案例研讨3

《岳阳楼记》教学实录
成 磊

师：昨天我们已经分好了小组，接下来就请小组合作探究范仲淹是如何劝勉滕子京的。在咱们探究开始之前请注意，老师还有三点要求：联系课文探究；组内全员参与；探究结束后派一名代表发言。当你探究遇到困难时，别忘了多读读课文。好，开始吧，前排同学向后转——

（屏显探究问题及要求；生小组讨论，教师巡视倾听学生讨论，鼓励学生说出看法）

师：孩子们，咱们一起来交流一下吧，也许交流中会有新的发现。哪一组先派个代表来说说你们组的讨论结果？好，你先说——

---

① 钱梦龙.《谈骨气》教学实录.载自阎苹,张正君主编.中学优秀语文教师教学评介[M].北京：北京师范大学出版社,2001：108—110.

② 〔美〕加里·D.鲍里奇.有效教学方法（第四版）[M].易东平,译.南京：江苏教育出版社,2002：275—277.本书作者根据鲍里奇书中内容,进行了一定的整理.

生：我们觉得文章先对滕子京表达了赞扬，后面再写环境，用洞庭湖的阴晴明暗来比喻国情，让滕子京知道应该先忧后乐，就像文章所说的"先天下之忧而忧，后天下之乐而乐"。

师：你说出了你们组的看法。其他组？

生：……

师：前面三组同学发言都提到了范仲淹先肯定了滕子京的功绩，然后再来进行劝勉，这样肯定对劝勉很有好处。但是我很想知道他是怎样进行劝勉的。有没有小组探究过这点？

生：……

（该课获 2012 年浙江省第五届初中语文课堂教学评比一等奖）①

从案例中我们可以梳理出教师组织课堂合作学习的行为：首先提出了合作学习要达成的目标——小组合作探究范仲淹是如何劝勉滕子京的；接着提出三点要求，告知学生合作学习的步骤与具体任务；继而教师采取"巡视""倾听""鼓励"等方式监控各小组的合作学习状况；之后，听取小组报告并评价其合作学习的结果。在这一过程中，先汇报的小组并没有很好地完成合作学习的目标，因而，教师及时以"小结"的方式肯定了先发言的三个小组的学习成果，又以"但是"转折，提请各小组把重点放在"怎样进行劝勉的"这一问题上，再一次传达了学习任务，对课堂教学及小组汇报进行了再组织。

（三）导学新知识

课堂教学的情况千变万化，并不是完全顺应教师的预设。课堂气氛越好，变化就会越大；学生的学习状态越好，变化也就越多。为此，教师要具备良好的学科素养和应变能力，依据课堂教学情况及时引导，进行调控转移。

案例研讨 4

于漪老师教《宇宙里有些什么》

要求先学生阅读课文，之后提出问题。课堂上就出现了这样的情况：

生：课文里有这样一句话，"这些恒星系大都有 1000 万万颗以上的恒星"，这里的"万万"是多少？

话音刚落，全班学生都笑了。问问题的学生也为自己提出的愚蠢问题而后悔。

师（笑着说）：这个问题不用回答，可能大家都知道了。可是我要问：既然"万万"是"亿"，作者为什么不用一个字"亿"，要用两个字"万万"呢？谁能解释？

教室里静下来，学生们都在思考。

生：我觉得用"万万"读着顺口，还有，好像"万万"比"亿"多。

师：通过对"万万"的讨论，我们了解到汉字重叠的修辞作用，它不但读起来响亮，而且增强了表现力。那么，同学们想一想我们今天这个知识是怎么获得的呢？

全班学生不约而同地将视线集中在刚才发问的学生身上，此生如释重负，先前那种羞愧、自责心理一扫而光，仿佛自己一下子又聪明了许多。②

---

① 成磊.《岳阳楼记》教学实录[J].语文教学通讯，2014(7-8 B)：16—19.
② 周小山.教师教学究竟靠什么——谈新课程的教学观[M].北京：北京大学出版社.2002：56.此案例中本书作者根据周小山书中相关内容进行了整理。

在这个案例中,引发问题的是学生,但是,学生提出的问题,对于语文课来讲,是意义不大的。面对这种情况,于漪老师根据学生的实际情况,重新组织教学,针对学生的情况进行引导与调控,把一个纯数学问题,转化为语文问题,把一个看似好像是个别学生需求的问题,转化为班级问题,进而组织、引导学生进行讨论,使学生在具体的语境中学到了叠音字的用法。

这一教学环节的组织,体现出了于漪老师良好的学科素养和教学机智。更为可贵的是,当于漪老师发现提问题的学生陷入尴尬中,在学习知识结束时,不忘关怀、保护学生发言的积极性;同时,面对全班学生进行了道德情操的教育。而这一切又都融合于语文知识的学习中,不着痕迹,所用时间很短,却很好地体现了语文课程标准提出的日常的教学过程中渗透道德情操、审美教育的理念。

(四) 生成新资源

教学过程是教师的教与学生的学统一的过程。这一过程是教师依据教学目标、教学内容、学生情况等在课堂教学之前预设的。但是在具体的课堂教学中,教与学的过程不是简单地、机械地讲授与接受的封闭过程,而是师生互动探究的开放过程。因而,其教学过程不可能完全受教师的掌控,具有动态的生成性。注重课堂教学的生成,是尊重学生的学习感受,对于构建充满生命的课堂有着重要的意义。《义务教育语文课程标准》(2011版)在教学建议中提出,教师要"积极开发、合理利用课程资源""努力改进课堂教学,整体考虑知识与能力、过程与方法、情感态度与价值观的综合,注重听说读写之间的有机联系,加强教学内容的整合,统筹安排教学活动,促进学生语文素养的整体提高。"①为此,教师一方面要加强对生成的预设,即多方面设想学生面对新知识的学习可能出现的种种情况;另一方面也要在课堂教学的实际中,精心组织教学活动,积极主动引导学生生成新的教学资源。

案例研讨5

《乡愁》教学实录
胡 健

师:我们能不能再用其他的意象来表达思乡之情呢?

生:能!

师:那我请同学们分小组商量一下,每个人再创设一种意象,然后我们四个人把它组合起来,是不是也能写一首诗了?

生:好。

师:注意选择意象,第一要意境美,第二要能够表达出思乡之情,也就是跟乡愁有联系的事物。

(生讨论创作)

师:好了!哪一组先来试试看,把你们所创设的意象给我们展示一下。四个人一人说一句,你们这组先来!

---

① 中华人民共和国教育部制定.义务教育语文课程标准(2011年版)[S].北京:北京师范大学出版社,2012:20.

生1：小时候，乡愁是一枚旧旧的纸巾。
生2：长大后，乡愁是一艘悠悠的纸船。
生3：后来啊，乡愁是一打厚厚的信件。
生4：现在啊，乡愁是一缕袅袅的炊烟。
师：非常好！他们这一组选择了四个非常美妙的意象。好，下面哪一组？
生1'：小时候，乡愁是一曲稚嫩的儿歌。
生2'：长大后，乡愁是一条长长的桥梁。
生3'：后来啊，乡愁是和煦的春风。
生4'：而现在，乡愁是傍晚五彩的红霞。
师：很好！还有谁？
生1"：小时候，乡愁是一根甜甜的棒棒糖。
生2"：长大后，乡愁是一根长长的电话线。
生3"：后来啊，乡愁是母亲亲手织的毛衣。
生4"：现在啊，乡愁是一杯苦涩的咖啡。
师：也非常好。老师非常欣赏刚才同学们所创设的那些意境，都能够表达出思乡怀人之情。老师也写了几句，希望对同学们有所启发。

（屏显，师配乐深情朗诵）

乡愁是一缕袅袅的炊烟
乡愁是一叶孤独的扁舟
乡愁是一曲梦中的歌谣
乡愁是一捧故乡的泥土

（该课为2013年江苏省"教学新时空"名师课堂初中组获奖课）①

（一）分析这一教学片断中教师的组织教学技能

教师以商量的口吻激励学生"用其他意象表达思乡之情"，在得到学生肯定的回答之后，教师继续以商讨的语气，布置学习任务：分小组商讨，每个人创设一种意象，四人组合成诗。之后又提出写诗的具体要求：意境美，能够表达出思乡之情。学生创作之后，教师鼓励学生展示创设的意象；在三组学生展示的过程中教师又以欣赏的态度肯定学生的创作。极为可贵的是教师也同学生一起创作，营造了和谐的氛围。在这一教学活动的组织中，教师较好地将知识学习、过程方法和情感体验结合在一起，体现了以学生为本的理念。

（二）分析这一教学片断的预设与生成

可以看出，在学习了《乡愁》之后，让学生用其他意象拟写乡愁，是教师预设的教学环节，教师所写诗句亦是预设；但学生抒写的内容，是教师所不能预设的，是课堂教学中学生学习了余光中《乡愁》之后所生成的新的课程资源，是学生对乡愁的真实体验与真情的抒写。这样读写结合的语文实践活动，使学生逐渐走进文本，产生情感共鸣，通过写作表达而加深了对诗歌的理解，可以说是预设内容的生长与丰富。

---

① 胡健.《乡愁》教学实录[J].语文教学通讯，2014(7-8)B：33—36.

值得注意的是,语文课堂教学是预设与生成、封闭与开放的矛盾统一体,所以,语文课堂教学中的开放与生成应该有度,应该是预设教学内容的生长与形成,是预设教学内容的丰富与拓展,也可以是预设教学内容的批判与改变。为此,不论是生长、丰富,还是批判、改变,都要与语文课堂教学内容密切相关,切不可远离甚至脱离语文课堂教学内容。

四、语文课堂教学组织技能的评价

语文课堂教学的组织技能既有预设的因素,又有课堂临场的变化。评价时,要关注这两方面。可运用表5-1评价组织教学技能的效果。

表 5-1　课堂教学组织技能评价表

课题:　　　　　　　讲课教师:　　　　　　　评价者:　　　　　　　时间:

评 价 项 目	权重	评 价 等 级				得分
		优秀	良好	中等	不合格	
学习任务设置与教学内容密切相关	0.20					
学习任务设置具体、明确,符合学生的实际	0.20					
教学中学生处于主体地位,绝大多数学生参加活动	0.20					
学生讨论有准备时间,成员间分工合作,相互促进	0.10					
教学活动促进学生对学习内容的深入理解	0.15					
教师在教学中担当组织者、引导者的角色	0.15					
总分						
补充意见或建议						

注:请在听课前阅读该表中的项目;听课时认真观察教师的表现;听课后根据讲课者的表现作出评价。总分在9~10之间为优秀,在7~8之间为良好,在6~7之间为中等,在0~5之间为不合格。

第二节　反馈与评价技能

一、反馈与评价技能的内涵

（一）反馈与评价技能的含义

通常意义上的反馈是指信息发送者把经过编码的信息传递给接受者后将所产生的结果再接收过来,以对再发送的信息产生影响的过程。

课堂教学中的反馈则是一个比较复杂的过程。首先是教师通过教学行为(讲授、提问等)发送信息,学生接收信息,引发学习行为;其次是学生通过一定的方式(答问、作业等)反馈自己的学习结果,教师接收学生的学习结果信息(听答、批改作业等);再次是教师分析所接收的信息并作出回应。回应一般又有两种情况:一是对学生的回答作出评价性反馈;二是根据学生反馈的情况调整教学程序。本节着重讨论第一种情况,第二种情况即应对变化技能,将在下一节讨论。

课堂教学中的评价是指教师对学生在课堂上的学习情况作出的评价性语言。它不同于一般意义上的教学评价,只是教学实施过程中的一个因素。

在语文课堂教学中,教师的反馈与评价常常结合在一起,目的主要是告知学生自我的学习行为与结果,引导学生走向预定的教学目标。为避繁琐,我们把这两种技能合在一起讲解。

> **教学评价**
>
> 教学评价是以教学目标为依据,运用可操作的科学手段,通过系统地收集有关教学信息,对教学活动的过程和结果作出价值上的判断,并为被评价者的自我完善和有关部门的科学决策提供依据的过程。
>
> ——施良方,崔允漷.教学理论:课堂教学的原理、策略与研究[M].上海:华东师范大学出版社,1999.

(二)反馈与评价技能的功能

1. 矫正功能

新课程倡导自主、合作、探究的学习方式,鼓励学生在个人钻研的基础上积极参加讨论,而教师则是学习活动的组织者和引导者。在这样的课堂教学中,师生之间、生生之间的交流是多元的、频繁的。师生之间的信息交流一旦发生,其中的任何一次信息交流都可看做是上一次信息流通后对接收者的反馈。教师不仅是教学信息的发送者,同样也是教学信息的反馈者与评价者。教师根据课堂教学内容,针对学生的学习状态、学习行为和学习效果向学生提供反馈与评价的信息,其目的是通过及时地、恰当地反馈评价,对教与学的活动是否有效不断地做出判断、调整,不断地缩小教学的预定目标与实际效果之间的差距,取得较优的教学效果。可见反馈-评价是确保教学有效性的矫正系统。

2. 检测功能

语文课堂教学中反馈与评价的检测功能有二:一是检测学生在课堂中的学习行为和效果—语文课堂教学中,学生通过语言和表情,传递出自我学习的有效程度,教师收集并迅速分析学生传递出的信息,向学生提供反馈信息并对教学作出评价和预测。因此,课堂中教师的发问、解答、叙述、指点、解惑、批评、表扬等信息的回馈,就可以帮助学生分析自己的学习效率,检测自己的学习行为和结果与教学目标之间的距离,判断掌握程度和教师期望之间的差异。二是检测教师的预设方案是否科学有效—教师从学生的答问、表情等情状中,判断自己的教学过程是否有效,是否要调整;如若调整应做怎样的调整,等等。

3. 激励功能

教学总是朝向一定的目标的,在学生回答问题、陈述观点之后,教师要作出及时的反馈与评价,可以是肯定的或者否定的;也可以是启发引导的或者直接告知答案的;还可以是情感上的认同和回应,或者批评和忽略。学生从教师的反馈评价中,因获得鼓励和肯定而提高自尊感和自信心,唤起新的学习热情和追求成功的需要;也会因为否定和批评而降低自尊感和自信心，带来消极和沮丧的心理和行为变化。因此，教师的反馈与评价会直接引起下一步学习活动和课堂交流的情绪变化，可能是积极的，也可能是消极的。同样，学生根据教师的反馈与评价，表现出理解或疑惑、接受或拒绝等行为状态，教师随之又作出相应的、适合于学生学习或调动学生的学习热情和注意力的反应，以此展开和推进课堂教学。

二、反馈与评价技能的实施原则

反馈与评价技能更多依靠教师的教学实践经验和教育机智，在实际的课堂中，学生的原有知识、技能和情感态度很难预设，在面对课堂学习任务时，常常会出现教师意想不到的状态，这就要求教师不断对教学活动作出反馈。在教学实践中，学生需要的、乐于接受的反馈与评价，应该对学习有实质意义的促进和提升，而不是简单的认同或者雷同的、肤浅的表扬。因此，要想积极有效地发挥反馈与评价的功能，应该以教学目标为基点，以启发促进为目的，采取适宜而有效的反馈与评价方式，并且有意识地开发反馈与评价的策略。

（一）平等对话的原则

平等对话不仅是言语行为，还是一种态度，它伴随在反馈评价左右。良好的反馈效果依赖于良好的反馈态度。亲切的微笑、耐心的倾听、真诚的期待和由衷的表扬，自然会营造轻松愉悦的课堂氛围；平等的对话、幽默风趣的回应和引导，必然能激发学生积极参与的热情。反之，以权威自居，或置之不应，或讽刺挖苦，也必然打消学生的学习积极性。所以，反馈评价时，教师的态度，在一定程度上决定着沟通交流的效果。

（二）及时而有针对性的原则

好的态度固然重要，有针对性地及时反馈评价同样很重要。当学生作出反应后，教师就要作出相应的反馈，不仅要考虑不同情况的学生，还要考虑同一学生的不同情况。只有这样，学生才能了解自己的学习状态，正确认识自己。

当然，作为保持课堂教学调节功能的重要策略，反馈评价必须要及时。只有及时地反馈，学生才能及时调整思考的角度和了解自我学习的进展，使得良好的学习行为得到强化，不正确的学习结果得到纠正，从而更好地调节学习动机和行为水平。

（三）以正面启发和肯定为主的原则

正面的肯定鼓励，有利于激发和保持学生积极的学习动机，维持稳定有效的学习状态，保持学习的信心。对于学生提出的问题、学生作答时不完善的看法，要尽可能找出值得肯定之处，以鼓励的或者幽默风趣的方式作出回应。那种打断学生的发言、断然加以总结的方式，或者漠视学生所作的努力、堵塞学生探究欲望的做法，都应当摒弃。

（四）具体应答的原则

反馈与评价是自然发生的课堂对话，教师的言语行为和学生的言语行为是相互支撑相互引发的，面对学生提出的问题或发表的看法，若只是一味地评价"很好""非常好"，简单地一带而过，而不能借助学生思想的价值因势利导，反馈与评价的教学作用就十分有限。

所以，教师对学生的评价，一定是指向具体确定的内容，而不能模棱两可。无论是回顾、肯定或否定，还是引发进一步学习活动、促进理解，都要有效地指向具体问题，给出有内在价值的正确评价。只有指向具体问题的反馈,才能引导学生对当前所学进行陈述和思考、延伸和评论,才能真正互动交流,也才能对学习内容起到引导、提升的作用,而不仅仅是课堂的组织。

（五）综合运用多种反馈与评价技能的原则

我们在上文中对反馈评价的方式作出了一定的区分,但在实际的教学情境中,不可能只采用单一的某一种方式。如只是倾听而始终不作评价,只是肯定或否定而不作进一步指导启发,听凭众说纷纭而没有结论性观点。如果这样,就是不正常的课堂情形,根本不能论及发挥反馈与评价的作用了。在正常的、动态的语文课堂中,真正有效的反馈与评价往往需要综合应用多种方式。只有适合特定教学情境的特定反馈与评价,才能有效地促进学生的学习。

三、反馈与评价技能的实施策略

在语文课堂教学中,面对有着鲜明个体差异的学生,面对动态发展的教学情境,教师的反馈评价方式必须是灵活的,往往需因人、因时、因事而异;反馈与评价方式也不是孤立、割裂地运用的,往往是综合发挥其功能的。因此,了解课堂中常见的反馈评价方式和常用评价语,有助于作出恰当的反馈评价,实现师生之间的良好沟通和平等对话。

（一）倾听

倾听,是课堂反馈的一种重要形式。当学生在课堂中读书、思考、发表看法的时候,教师耐心地专注地倾听,无疑是对学生的无声鼓励。倾听的时候,通过目光、点头、微笑和板书关键词等方式,表明自己的态度,给学生积极的回应。当出现学生的发言偏离主题,或者表达上词不达意,抑或讨论时游离主题等情况,尽量不打断、不中止学生的学习行为,尽可能保护学生的自尊心和自信心,俟其发言完毕,再作出反馈。

（二）即时性评价

是指针对学生的应答,及时且直接作出反馈评价。一般来讲,有以下几种方式：

1. 肯定与赞赏

运用肯定性语言,对学生合适的行为作出积极评价,常用的评价语如："是的""对""正确""好""很好""不错""很精彩""说得太好了"等。或者用明显的情绪化方式加以赞扬,比如热情、高兴等,还可以更具体一些,最好能在表扬的同时解释为何进行表扬,以此鼓励激发学生继续参与的动力。比如："读得很清晰""你朗读得很有感情""你的看法很有见地""这个问题提得非常有价值""我同意你的意见"等。

> **案例研讨 1**

十位名师教《老王》（二）

魏本亚　尹逊才

师：老师给你们一个话题,我们先来试做一下,作为热身活动。话题就是：自选角度欣赏课文第四段。

……

师：好的，请同学们表达看法，该举手发言了。

（一生举手）

师：好，谢谢你。

生：我认为在第四段里面，它通过"荒僻的"还有"破破落落的""塌败的小屋"这几个形容词写出了老王当时生活十分贫困。

师：多好！抓住关键词语，对它的表达作用进行分析。好，谢谢。①

上例中教师的评价语简洁，却传达出多种信息：一个"多好"由衷地肯定、赞赏学生的回答；一句"抓住关键词语，对它的表达作用进行分析"，具体补充说明"好"在何处，清晰告知学生"抓住关键词语，分析其表达作用"是欣赏课文的一个角度，紧扣这一教学环节的目标；一声"谢谢"，传达出教师以生为本，尊重学生的学习成果，平等对话的民主思想和教学态度。

2. 明确解答

对学生质疑的问题，以及经过讨论而没有解决的问题，应提供具体的、明确的解答，以澄清学生的疑惑。必须指出的是，在学生发生讨论、辩论时，对于学生的个性化感受和理解，教师必须及时分析，之后进行有针对性的反馈、评价、讲解；不能不加分析地评价。如有的教师总以"看法也有道理"一类的语言评价鼓励学生，对其片面认识不去指正纠偏，这样的反馈评价行为，不仅不能起到鼓励学生的作用，反而会使学生无所适从，所以，对学生不明白的问题，教师要给出明确的答案。

案例研讨 2

《白雪歌送武判官归京》课堂实录

黄厚江

师：读古诗有一个很重要的事情，就是要会想，怎么想呢？就是根据诗句想到一幅幅画面，这就是古人所经常说的，好的诗是"诗中有画"，好的画是"画中有诗"，你们从哪句诗中看到画？

生 1："忽如一夜春风来，千树万树梨花开。"

师：好，说一下你看到的画面。

生 1：我看到本来死寂的大地，在一场大雪过后，棕色枯掉的树干上都覆盖了一层像花一样的雪。

师：很好，请坐。相对而言，从这两句里面看出画面不是太难，能不能从其他诗句中看出画面？

生 2：我想说最后一句。前面都是大片大片的雪景，在这一句中出现了一些新的事物，就是有了送别的人，这幅画大致是这样子的：万里都是白茫茫一片，人在风雪中越走越远，影子也越来越小，唯一留在眼前不变的是一串串马蹄印，动静结合，有意境。

师：哦呦，这个同学审美素养、鉴赏能力很强。我考虑到一个细节，你说这个画面出现

---

① 魏本亚，尹逊才. 十位名师教《老王》[M]. 上海：上海教育出版社，2014：3—4.

了一个新的形象——被送行的人。大家想一想,这两句中看得见远行的人吗?"山回路转不见君,雪上空留马蹄印。"看得见人吗?

师:哦呦,他比我高明,他太厉害了!是的,画面中并没有人,但这个同学看到了画面外的人。很好,有没有同学从其他诗句中读出了画面?

生3:"忽如一夜春风来,千树万树梨花开。"

师:你能不能换一句,我知道你说得肯定比他好。(生笑)但是我们要善于开辟新的领地。

生3:"北风卷地白草折,胡天八月即飞雪。"一阵风吹来,草被吹得向一边倒,八月的时候就飘着鹅毛大雪,雪变幻无常,来得很急。

师:这位同学不容易,因为一般人从这两个句中看不出画面来。我们一起分享一下,她说"一阵风吹来",大家看能不能这样说?

生4:不行。

师:你认为应该怎么说?

生4:风特别特别大,因为它把草都吹折了。

师:对我觉得也是这样,这不是一阵风。这是狂风怒吼,说不定已经吼了很多天。①

上例中,教师针对学生的回答多次进行反馈与评价,有一般性的肯定"很好,请坐";也有由衷地赞美"这个同学审美素养、鉴赏能力很强""他比我高明,他太厉害了";并且用鼓励式的反馈鼓励学生"但是开辟新的领地"。更为可贵的是在对生2、生3评价后,又针对学生在理解上可能存在问题的部分"山回路转不见君,雪上空留马蹄处"的画面中是否有人,以及学生理解偏差"一阵风吹来"等问题予以了及时解答与纠正。

课堂讨论

1. 找出上述案例中的评价语。从反馈的内容与评价的内容、方式、语言等方面分析教师的反馈评价技能。
2. 如果你是执教教师,面对学生这样的学习状况,你会怎样反馈评价?
3. 你是否赞同案例中教师对生3的反馈评价?如有不同意见,请另写一反馈评价语。

3. 否定和批评

有时学生的答案涉及情感、态度和价值观领域,如果是错误的观念,教师一定要指出学生的认识是"不对""不正确"的,或者用体态语作出反馈,比如摇头等,之后要说出其不正确的原因。而如果是不完善的表达,有失误的学习行为,教师往往采取委婉提示的反馈方式,如"声音大一些,要让全班同学都听见""如果说得慢一点就更好了""再具体说说""你能说得更清楚些吗""能不能把这句话表达得更准确一些"等。

---

① 黄厚江.《白雪歌送武判官归京》课堂实录[J].语文教学通讯,2013(10B):29—32.

案例研讨3

《赫尔墨斯和雕像者》教学实录

师：咱们开始第二次训练。(屏显——层次分析训练：分析这则寓言的层次并说明这样分析的道理)

师：提示一下，这个寓言可以分为两个部分。开始！各小组讨论。

生1：我觉得第一层应该到"来到一个雕像者的店里"，这说明了起因，后面是赫尔墨斯和雕像者的三问三答。

师：这位同学不仅回答了分到哪里，还阐述了理由。很好。

生2：第一层次分到"雕像者说，还要贵一点"，前面是赫尔墨斯询问赫拉和宙斯，询问别人的价值，后面是询问自己的价值，询问自己在别人眼中的地位。

师：言之有理。

生3：我是按照后面是寓言告诉我们的道理来分的，它说"爱慕虚荣而不被人重视"，所以我的第一层分到"人们对他会更尊重些"。讲的是赫尔墨斯爱慕虚荣，而后面讲的是赫尔墨斯从此知道自己并不被人重视。

师：你要注意一个问题，"于是问道"与前面的内容是紧接着的，所以这个地方分不开。①

案例中，余映潮老师根据学生作答的具体情况，先指出其思维上的疏漏，没有注意到"于是问道"前后内容的一致性，再直接表明"这个地方分不开"，否定了学生的答案。

需要注意的是，采用直接地否定或批评性的反馈与评价一定要慎重，既不可用情绪化方式，断然加以否定；也不可显出不耐烦的表情，或做出禁止学生继续表达的手势等，这些都会影响师生之间的良好沟通，也会使课堂气氛沉闷，给其他学生的心理上带来紧张感和压力。

(三) 延缓性评价

对有价值的问题、教学重点内容、学生理解上的确存在的困难之处，直接的反馈评价还不足以解决问题，延缓性的反馈评价无疑是可取的方式之一。延缓性评价包括追问、重复、转移和提示等方式，相对于直接回应而言，延缓性反馈评价更重视对学生的引导和提示。

1. 追问

对学生的反应，以反问的、追问的方式，引导进一步言说。一是针对当前问题，可以如此反馈："为什么会这样想？""还可以怎么理解？""能进一步对你的回答作出解释吗？""具体说说好吗？"等等。二是当学习告一段落，在转入后续的内容之前，教师可能会问："那么，你(你们)还有其他什么问题吗？"这种反馈方式的好处，在于可以引导学生经历思考的过程，多数时候，学生的反应是即时应答，经过这样进一步解释，具体展开陈述，直感才可能上升到理性思考，片面看法才能完善。因此，追问方式有利于促进学习的深入。

2. 重复

教师通过重复原来的问题，或者重复学生的回答，或者加一个提示"你的意思是说_____"，对学生的反应作出反馈。这时候，一方面可能是学生的表述不清楚不缜密，教师

---

① 余映潮执教，戎丽霞整理.《赫尔墨斯和雕像者》教学实录[J].语文教学通讯，2012(4B)：13—15.

的重复可以廓清含混的表述。另一方面,当学生的问题或者回答很有价值,教师通过重复性的反馈评价,对此作出强调,引起其他学生注意。

案例研讨4

课堂评价:疏导与激励

王俊鸣

师:如果说前三句是总写心情的悲苦,那么接下来这五句就是具体的展开了。前三句我们不妨概括为"寻觅无果,凄惨忧伤"(板书)。这五句可以怎么概括——也用八个字吧。大家研究一下,再起来发表意见。

生:乍暖还寒,淡酒无用。

生:"淡酒无用"不够意思,改为"淡酒风急"。

生:"乍暖还寒,风急酒淡。"(板书)

师:把"淡酒风急"改为"风急酒淡",好啊!好在哪里?

生(众):对称了……

生:把"淡酒"改为"酒淡",是主谓结构,正好与"风急"相对;先说"风急",再说"酒淡",转折的意思强烈。"风急"就冷啊,得喝点高度酒才暖和;可是喝的是淡酒,不能抵御风寒。外面冷,也正是心里冷。

师:分析得太到位啦!谁说学习语法没用?主谓结构啊,转折关系啊,不都是语法吗?好,这是经验,值得大家记取。他最后一句分析也好:外面冷,也正是心里冷!①

教师在反馈学生回答问题的情况时,除了运用赞赏性评价("分析得太到位啦!")外,还采用了"重复"的方式进行反馈评价,重复学生作答时用的"主谓结构""转折关系",其作用有三:一是反馈这些短语运用准确,二是赞赏学生能运用语法知识分析,三是强调语法学习的重要性。此外,教师还重复学生的话语"外面冷,也正是心里冷",借此评价学生分析得好。

3. 转移

对学生的反应,教师并不急于给出解答,而是采用转移方式,转换问题让另外的学生试着回答,或者引起全班的讨论,把个别学生的问题转化为全班性的问题。常用的反馈评价语如:"这个问题提得很有价值。我很想听听同学们的理解""有不同意见吗?""同意他的观点吗?还有其他不同的想法吗?""对刚才同学的回答,你有什么看法?""还有什么要补充的?""这是个好问题,可以先讨论讨论"等。

转移的方式,不仅有助于教师了解学生的困惑是否具有普遍性,而且,通过转移,一方面给学生留出思考的时间,另一方面能够引发课堂中的互动,形成一种互评互析的学习氛围,学生在讨论甚至辩论中,碰撞观点,开放思路,彼此学习。这样的反馈评价,引导学生经历思考过程,胜过直接告知答案。例如本节列举的黄厚江老师教学《白雪歌送武判官归京》的案例中,当第三个学生回答的问题与第一位同学的相同时,黄老师就运用了"转移"话题式的评价语:"你能不能换一句,我知道你说得肯定比他好(生笑)。但是我们要善于开辟新的领

---

① 王俊鸣.课堂评价:疏导与激励[J].中学语文教学,2014(11):22—26.

地。"从而引导学生思考其他学生未思考过的"新天地"。

4. 提示

当正在发表意见的学生思维受阻,或者学生普遍表现出困惑时,教师可以转换措辞或者给出线索,使学生受到启发。我们看下面的教学实录片段,在教师的不断提示下,学生的思路得以打开。

案例研讨5

《思考问题的"路数"》教学实录(节选)

王栋生

师:下面,我们再来"练练脑子"。请看这道作文题(板书:"滴水穿石"的启示):

(静场10多秒钟,全班无话)

师:你们想到的是:这篇文章应当写什么样的"启示",对吗?

生:对。

师:我还知道你们在想什么。信不信?你们打算阐述的观点是"要持之以恒"、"有志者事竟成"……

生:(众笑)对。

师:也就是说,全班同学无一例外都能想到这一点?(众笑)

师:那这个题目简直就没有什么价值了,按这样的思路去写,有可能千篇一律。作文要有创造,要有自己的独立思考。这个经常使用的短语,它所包含的意义几乎是常识性的,而我们平时恰恰会忽略常识性语言所包蕴的多种含义。

师:想象一下"滴水穿石"的画面,你能否从中获得其他的启示?(全班安静)

师:我把问题再换个方式:"滴水穿石"还需要哪些条件?

(有一位同学有醒悟的神情)

师:请你来说说。

生:我想,如果水滴不是滴在一个固定的点上,就不可能"穿石"。

师:你说得对!能不能把这句话表达得更准确一些?

生:目标。目标必须专一。

师:很好。你的思考已经超越了一般人。现在,我们已经有了两个"启示",如果写成议论文,可以有两个分论点,这样的立论,就比仅仅说"要持之以恒""锲而不舍"要严谨的多了。]①

(四)采用学生的想法

在日常教学中,教师总是采用"好""很好""不错""很精彩""太棒了"这些常用的评价语来表达认可和奖赏,因为用得太泛滥的缘故,它们就不能传达出想要给的肯定和赞美了。而采用学生的想法和贡献,尤其是在自然发生的课堂对话背景下运用,比起简单地用"好"来认

---

① 王栋生.《思考问题的"路数"》教学实录(有删节)[M]//郑桂华,王荣生.1978—2005语文教育研究大系·中学教学卷.上海:上海教育出版社,2007:339.

可学生的回答,更能够激发学生的学习热情。

采用学生的想法,在实际操作中有多种方法。第一,通过口头重复学生的观点,认可学生所发表观点的价值;第二,通过板书,应用了学生的回答,把它作为下一步讲述的证据;第三,采用学生的想法来引起讨论,或者用它进一步分析一个问题;第四,通过让其他学生证明该学生回答的正确性,来总结重要的结论,鼓励学生投入学习过程;第五,通过比较方法,即采用某个学生的想法,并寻找这个想法和其他学生表达过的想法之间的联系;第六,借助个别学生或学生群体的说法来做总结,作为对所教内容的回顾和强调;等等。

借助学生的观点,教师通过澄清、充实、发展学生的观点,来丰富教学内容,实现师生之间的真正对话和互相促进,也就是我们平时所说的"因势利导"。这看起来简单,实际上需要技巧和计划。在准备充分的、考虑学情的课堂教学设计中,教师对学生的课堂学习状况作了多种预设,所以能抓住机遇,把学生的观点纳入教学内容。

案例研讨6

在一节作文课上,现场写作训练任务是"记叙一件具体的事",学生在规定时间内写作,之后同学交换批阅、推荐。一位学生由同学推荐后朗读自己的作文。

《写实与虚构》教学实录

韩 军

生:在星期天的下午,我回到家里,心情非常兴奋。那是因为刚刚学校放假,终于有个属于自己的下午了,可以不用再做笼中鸟了,可以无忧无虑地打篮球、看电视……但是,一阵长铃打破了幻想的梦,使我又不得不重新钻进书山题海去学习了。"喂,是××吗?今天妈妈在别人家聊天,你一个人乖乖地在家好吗?哦,对了,我刚想起来了,我刚从杭州亲戚家里拿了几张期末的考试卷,你下午得写好,都初三了,再不复习就不及格了。好了,就是这样了!"电话里传来一声声刺耳的嘟的长音,把美梦搅得一塌糊涂,使我又不得不……

师:"使我又不得不"怎样了,没有写完,你就说下去,口头补充。

生:使我不得不闷闷不乐地走进书山题海。

师:一段无奈呀。老师也很同情你。你非常真实地写出了自己对书山题海的无奈。写得非常真切。同桌同学,我猜,你之所以觉得这篇文章写得好,是不是因为她写的真实?

生:她的情况跟我一样,我爸妈经常在我空闲的时候给我布置些额外的卷子,大人们生怕我闲着。

师:你们原来是同病相怜。我们看这个同学的描写就使读者产生了共鸣。她这篇短文,别看篇幅小,大概只有200多字吧,但却巧妙运用了一个起伏:开头是兴奋,结尾是无奈,前后情绪有一个跌宕,有一个对比。这是一种引人入胜的笔法,今后大家也注意在自己的作文中运用。这个同学的这段文字,还好在绘声绘色,如具体写妈妈在电话中的说话方式,可以说是生动逼真。

(板书:前后对比,一起一伏;绘声绘色,生动传神)[①]

[①] 韩军.《写实与虚构》教学实录[M]//郑桂华,王荣生.1978—2005语文教育研究大系·中学教学卷.上海:上海教育出版社,2007:358.

教师先是通过口头重述学生习作的结尾部分，"'使我又不得不'怎样了"，鼓励学生补充完整；然后对学生在习作中流露的情感，表示了理解和同情；通过询问推荐者的意见，采用同学之间的评价表明教师的观点；最后对习作在写作上的特点作了总结性评价，又借助板书强调了这个结论。这样的反馈评价，不仅具体、有针对性，更重要的是借助学生现场习作，在评价中完成了写作指导。

四、反馈与评价技能的评价

反馈与评价技能的高下，更多地依赖于教师的教学实践经验和教育智慧。评价者要认真观察讲课教师的反馈评价行为和课堂气氛，利用表 5-2 对反馈评价技能进行评价。

表 5-2　反馈评价技能评价表

课题：　　　　　　　　　讲课教师：　　　　　　评价者：　　　　　时间：

评价项目	权重	评价等级				得分
		优秀	良好	中等	不合格	
对学生作答的情况作出反馈评价	0.10					
以尊重学生的态度进行反馈评价	0.10					
能针对学生作答的具体情况进行反馈评价	0.20					
反馈评价的内容恰当，或激励学生或能指正纠偏	0.30					
综合运用多种方式进行反馈评价，且方法恰当	0.15					
评价语言得体，学生能够接受	0.15					
总分						
补充意见或建议						

注：请在听课前阅读该表中的项目；听课时认真观察教师的表现；听课后根据讲课者的表现作出评价。总分在 9～10 之间为优秀，在 7～8 之间为良好，在 6～7 之间为中等，在 0～5 之间为不合格。

第三节　应对变化技能

一、应对变化技能的内涵

应对变化技能是一种综合技能，所谓应对，是指教师面对课堂出现的非预设事件，在第一时间做出的反应；所谓变化是指教师为处理非预设的课堂事件而对教学程序做出的相应的调整。应对与变化不是截然分开的，而是有机地融合在一起的。应对变化技能，上升到理论层次，就成为教学应变艺术，其核心是教育机智。所谓教育机智，指的是"那种在不断变化的教育情境中随机应变的细心技能。教育情境是不断变化的，因为学生在变，教师在变，气氛在变，时间在变。换言之，教师不断面临挑战，在意想不到的情境中表现出积极的状态。正是这种在普通事件当中捕捉教育契机的能力和将看似不重要的事情转换，使之具有教育意义的能力使得教学的机智得以实现。"[①]我们把范梅南在教育机智定义中提到的"普通事

---

① 〔加〕马克思·范梅南著.李树英译.教学机智——教育智慧的意蕴[M].北京：教育科学出版社，2001：246—247.

件"称为非预设的课堂事件。它有两类：第一类是偶发事件——这类课堂事件又分为两种,一种是由于学生的行为失当而引起的;第二种是因为教学环境的变化而引起的,它们都与教学无关,却往往蕴涵着教育因素。第二类是教学事件——这类课堂事件也分为两种,一种是由于学生意外的发言而引发的;一种是由于教师自身失误引发的。解析语文教师应对变化的技能,不难发现它包含着以下几种因素。

1. 细致敏锐的观察力

细致、敏锐的观察力是教师采取应对变化技能的前提和基础,教师要在课堂教学中有意识地进行观察,及时捕获学生在课堂上的情绪变化和认知反馈,迅速分析,正确判断,为调整教学内容、步骤和方法,做好准备。

2. 冷静理智的自控力

非预设的课堂事件因其偶然性和突发性,教师不可能有准备。有的课堂事件与教师讲解的内容针锋相对,有的明显错误,有的蕴涵着学习知识的因素,有的则是学生恶搞。面对形形色色的课堂事件,教师应保持冷静的头脑和稳定的情绪,一忌心理紧张,思维不畅;二忌心理失衡,情绪激动。所以,遇到非预设的课堂事件时,最为重要的是要及时调整心态,保持头脑清醒,迅速判断事情的性质,挖掘教育、教学的因素,思考解决办法,尽快妥善处理。

3. 及时有效的调控力

当非预设的课堂事件出现时,教学势必不能够再按照预设进行。教师要根据学生学习的实际情况和得到的反馈信息,迅速思考,运用一定手段对学生的学习状态和教学过程进行调节控制。这主要表现在两个方面：一是调控学生听课的情绪、思维活动;二是调整教学速度、方式、步骤和环节,保持传递知识信息的渠道畅通无阻。

4. 综合运用知识的能力

要想较好地应对课堂上出现的种种非预设的课堂事件,教师还必须具备较高的语文专业水准和综合运用各种知识解决问题的能力。只有这样,教师才能既妥善解答学生提出的疑问,又体现以学生为本的教学理念,培养学生主动学习、积极参与的兴趣,保护学生质疑的积极性。

5. 幽默得体的表达力

幽默而得体的表达,是应对变化技能重要的因素。学生非常在意教师的语言,特别是当发生非预设的课堂事件时。为此,教师此时的语言表达需十分注意,既要维护学生的自尊,又要激发其主动学习的热情,还要进行有效教学。幽默得体的表达有助于营造轻松的氛围,为学生主动学习创设良好的环境,实现教学目标。

二、应对变化技能的实施原则

（一）时效性原则

不论是什么性质的非预设的课堂事件,一旦发生,教师必须直面事件,认真对待;不能置之不理,按照预设一直讲下去。一般来讲,在事件发生的情境中,及时进行应对,迅速做出恰当的变化,会取得较好的教育、教学效果;反之,则因为失去了具体的教育、教学情境,效果就会减弱。当然,有些偶发事件,如涉及的知识、理论是学生一时难以理解的,或所蕴含的教育问题重大,是一时难以解决的,也可以放在课后伺机处理。

(二)引导原则

教学中的非预设的课堂事件,绝大多数都蕴含着教育、教学的因素。对此学生是不会想到的,而教师必须清醒地认识到这一点,并及时挖掘其中的教育、教学因素,加以引导,通过学习讨论,或启发、诱导学生学习到新知识,或对偶发事件及所提出的问题有了新认识。总之,教师运用教育机智,高屋建瓴地参透偶发事件的实质,及时恰当地进行引导,是能否实现有效教学的核心。

(三)以学生为本的原则

非预设的课堂事件绝大多数是由学生引发的,这些事件有可能是教师对学生的预见不充分,有可能是由于外界环境的影响干扰,也有可能是教师与学生间、或学生与学生间暗藏着的矛盾。但无论是哪种情况引起的意外事件,学生都是事件的主体,切忌就事论事,只针对事件中的学生个体,这样,往往会缩小教育教学面,带来负影响。正确的做法是,教师一定要有以学生为本的意识,控制个人情绪,面向全体学生,从保护学生的学习兴趣,使其主动参与学习的角度出发,妥善处理这些事件。

(四)生成资源的原则

学生不仅是教育的对象,也是教育的重要资源,而且是开发潜力最大、应用价值最高的课堂教学资源。教师在课堂教学中要善于搭建多重对话的平台,从非预设的课堂事件中,捕捉稍纵即逝的教育教学时机,灵活地调配和利用教学资源,机智灵活地从学生那里发掘有价值的信息,生成教学资源。

值得注意的是,教师在应对教学中的非预设的课堂事件,要注意迅速挖掘其中与语文课程密切相联系的内容,并遵循一定的教学原则,引导学生深入讨论,生成新的教学资源。切不可受学生不正确的思维的影响,脱离文本,随意读解文本,为生成而生成。

三、应对变化技能的实施策略

根据非预设的课堂事件的不同类型,我们把应对变化技能的实施策略分为以下几种:

(一)热处理

所谓热处理是指教师对因学生行为失当而引发的偶发事件,及时做出相应的处理。这种处理法往往因有着事件发生的具体情境,教育效果好,且节约时间。

◆ 案例研讨1

程翔兼任另一个班的语文课,上第一节课时,他刚走进教室:

生1:程翔来了!(众生哄堂大笑)

程翔:我刚一进门,就听见有一位同学叫我的名字,叫得那样亲切,使我心里洋溢着一股暖流。(众生大笑)

程翔：名字就是让人叫的。以后同学们就叫我名字吧，不用叫程老师。同意的举手。（生没有举手的）

程翔：（问那位叫名字的学生）你应该举手呀？

生1：（站起来）老师，我错了。

程翔：不，你没错。你之所以叫我的名字，是因为咱们还很陌生，彼此之间没有感情。我想，如果是你们原来的语文老师上课，你是不会叫他的名字的，因为你们师生之间已经建立了深厚的感情，你们很尊敬他。从今天开始，我给你们上语文课，我愿意成为你们的良师益友（掌声）。①

学生直呼教师的名字，在我国被视为没有礼貌。程翔老师面对学生这种唐突的行为，没有发脾气，没有批评学生，而是从这一简单的偶发事件中，挖掘了教育因素，因势利导，既使学生认识到了错误，又拉近了师生之间的距离，赢得了学生的尊敬。

（二）冷处理

与热处理相反，有些课堂上的偶发事件，因学生的认知水平或处理时机不成熟，需要暂时"冷冻"，不予处理，放在课后解决。其优点一是不影响课堂教学秩序，二是教师有比较充足的时间思考解决问题的方式，能够妥善处理。其缺点是因为不能及时处理，有时会影响教育教学效果。

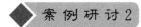

案例研讨2

《我养浩然之气》课例赏鉴

徐殿东

徐老师先用屏幕打出了两岁女童小悦悦被车碾压事件，并提出两个问题：18名路人一直没有产生过救助之心吗？如何让18名路人的救助善心不动摇？接着学习了课文，弄通了语言，理解了思想内容。之后教师请学生思考课前提出的问题，表达自己的观点。其中一位学生这样说：

生：孟子认为人性本善，但也有人认为人性本恶。我读过西方的哲学书，我觉得我们一味地指责18名过路人是一种不道德的行为。人性本来就是恶的，18名过路人不救助，是一种集体无意识。我们一直自称我们是一个礼仪之邦，我们有美好儒家文化的传统，难道只有用虚幻高远的道德要求指责别人就是我们的美好传统吗？我们的道德就一定比别人好吗？一说道德就鼓励人们捐款献血，这些都是表面的东西。我倒认为，我们需要重建儒家的文化传统，提高整个国民的道德层次。（学生言毕，全场哗然）

师：你好阅读，还爱思考，不盲从，有质疑精神，这是极好的素养。但老师建议你读书时，最好去读原著，少读或不读对原著的评论，这样你会归到根本上，而不会受到一些评论的影响，从而走入误区。如儒家，先读《论语》，再读《孟子》，再读朱熹等人的原文。西方哲学，也先读哲学大家的原著，然后搞清楚那些观点是从西方人的什么状态下得出的，和我们中国情况相符不相符，不可盲目套用。18名路人见死不救，放在西方也会受到人们的谴责。

---

① 程翔.语文课堂教学的研究与实践[M].北京：语文出版社，2000：53.

请大家看屏幕:

端正救助的动机——不求名,不为利,不惧怕。清楚救助的价值——不糊涂,不助恶,不损害。知晓救助的方法——不盲目,有效果,避自伤。培养救助的浩气——不外求,不掩取,不揠苗。

(该课荣获2011年"西安市教育局普通高中新课程优质课评比"高中组一等奖第一名)①

 课 堂 讨 论

> 1. 你是否赞同这位教师的应对?说说你的理由。
> 2. 如果你是这位教师,你会怎么应对?
> 3. 如果你是发言的学生,你听了教师的意见后,作何感想?
> 4. 静心想一想:该生发言后,"全场哗然"。这表明学生有不同看法。如果采用"热处理"的策略,组织全班学生讨论,结果会怎样?

(三)引导法

语文课堂教学中,由于学生的年龄及心理特点,对教学文本深层次的内涵理解不到位,在交流中,他们的关注点和思考问题的方法往往流于表面,提问题时也往往直言不讳。有时一个问题会把热烈的课堂气氛引向沉闷或者尴尬。这种情况下,教师如果没有对教学文本进行深度解读,缺乏临场的应变能力,就会打乱正常的课堂教学秩序,也会使学生对教师所讲的内容画上问号。久之,就会对教师产生不信任感。

 案例研讨3

《子路、曾皙、冉有、公西华侍坐》课例赏鉴(节选)

张广泉

这是关于孔子"与点"原因的探究。问题集中在"浴乎沂,风乎舞雩,咏而归"的理解上。课本对此句的解释是"春游"之情景。据此解释,并没有体现儒家积极入世思想,孔子何以要"与点"。在讨论中,教师介绍了王充的观点,此句应解释为:唱着歌儿,一边吟诵着,一边把祭祀的祭品馈赠上天,祈求下雨。这是一个很正规的、有场面、有程序、有过程的祭祀仪式。在教师的引导下,学生认识到:

子路的治国主张不包含"礼"的成分;冉有说"如其礼乐,以俟君子",避开了自己去行"礼乐"之事;公西华"愿为小相焉",参与"礼"的行为。而曾点主持真正的"礼乐之事"。"礼"是表现出的外在形式,其核心是"仁"……只有曾点能够最接近孔子思想的"仁"和"礼"的核心。那么这就是"仁政""仁治"。因此,曾点得到了孔子的赞扬。

至此,对文本的理解已经豁然开朗,从表情上能够看出,大部分学生处在一种思维兴奋之中。我也觉得课堂任务基本已经完成了。却不料有一名女生慢悠悠地站起来,用缓缓的语调,一字一句地问道:"老师,既然王充的说法在两千年前就出现了,那我们的课本注释为

---

① 徐殿东.《我善养吾浩然之气》课例赏鉴[J].语文教学通讯,2012(7-8 A):83—86.

什么用'春游'来解释曾点的话呢?"

刚才还处在兴奋之中的课堂一下子静下来。所有的学生都盯着我看,这是一个非常难得的机会,可以帮助学生理解中国传统文化的研究目的和研究方式。于是我开始了大段的独白……

(该课荣获2010年首届国学课堂教学中小学古诗文课堂教学大赛一等奖)[①]

从节选的片段中可以看出:

(1)学生的提问,非教师课前预设。因为,教师感到"至此,对文本的理解已经豁然开朗,从表情上能够看出,大部分学生处在一种思维兴奋之中。我也觉得课堂任务基本已经完成了。"

(2)学生的提问有理:王充的说法在两千年前就出现了,有据:课本注释用"春游"来解释曾点的话。

(3)教师在短暂的时间内作出了应对:教师立刻意识到"这是一个非常难得的机会,可以帮助学生理解中国传统文化的研究目的和研究方式。"

(4)教师张广泉对儒家的思想作过一定的研究,专业知识扎实丰富。所以才能通过大段的独白式的讲解方式,既为学生解答了疑问,又使全体学生了解了中国传统文化的研究目的和研究方式。

这一案例给我们的启示:教师的教学机智来源于扎实而丰富的学科知识,以及对教学文本深入而多方面的研究。

案例研讨4

在学习《背影》的课堂上

教师带领学生学习"父亲"穿过铁道买橘子的内容后,告诉学生背影是一幅难忘的画;并让学生闭上眼睛,想象这个典型画面,体会其中真挚深沉的父爱。这时有一位学生突然举手发言:

老师,你说"背影"是一幅画,其实从全文整体看。我们读到的全是父爱。我说"父爱"是一首诗;而穿过铁道买橘子的"背影"只是"诗"中的一个画面……

这个同学发言后,教室里一片沉寂,教师显然没有料到,也被这个学生的感受震撼了。教师调整心态后,组织学生分组评论。各组代表发言都认为这个同学的见解新颖、独到,但不知道怎么才能写出这首诗。

教师肯定这个学生的感受很有价值,顺势让学生再通读全文;找出体现父爱的典型语句;然后为学生领路写了一节诗:

父爱,是簌簌落泪时一句

"好在天无绝人之路"的劝慰

随之,学生情绪高涨起来,人人都成了诗人,说出了许多诗句。最后,经过小组讨论,教师点拨,在黑板上写下了最好的一首:

[①] 张广泉.《子路、曾皙、冉有、公西华侍坐》课例赏鉴[J].语文教学通讯,2012(7-8A):71—74.

父爱,是一封让自己泪光晶莹的书信／和终生读不完的背影
父爱,是簌簌落泪时一句／"好在天无绝人之路"的劝慰
父爱,是再三的嘱咐／和最终的不放心
父爱,是迂／也是害怕夜间着凉的一件紫毛大衣
父爱,是攀越铁道的背影／和一个个朱红的橘子①

认真阅读上述案例4,并与"案例研讨3"作比较,就以下几方面展开讨论:

◆ 课堂讨论

1. 以本节对案例研讨3的分析方式,分析案例研讨4中教师对非预设课堂事件的处理。
2. 这两个案例有无相同之处？它们的相同之处是否揭示了某种规律？对此,教师在教学准备中应该做怎样的应对？
3. 如果你面对这样的非预设课堂事件,你是否有更好的处理办法。

（四）调整思路法

新课程视域下的语文课堂教学是师生、生生之间多向度交流的过程。教学情境在不停地变化,学生是生动的学习者,不可能完全按照教师的预设来思考并回答问题,教师也就必须依据课堂中的具体情境及时调整教学,以确保学生思维的顺畅。

◆ 案例研讨5

"请问第一个单元的学习重点是什么啊？"

教室里一片沉默,看来没有人能够回答这个问题。我正要回答这个问题,突然,后排的贾志杰同学举手了："本单元的学习重点是整体感知,揣摩语言。""非常正确！"我忍不住表扬道,随即又问他："你怎么知道的？"

他回答："在教材第5页上,编辑了单元学习重点说明的。"

学生翻开书后,看到单元提示上果然赫然写着："本单元的学习重点是整体感知,揣摩语言。揣摩语言,是在一定语境中,如联系中心意思、联系上下文,对语言的深层次含义、感情色彩等进行辨析、品味。"

我又问："大家对这几句话有没有什么疑问,或者说从中看出了什么问题没有？"

仍然是沉默。我只好说："我就有问题,现在问大家——既然'学习重点是整体感知,揣摩语言',那么,接下来就应该先解释什么叫'整体感知',再解释'揣摩语言',但为什么书上却根本不讲什么叫'整体感知',而直接就解释什么叫'揣摩语言'呢？"

学生们不约而同地抬了一下头,用惊讶的眼睛看着我,那一双双眼睛仿佛在说：咦？我为什么没发现这个问题呢？

"注意：从无疑处发现问题,这是最重要的读书方法之一。"我强调道,"好,大家现在就

---

① 谢庆华,王剑.《背影》是一首诗——接纳学生"挑战性"的个性化感受[J].语文教学通讯.2006(8):21—22.

来思考这个问题吧?同桌之间可以讨论一下这是为什么?"

……(学生讨论略)

我说:"都有道理。重要的不是标准答案,而是善于提出问题并对这些问题进行思考。"

我说道:"不过,我这儿要对'揣摩语言'做些补充性的解释。揣摩语言……同学们注意,所谓阅读,主要就是通过揣摩语言去整体感知文章的内涵,体会作者的思想感情,进而走进作者的心灵。"

本来按教学计划,我在介绍了单元重点并提醒学生要重视揣摩语言后就应正式进入《荷塘月色》的学习。而学习的第一步应该是介绍朱自清的生平。但此刻,我的话题已经说到通过揣摩语言而进入作者的心灵,于是,我临时决定先不介绍朱自清,而从这里切入课文:"比如,今天我们要学的《荷塘月色》,就值得我们好好揣摩、品味。而揣摩、品味的第一步就是朗读,那种'把自己放进去'的朗读。好,现在请同学们自己朗读一遍课文。注意,在朗读《荷塘月色》的时候,你就是朱自清!"

……

同学们交流结束后,我开始进入对朱自清的介绍:"同学们,今天我们读的是朱自清的名篇。我想知道一下同学们对朱自清的了解有多少。"

……(师生对话介绍朱自清的生平等,此处略)

我又说:"作为一位中学语文教师,我感到特别亲切的,是朱自清也曾是一位中学语文教师。1920年他于北京大学毕业后,在江浙一带做了5年的中学语文教师,他的教学和为人极受中学生的欢迎与敬重。"

这时,下课铃响了。我心里一惊:糟了,看来朱自清的介绍只能"半途而废"了。但我灵机一动,继续从容地说道:"当然,李老师第一次听说朱自清这个名字并对他产生敬意时,显然不是因为他曾当过中学语文教师,也不仅仅因为他是一名著名学者、诗人,而是另一个原因。那么究竟是什么原因呢?"

我有意停顿了一下,学生正焦急地望着我,期盼着我回答这个问题。

我笑了:"请同学们下一节语文课再听李老师的答案。好,下课!"

"唉!——"在学生们遗憾的叹息中,我结束了这堂课。①

上述的教学情境在很多教师的课堂上都出现过。教师提问,学生沉默,虽然是课堂教学中的普遍现象,但什么时候出现,出现在哪个问题之后,却又是非预设的。综观此案例,李老师两次调整了教学计划。第一次是课堂上学生的两次"沉默","逼"出了李老师一系列的教学行为:提问、指导读书方法、讲解;接着改变预设计划、从揣摩、品味语言切入课文学习。李老师根据课堂上的教学情境的变化,及时将教学思路调整到本单元,也就是《荷塘月色》的学习重点上,而又不着痕迹,无疑是一个典范。第二次是时间不够用,"下课铃响了"。李老师明明是"心里一惊",却又立刻"灵机一动",利用心理学知识,先设疑问、再停顿、之后又不答而留疑问,造成学生的心里期待,为下节课的学习做了铺垫。

---

① 教育部师范教育司组编.李镇西与语文民主教育[M].北京:北京师范大学出版社,2006:133—138.

◆ 课堂讨论

1. 是怎样的课堂事件促使李老师调整了教学思路,改变了教学计划?
2. 这样的课堂事件是否具有普遍性?
3. 李老师的"临时决定"与"灵机一动",对你有什么启发?

(五)幽默法

世界著名的教育家范梅南(Max van Manen),在他的经典之作《教学机智——教育智慧的意蕴》中说:"幽默更像一种获得的性情,是一种反思性的智慧的结晶,而非某种遗传的天资或才能;幽默并不意味着对事物好坏的容忍,或对那些需要严肃对待的事情轻描淡写;在需要我们指导的环境中,幽默常常使我们能够机智地与孩子们相处。"①幽默在教学中的作用可见一斑。

语文课堂教学中,对不同类型的偶发事件,幽默方法也应不同。有些偶发事件,属于客观环境的变化造成,与教育和教学内容没有密切的关系,教师可以用幽默的语言一带而过,既可平息课堂风波,又能节约时间,还可调节课堂气氛,增进师生间的情感交流。如教室外突然传来了鞭炮声、机器轰鸣声,或教室走廊里有人大声说话等等,这些偶发事件会吸引学生的注意力,扰乱正常的教学秩序。这时教师采取幽默的方法,可能最省时且有效。如双手一摊,做一个无可奈何的表情,说:"热闹是他们的,我们什么都没有,只好来学习。"这句话化用朱自清《荷塘月色》中的句子,在彼时彼境中,自然会生出幽默,学生心领神会,在轻松一笑后,重入学习之境。

有时由于学生在学习中出现明显的失误,教师也可以采用幽默的应对变化技能,既能指出学生出现的错误,又能保护学生的自尊心,同时还可活跃课堂气氛,可谓一举多得。下面的案例就具有此特点。

◆ 案例研讨6

学生自读完了,我又抽学生起来读。这一次学生读的效果大有进步。特别是易维佳同学,当"曲曲折折的荷塘上面,弥望的是田田的叶子"一段从她的口中流出来时,我们都感到似乎正置身于清华园的荷塘月色之中。

当然,也有个别学生读得仍不太满意。谢肇文读"月光如流水一般"一段,不但语调缺乏变化,而且声太小。所以他刚坐下,我就开了他一个玩笑:"谢肇文同学读这一段,仿佛是'迷迷糊糊地哼着眠歌'。"在同学们善意的笑声中,谢肇文同学也不好意思地笑了。

(六)沉默暗示法

有时课堂上会出现一些学生走神、看小说、玩游戏、做鬼脸、恶作剧等事件,有的不影响其他学生,有的影响周围的小部分学生。这种情况下,教师可以用眼神、手势等体态语暗示学生终止与课堂教学无关的活动,可以在不影响正常教学秩序的情况下,起到教育作

---

① 〔加〕马克斯·范梅南著.李树英译.教学机智——教育智慧的意蕴[M].北京:教育科学出版社,2001:267.

用。这要比其他方式(如停止教学活动点名或不点名批评)效果好,所谓此时无声胜有声。

四、应对变化技能的评价

语文课堂教学中的应对变化要求做到:面对课堂非预设事件,态度沉稳,举止从容,全面准确地分析事件,透过现象看本质,结合教学内容及时引导转化,促进学生学习,效果好,能使学生信服。运用表5-3评价应对变化技能的实施效果。

表5-3 应对变化技能的评价表

课题:　　　　　　　　　讲课教师:　　　　　　评价者:　　　　　　时间:

评价项目	权重	评价等级				得分
		优秀	良好	中等	不合格	
面对课堂非预设事件的态度	0.20					
对课堂非预设事件的分析判断	0.20					
对课堂非预设事件的处理	0.20					
对课堂非预设事件处理的效果	0.20					
课堂非预设事件对教学的影响	0.20					
总分						
补充意见或建议						

注:请在听课前阅读该表中的项目;听课时认真观察教师的表现;听课后根据讲课者的表现作出评价。总分在9~10之间为优秀,在7~8之间为良好,在6~7之间为中等,在0~5之间为不合格。

◆ 讨论与练习

一、思考·理解

1. 谈谈你对预设与生成关系的认识。
2. 你认为语文教师的课堂教学技能与专业学科知识的关系是怎样的?

二、研究·讨论

1. 请研究本章第一节中的"案例研讨4"中的教师评价语。改写你认为不妥的评价语。
2. 下面是余映潮老师在徐州第三高级中学高一(1)班执教《老王》的课堂实录(节选)。综合分析案例中教师的组织教学、反馈评价和应对变化技能,并说说该案例对你的启发。

师:今天我们一起学习杨绛先生的叙事散文《老王》。

(屏幕展示:课文记叙的时代背景及作家简介)

师:这篇文章记叙的生活发生在"文化大革命"时期。杨绛:作家、文学翻译家、著名学者钱钟书的夫人。(屏幕展示部分字词,略)

师:我们一起来把课文应该要读要认的字读一下。同学们读起来,开始读。

(众生大声朗读词语)

……

师:好,我们这节课干什么呢?散文欣赏课,文学欣赏课。学习方法:话题讨论式。

(屏幕展示:散文欣赏课　话题讨论式)

师:老师给你们一个话题,我们先来试做一下,作为热身活动。话题就是:自选角度欣赏课文第四段。

（屏幕展示："热身活动"：自选角度欣赏课文第四段）

师：就是"有一天傍晚，我们夫妇散步……"这一段，结合全文，结合这一段内容的本身，任选角度赏析。好，开始准备，把笔拿起来，边读边批点。然后我们一起来交流。

（众生认真看书，师巡视）

师：好的，请同学们表达看法，该举手发言了。

（一生举手）

师：好的，谢谢你。

生：我认为在第四段里面，它通过"荒僻的"还有"破破落落的""塌败的小屋"这几个形容词写出了老王当时生活十分贫困。

师：多好！抓住关键词语，对它的表达作用进行分析。好，谢谢。（一生举手）

师：好，请你来。

生：当作者问起那是不是他的家时，他只是说"住在那多年了"，也许对于老王来说早已没有了"家"的概念，那处破落的屋子也只是个落脚处，是个寄放他同样破落的身体的地方罢了。

师：是的，老王没有正面回答，看来老王还是很聪明的人。他说："住那儿多年了。"没有正面回答是不是他的家，他是没有家的啊，就他一个人，所以他说"住那儿多年了。"分析得多好啊！看出了关键句子的含义。好，继续。（一生举手）

师：好，请你来。

生：我觉得第四段"经过一个荒僻的小胡同"一直到"里面有间塌败的小屋"这句话，是一种由远及近的写作手法。还有像"小胡同""大院""小屋"前面都有显得生活很艰苦的形容词，后面他说"住那儿多年了"，这句话暗示了作者对老王的愧怍之情，因为他都住那儿多年了，作者还不知道，却在询问他这件事。

师：嗯，也许作者根本不知道他住在那儿，这是一个偶然的机会，观察到生活的这一幕。注意，这里不是冷静的描写，她是把自己眼睛观察的经过写出来。好，还有吗？（一生举手）

师：好，请你来。

生：这上边说是他们夫妇无意中散步的时候发现的，还有后边是"闲聊"的时候，问老王那儿是不是他的家，说明老王从来不受人关心，无依无靠，十分孤独。

师：很好，注意这位同学指出了一个词"闲聊"，你看第一段，"闲聊"是和全文的第一段照应起来的，说明老王和"我"和"我们"一家的关系是比较好的，"我们"能够"闲聊"啊！也说明了作者对老王的关心吧？一个生活在社会底层的人，一个残疾人，一个三轮车夫，作者常常和他"闲聊"，分析得好！（屏幕展示：第四段：从居住环境的角度写老王的贫穷）

师：我们来看，从居住环境的角度写老王的贫穷。作者写老王是多角度的，居住环境的塌败是其中的一个角度。（屏幕展示：从侧面写老王是一个没有家的人）

师：第二，从侧面写老王是一个没有家的人，不是直接的叙述，是通过"闲聊"，从侧面的角度写老王的。老师讲的，如果你认为有价值，就旁批一下。（屏幕展示：与文章的开头相照应）

师：第三点，这一段话和全文有血肉般的联系，它是文章的一个组成部分，特别是和开头遥相呼应。"闲聊"一词,就是呼应的纽带。这一点大家没看出来吧?这一段是有层次的,层次非常漂亮,用两个生活的瞬间表现人物的生活状况。如果说,像我们第一位同学那样品析,还要品析它的词语的表达作用,就还有话可以说。看来我们的热身活动进行得很顺利,谢谢同学们。

三、设计·实践

1. 根据下面设定的教学情境,请你补写教师的反馈评价语,并在小组内模拟实践。

作文要求:以"_____走进我的青春"为题,进行作文构思。有什么样的事,有什么样的经过,然后升华出一点什么,表达一个什么样的感悟。

生:我的题目是"作业走进我的青春"。(生哄堂大笑)

师:……

生:(继续)结尾是这样的:见鬼的作业这玩意儿和我脸上的青春痘一样多,一样令我心烦,不过说实在的,作业的确见证了我的青春!它还是挺有用的,我还是谢谢它!作业走进了我的青春。

师:……

2. 请根据下面的教学情境,设计教师的应对变化技能,并在小组中模拟实践。

学习李清照《武陵春》一诗的教学情境:

生1:(高高举手)老师,我发现课文中的插图不太好。

师:……

生1:一是诗人窗前的花木太繁盛,没有"风住尘香花已尽"的凄凉感觉。二是图中画了一轮弯月,这就表明是晚上了。而诗中不应该是晚上。

师:……

生2:是晚上,不是说"日晚"嘛。

生1:"日晚"不是晚上,如果是晚上,那李清照梳头就很不正常了,谁晚上还梳头啊?

生3:对,都晚上了,李清照怎么会想到去泛舟呢?

师:……

3. 从人教版语文初中(高中)教科书中任选一篇课文,设定一个教学目标,并围绕这一教学目标设计一教学活动,综合实践语文课堂教学的组织技能。

第六章

语文课程教学的检测与评价技能

学习目标

1. 了解语文作业设计的意义与原则;掌握语文作业设计的方法。
2. 了解语文试卷的结构;了解各类试题的优势与劣势。
3. 能够设计一篇课文、一个单元和期中、期末的语文考试卷。
4. 能够全面、客观地分析语文试卷,规范书写语文试卷分析。
5. 能够结合学生的考试情况及语文课程标准的要求,综合讲评语文试卷。

学习建议

1. 认真研究语文作业与学生语文能力培养的关系;创新语文作业形式,提高学生的语文素养。
2. 阅读关于教学测试的书籍,以更广阔的视野研究规范的考试卷,及其与语文教学的关系。

核心概念

语文作业、语文试卷、设计、批阅、讲评

名人语录

语文教学测试是依据一定的语文教学目标,在规定时间内,按指定的方式,考查或检验学生语文知识与能力、过程与方法、情感态度与价值观等状况的手段。测试要用量化或等级化的方法平等判分。通过测试,获得统计数据和质量例证,或为下一阶段的教学提供反馈信息和经验教训,或为选拔人才制定标准。因此,对语文教学测试进行科学探讨,可以提高语文教学效率,为培养和选拔人才提供科学手段。

——周庆元

第一节 语文作业的设计技能

作业是教学设计的重要环节,是一种有计划、有目的、有组织、有指导的学习活动,是

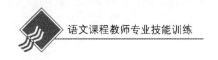

检测教学效果和学生学习效果的最直接的、第一手书面反馈材料。语文作业是教师为检测学生学习效果所布置的课堂练习和课后练习的总称。其作用主要是教师根据语文课程标准中的相关教学要求,以及语文课堂教学的实际内容,对学生的学习效果进行评估,从而调整、改进自我的课堂教学行为和教学进展,提高教学效率,促进学生掌握并运用所学内容。

新课程改革以来,我国的语文作业设计及其研究,有了一定的发展,但也不容乐观。一线教师把更多的精力放在课堂教学中,有意无意地忽略了作业的设计及研究。加之大量的、品种繁多的练习册充斥于学校、社会,教师习惯于依赖现成的作业。作业设计及其研究已经成为语文教学改革的薄弱环节。基于此,语文教师应该改变作业设计现状,掌握并熟练运用作业设计技能,准确评估学生学习效果,从而"塑造"课堂教学,提高语文课堂教学效率,促进学生语文素养的全面提升。

一、语文作业设计的意义与原则

(一)语文作业设计的意义

1. 巩固知识

早在孔子的时代就有"学而时习之"的观念,认为要通过"习",反复练习、实践所"学",才能掌握知识。大量的研究与实践也证明了这一点,练习能够帮助学生巩固知识,形成技能。

2. 培养语文能力

作业是语文教学最主要的实践形式,也是培养学生听说读写能力的重要方式之一。《义务教育语文课程标准(2011版)》在其"教学建议"中指出:"重视学生读书、写作、口语交际、搜集处理信息等语文实践,提倡多读多写。""让学生在语文实践中学习语文。"《普通高中语文课程标准(实验)》中也指出"应该继续关注学生的语言积累以及语感和思维的发展,帮助学生在阅读与鉴赏、表达与交流的实践中,掌握学习语文的方法,增强语文应用能力,培养审美能力、探究能力。"基于此,语文作业的设计要遵循语文课程标准提出的理念,帮助学生在语文作业中尝试、实践,不断提高其语文综合能力。

3. 发展潜能

好的语文作业能够激发学生学语文、用语文的兴趣,通过拓展学生学习的内容领域和知识表征方式,促进以往被忽视的智能开发空间的发展,激发学生的智慧,同时尊重学生的经验,开发学生的想象、联想和创造性思维。

(二)语文作业设计的原则

1. 高质适量原则

在语文教学的实践中,不少教师只注重作业量的多少,而忽视作业质的高下,甚而至于用作业变相地体罚学生,如把写错的字再写50遍,再背10遍课文等等。这样的作业不仅效果不好,而且容易消减学生的学习热情。所以,语文作业的设计,首要的是要改变机械、粗糙、繁琐的作业方式，为学生设计适宜的阅读、写作、交流、活动等多样化的作业，设计高质适量的、典型的、综合的作业，让学生在语文实践中动脑、动手、动口，主动学习语文，形成语文能力。

2. 自主性原则

学生是学习的主体，作业的设计也应该体现学生的主体性，为学生设计可以自主选择表达方式的作业。如要加深对摹景状物文章的理解及其写作方法的运用，可以设计以说为主的作业，将课文中的物与景介绍给家长；也可设计以写为主的作业，用课文中摹景状物的方法，写一篇短文；还可以设计以阅读为主的作业，搜集相关文章并阅读、归类。面对这样的作业，学生就可以选用自己擅长的表达方式，完成作业。在完成作业的过程中，学生是在做自己喜欢做的事情，心情是愉悦的，态度是主动的，心智处于积极的接纳状态，学习效果更好。

3. 趣味性原则

兴趣是最好的老师，这是大家的共识。教师要依据学生的年龄特点和学习状况，打破常规，灵活设计作业，适时为学生变换口味，才能激发学生的学习兴趣，取得良好的学习效果。例如，体会语言的表达效果是语文的常态作业，如果采用变化形式朗读的方式，就会激发学生的兴趣，也能够很好地体会语言的表达效果。如将文章变化为诗的节奏来读；或把诗变化为文章的节奏来读。

4. 综合性原则

全面提高学生的语文素养是语文课程标准提出的理念，整体考虑知识与能力、过程与方法、情感态度与价值观的综合，注重听说读写之间的有机联系，加强教学内容的整合，统筹安排教学活动，促进学生语文素养的整体提高是语文课程标准提出的教学建议。为此，设计语文作业要突出其综合性，努力将识字与写字、阅读、写作、口语交际、综合性学习等整合在一起，让学生在语文实践中全面提高语文能力。

5. 层次性原则

众所周知，同一班级的学生其学习能力和现有的水平是参差不齐的，教师要充分重视这样的差异，而不是忽视。因而，设计语文作业，要有层次性，要按照作业的难易程度，把作业分成不同的类别，让学生按照自己的情况去选择作业，同时鼓励学生向难度大、综合性强的作业挑战。这样，既能使不同水平的学生在宽松的环境中完成作业，体验到成功的乐趣，又能激励学生不断提高自我的语文学习水平。

6. 开放性原则

所谓开放，既指形式上不局限于书桌前，又指内容上不局限于教科书所学，与现实生活相联系，还指其答案不是固定的、唯一的。开放性的作业对学生的束缚少，有利于培养学生的自主学习精神和创新意识。

二、语文作业的类型

分类标准不同，划分的语文作业的类型也不同。依据作业的表达方式，可分为读的作业、听的作业、说的作业、写的作业；依据作业答案是否具有一致性，可分为主观性作业、客观性作业；依据完成作业的方式，可分为活动类作业、合作类作业、体验类作业、想象类作业等等。

我们根据语文作业的不同目的，把语文作业分为练习型、拓展型、创造型三种。

（1）练习型作业。主要是帮助学生巩固所学知识，掌握技能，如书写生字生词、背诵等。研究表明，这类作业与学生以前学习的材料相联系，是有效的。

（2）拓展型作业。主要是考查学生在新情境中运用已知的知识技能解决问题的能力，即举一反三的能力。这类作业的设计，从内容上讲是课堂学习内容的延伸拓展，如仿写例句、用课堂中所学方法阅读相关文章。这类作业主要对学生进行思维训练，培养学生的各种语文能力。

（3）创造型作业。是指学生能够整合所学的知识与技能完成作业，如日记接龙、研究性作文。这类作业既可以培养学生的发现意识和创新思维，同时又能够起到巩固语文知识技能的作用。

三、语文作业设计的案例研究

语文作业往往与知识的积累、迁移，对文意的理解以及创造、发展练习结合在一起，体现语文学科综合性的特点。我们来研究下面的案例：

案例研讨 1

教学《田忌赛马》一课

教师设计一道成语练习题：填写成语，并完成练习。

（　）（　）洋洋　垂（　）丧（　）　（　）（　）成竹　目瞪（　）（　）　转（　）为（　）

① 以上成语表示人物神情的有：_____。
② 成语中含有人体器官的有：_____，这样的成语还有_____。
③ 成语中有一对反义词的是：_____，这样的成语还有_____。
④ 自选一类成语中的两个词，写一两句话：_____。[①]

这个成语练习题，基于教学文本，学生首先要熟悉课文中的成语，根据意思填入恰当的字；这是最基本的练习，考查学生的识字、书写的技能。在此基础上设计的 4 个小题，从不同角度帮助学生理解成语的意义：① 从成语表述的对象设题；② 从字的组成设题，把字的结构与成语意义结合起来；③ 从词的语法角度设计；④ 着眼于成语的运用。

总的说来，这道练习题在把握教学文本中的成语特点的基础上，对所学知识进行积累与运用，并加以迁移和延伸，设计灵活，有利于学生扎实地掌握《田忌赛马》中成语的相关知识。

[①] 殷光黎,蒋俊兴.阅读练习的四个维度[C]//肖川.名师作业设计经验(语文卷).北京：教育科学出版社,2007：55.

◆ **案例研讨2**

下面是两位教师教学《伟大的友谊》所设计的课堂练习,设计者对不同的练习作出了评价。认真阅读,并与同伴讨论。

教学《伟大的友谊》设计的课堂练习

一位教师布置这样的练习:"默读课文第二、三小段,找出表现两人友谊的重点词语,想想为什么说友谊是伟大的。"

由于这一点是课文之难点所在,直接设计这样的练习题,练习的结果是学生词语找不准,理解牵强。

因此,降低练习难度需加入扶的成分。如不妨把重点词语给学生(诸如"钱、宁愿……厌恶、迫害、奠基人"),围绕一个"钱"字,做"带着问题理解词语"的练习,让学生边读边想:

1. 钱、宁愿……厌恶

恩格斯的钱是怎样来的?他忍受着什么痛苦?

(恩格斯宁愿……厌恶,忍受着精神上的奴役,说明为友谊而舍己为人的精神伟大)

2. 迫害

马克思很穷,恩格斯寄钱给他会给自己带来什么后果?

(恩格斯急人之困,恩格斯也面临受迫害的危险,说明为友谊而献身的精神伟大。)

3. 奠基人马克思为什么受迫害?恩格斯寄钱最终为了什么?

(是事业把两人联系在一起,说明友谊的目标伟大。)

这样,难度降低了,学生理解了,难点突破了。[1]

◆ **课 堂 讨 论**

1. 你是否赞同设计者对两套练习的评价?简述理由。
2. 你有无更好的练习设计。

◆ **案例研讨3**

《口技》课堂智能作业[2]

这是一份词语方面的"智能作业"。练习题中,有的是对课文预习的检查,有的需要在课文讲析过程中完成,有的则需要你去发现,去探求。不管它们的要求如何,它们的"结果"都是一个"板块"。因此,你将学会一种积累文言词语的方法——(　　)法——它将激发你的兴趣,让你联想,让你搜寻,让你组合……

1. 指出用法特别的词的意思:善(　　)宴(　　)乳(　　)一(　　)鸣(　　)
2. 你一定能找出课文中表示时间的词语。
3. 下面的词古今词义区别较大,试说说看。

---

[1] 赵景瑞.课堂练习:扣准"语"字优化[C]//肖川.名师作业设计经验(语文卷).北京:教育科学出版社,2007:9.
[2] 余映潮.智能练习 助学助读[M]//余映潮.语文教学设计法80讲.广州:广东人民教育出版社,2014:147.

但（　）　觉（　）　是（　）　毕（　）　目（　）　意（　）
少（　）　虽（　）　名（　）　色（　）　股（　）　走（　）

4．解释词义之后，你认为题中的五个词属于：

妙：众妙（　）毕备　　　　以为妙（　）绝

绝：以为妙绝（　）　　　　群响毕绝（　）

指：手有百指（　）　　　　不能指（　）其一端

坐：稍稍正坐（　）　　　　满坐（　）宾客

起：大呼火起（　）　　　　夫起（　）大呼

5．瞧，课文中还可以找出不少的近义词呢。

群响毕绝——　　满座寂然——　　变色离席——　　大啼——

一时齐发——　　中间……之声——　　撤屏视之——　　惊觉欠伸——

这份"智能作业"，将文言词语中的重点词的意义、词的特殊用法、古今异义、近义词组合在一起，考查机械识记少，鼓励动脑、发现者多；专业的名词术语少，注重实际掌握者多。题干表述"你"作主语，仿佛教师与学生面对面交谈，"你一定能找出课文中表示时间的词语。""瞧，课文中还可以找出不少的近义词呢。"透着亲切，透着鼓励。

案例研讨4

学了《菜园里》一课后，我除了布置学生到菜园里或市场上去看一看，各种蔬菜叫什么名字，长什么样，让学生跟爸爸妈妈到厨房去看一看，了解这些蔬菜水果各吃哪个部分，有哪些吃法，可以做出什么名字的精美菜肴，还引导学生仿写或仿说这样的儿歌，介绍自己喜欢的蔬菜。下面是学生的作品。

（甲）小葱青青细又长，南瓜身穿黄衣裳。花菜朵朵笑开颜，西红柿挂起红灯笼，萝卜地下快快长。红绿黄白真好看，菜园一片好风光。

（乙）红红辣椒绿帽子，黄瓜青青脆又甜。蘑菇像把小雨伞，葱儿像棵棵小青草。茄子穿紫袍，冬瓜披白纱。青菜绿油油，大豆粒粒饱。红绿白紫真好看，菜园像个大花园。

（丙）冬瓜地上睡大觉，土豆地下捉迷藏。卷心菜地里排着队，丝瓜藤上荡秋千。茄子吹着小喇叭，竹笋长个尖尖嘴。白黄绿紫真好看，菜园地里真热闹。[①]

这个作业属于综合性的作业，前一部分属于与生活联系，让学生实地观察蔬菜水果的名称、状态；了解蔬菜水果各吃哪个部分，可做什么菜肴；后一部分是"仿写""仿说"，其设计佳处在于"仿写""仿说"。如果这个作业没有了以"仿写""仿说"儿歌的形式，介绍自己喜欢的蔬菜，那么，它就与自然课的作业差别不大；有了仿写或仿说儿歌，就凸显了"语文"的作业的特点：前一部分是观察事物特点，后一部分是在观察之后，抓住事物特点说、写事物；前一部分是基础，后一部分是目的，两部分有层次。这样的训练，融观察、语言、思维训练于一体，熔知识能力于一炉，既是语言文字的训练，又是观察力、想象力和创新能力的培养。

[①] 许玲君.作业是孩子的"脸"[C]//肖川.名师作业设计经验（语文卷）.北京：教育科学出版社，2007：187.

◆ 案例研讨 5

《说说我的姓和名》是这样要求的：你姓甚名谁,你的姓在《百家姓》里能找到吗? 请把原文引出来。介绍一下你的姓氏起源;在你的姓氏中,古今出过哪些名人? 你的名字谁起的? 有什么含义? 请查找资料,或询问别人,然后写篇短文。写好后,先读给家里人听;到了学校再读给同姓的同学听。①

这是于永正老师为小学三年级的学生设计的习题。这个习题的特点有：一是把学生自己的姓氏作为学习的内容,容易激发起学生的兴趣;二是学习的内容设计具体,这对于小学三年级的学生来讲,是非常必要的,适宜操作;三是写作业途径清楚、具体,且有选择;四是完成作业之后,还要读给别人听。可以说这个作业是阅读、写作、搜集材料等基本技能的组合,把知识与技能、过程与方法、情感态度与价值观很好地统一在一起。

四、语文作业设计的评价

可利用下表对语文作业的设计进行评价。

表 6-1　语文作业设计的评价表

课题:　　　　　　　　讲课教师:　　　　　　评价者:　　　　　　时间:

评价项目	权重	评价等级				得分
		优秀	良好	中等	不合格	
帮助学生掌握语文知识技能	0.20					
着眼发展学生的智力,训练其思维	0.20					
注重听说读写的有机整合,全面提高学生的语文素养	0.20					
作业有层次	0.20					
题型设计灵活	0.20					
总分						
补充意见或建议						

注：请在听课前阅读该表中的项目;听课时认真观察教师的表现;听课后根据讲课者的表现作出评价。总分在 9～10 之间为优秀,在 7～8 之间为良好,在 6～7 之间为中等,在 0～5 之间为不合格。

第二节　语文作业的批阅与讲评技能

批阅与讲评作业,是语文教学的重要环节,也是课堂教学的延伸与拓展;是教师与学生就语文知识、技能学习的对话与交流。语文作业的批阅与讲评直接影响到语文教学的有效性。语文教学实际中,许多语文教师忽视作业的批阅与讲评这项日常工作,批阅不认真,获得信息不全面,讲评自然不到位。久之,影响学生的语文学习积极性,影响语文教学质量。

---

① 于永正.作业设计要着眼于学生的发展[M]//肖川.名师作业设计经验.北京:教育科学出版社,2007:5.

所以,要高度重视语文作业的批阅与讲评,下工夫研究,帮助学生掌握、巩固语文知识与技能,全面提高语文素养。

一、语文作业的批阅

（一）批阅的目的与意义

1. 获得反馈信息

作业是学生就所学语文知识进行的专项实践,是学生学习态度和学习水平的综合反映。学生通过作业呈现自己的学习效果。教师批阅语文作业,首要的目的是收集和获得学生学习效果的信息,并以一定的方式反馈给学生,这是评估上一步教学和决定下一步教学指向的基础和重要依据。为此,信息一定要全面。所谓全面,一方面指全体学生的作业所反映出的学习水平方面的种种信息;另一方面指全体学生作业所反映出的学习态度方面的信息。

2. 评估教学效果

日常教学中,教学效果如何,学生是否已经掌握所学内容,主要通过语文作业来反馈。评估教学效果是语文作业整体环节中的关键环节,如果作业反馈的信息是学生学习态度端正,学习效果良好,那么,就无需调整教学进程,直接进入新内容的学习;反之,则要调整教学计划与教学方法。

3. 调整教学

教师根据所收集的学生作业的反馈信息,对自己的语文教学进行评估,决定下一步教学指向。如果绝大多数学生已经掌握所学内容,那么,就按照计划进行新的教学内容;反之,则要调整教学计划,重新教学学生没有掌握的内容。

（二）批阅的方法与要求

作业批阅的方法多种多样。依据批阅的主体,我们把作业批阅分为以下三种。

1. 教师批改

这是传统的批阅方法,体现着教师在教学评价中的主体地位和教学中的权威性,有利于教师获得作业反馈出的各种信息。

依据批改作业的量可将教师批改分为全批全改和部分批改。全批全改是最为传统和最常见的作业批阅方法。即对每一个学生的所有作业都要一一过目,评阅。这一方法的优点在于教师能够了解每一个学生的学习效果和态度;其缺点是工作量大,学生不参与。部分批改,一是指批改一部分学生的作业;一是指批改所有学生的一部分作业。这两种批阅方法都试图以部分作业中的典型案例,指导全体学生,减轻了教师的负担,但不利于全面收集学生的学习效果。

依据评价作业的方式,可将教师批改分为符号批改和评语批改。所谓符号批改,传统且常见的是用"√""×",或者以分数来表示教师的评价和学生的学习结果。其优点是客观,缺点是缺乏交流。本世纪以来,一线教师广泛使用"☆"或各种各样的小红花对学生的作业进行鼓励性评价。这种方式省时,且对年龄小的学生有一定的吸引力。评语批改集中使用在大段的语言表述类型的作业中,如作文、日记、组词成段的练习中,在其他的练习中较少使用。用评语批改,可加强与学生的交流互动,促进学生学习语文的积极性。例如姚竹青老师批阅学生作文的批语。

案例研讨

你的语言真美,真美,美极了!谢谢你使我有幸读到这样美妙、这样精巧的小文章。读了你的文章,我自然地对你的新同桌产生了兴趣和好感。

——评初三孔锦:《我的新同桌》

小马嫣你出手不凡,想不到你竟能写出如此情趣盎然、美不胜收的漂亮游记。读后让我这个只能"秋卧"(每到秋天我总要犯季节性感冒病)的半老头子也感觉仿佛跟着你们那一群"小马驹"们去百泉"秋游"了一遭,"游"得我心里直痒痒。

——评初三马嫣:《我的新同桌》①

可以看出:姚老师的这两则批语的特点:一是抓优点;二是鼓励为主;三是口语化表达。总之,给人的感觉是老师面对面地与学生亲切交谈,由衷赞赏。学生读了这样的评语一定是备受鼓舞,增强语文学习的自信心。

2. 师生互动批改

这种方法是指教师提供答案,指导学生批改作业。其优势在于批改过程中如有不同答案,师生之间能够及时进行交流并予以解答,教师能够多方面了解学生写作业时的思维走向,有针对性地进行指导。

3. 学生批改

学生批改作业往往是客观性的作业,作业的答案可以是教师提供的,也可以是学生自己作答的。因为要给其他学生批改作业,所以,自己必须先学会,知道答案。实践证明:批改作业过程中,学生的精力集中,乐于从作业中挑毛病,找错误;为此,这种方式有利于学生掌握并巩固知识技能。

二、语文作业的分析与讲评

(一) 语文作业的分析

作业反馈的信息是多种多样的,有共性的,也有个性的。有学生智慧的闪现,也有错误的出现。对作业进行客观而科学的分析,是作业讲评的基础,更是提高作业效率和语文教学质量的基础。

1. 归类分析

首先要对语文作业进行分类梳理。一是体现学生智慧的作业,要根据学生作业的实际情况,分析其作答思路或语言表达,并记录。其次,对于存在问题的作业,要找出其共性,并

---

① 姚竹青.大语文教学法(修订版)[M].北京:中国社会科学出版社,2001:134.

分析出现错误的原因,预设纠正错误的方法。必要时,可以与这些学生进行个别交流,了解他们做作业时的思维走向,找准出现错误的症结。再次,对于个别学生的个性化错误,也要根据具体情况作出相应的分析,如学习态度导致错误,或是学习方法导致错误,或是学习能力导致错误。

2. 做好作业统计

在对作业进行分类分析之后,要对作业进行简要的记录与统计。这样做的好处:一是能够从作业中了解执教班级所有学生对今天所学内容的掌握情况(如掌握较好的有多少,掌握一般的有多少,没掌握的有多少),并分析原因,预设解决方案。如是作业难度的原因,要注意调适难度;如是课堂教学的问题,要根据学生作业反馈的情况调整教学计划;如是学生的态度问题,就要约谈。二是通过作业的记录与统计,能够进行学生之间的横向比较和某个学生在不同时间段内作业的纵向比较,既便于观察学生的作业(学习)水平发展状况,也为改进教学提供第一手的、真实可靠的资料。

需要强调,语文作业批改的记录与统计的内容不宜过于繁琐,应注意典型性、实效性,可依据学生的实际情况而定。既可以侧重于学生的错题,一学期集成一个"语文作业错题勘正集";也可侧重于学生创新的解题思路,或者精彩的语言表达,集成"语文作业创新集";还可以是综合的,辑为"语文作业典型案例集"。这样的案例既是调整教学方案的依据,也是教师研究自我教学的素材,还可以作为学生复习时的习题素材。

(二)语文作业的讲评

1. 讲出"所以然"

用符号、分数或评语进行评价,传达出的是"答案正确"或者"答案不正确";评语交流的内容也是有限的。学生做作业的思路、方法、过程以及习惯、品质等各方面因素并不能从上述的评价中体现出来,而这些因素正是学生学习潜力之所在。因而,讲评作业,不仅仅要对作业的总体情况进行小结,也不仅仅是把做错的题重新再讲一遍或做一遍,其要义是揭示从题干到答案的思路、历程和方法,从而使学生矫正自己的思维方式,学习正确的解题方法,有效缩短学生在题海中苦苦摸索的历程,不断提高学生的语文能力。

2. 讲方法,讲规律

作业讲评的另一要义是帮助学生学会方法,找到规律,努力做到举一反三。讲评语文作业时,可以把不同的答案作比较,开启学生的心智,从不同角度思考同一作业,找出方法;从同类作业抽象概括相同点,探寻规律。也可以让作业做得好的同学讲述自己思考问题的方法。同龄伙伴的思维,有时更容易为班级同学所接受。

3. 评出学习积极性

教学是交流的艺术,讲评作业的目的不仅是让学生清楚地了解自己作业中的正误,而且要知道为什么错、怎么改正,更要讲评出学习的积极性。因而,教师在讲评中,指陈错误是必要的,鼓励学生是重要的。要着意放大学生的优点,夸奖学生,借此增进师生间的情感沟通,帮助学生树立学习的自信心,调动学生的学习积极性,养成良好的作业习惯。

三、语文作业的分析与讲评技能的评价

语文作业的分析与讲评的内容与方式，必须要依据所教学班级学生作业特定的情况而定，不可预设。对其评价可依据下表进行。

表 6-2 语文作业的分析与讲评技能评价表

课题：　　　　　　　　　讲课教师：　　　　　　评价者：　　　　　时间：

评价项目	权重	评价等级				得分
		优秀	良好	中等	不合格	
作业批阅主客观结合，方法灵活	0.20					
获得的反馈信息全面、准确	0.20					
分析、统计、记录点面结合	0.20					
指陈错误准确，讲评关注"所以然"	0.20					
作业评价注重鼓励	0.20					
总分						
补充意见或建议						

注：请在听课前阅读该表中的项目；听课时认真观察教师的表现；听课后根据讲课者的表现作出评价。总分在 9~10 之间为优秀，在 7~8 之间为良好，在 6~7 之间为中等，在 0~5 之间为不合格。

第三节　语文试卷的编制技能

通过考试来检测语文教学的效果，是最常见的检测方式之一。语文试卷的编制难度较大，要求较高。在语文教学的实际中，呈现两种极端状况，一方面，很多教师研究中考、高考试卷，注重试卷的内容与题型，并以此为语文教学内容确定的重要依据，甚而至于以考定教；另一方面，不少教师并不研究语文试卷，而是选择并使用社会上流传的各种各样的试题集，让学生在题海中自由游泳。这两种情况都忽视了学生的语文学习的实际，使学生深受考试之苦，却不能全面提高语文素养。我们应该认真学习并掌握语文试卷的编制技能，提高语文试卷的质量，使考试真正起到检测、诊断语文教学的作用。

一、明确检测目标，编制测试细目

编制语文试卷，首先要明确检测的目标，确定检测的重点及范围。一般来讲，确定检测目标的依据有三：一是语文课程标准，要依据语文课程的总目标和阶段目标来确定；二是所使用的语文教科书中的内容；三是学生学习水平的 6 个能级，即识记（A）、理解（B）、分析与综合（C）、鉴赏和评价（D）、表达与应用（E）、探究（F）能级。编制试卷时要依据能级分类确定检测目标，确定测试重点及覆盖面。如果编制中考、高考等大型考试的试卷，还需要依据考试大纲确定的检测目标而定。

编制语文试卷，首先要编制测试细目表，具体计划一份试卷的测试目标、重点、范围；试卷的内容、题型以及各部分内容、各类题型的分值、所占比重等。具体见下表。

表 6-3　语文试卷双向细目表

题型	题号	分值	文本类型	考查内容	能力标准
选择题	1	3	现代文/论述类《美的奥秘》"悲剧"	对概念的理解	理解
选择题	2	3		对文本内容的理解	分析综合
选择题	3	3		对文本内容的分析概括	分析综合
选择题	4	3	文言文 传记类《旧唐书·于休列传》	理解常见文言实词在文中的含义	理解
选择题	5	3		文言断句的能力	理解
选择题	6	3		对原文有关内容的理解与分析	分析综合
问答题	7	10		理解并翻译文言句子	理解
问答题	8	5	古代诗歌 宋词无名氏《阮郎归》	鉴赏古代诗歌中的艺术手法	鉴赏评价
问答题	9	6		鉴赏古代诗歌中的思想感情及表达技巧	鉴赏评价
填空题	10	6	古代诗文	默写名篇名句	理解
选择题(多项)	11(1)	5	现代文 中国小说 叶紫《古渡头》	对文章的综合分析及概括能力	分析综合
问答题	11(2)	6		分析小说的人物形象	分析综合
问答题	11(3)	6		分析小说的表达技巧	分析综合
问答题	11(4)	8		对小说内容的理解与分析	分析综合
选择题(多项)	12(1)	5	现代文 实用类文本 传记类《科学巨人玻尔》	对实用类文章的综合分析及概括	分析综合
问答题	12(2)	6		对实用类文章信息的筛选能力	分析综合
问答题	12(3)	6		对实用类文章的理解与概括	分析综合
问答题	12(4)	8		对人物形象的分析与探究能力	探究
选择题	13	3	成语	正确使用成语	理解
选择题	14	3	语病	辨析语病	理解
选择题	15	3	衔接排序	语言的连贯	分析综合
填空题	16	5	连贯	语言的准确连贯	表达运用
问答题	17	6	图文转换	准确连续以及图文转换	表达运用
问答题	18	60	材料作文	写作"山羊过独木桥"规则	表达运用

从这个表中,我们可以看出,编制者已经设计好这一份语文试卷的整体结构,之后就需按照细目表编制语文试卷了。在编制试卷的过程,根据编制的具体情况,有时可能会微调结构。

二、确定题型,设计试题

(一)确定题型

依据试题答案客观与否、是否具有唯一性,可以把试题分为客观性试题和主观性试题;依据答题的方式,把试题分为选择题、判断题、填空题、表格题和简答题等。所谓确定题型,一是要确定客观题与主观题的分值及其比例。二是要确定本试卷中拟采用的具体题型,如选择题、填空题、简答题等。本世纪以来,语文教育领域举足轻重的两大考试——中考、高考,为更加客观地考查学生真实的语文能力,客观性试题的比重逐步缩小,主观性试题逐步增加。目前,客观性试题在中考试卷中约占20%,在高考试卷中约占30%。语文教师在日常编制语文试卷时,可以参照这样的比例来确定题型的分值。

（二）设计试题

语文试题的设计,要求教师要有扎实的专业基本功和命题技巧。要牢记考试是为了诊断教学,改进教学,提高学生的语文能力,而不是单纯地为了升学率。试题设计要围绕检测目标来设计,要灵活,要体现语文学科特点,要讲究试题的"信度""效度""难度"。不能为了片面追求升学率,求新求活,而设计偏题、怪题；语文试题设计要讲求科学性,不能出现错字、别字,不能出现歧义,不能出现学科性的错误。

按语文试卷考查的内容和试卷的结构划分,常见的试题类型有语文基础知识题、现代文阅读题、文言文阅读题、诗歌阅读题、写作题五类。每类题考察的内容及题型设计要求如下：

1. 语文基础知识题

主要有以下几种：

（1）字音测试题。主要考查识记现代汉语普通话常用字的字音的能力,能力层级为 A 级。字音题的考查多集中在对多音字、形近字、难读字和易错读字的辨析上。一般采用客观类题型,编制4组题,让学生选择1组。题干的表述一般为"下列词语中加点字的读音,全都正确(不完全正确)的一组是",或者"下列词语中加点字的读音完全相同(不完全相同)的一组是"；在中考或1～4学段的试卷中,也有"给下面加点的汉字注音"的表述。

（2）字形测试题。一般考查识记并正确书写现代常用规范汉字的能力,能力层级为 A 级。字形题一般考查同音字和形近字。通常采用客观题型,编制4组题,让学生选择1组。题干的表述一般为"下列词语中没有(有)错别字的一组是"。

（3）词语运用测试题。主要考查正确使用词语(包括成语、熟语)的能力,能力层级为 E 级。辨析近义词经常出现在题目中,要求学生从所给词语的确切含义、词义的轻重、适用对象、范围大小、感情色彩、语法功能、语体色彩等多种角度考虑,此外还要切合语境；考虑不周,就会作出错误的判断,题目难度较大。词语运用测试题一般也采用客观型,编制4组题,让学生选择1组。题干的表述一般为"依次填入下面语段横线处的词语,最恰当的一组是"。

（4）病句辨识测试题。考查辨析病句的能力,能力层级为 E 级。熟练掌握常见的六种病句类型,即语序不当、搭配不当、成分残缺或赘余、结构混乱、表意不明和不合逻辑,还要掌握每种病句类型所包含的各种错误。设计病句辨识测试题,其"病因"并不是单一的,往往几种混杂在一起,要求学生扎实地掌握相关知识。题干的表述一般为"下列各句中没有(有)语病的一句是"。

2. 现代文阅读题

现代文阅读题一般又分为文学类文本阅读测试题和实用类文本阅读测试题两类。考试内容大体上有如下几方面：

（1）考查对文中关键词语的理解,能力层级为 B 级。常见的题干的表述有："下列句子中加点的词语能否删去？为什么？'××'在文中的含义是什么？"

（2）考查对文中关键语句的理解,能力层级为 B 级。题干的表述一般为"结合本文内容谈谈你对这句话的理解"。

（3）考查筛选并整合文中信息的能力，能力层级为C级。设计此类题目时，常在文中的思想内容、关键信息、写作手法等方面设置错误。"题干"的表述一般为"下列对材料有关内容的分析和概括，最恰当的两项是"。

（4）考查分析与鉴赏能力，能力层级为D级。一是对文本重点语句的鉴赏，常见的题干的表述有："这样写有什么作用""说说两者有什么不同"。二是考查对文学文本的内容及艺术特色的分析与鉴赏能力，这类题目的误点一般设在艺术手法、语境等方面，或把某一内容绝对化，或无中生有，于文无据。"题干"的表述一般为"请从人物描写角度（任选角度）品析（点评）下面语句"；或者"下列对文本相关内容和艺术特色的分析和鉴赏，最恰当的两项是"。

（5）考查对文本中某些问题进行探究，提出自己见解的能力，能力层级为F级。这类型题目答案不是唯一的，设计题目时，要在题干中设置一定的条件和要求，为学生探究提供一定的背景材料。这样，学生申发观点时有一定的支撑；试题设计者作答案时也有所依托。"题干"的表述一般为："你是否同意他的观点？请结合材料说明理由。"例如2015年高考全国卷1"实用文本阅读"材料的题目是《朱东润自传》，(4)题的题干是："朱东润认为传记文学作品应如何刻画和评价传主？你是否同意他的观点？请结合材料说明理由。"此题干中一是设置了问题点——朱东润的观点，学生提出自己的观点必须从此问题点出发；二是设置了学生阐述自己观点的条件——结合材料。

3. 文言文阅读题

文言文的阅读测试题，主要集中于对字义、词语意义和用法、对句子的理解以及翻译句子等方面，能力层级一般在B级。与现代文阅读相比较，文言文的阅读测试题的题型设计相对简单，题干的表述主要有："对下列加点字词的解释，正确（不正确）的一项是""下列加点字词的意义和用法相同（不相同）的一组是""加点词语相关内容的解说，正确（不正确）的一项是""文中画线部分的断句，正确（不正确）的一项是""翻译下列句子"，等等。也考查对文意的归纳概括，能力层级一般为C级。"题干"的表述一般为"对原文内容的概括分析正确（不正确）的一项是"等。

4. 诗歌阅读题

诗歌阅读题一般从默写、理解、鉴赏三个方面设计题型。默写名篇名句，能力层级为A级，题干的表述为"补写出下列名篇名句中的空缺部分"。理解诗人情感，能力层级为B级，题干的表述为："本诗表达了作者怎样的情感和志向？结合全诗简要分析"；"三、四两联抒发了诗人怎样的情怀？请简要分析。"鉴赏诗歌的名句、形象、表达技巧，能力层级为D级，题干的表述一般为"简要赏析'××××'""本诗最后两句情感真挚，请从虚实结合的角度作简要赏析""第二联写景精细，请简要分析"，等等。

诗歌阅读题在题干上的设计有提示和非提示之别。提示是指在题干中以关键词语指出思维方向，如"本诗表达了作者怎样的情感和志向"，设计者以"情感和志向"提示了学生分析的内容；又如"本诗最后两句情感真挚，请从虚实结合的角度作简要赏析"，限制了赏析对象"最后两句"，赏析方法"虚实结合"。题干中有了提示性词语，降低了试题的难度。"简要赏析'××××'"即为非提示性题干，没有限制，可从任意角度鉴赏。

5. 写作题

写作题在语文试卷中占据着重要地位,分值约占40%。一般来说写作题型的设计要遵循几个原则,一是要合时合事,贴近学生生活,要让学生有话可说;二是思维要开放,尽量减少限制;三是题材要广泛,视野开阔。

近年来中学语文考试中设计的作文题,有小作文和大作文之分。小作文又分为描述、评论和应用文。大作文有命题作文、材料作文、话题作文等形式。

(1)描述评论类的写作题。这类型的题目一般是给定一则材料,围绕题目设计一个片段写作,主要考查学生运用语言的能力,同时兼顾对材料的分析能力以及提取关键信息的能力。

◆ 案例研讨1

根据"霾"的释义,描写一个片段,要求能写出"霾"的基本特征。(字数不超过空格限制,80字)

霾 mái 名 空气中因悬浮着大量的烟、尘等微粒而形成的混浊现象,能见度小于10千米。通称阴霾。

(选自2014年宁夏中考试题)

这道作文题属于描述类。主要考查学生运用给定材料进行片段写作的能力。难度适中。仔细分析,此题至少包含着两项能力的考查:一是阅读题目筛选信息的能力,即阅读题干及"霾"的释义,提出下列信息:这是片段写作,要采用描写的方法;"霾"基本特征是空气混浊、能见度低;二是考查描写能力,要抓住"霾"的基本特征进行描写。

(2)应用文类的写作题。这类写作题可以设计为书信(一般书信、感谢信、表扬信、申请书、倡议书等)和社会生活应用文(主持辞、颁奖词、广告、启事、通知等)两类。设计这类写作题时,要注意几个方面:一是写作素材和学生的生活结合紧密,二是篇幅短小,一般在80字左右。考查学生围绕主题进行写作的能力;简洁、通顺的表达能力以及切合语境的能力。这类型题近年来在中考中居多。

◆ 案例研讨2

请根据对话内容,以编辑部的名义写一则启事(只写正文,60字左右)。下面是校文学社社长正浩和编辑诗瑶的对话。

正浩:诗瑶,陈平告诉我,我们文学社刊物《春芽》第三期有一个错误。

诗瑶:什么错误?

正浩:在"最美人物"栏目里,我们把一个人的名字写错了。

诗瑶:啊?把谁的名字写错啦?

正浩:就是那位园艺师傅方刚,写成万刚了。

诗瑶:哎呀,太粗心了。

正浩:我们要在第四期中刊登一则启事,更正错误,还要表示歉意。

诗瑶:好的。

(选自2015年浙江省宁波市中考试题)

此题目设计了学校社团工作的具体情境,同时把写作的要求(更正错误、表示歉意)渗透到对话中,考查学生简单应用文"启事"的写作,难度适中。

(3)命题类的写作题。命题作文又分为全命题作文和半命题作文。其主要特点是写作题目由试卷编制者拟定,便于对学生的审题能力及某一方面的写作能力的考查,便于评价。缺点是对学生的思维限制较大,学生只能在题目限定的范围内写作,选择性较弱。近年来,采用命题作文的形式考查学生写作能力的较少,高考试卷中尤其少,主要出现在一些省市的中考试卷中。如上海市 2015 年中考题"不止一次,我努力尝试",广州市 2013 年作文题"出错"等。近年来出现了提示型命题作文,主要是设计一则小材料,在材料中隐性提示写作的内容或主要的表达方式。

案例研讨 3

　　一个小男孩种下一颗胡萝卜种子。他的妈妈说:"这颗种子恐怕不会发芽。"他的爸爸也说:"它恐怕不会发芽。"他的哥哥也说:"它恐怕不会发芽。"每天,小男孩都把种子周围的杂草拔掉,然后浇上水。可是,什么都没长出来。一天天过去,还是什么都没长出来。大家都不断地说:这颗种子恐怕不会发芽的。但是,每天,小男孩仍然坚持拔掉种子周围的杂草,然后浇上水。终于,有一天,一颗胡萝卜长出来了,如同小男孩早就知道的那样。

(选自路斯·克劳斯《胡萝卜种子》)

根据上述材料,从以下题目中任选一题,写一篇文章。
题目一:我就是一颗会发芽的种子
题目二:种子发芽以后
题目三:由《胡萝卜种子》想到的
要求:① 根据你的理解和感情,联系自己的生活体验写作。② 自选文体(诗歌除外),文章不少于 500 字。③ 文中不要出现含有考生信息的人名、校名、地名等。

(选自 2015 年浙江省宁波市中考试题)

　　此题围绕"种子"设计了 3 个有所联系、又各自有拓展方向的题目,在一定程度上突破了单一全命题作文对学生思维的局限,在一定程度上尊重了学生个性差异和表达愿望,为学生提供了较大发挥空间。学生作文的好坏取决于考生的情感体验、语言表达和思维能力,便于检测学生真正的语文能力。

(4)材料类的写作题。材料作文始于上世纪 80 年代,要求学生全面把握材料,写作时不能抛开材料,行文中必须引用材料,且限定文体。2006 年全国高考试卷将话题作文改为材料作文,并且取消了对材料的全面把握、文体等方面的限制,人们将其称为新材料作文。所谓的新材料作文,和以往的材料作文有所区别,提供的材料将更为广阔,便于考生多角度立意,留给考生更大的发挥空间,这是近年来广泛采用的写作试题类型。其主要特点是试题编制者不拟定作文题目,由学生自己拟题;不限定文体,考查学生的语文综合能力。学生要在阅读、分析、提炼、联想等基础上,多方面寻找最佳角度,确定贴近生活的主题;之后用语言表达,才能有效地完成写作任务。从考试的角度看,由于极好地避开了猜题押题的弊病,又能让考生有据可述、有事可议、有感可发,能够考查学生真实的语文能力。如本节"案例研讨

3",如把其中试卷编制者拟定的3个题目去掉,由考生自己拟题,则此作文题目就转化为材料作文题。

◆ 案例研讨 4

阅读下面的材料,根据要求写一篇不少于800字的文章。

当代风采人物评选活动已产生最后三名候选人:大李,笃学敏思,矢志创新,为破解生命科学之谜作出巨大贡献,率领团队跻身国际学术最前沿。老王,爱岗敬业,练就一手绝活,变普通技术为完美艺术,走出一条从职高生涯到焊接大师的"大国工匠"之路。小刘,酷爱摄影,跋山涉水捕捉世间美景,他的博客赢得网友一片赞叹:"你带我们品味大千世界。""你帮我们留住魅力乡愁。"

这三人中,你认为谁更具风采?请综合材料内容及含意作文,体现你的思考、权衡与选择。

要求:选好角度,确定立意,明确文体,自拟题目;不要套作,不得抄袭。

(选自2015年普通高等学校招生全国统一考试,全国卷Ⅱ)

◆ 课 堂 讨 论

1. 请分析此题目考查学生的哪些语文能力?
2. 简要评价此题目设计的优劣?你能否为设计者提供更好的建议。

(5)话题类的写作题。所谓话题作文,就是试题的设计者给定一个词语、一个事件或者一段能够启发思考、激发想象的文字,从中选定一个话题作为写作的中心;不拟题目,不设立意,不限文体;要求考生自主写作的一种作文形式。话题作文体现生本主旨,倡导自由表达,强调语文综合素养,鼓励创新思维。其主要特点是对学生的限制少,但不便于评价。上世纪90年代末兴起,2006年后,话题类的作文命题形式逐渐减少。

◆ 案例研讨 5

阅读下面文字,根据要求作文

衣着与人们的生活密切相关,衣着体现着人的个性、爱好、修养、追求……它的背后往往有着生动的故事,有着不同的见解。

请以"这样的衣着"为话题,写一篇文章。

要求:① 题目自拟,文体自定;② 有真情实感,不得套写抄袭;③ 用现行规范的汉语言文字表达;④ 不少于600字;⑤ 文章中不出现真实的地名、校名和人名。

(选自2014年河北省中考试题)

此题目考查学生的立意与选材能力,体现在题目的拟定与真情实感的表达上;考查学生对文体的把握,虽不限制文体,但需要在构思与表达上体现出某一文体鲜明的特点。

资料卡片

试题类型的优劣		
题型	优势	劣势
选择题	1. 在较短的时间内能给出大量题目 2. 能够评价高水平和低水平的目标 3. 评分通常快速、客观 4. 受猜测的影响较小	1. 需要大量的时间编制试题 2. 无法要求学生表现自己 3. 常常难以找到合适的选择项 4. 学生的阅读能力影响他们的成绩
正误判断题	1. 短时间内能给出大量题目 2. 评分通常快速、客观	1. 难以猜测准确答案 2. 难以发现明确的正、误表述 3. 题目倾向于强调再忆
匹配题	1. 能有效获得大量信息 2. 易于编制 3. 评分通常快速、客观	1. 主要集中在低水平的问题 2. 要求有类似的主题
简答题	1. 减少了猜测；学生必须编写答案 2. 易于编题 3. 能测试较宽范围的知识	1. 无需花费时间评分 2. 无法用于复杂的拓展性问题
问答题	1. 直接评价复杂的高水平问题 2. 编制时间较其他题型少 3. 评价综合性的、整体性的问题	1. 评分困难且花费时间长 2. 提供学生成绩的样本小
说明练习题	1. 评价综合性的、解释性的问题 2. 评价高水平的问题 3. 评分通常快速、客观	1. 很大程度上依赖于学生的阅读能力 2. 题目难以编制

——〔美〕Peter W. Airasian. 课堂评估：理论与实践[M]. 徐士强等，译. 上海：华东师范大学出版社，2008：190—191.

三、拟定参考答案，确定评分细则

试卷设计好之后，还必须拟定参考答案和评分细则。参考答案与评分细则往往更能够体现试卷编制者要考查的知识点与内容。所谓参考答案过去称之为标准答案，即学生在考试中应该作出的完整且准确的解答。参考答案是评定学生成绩的依据，制定参考答案是准确评定学生成绩的基础和前提。一般来讲，客观试题的答案是唯一的，容易确定，无需评分细则；而主观性试题，由于答案不是唯一的，常常会出现多种可能性，因而，在制定答案的同时，要制定评分细则。制定参考答案与评分细则应注意以下几点：

（1）以语文课程标准和教科书为参照系。语文课程标准是语文教学的纲领，语文教科书是语文教学的基本资源，是教师教与学生学习的主要凭借，为此，制定参考答案应把语文课程标准和教科书作为主要的参照系，不得以教师的好恶为依据。

（2）参考答案的语言要精练，不烦冗拖沓；表意要准确，不得有歧义；层次要清晰，不能杂乱无章。

（3）应充分考虑学生回答问题的实然状况，尽可能多地设想可能出现的答案，分别列出评分细则，为试卷评改中赋分提供依据，尽量避免任凭阅卷人的主观感觉赋分的现象。

（4）制定参考答案与评分细则同步进行，每个试题都要作出详细的赋分点，即答到什么程度得几分，或者答出某个要点得几分，都要作出具体的规定。

（5）评分细则要符合学生的实际，宽严适当。

四、语文试卷的设计的评价

语文试卷的设计难度大，涉及方方面面的语文知识与技能，讲求容量适宜，覆盖面广，难度适中，有较好的信度、效度。在语文教学实践中，大型的考试（会考、中考、高考）一般都由专业人员出题，语文教师最常见的试卷设计为一篇课文的测试、单元考试、期中考试和期末考试。可借助下表对语文试卷的设计进行评价。

表6-4　语文试卷设计技能评价表

课题：		设计者：	评价者：			时间：
评价项目	权重	评价等级				得分
		优秀	良好	中等	不合格	
试题结构恰当，知识点分布合理，总题量适宜	0.20					
题干具体清楚，无歧义	0.20					
题型丰富且灵活，主观、客观题型比例合理	0.20					
写作题靠近学生生活，限制少，鼓励学生自主表达	0.20					
参考答案准确，评分标准具体、细致，操作性强	0.20					
总分						
补充意见或建议						

注：总分在9~10之间为优秀，在7~8之间为良好，在6~7之间为中等，在0~5之间为不合格。

第四节　语文试卷的批阅、分析与讲评技能

在语文教学过程中，考试尤其是大型考试，无疑是对语文教学比较全面的检测与反馈，教师能够从中获得自我教学的情况，从而进行有效调整。对学生而言，也能从作答试卷、倾听试卷分析的过程中，获得知识与技能，矫正自我学习，不断提高语文综合素养。所以说，语文试卷的分析与讲评并非只是"对答案"的过程；更重要的是要从错误入手，分析错误之因，引导学生掌握正确的思维方式，逐步形成语文能力。

一、语文试卷的批阅技能

（一）掌握评分标准与细则

我国的语文考试，在20世纪90年代，曾经大量使用客观性试题，其重要原因之一就是

主观性试题评分标准不好把握,有一定的随意性,影响考试的客观、公正。但是,由于客观性试题弊病较多,不能够很好地考查学生的语文能力。本世纪以来,语文试卷中又增加了主观题的比重,评分的准确性,成为语文试卷批阅的重要问题。要解决这一问题,提高阅卷的客观性与准确性,首先要阅读评分标准与评分细则,将题目与答案统一起来,掌握其具体内容;特别是主观题,对其不同答案,要对照评分标准、评分细则,一一对应地去理解、去领会。如遇到教师对评分标准与评分细则有不同理解时,需要先交流、沟通,达成一致的意见,必要时,需增加评分细则。

（二）适度试评,确保质量

正式批阅考试卷前,最好是先挑选若干不同层次学生的试卷进行试批阅,以便大体了解学生的答卷情况,更好地把握评分标准,统一尺度,宽严适当;避免前紧后松,或前松后紧,或时紧时松。一般来讲,大型考试(中考、高考)程序严格,进行较大样本的试评并确定各分段的"样卷",之后才正式开始阅卷。日常教学中的各类考试,虽没有严格的试评规定,但是教师要严肃对待,也应该挑选主观性试题和作文题进行小范围试评,准确把握评分标准,力求努力公正地批阅、评价学生的试卷。

（三）依据评分标准,认真批阅试卷

随着现代教育技术的发展,大型考试的客观性试题,现在一般都采用计算机阅卷的方式,误差极小。主观性试题的阅卷,目前还依赖于人工评阅。有的大型考试,对主观性试题也采用现代技术介入,对阅卷的速度、质量进行监控。关于这种监控的效果,目前还未形成定论。但是不论是否采用现代技术介入,主观性试题的评阅者还是教师。为此,要提高试卷的批阅质量,教师必须依据评分标准和评分细则,认真批阅试卷,宽严得当,评定出准确的成绩。

（四）记录典型案例,保存教学资料

批阅试卷的另一项重要工作是记录典型的案例。每一份试卷都是学生学习状况的真实反映,各类试题的得失分反映出学生对各种语文知识技能的掌握程度,折射出学生回答题目时的思维走向。写作题除了可以考查出学生的书面表达能力、写作水平之外,还能够综合反映出学生的语文素养,包括情感、态度和价值观。总之,试卷是学生语文学习过程中珍贵的一手资料,忠实地反映着学生的语文能力的生长过程,是一笔丰富的、失而不可复得的语文教学资源。典型案例,更是试卷中最有价值的部分。它集中地反映学生在某一个知识或技能的学习方面所呈现出的状况,对教师有针对性地调整语文教学具有较大的指导意义。

二、语文试卷的分析技能

分析语文试卷目的有三:一是为了了解每一位学生在一段时间内语文学习的情况,发现其语文学习中存在的问题,评估其学习潜力;二是从学生的试卷中反馈出的情况,查找语文教学之不足,为下一步的教学调整提供第一手有效资料;三是检查本次语文考试是否达到预期的测试目标,试卷的设计是否科学、合理。

（一）整体分析

1. 对试卷本身进行分析

主要有本次考试的测试范围和重点；各项内容的分布情况、题型及分值；试题的难度与区分度；考试成绩的总分统计及各题目的分项统计。

2. 对学生答卷情况进行分析

一般是先逐题分析，然后再做典型试题的分析。所谓逐题分析主要有以下三方面：一是各题的设计是否恰当，教师评分的宽严情况；二是学生在各题的得失分情况；三是分析学生得失分的原因，记录典型答案。典型试题的分析是整个试卷分析中非常重要的一环。其意义主要是通过具体分析学生答案，对学生语文学习中存在的问题作出判断；帮助学生找出从题干到答案的思维走向，找出其存在的问题，提高其思维能力及解题能力。

3. 进行综合分析

试卷的综合分析主要体现在以下几方面：一是对本次考试学生作答题目的整体情况进行全面评估，包括各类试题的得失分情况，与预期成绩作比对，分析其是否达到测试标准；二是找出本次考试中学生失分集中的题目，分析其中的原因；三是考试中所反映出的语文教学工作中存在的问题；四是今后教学工作的关注点及改进措施。

案例研讨1

本次分析共取样6个考场，6份。

21号，二中倒数第三考场，一个文言文满分，第23个人。

41号，铁二中倒数第二考场

93号，八中倒数第二考场

80号，47中（未统计数据），有三人涉嫌抄袭，0分。

52号，24中第一考场

66号，28中，作文整体很好。拍两篇。议论文阅读好。

抽 样	基础题	阅 读				作 文	总 分
		（一）	（二）	（三）	（四）		
21号	660	167.5	203.5	218	330	1423	3002
41号	553	137.5	170	186	159	1363	2568.5
93号	686	135.5	217.5	268	302.5	1338	2947.5
52号	757	228	293	314	251	1310	3153
66号	884	282	276	305	417	1602	3716
总分	3540	950.5	1160	1291	1459.5	7036	15387
均分	17.7	4.753	5.8	6.455	7.298	35.18	76.94

这是某市初中三年级的一次语文考试的抽样分析中的一部分。案例先说明了抽样情

况,然后以表格形式对各部分题目的分值、总分、均分进行了统计。阅读者对此一目了然。较之文字表述,信息全面且清晰,表述所用文字量小。

(二) 评析试卷的科学性和难易度

试卷的设计及试题的难易度也是影响学生成绩的重要因素。所谓试卷的科学性,是指试题题干是否无歧义,指向是否清晰,参考答案是否准确,评分标准是否合理等。判断试卷的难易度一般有两个因素:

(1) 语文课程标准或考试大纲中要求的"应知应会"的知识技能。如果题目内容在此范围内,而学生回答不正确,则不能判断题目难,只能得出学生的语文学习水平较差的判断。

(2) 学生的得分情况。对于某一试题,如大部分学生都回答不正确,可能是题目偏难。对试卷的分析要综合上述两种因素,不可偏废。

案例研讨2

高三(一)班模拟高考试卷分析[①]

本班共有48名学生参加这次模拟考试,考试情况良好,均分104.3分,现将相关情况总结如下。

(一) 试卷内容与结构

1. 内容分布

(1) 基础知识9分;(2) 现代文阅读34分;(3) 文言文阅读32分;(4) 语言运用15分;(5) 写作60分。

2. 题型分布

(1) 客观选择题30分;(2) 主观表述题120分。

从试卷的内容和结构来看,符合教学大纲和考试大纲的要求。其中基础知识题只占9分,读写实践运用占141分,表明测试的重点在语文实际运用能力。从题型上看,客观选择题30分,只占总分的20%,反映出近年语文高考试卷的变化趋势。

(二) 学生均分与试题难度、区分度

本班48名学生均分为104.3分,超过前两年高考的全省均分10分以上,表明本班学生语文学习水平较高。其中获得100分以上的为21名,最高分128分;90～99分的为16名,90分以下的11名,最低分为74分。试卷总体上有较好的区分度。

(三) 各类试题的设计和得分情况

(1) 选择题的得分率较高,有半数学生得分在24分以上,有10多名学生得分高达27分,说明选择题难度偏低。主观题部分得分正常。

(2) 现代文阅读和文言文阅读得分比例大致相当,共同问题是文字表述题失分较多。

(3) 得分最低的一道题是语言运用部分的仿句题,分值为6分,有12人得0分,6人只得1分,试题难度较大。但是高考作为选拔性考试,有少量难度较大的试题也是必要的。

(4) 作文题大多数学生的得分在42分上下,即得分率在70%左右,最高分54分,最低

[①] 案例选自王相文等主编.语文课程教学技能[M].北京:高等教育出版社,2007:292—293.

分36分。这说明本班学生的写作水平总体上处于中等水平。另一个原因是教师在批阅作文卷时习惯于在"基本分"(70%)上略作增减,不能准确判分,拉开差距。

（四）对语文教学工作的反思与改进

本次考试所反映出的主要问题是学生的语言文字表达能力不强。在阅读题部分的答题中,言不达意、语句残缺不通的现象普遍存在,作文中语言文字方面的毛病也十分明显。这说明在平时的语文教学中对学生语言文字表达能力的培养重视不够,训练不足。在当前语文试卷中客观选择题比例大幅下降,主观表述题大幅上升的情况下,这种欠缺就显得更为严重。从更高的目标上来看,语言文字表达能力是一个人必须具备的最重要的能力之一,而且这种能力很难自发地形成和提高,因此在今后的语文教学中必须切实加强对学生语言文字表达能力的训练和培养。

这一试卷分析格式规范,从四个方面对考试进行了分析,内容明晰且要言不烦。结合考试性质对试卷的难易度进行综合评价,比较准确。如果能够采用本节案例研究1中表格形式对各题的得分情况进行统计,呈现并分析各题中的典型答案,特别是语言文字表达中存在的问题,就更加具体而完备了。

三、语文试卷的讲评技能

语文试卷的讲评应在试卷分析之后,其意义不仅仅在于使学生知道各题的正确答案,更重要的是引领学生巩固知识,形成技能,发展思维,提高语文教学质量。要想达此目标,需在以下几方面狠下工夫。

（一）认真"备讲",确定讲评目标与内容

在语文教学实际中,很多教师并不注重试卷的讲评,往往并不认真分析考试情况,而是从第一题一直讲到最后一题,学生必然感到浪费时间。所以,讲评试卷应如讲授新课一样,要认真准备,明确讲评试卷的目标,讲评的内容以及讲评的重点。为此,在做好试卷的分析与统计工作之后,还应该"下水"做卷,体验学生答题时的思维与心理,从而把握学生思维脉搏,使试卷讲评有较强的针对性,提高讲评效果。

（二）讲考点,理内容

讲评试卷,教师要明了试卷的题目属于语文课程标准的哪一个教学目标或者是考试大纲中的哪一个考点,帮助学生梳理清楚考点涵盖的具体内容,以及常见的题型,帮助学生融会贯通这些内容;避免学生死记硬背某一题目,遇到变式题目,就无从下笔,不能举一反三。如古代诗歌鉴赏是近年来中考、高考都有的一个考点。以中考为例,其考查内容主要有了解古诗词曲的基本常识、理解鉴赏名句、感知诗歌的艺术形象、体悟作者的思想感情、品析诗歌形象与凝练的语言。题型主要有选择、填空和简答。学生了解考查内容及题型有利于全面理解掌握古代诗歌鉴赏的角度与方法,形成鉴赏能力。

（三）讲重点,讲方法

试卷讲评要突出重点,要讲清答题方法,发展学生的思维。为此,试卷的讲评要把本次考试中学生存在的共性问题作为重点,选择典型答案,引导学生就此展开讨论,在讨论中加深对知识、技能的理解和记忆;教师应在学生讨论的基础上,帮助学生归纳、提炼同类题型的解题思路,拓展学生思考问题的角度,发展学生的思维。阅读下面的案例,展开讨论。

◆ **案例研讨3**

一教师对小说情节安排的讲评实录①

师:同学们手头拿到的是我挑选的我们同学中部分具有代表性的答案,请大家根据题干"就文章构思而言,作者对村落是如何说开去的",谈谈你会给这些答案几分。

生1:答案(1)根据文章的六个自然段落逐层展开,层次清楚,但是,如果所选的文章段落多,那这样的答题模式是不是太累赘,所以我觉得应该打3分,如果能对答案进行一个同类合并,我觉得就不错了。

师:你的意思就是在概括文章内容时,需要我们对文章进行适当分层。

生2:答案(2)以分层的方式进行了概括,但是每段的概括过于简洁,没有写出对象到底怎么了,所以我认为需要适当扩充,让答案更完整,因此,我给他打2分。

生3:答案(3)答题的格式不错,但是存在套话嫌疑,如果能结合文章内容进行阐述就好了,因此我给他2分。

师:同学们分析得相当到位,"一针见血"啊,那么,根据我们同学的答案,我们是否可以探讨出一套适合我们的答题模式呢?

(学生讨论)

生4:根据三位学生的答案,我们刚才讨论觉得可以按照下列思路:"从……写到……,然后……,最后……,从而揭示……"中间一定要结合文章内容来谈。

生5:我们小组刚才认为这类题可以简化点,笼统的描述为:引题—事例—拓展—反思,并且每部分均要结合文本阐述。

师:刚才两个小组总结的方法都很好,第一种方法适合语言表达能力好的,第二种方法适合概括能力强的,具体采用哪种,同学们应该根据自己的情况来定。

◆ **课堂讨论**

> 1. 你赞同案例中教师的试卷讲评方法吗?请阐述理由。
> 2. 请修改你认为不妥的部分。

(四)延伸拓展,构建知识网络

语文试卷的讲评不能就题论题,把学生的思维局限在一个考试的题目之中,而应该以考试题目为知识点,延伸拓展,构建起相关知识的网络,使学生在做试题的过程中,不断地进行语言运用的实践,理解语文试题的实质,最终达到触类旁通的目的。

---

① http://www.ruiwen.com/news/67910.htm. 中学语文教学资源网——备课中心——讲评试卷的方法论文.

案例研讨4

下列句子中没有语病的一句是（　　）

A. 为纪念抗日战争暨世界反法西斯战争胜利70周年，从现在起到年底，国家大剧院宣布将承办31场精心策划的演出。

B. 根据国家统计局发布的数据，4月份我国居民消费价格指数出现自去年12月以来的最大涨幅，但仍低于相关机构的预测。

C. 这部小说中的"边缘人"是一个玩世不恭、富有破坏性却真实坦白的群体，人们面对这类形象时会引起深深的思索。

D. 为进一步保障百姓餐桌安全，国家对施行已超过5年的《食品安全法》作了修订，因加大了惩处力度而被冠以"史上最严"的称号。

病句的辨析与修改是语文试卷中常见的内容，考点为辨析选择和病句修改。上例是2015年高考全国卷Ⅰ第14题。如果告诉学生正确答案，并讲析其他三个句子的"病因（语序不当、结构混乱、成分残缺）"及修改是不够的。考试大纲中要求掌握六种病句类型（语序不当、结构混乱、成分残缺或赘余、搭配不当、表意不明、不合逻辑），此题已涉及三种类型，试卷讲评时就可适度延伸，将其他三种病句类型、每种病句类型包含的几种错误以及辨析病句常用的方法，纳入试卷讲评内容。也可适度设计或选择其他类型的病句，这样学生便能以一题为点，把平素的知识碎片整合起来，构建起一个关于"病句辨析与修改"的知识网络，并且可以在今后的考试中不断积累知识，完善这个网络。

讨论与练习

一、思考·理解

1. 举例说明语文作业设计的原则和你对批改语文作业的理解。
2. 语文试卷常见的试题类型的优势、劣势各是什么？
3. 你认为怎样的考试形式最能够检测学生的语文真实水平？

二、研究·设计

下文选自2014年第4期《百科知识》，认真阅读，完成文后各题。

植物为何有睡眠

王恩收

① 许多植物都有睡眠现象。例如，合欢树的叶子是由许多羽片组合而成的，在白天舒展而又平坦，但一到夜幕降临，那无数小羽片就成双成对地折合关闭，好像被手碰过的含羞草一样。

② 不仅植物的叶子会有睡眠，植物的花朵也会睡眠。例如，生长在水面的睡莲花，每当旭日东升之时，美丽的花瓣就慢慢地舒展开来，似乎刚从梦境中苏醒，而当夕阳西下时，它又闭拢花瓣，重新进入睡眠状态。

③ 植物为什么需要睡眠呢？

④ 植物的睡眠在植物生理学上又称植物睡眠运动。最早发现植物睡眠运动的人是达尔文。100多年前,他在研究植物生长行为的过程中,曾对69种植物的夜间活动进行了长期观察,认为植物叶片的睡眠运动对植物的生长极有好处,也许主要是为了保护叶片抵御夜晚的寒冷。

⑤ 20世纪60年代,随着植物生理学的快速发展,科学家们对植物的睡眠运动提出了不少解释理论。

⑥ 最初,解释植物睡眠运动的最广泛的理论是"月光理论"。提出这个理论的科学家认为,叶子的睡眠运动能使植物尽量少地遭受月光的侵害。因为过多的月光照射,可能干扰植物正常的光周期感官机制,损害植物对昼夜变化的适应。然而,使人们感到迷惑不解的是,为什么许多没有光周期现象的热带植物,同样也会出现睡眠运动。

⑦ 后来科学家又发现,有些植物的睡眠运动并不受温度和光强度的控制,而是由于叶柄基部中一些细胞的膨压变化引起的。如合欢树、酢浆草、红三叶草等,通过叶子在夜间的闭合,可以减少热量的散失和水分的蒸发。尤其是合欢树,叶子不仅仅在夜晚关闭睡眠,当遭遇大风大雨时,也会逐渐合拢,以防柔嫩的叶片受到暴风雨的摧残。这种保护性的反应是对环境的一种适应。

⑧ 美国科学家恩瑞特曾做过这样一个实验。他用一根灵敏的温度探测针在夜间测量多种植物叶片的温度,结果发现,呈水平方向(不进行睡眠运动)的叶子温度总比垂直方向(进行睡眠运动)的叶子温度要低1℃左右。恩瑞特认为,正是这仅仅1℃的微小温度差异,已成为阻止或减缓叶子生长的重要因素。因此,在相同的环境中,能进行睡眠运动的植物生长速度较快,与其他不能进行睡眠运动的植物相比,它们具有更强的生存竞争力。

⑨ 随着研究的深入,科学家还发现植物与人一样也有午睡的习惯。植物的午睡大约是在上午11时至下午2时,叶子的气孔关闭,光合作用明显降低。这是由于大气环境的干燥和火热引起的,午睡是植物在长期进化过程中形成的一种抗衡干旱的本能,为的是减少水分散失,以便在不良环境下生存。

⑩ 综合起来,植物睡眠可能是由于以下几个原因造成的:一是夜晚比白天冷,夜晚闭合叶子和花朵,可以避免寒露和霜冻的侵袭;二是叶子闭合可以减少水分的蒸发(热带植物白天也闭合),有保持适当湿度的作用;三是夜晚开花的植物白天睡眠,有防止水分过多散发及防止昆虫捣乱的作用。总之,植物的睡眠运动是一种自我保护的功能。

1. 以这篇文章为例,为初中三年级的学生设计说明文阅读试卷,说明检测目的,编写参考答案。

2. 用你设计的这一说明文阅读试题在初三一个班内做小测验,然后批阅、分析;研究本次测验是否达到你的检测目标,写一篇关于本次小测验的试卷分析。

3. 有人为《植物为何有睡眠》设计了一道题:"植物睡眠有哪些原因,请分条概括(4分)。"下面是某市两个初三学生的答案图片。阅读后评析:① 此题的考点;② 学生的答案;③ 教师的批阅。

(三)(13分)

18.(4分)
1. 叶子的睡眠运动能使植物尽量少地遭受月光的侵害。
2. 植物的睡眠运动是由叶柄基部中一些细胞的膨压变化引起的。
3. 叶子的睡眠运动使它们具有更强的生存竞争能力。✓
4. 植物的睡眠是一种抗衡干旱的本能，为的是减少水分散失，以便在恶环境下生存。✓ +2

19.(2分)
时间顺序

(三)(13分)

18.(4分)①对植物的生长极有好处 ②由于叶柄基部中一些细胞的膨压变化引起的，是保护性反应 ③相同环境，能进行睡眠运动的植物生长较快，有更强的生存竞争能力 ④午睡是植物在长期进化过程中形成的一种抗衡干旱的本能，减少水分散失，以便在恶环境下生存 ✓ +

19.(2分)

4. 以这两个学生的答案为例，结合本章所讲内容设计这道题的讲评。

第七章 说课、听课与评课

◆ 学习目标

1. 理解说课、听课与评课技能的含义、特点、区别。
2. 掌握说课、听课与评课技能的实施策略,通过实践训练,掌握说课、听课与评课教学技能。
3. 了解语文教学中说课、听课与评课教学技能的评价原则与方法。

◆ 学习建议

1. 观察教师的说课、听课与评课教学技能的实施,积累典型案例。
2. 在深入剖析教材和研究学生的基础上,运用多种渠道,在教学实践中深入理解和熟练掌握每种教学技能的实施策略。

◆ 核心概念

说课、听课与评课的内涵、原则、策略、评价

◆ 名人语录

说课是教师述说授课的教学目标、教学设计、教学效果及其理论依据的教学研究活动。具体是指教师在备课的基础上向同行或教研人员就某一课题,以讲述的方式系统地阐述教材分析、教学目标、教学重点难点、教学程序、板书设计以及意蕴的理论依据及个体创造等。

——戴汝潜《说课论》

第一节 语文教师的说课技能

说课是语文教学过程中常见的活动,因其形式灵活、不受空间和学生的限制、费时少,成为学校教研活动、教学比赛及招聘选拔等场合中最常采用的形式。说课是语文教师需要掌握的一种重要的教学技能,它有利于语文教师提高理论素养与教学反思能力。

一、语文教师的说课技能概述

说课至今已有二十多年的发展历史。多年来,它对我国中小学教育教学的改革与发展起到很大的促进作用。它不仅能在"说"和"评"的双边活动中把教师个人的业务水平置于集体的监督之下,把个人经验和集体智慧有机地结合起来,起到双向交流的作用;而且具有提高教师素质、促进教学改革的功能。因此,说课不仅已经成为许多教师积极参与实现自我提高的经常性研究活动,而且也成为许多省市教研部门培训及评价教师、促进教育科研的一种常规性教学研究活动。

(一)语文教师说课的内涵

所谓说课,是教师以教育理论为指导,在精心备课的基础上,面对同行、领导或教学研究人员,利用口头语言和有关的辅助手段阐述某一学科课程或某一具体课题的教学设计或教学得失,并就课程目标的达成、教学流程的安排、重点难点的把握及教学效果与质量的评价等方面与听课人员相互交流、共同研讨,进一步改进和优化教学设计的教学研究过程。[1]

一般情况下,说课教师要在规定的时间内(10~15分钟)把自己将要上的或已上过的一节课的教学设计及理论依据用简明、准确、形象的语言表述出来,有时说者还要对听者的质疑进行解释和答辩,接受听者的评价或建议。

对于汉语言文学专业的师范生而言,说课是在教师指导下,运用相关的教育理论知识进行备课,然后对自己预想中的课堂教学进行科学合理的设计,表明设计依据,着重向同学和指导老师介绍说明自己教什么、如何教和为什么要这样教,最后接受指导老师和同学的分析评价,共同研究改进意见,以进一步完善该课的教学设计,提高课堂教学技能的一种操作性研究活动。

(二)语文教师说课的特点

1. 方式的便捷性

从说课活动所需的手段或媒体来看,它可以以教师口头表达方式进行,也可以利用现代教学媒体、实验或实物等手段辅助说课。由于说课不受时空及人数的限制,因而具有简单易操作的特点。

2. 时间的限定性

说课的时间一般由组织者决定,说课者必须在规定时间内完成说课的全部内容,一般控制在10~15分钟内。既不可拖延时间,又不可过早结束,这就要求教师说课时突出重点和创新点,有较强的时间观念。

3. 理论的依据性

说课是一种教育理论与教学实践紧密结合的课堂教学技能训练的操作性研究活动。教师说课不仅要说明"怎样教",而且要陈述"为什么这样教"。把课说清、说透,需要教师有深厚的理论修养与积淀,确立运用理论指导教学实践的意识,将教学理论和教学实践有机结合。

---

[1] 杨九俊主编.新课程说课、听课与评课[M].北京:教育科学出版社,2004:2.

4. 交往的互动性

说课是一种团队参与、集思广益的教研活动方式,通过同行间相互交流,容易碰撞出思想的火花。教师在相互评议与切磋中互相分享经验,在合作中共同提高。

(三) 语文教师说课的种类

按说课的时间安排来分,说课分为课前说课和课后说课;按说课的目的、要求来分,说课分为汇报型说课、示范型说课、评比型说课、研讨型说课、主题型说课等类型。

1. 汇报型说课

教学研究、集体备课、公开课课前介绍、课后反思等场合的说课都属于汇报式说课,其目的在于解说自己的教学思考,让专家、领导或同行理解,以利于交流及指导。它包括课前说课和课后说课。课前说课是预设性和预测性的说课活动。它是教师在认真研读教材、领会教学目标、分析教学资源、初步完成教学设计的基础上的一种说课形式。课后说课是一种反思性和验证性的说课活动。它是教师按照预设的教学设计上课,课后由授课教师将自己在教学活动中的得失、体会与听课教师、教学研究人员相互交流的一种说课形式。

2. 示范型说课

这类说课主要是提供范例供大家学习,对教学有示范、引领、指导作用。一般是由优秀教师通过说课,展示较为成熟的教学探索,或推广某一专题教学模式。多用于区域教研活动,它的目的在于让听课教师模仿和借鉴。

3. 评比型说课

评比型说课是指以说课方式进行的评比、竞赛活动。教学比赛、评优选拔乃至招聘等场合的说课都属于评比型说课。它要求说课教师按照指定的教材、规定的课题,在限定的时间内写出说课讲稿,然后依次登台演"说",由评委评定比赛名次。评比型说课是发现和培养骨干教师、树立典型、促进教师专业化发展的重要途径。

4. 研讨型说课

研讨型说课是指不同层次的集体备课中的说课。它一般以教研组为单位,采取集体备课的形式。这种说课有利于同行之间互相交流,互相促进,共同提高。它是教师业务素质和研究能力得以提升的有效途径。

5. 主题型说课

是教师在自己的教学实践的基础之上,把教学工作中遇到的重点、难点或热点问题作为主题进行研究,以说课的形式向专家、领导和其他教师汇报研究成果的教学研究活动。主题型说课有利于提高教师的教学反思能力。

◆ 资料卡片

说课的诞生

1987年6月底,河南省新乡市红旗区教研室要从本区的教师中选出几位参加市教坛新秀的评选。可当时临近期末,课已讲完,怎么办?这时,有人提议选节课,让有关的老师来说说他们的教学设计，以说"课"代替听课。结果发现，说课同样能客观真实地反映出一个老师的教学业务素质，而且比听课更省时高效，更简便易行。联想到影视、戏剧导演的说戏，于是他们把这种新教研活动形式命名为"说课"。从此，现代教育词典增添了一个新名词——说课。说课从此便诞生了。

二、语文教师说课的原则

按照现代教学观和方法论，成功的说课应遵循以下几条原则：

1. 说理精辟，渗透理论性

教学实践如果没有理论的指导，教师只知道教什么，而不了解为什么这样教，只能是高耗低效的经验型的教学。说课不是宣讲教案，不是浓缩课堂教学过程，说课的核心在于说理，不仅要说出"教什么"，更要说清"为什么这样教"。因此，执教者必须认真学习教育教学理论，能将教育教学改革的新理念自觉应用到课堂教学之中。

2. 实用客观，具有操作性

说课不能故作艰深、生搬硬套一些教育教学的专业理论术语。说课的内容必须真实客观、科学合理。说课是为课堂教学实践服务的，说课中的每一个环节、每一个教学步骤都应具有可操作性，不能纸上谈兵，流于形式。

3. 精炼简明，力求完整性

说课要呈现给专家或同行一个相对完整的教学设计，并要充分说明教学设计的依据，因此内容要完整。由于受说课时间相对较短的限制，因此，说课内容在顾及完整性的同时，更要注意表达简明，枝节或不太重要的内容可省略，要力求把教学设计的精华体现出来。

4. 不拘形式，体现灵活性

说课必须要回答"四教"，即教什么、怎么教、为什么这样教、如何教；还要体现"五说"，即说教材、说教法、说学法、说程序、说效果。但以上内容并不是平均使用力量，一定要根据具体情况进行分析，要做到说大不说小、说主不说次、说精不说粗、说难不说易；同时，要力求展示自己的教学特长，体现自己教学设计的特色。

三、语文教师说课的实施策略

一般来说，完整的说课应包括"说教科书""说学情""说教学目标""说教法学法"和"说教学过程"等内容。其操作过程是：分析教科书的地位和作用、了解学生的特点和认知基础，确定本节课的教学目标及教学重点、难点，选择相应的教法、学法和教学手段，并逐一说明理据，按照教学环节简述教学进程，说明课堂活动的组织安排，怎样突出重点，突破难点，如何设计板书、布置作业等各项教学的操作、意图及效果。

（一）说教科书

教科书是一定学科知识与课程观念的物化形式。对教科书进行认真研读，是确定教学

内容的重要依据。因此,说课首先要分析教科书,表明教师对教科书整体把握的程度。说教科书一般包括以下几个方面:

1. 说课程标准

《语文课程标准》是教学的依据,也是说课的依据,因此,必须说明《语文课程标准》对教学的总要求,以及所授的课如何体现《语文课程标准》的相关要求。

2. 说教科书的体系及作用

分析教科书在课程体系中的作用,阐述本课时教科书所组织的知识、技能、方法对学生认知结构的构建、个性发展和能力培养的功能。

3. 说对教科书内容的分析理解

通过分析本课内容在语文课程中所处的地位、学生已有知识结构及预期的变化,说明教科书的作用与意义;通过分析语文课程标准中关于教学的具体要求,确立本课的教学目标;通过分析学生已有知识与认知基础,明确本课教学重点和难点,并阐述相应的解决方案。

案例研讨1

《伯牙善鼓琴》的"说教科书"①

《义务教育语文课程标准》(2011年版)明确指出,七到九年级的学生要能"诵读古代诗词,阅读浅易文言文,能借助注释和工具书理解基本内容。注重积累、感悟和运用,提高自己的欣赏品位。"古典诗文,是中华文化的精华,它对提高青少年学生的语言文字水平有着不可替代的作用。同时,正确地引导学生多读一些诗文佳作,还可以加强学生品德修养,提高学生的文化品位。

《伯牙善鼓琴》是语文版七年级下学期第七单元《古文二则》中的第二篇文言文。本文不足一百五十个字,讲述了一个千古流传的高山流水遇知音的感人故事,故事的主人公俞伯牙与钟子期的真挚情谊感动了一代又一代的人。根据文本的特征,在教学中应该以自学为主,强化感悟,注重积累。采用情景引领,以学生朗读为本,用教师相机点拨,拓展积淀的方式,带领学生去阅读,去思考,去吸取,力图让学生体验到学习文言文的乐趣。

首先,该教师在认真解读语文课程标准相关内容表述的基础上,指出本课教学在学生知识建构和情感教育中的作用。其次,在认真分析教科书和本年级学生的特点的基础上对本课学习的教学目标、教学重点、教学方法、学生的学法及预期的学习效果等方面做出合理的预设。

(二)说学情

学生是学习的主体,学生原有的知识架构和能力水平、认知状况和学习兴趣等方面制约着语文课堂教学的开展,影响着教学目标的达成。因此说课必须说清楚学生情况。说学情可以从学生的"已知""未知""能知""想知"和"怎么知"等五个方面进行综合分析,学生的这些实际情况是教师因材施教的基础。说学情要说清普遍性情况和特殊性情况:前者指某一

---

① 任志鸿主编.初中新课标优秀教案(七年级语文.下)[M].海口:南海出版公司,2008:67.

阶段学生的语文知识水平及语文能力,这是同一阶段学生所共有的;特殊性则是指具体到某一个层次、某一个班的学生情况,这是授课者要面对的学生所特有的。

◆ 案例研讨 2

《风筝》的"说学情"①

《风筝》面对的学习群体是一群刚进初中的十一二岁的少男少女,他们成长在无忧无虑的 20 世纪 90 年代,在他们心中,亲情就是温柔的话语、细心的呵护、鼓励与支持、牵挂与思念。所以,受经历与知识积累水平所限,对这篇通过矛盾冲突展现亲情的文章要达到深度理解必然有一定难度。而且在学生群体中按学习能力、感悟能力区分又有几个不同的层次,所以教师必须做到兼顾全体,合理设置教学目标,灵活安排教学过程。

◆ 课堂讨论

你认为这个案例中教师对学生情况的分析是否合适、全面?如果有不完善的地方,你打算怎样修正?写出修正方案。

(三)说教学目标

教学目标是教学设计的出发点和落脚点,对教学活动具有很好的导向与制约作用。说教学目标,一是要解说清楚具体的教学目标有哪几点,如何体现知识与技能、过程与方法、情感态度与价值观三个维度;二是要解说教学目标确定的依据,即目标设定如何符合课标要求,切合学生实际情况;三是要解说教学目标的可达成度,即目标与教学过程的对应与落实。

◆ 案例研讨 3

《竹影》的"说教学目标"②

1. 根据教材的知识构建特点,以及初一学生思维活跃的特点,确立"知识和能力"目标:体会文章表现的童真、童趣;初步了解中国画和西洋画的不同特点;培养学生的口头表达能力。

2. 新课程的课堂教学要求关注学生的个体差异和不同的学习要求,体现学生的主体性。确立的"过程和方法"方面的目标是:在教师恰当的提示引导下,培养学生"自主、合作、探究"的学习方式,让语文课具有开放性。

3. 新课标要求学生"欣赏文学作品,有自己的情感体验,初步领悟作品的内涵,从中获得对自然、社会、人生的有益启示"。因此,确立的"情感和态度"方面的目标是:领会蕴涵在童稚的活动中的艺术和美,学会在生活中去发现、创造艺术的美;认识美在生活中无处不在。

---

① 周立群,陈菲,杨全良.语文教育实习导论[M].广州:广东高等教育出版社,2012:91.
② 周小蓬.语文课堂教学技能训练教程[M].北京:北京大学出版社,2013:165.

（四）说教法

说教法是根据学科及教学内容的特点、教学目标和学生情况，说出选用的教学方法和教学手段，以及选用的理论依据。教师需要在教育教学理论的指导下，说明教学过程中采用的主要教学方法、手段以及理论依据，对于重点部分的教法设计应阐述具体的操作模式及其中蕴涵的教学原则。

> **案例研讨 4**

《雾凇》的"说教法"

（一）情境教学法

学生思维正处在由形象思维向抽象思维过渡的阶段，抽象思维的发展很大程度上依赖于形象，而且学生的生活经验有限，对课文描绘的雾凇奇观很陌生，因此，教学时我将通过精美的课件，将学生带入美的情境，激发学生的学习兴趣，缩短学生与课文内容的距离，让学生充分感受雾凇的形象美，深刻领会课文的语言美。

（二）质疑讨论法

课文重点部分介绍了吉林雾凇形成的原因，我将紧紧扣住雾凇之奇，鼓励学生质疑：雾凇是怎样形成的？为什么其他地方很少出现？然后引导小组合作探究、全班讨论交流，培养学生的问题意识，提高发现问题、解决问题的能力。

本案例能结合课文内容，条理清楚、清晰明了地说明了教师在教学过程中采用什么样的教法，并结合学生实际解释了采用这种方法的理由，实现了理论与实践的有机结合。

（五）说学法

学法是指学生学习知识、掌握知识的方法和途径。说学法应根据自己对教法和学习方式变革的认识与实践，针对学习内容的特点和学生的身心发展特点，结合具体的教学环节，说明当学生处于学习情境（包括困境）中，教师为指导学生学习或学会解决学习问题所采取的对策。一节课的学习方法可以是多种方法的组合。如果运用多种学法，可分析几种学法的补偿效果、组合运用的方式等。

> **案例研讨 5**

《台阶》的"说学法"[①]

为激发学生的好奇心、求知欲，发挥他们的主动意识和进取精神，本课采用自主、合作、探究的学习方法。精心创设问题情境，组织学生阅读交流现代诗《父亲》，把学生的思维带入久远的时空，多角度体会台阶的象征意义；引导学生抓住全文的关键性语句，充分与文本展开对话，自由地发表自己的意见，通过合作探究的方式，理解父亲形象的深层意蕴并感悟文章的主旨；引导学生在阅读中品味语言的深远意蕴，解读父辈为提高社会地位执著而又艰辛的奋斗历程。

---

① 任志鸿主编.初中新课标优秀教案（八年级语文.上）[M].海口：南海出版公司，2008：56.

◆ 课堂讨论

新课程改革倡导的学习方式是什么?你认为这个案例中教师的学法设计是否落实了新课程改革的相关理念?

（六）说教学过程

说课的目的是为了更好地教学,教学内容的处理、教学方法的选择、教学目标的达成,都是通过教学过程来实现的,因而,说教学过程是说课的重点之一。说教学过程一般应关注以下几个环节：

1. 说教学思路的设计

设计思路是对教学流程主要环节的概括,说设计思路,有助于听者更清晰地了解和把握说课者关于教学活动的整体安排。

2. 说教学重难点的处理

任何教学设计都是围绕重点内容的解决、难点问题的突破而展开的,它集中体现了教师个体的教学智慧。

3. 说教学流程的分配

说课者要围绕教学设计思路,解说具体的教与学活动的安排及这样安排的理论依据。说教学流程的分配不能面面俱到,而应力求详略得当,重难点宜详说,理论依据宜简说。

4. 说板书设计

说课者简明扼要陈述板书的内容编排、个性化设计的特色,说明板书设计如何突出显示教学重点,突显条理化、结构化、系统化,便于学生理解和记忆,如何使学生能够享受逻辑与艺术之美。

◆ 案例研讨6

《风筝》的"说教学过程"[①]

为了达到既定的教学目标、设计了如下的教学程序：

（一）激情导入,初步感知

首先,用多媒体课件展示在阳春三月放飞风筝的情景,并配以教师声情并茂的导入语："岁月的书签一页页翻过,我们的年龄虽早已离开了童年的范围,但那些关于童年的点点滴滴,总会在空闲时候,或睡梦中,一幕幕重现脑海,即便刹那的遐思,也每每咀嚼出甜蜜和快乐。风筝给单纯的童年带来了别样的快乐,这快乐化成一段长久记忆铭刻于我们的脑海中,同时也铭刻于鲁迅的心中……"

（二）与文本对话,落实重点、难点

让学生美美地朗读课文,利用古筝曲《高山流水》做背景音乐,渲染气氛,让学生边听边

---

① 周立群,陈菲,杨全良.语文教育实习导论[M].广州：广东高等教育出版社,2012：92.

思考：全文回忆了一件什么事？你读了有哪些感受？

为了突出教学重点，突破教学难点，可以设计这样几个思考题：

1. 哪些地方体现了小兄弟对风筝的痴迷？

学生通过朗读、勾画找出相应词句，从而将课文的学习落实到语言层面。

2. "我"不许小兄弟放风筝对于"精神的虐杀"这一幕指哪件事？具体是怎样的？

抓住七年级学生活泼好动、表现欲强的特点，让他们在课堂上即兴表演这一情节，给学生搭建一个锻炼自我、展示自我的舞台，改变以接受为主的单一的学习方式，让他们在"学中乐"，在"乐中学"。

3. "我"当时为何要这样？现在想来是怎样的心情？为什么"在我是一种惊异与悲哀"？

针对这一教学难点，在学生阅读全文、画出相应词句后，组织学生合作探究。首先在小组内进行交流和讨论，进行赏析和朗读，然后再在全班交流。

4. "我"讨弟弟的宽恕，弟弟全然忘记了，这说明了什么？

（三）与作者对话，感悟主旨

读了本文之后让学生谈谈："此时如果鲁迅先生就站在你的面前，你想对他说点什么？"通过想象与文中人物对话，加深他们对主题的理解。

（四）教师总结

《风筝》用充满诗意的笔调叙写了一段人间真情，它似一曲温馨的歌谣，让我们沉浸于自然、和谐、水乳交融的诗情画意中。

（五）板书说明

本课板书是一只展翅飞翔状的风筝，风筝上压着鲜红的"精神的虐杀"，一边是"我"不许弟弟放风筝，一边是弟弟的痴迷风筝。这承载着童年梦幻的风筝展现了浓浓的亲情，板书简洁明了，形象地体现了全文的主要内容和教学重点。

分析：本案例说课者从导入、整体感知、教学重点难点的突破、课堂教学的收束、板书的设计说明到具体教学手段的运用等逐一进行陈述，教学过程思路清晰，有理有据，内容完整，重点突出，收到了很好的说课效果。

四、语文教师说课技能的评价

尽管不同类型的说课评价标准不同，但是，一般来说，评价说课应该评价说课者理解和把握教材、落实教学目标、选择教学方法、设计教学程序等方面的情况。

（一）说课评价的原则

1. 及时性原则

心理学的研究表明，只有置身现场氛围，人的情绪才会高涨，人的新鲜思想才容易迸发，现场的氛围容易使人形成思路，易于阐述个人的观点。因此，为了防止因遗忘而降低评价的有效性，使说课评价能达到良好效果，有助于教学研究的深化，说课评价应该采取"当场说、当场评"的方法。

2. 客观性原则

要以客观、公正、实事求是的态度对说课内容进行评价。评价者既要善于发现说课者教学设计的闪光点，肯定教师成功的做法或探索；又要实事求是地指出其说课中存在的不足，并提出建设性的意见以及改进和优化的方法或策略。

3. 参与性原则

说课是一种说听双方全体参与、共同研讨的教学研究方式。参与性原则是开展说课评价的基本原则，也是提高说课效果的重要因素。

4. 校本化原则

说课的目的是为了改进和优化教学。立足学校，以教研组或年级组为单位进行说课活动，让教师在研讨中共同提高，这是整体提高教师队伍专业素质的有效方式。

（二）说课评价的标准

选择语文教材中的任意一篇课文，设计一个说课方案，以小组合作的方法进行模拟说课，同组成员作出评价，评价的标准见下表：

表 7-1　语文教师说课技能评价表

课题：　　　　　说课教师：　　　　　评价者：　　　　　时间：

评价项目		权重	评价等级				得分
			优秀	良好	中等	不合格	
说教材 (20%)	语文课标相关理念的理解	0.05					
	教材内容的地位、作用的把握	0.05					
	教材内容的分析与把握	0.10					
说教法 (20%)	阐述教法设计的理论依据和对激发学生兴趣、建构知识、培养能力、提高素质等方面的积极意义	0.10					
	教学手段在突出教学重点、突破难点方面的作用和优势	0.05					
	说明教学反馈、控制与调节的措施及设计思想	0.05					
说学法 (20%)	能恰当分析学生的基础、能力、特点	0.10					
	说明指导学生自我建构知识的措施、方法及成因	0.10					
说过程 (40%)	教学目标制定的准确性	0.10					
	教学重、难点的把握与突破	0.10					
	教学过程中的关键环节对启发思维、建构知识、培养能力、提高素质等方面的作用	0.20					
总分							
补充意见或建议							

注：请在听说课前仔细阅读该表中的项目；听后根据说课者的表现作出客观评价。总分在 9～10 之间为优秀，在 7～8 之间为良好，在 6～7 之间为中等，在 0～5 之间为不合格。

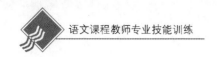

第二节 语文教师的听课技能

教师不仅是执教者,也是教学活动的研究者。听课是教学中一个必要的组成部分,每一位教师几乎都有着听课的经历,听课技能是教师反思能力与研究素质的体现,掌握听课的技能,既有助于提高教师的教学水平,提升教师课堂教学反思的能力,又有利于提升教师间的研究切磋能力,使教师能不断提高专业化水平。

一、语文教师的听课技能概述

"听课是一般教师或研究者凭借眼、耳、手等自身的感官及有关的辅助工具(记录本、调查表、录音录像设备等),直接或间接地从课堂情境中获取相关的信息资料,从感性到理性的一种学习、评价及研究的教育教学方法。"①

根据听课的目的和要求,听课分为以下几种基本类型。

(一)检查型听课

检查型听课是指评价者深入教学第一线,直接观察课堂教学过程,进行现场调研,及时掌握教学动态,检查教学效果,总结教学经验,收集反馈信息,进行教学评价的一种听课方式。其特点之一是突然性。一般来讲,无论是教育行政部门及教学业务指导部门的听课,还是学校领导的听课,只要是出于检查的目的,很少会提前通知被检查的学校或教师。其特点之二是真实性。检查型听课活动在绝大多数情况下是在教学常态下进行的,听课者了解到的教学情况基本上是客观的,能真实地反映学校和教师常态下的教学实际情况。此外,还具有灵活性的特点,听课者可以根据自己的工作职能和工作需要,采取灵活多样的形式听课,不受时空及其他条件的限制。

(二)评比型听课

评比型听课主要是为了对教师做定性评价的听课活动。评学科带头人、教学名师、特级教师等的听课都属于这个范畴。这类听课的特点之一是选拔性——在各级各类的优质课评比及各种考核课中,被听课的教师是通过各种形式筛选出来的。之二是公正性——在评比性听课中,听课者往往来自不同的单位或地区,听课者会尽可能地减少主观因素的干扰,能客观、公平、公正地对待每一位受评者。

(三)观摩型听课

观摩型听课是为了学习、交流、总结、推广教学方法和教学经验而进行的听课活动。包括公开课、展示课、示范课等。它的特点之一是推广性——这类观摩课的目的是将有创新和活力、在实施新教材中取得一定成效的教师作为观摩的对象,推广他们先进的教学方法和教学经验。之二是示范性——观摩课一般是由教学名师、优秀教师或某一方面有特色、有创新的教师所授的课,对听课教师具有示范作用。

---

① 顾学明.新课改听课要三问[J].中小学教师培训,2006(1):55—56.

(四)调研型听课

调研型听课是为了了解教学改革实验进展情况或研究、探讨有关教育教学问题而进行的听课活动。这类听课的特点之一是目的性——作为听课者,无论是教学研究人员,还是学校领导和一般教师,在听课前往往对调研的问题进行反复地论证,解决为什么要进行调研、怎样去调研、调研后怎么办等问题。其听课的目的是十分明确的。之二是选择性——研讨什么教学问题,由谁来执教,让哪些人来听课,组织者都是有选择的。之三是探讨性——这类听课活动往往是实验研究性质的,听课者主要目的是与授课者一起探讨某些问题。此外,还有导向性的特点。组织者或听课者对调研的问题往往已经过认真的筛选论证,对这个问题上的了解或对问题的解决已经有了一些初步的认识,需要在调研中不断完善自己的思路。所以,这类听课活动交流和研讨的导向性是比较明确的。

(五)临床指导式听课

临床指导技术由美国哈佛大学的教育学家科根和戈德哈默始创。这里的"临床指导",是教师评价中常用的一种方法,是指学校领导和其他教学管理人员深入到课堂,"诊断"教师教学中的困难,帮助教师改进教学的一种具体技术。"临床指导"技术与其他教学管理方法的最大区别是教学管理人员直接深入到教学中去,亲眼观察课堂中的各类活动,与教师进行当面交流,共同探讨教学中的问题,分析教师教学的优势与不足,帮助教师改进教学。

(六)推门式听课

所谓"推门式"听课,即听课前先不通知或课前不打招呼,在上课前的几分钟,教研员、学校领导或教师突然推开教室门,直接进入课堂听课的一种听课方式。推门式听课是学校或其他业务部门考查了解教师课堂教学情况、掌握第一手资料的有效途径。在许多地方,"推门式"听课成为对教师的教育教学工作进行考核评价的措施之一。

二、语文教师听课的原则

1. 辩证性原则

听课时,要用辩证的头脑看待各种各样的观摩课,要以鉴别和挑剔的眼光学会筛选。不管多么优秀的教师的课,课堂也同样存在这样那样的问题,要用自己的头脑去思考,去鉴别,不能照搬,应该创造性地吸收,有选择地学习。

2. 有备而听的原则

听课时,应把自己定位为教学活动的参与者,而不是旁观者。听课前要有充分准备,要了解上课教师的意图,对听课的课程内容、教学重点、难点尽量了解,做到带着问题去听、有的放矢。只有有"备"而听,才能获取第一手材料,达到听课目的。

3. "心理零距离"原则

听课者要站在执教者与帮助促进者的角度去分析考虑问题,让执教者在一种融洽的氛围中,在充满轻松的心理状态下感觉到你的善意,有助于执教者教学水准的提高。

4. 激励性原则

听课者对不同水平的教师的要求与评价区别对待,对教师不仅要横向比较,更应侧重纵向比较,注重肯定教师的进步、成长;听课者还应理解执教者讲课的良苦用心,善于挖掘教师授课的优点、发现闪光点,以激励教师再接再厉,而不应求全责备。

5. 听看结合的原则

教学是涉及教师与学生双边的活动过程。一节课成功与否,不仅仅在于教师讲了多少,更在于学生学会了多少。所以听课应从单一听教师的"讲"变为同时看学生的"学",做到既听又看,听看结合。

6. 听思结合的原则

听课,必须伴随着思考才能有进步、有提高。听课要看看教师怎样教学生学,学生怎么学,教学实际效果怎样。边听边可以思考这样一些问题:教师对教材为何这样处理?换成自己该如何处理?教学重难点是怎样突破的?教师是怎样把复杂问题转化为简单问题的?他的教学有什么值得自己学习的地方?思考之后,可以和自己的备课思路进行对比分析,取长补短,为我所用,以利提高。

三、语文教师的听课策略

就听课而言,教师对于课堂的观察,并不只是来源于课堂上的信息。对于那些敏于观察、善于捕捉信息的教师来说,他们从走进教室的时候就已经开始进入听课的状态,下课后他们也会利用时机继续观察学生的状态。因此,听课者为了获得更多的信息,需要在上课前、上课中、下课后的时间里做细致、全面的观察,尽可能获得丰富的课堂教学信息。

(一)听课前做好相应的准备

听课者在听课前要做一些准备,这样可以使自己在听课的过程中获得更多的信息,同时也有益于自己教学能力的提高。

1. 熟悉语文课程标准

教学观念既决定着授课教师在课堂上的教学行为,同样也决定着教师作为听课者对课堂教学的评判。因此,听课者要熟悉新课程理念,这样,在听课过程中,就能有的放矢,正确分析和判断授课者教学行为背后的课程理念的准确性。

2. 正确把握教材

听课时,听课者在教材把握上,要做到"三准",即对教材体系和教学内容认识准;对本堂课教材重点、难点把握准;对课后训练的目的、要求掌握准。

3. 勾勒教学框架

听课教师应对所听的课程内容的教学框架事先进行初步勾勒,或者最好能在听课前熟知执教者的教学方案,以便了解授课教师对该课的教材、学情、教法、学法、目标达成、重难点的突破方案。这样,听课时,就能将执教者实际教学效果与教学方案加以对照,能站在更高的层面上来仔细观察、理性分析,发现执教者处理教学预设与生成的能力和水平,发现闪光点,找到不足及问题产生的根源,变被动听课为主动听课,为听课后的评课活动打下坚实的基础。

4. 了解听课班级学生情况

听课者应对听课班级的学生情况做一些调查了解,包括学生的学习方法、学科基础、班风学风等,看一看授课者在备课、上课的过程中是否融入了学情因素,从而有利于我们对教师的教和学生的学得出切合实际的价值判断。

5. 调整心态听课

听课前,要调整好心态。一般情况下,我们在听名师的课时常常丧失了自我,因为是名师就盲目崇拜,失去了辨别力;而在听青年教师的课时,往往是看缺陷多,挑刺多。抱着这两种心态去听课,无论是对教学研究,还是对自身的发展,都是不利的。我们听课心态一定要正确,既不失去自我、盲目崇拜;也不高高在上、盲目自大。

6. 选择听课记录的方式方法,准备听课记录的工具

听课者听课前要准备好记录工具,如纸张、听课记录本、笔等。如果需要一些仪器(如录音机、录音笔、摄像机等),则要事先进行调试,以免出现故障,影响课堂教学。同时,对于课上用什么样的方式方法进行听课记录,对获取的各种听课信息如何整理、分析,事先也要做好准备。

(二)课上的观察与记录

听课教师对于课堂的观察不只是在课上,在上课前和下课后也需观察和记录。

1. 上课前的观察

听课者一般要提前几分钟先进教室,提前的时间依课堂的空间大小和听课者的多少等因素而定。走进教室后,听课者要注意:

(1)合理选择自己听课的位置。走进教室后,要注意观察教室的空间布局,尽量选择不引人注意的角落坐下。因为要观察到真实的课堂,就需要考虑尽量避免进入授课教师及学生的视线。

(2)观察学生的状态,用以对比其课上的表现。可以到学生中间与学生攀谈,了解一下授课班级的学生对将要上的这堂课的兴趣、准备情况,对任教教师的看法及对学习的态度,等等。

(3)勾勒教室大致布局。可以用简笔画注明讲台的位置,座位排列情况,教室周围的墙壁的陈设等等。这些草图,供你记录教师如何与学生交往,哪些学生课上活跃,哪些学生课上沉闷等。有的时候,你不用记录教师与学生的实际课堂用语,只凭这些图就可以反映出课堂上的实际状况,作出切合实际的分析。

2. 上课中的观察

首先,上课过程中,听课者要清楚自己到底应观察什么,哪些对象应进入自己观察的范围,哪些在一定程度上可以忽略不计。一般来说,听课者除了需注意教材、板书、图画、黑板、教学手段等的运用及各个教学环节的时间分配外,还可以借鉴西方的研究成果,把注意力主要集中在下面几个方面:[①]

(1)人员特性。指教师或学生的特性,例如教师是热情的还是冷漠的,学生是乐于合作的还是各行其是的,教师与学生的精神状态是否饱满,等等。

[①] 王晞等编著.课堂教学技能[M].福州:福建教育出版社出版公司,2014:288.

(2) 言语交互作用。教师与学生如何相互交流,谁在讲话,讲的是些什么,提出的问题以及作出的回答是什么,课堂上实际使用的语词及语言表达怎样,等等。

(3) 非言语行为。包括教师与学生的动作、姿态、面部表情等。

(4) 活动。课堂上开展各式各样活动类型有哪些,活动的实质是什么,在学生活动时教师在干些什么(包括活动类型:个人、小组、全班、师个、师组、师全,学生个个、个组、组组、个班、组班;活动数量与质量,其中质量可通过评估学生的参与程度及激发的学生智慧程度来衡量),等等。

(5) 管理。课堂常规情况、教师或学生干部的管理方式、管理与教学的关系,等等。

(6) 教学辅助手段的使用。教师是如何使用视听辅助设备的,如电视、录音机、语音设备、电脑等。

(7) 认知水平。在课堂上思维的实质和水平,例如回答问题所需要的推理水平,或者学生对概念等表现出的理解水平。

(8) 社会方面。教师与学生在课堂上分别承担的角色,建立起来的规范和规则,各自的社会背景,以及所体现出来的权力,等等。

(9) 情感水平。教师与学生之间的情感关系,相互间的融洽程度等。

其次,要掌握一些听课记录的技能与技巧。常见的记录方式有:

(1) 实录式。即将课堂上教师与学生的言语行为和活动的真实情况尽量翔实地记录下来。

(2) 叙述式。记录者以一个旁观者的姿态,以第三人称的形式概括化地叙述课堂上教学情况。

(3) 分类系统式。记录者将要观察的内容分为不同的项目,分别进行观察和记录。

(4) 图示记录。勾勒学校或教室环境的大致位置,还可以结合观察的具体问题,画出相关的图式来辅助说明。比如说,考察教师提问学生有无固有的倾向性,可以画出回答问题的学生的位置来形象地进行辅助说明。

3. 下课后的观察

下课铃响,并不意味着听课的结束。在下课后听课者仍然可以观察到一些有益的信息,对自己理解和认识这堂课有较大的参考价值。比如,听课者可以与学生攀谈,了解他们掌握本节课内容的情况,来看看授课教师预期的教学目标是否已经达到了,至于选择哪些人交谈,视学生课堂上的不同表现及课后的实际情况而定;也可以观察一下学生课后是否还饶有趣味地谈论着本节课的内容,这实际上也可作为检测课堂教学效果的一个重要指标。

(三) 听课后的分析与反思

听课在某种意义上并不仅仅依赖你在课堂上看到了什么,而是你想到了什么,引发出了哪些值得深思的问题,就此来讲,传统意义上的"听课"是不确切的,不能仅局限于"听"。听课后,教师可以针对教学的各个环节进行系统的分析与反思,也可以就自己印象深刻的问题做细致的分析,撰写听课后记。

听课后的分析与反思大致可以从以下几个方面入手:教学目标的表述及达成程度;教学结构的适宜程度;教学目标、内容、方法等的协同程度;教学组织形式的合理程度;教材的恰当运用程度;教学手段的合理程度;师生角色关系的把握程度;课堂的管理与秩序的有效程度。听课后记一般是给自己看的,采用叙与议相结合的方式。叙述要真实客观,以便作为日后反思教学的材料来源,议论也要实事求是。听课后记应该注意捕捉课堂教学中的亮点或令自己疑惑的问题,对于亮点的反思可以促进自己的学习,对于疑惑的研究则能够激发自己的反思能力。教师如果养成撰写听课后记的习惯,可以在日常的教学中获得很多感性的素材,进而不断提升教师的教学智慧。

◆ 案例研讨

听课记录表[①]

听课人：　　　　　　听课人所属学科：

授课教师	沈坚	科目	语文	课时		听课时间	
课　题	《蔚蓝的王国》			听课地点		班　级	
课堂教学纪要	教学流程： 1. 阅读材料《老人》,找出表明作者童心的语句。 2. 整体感知。教师配乐范读,学生找梦中之人、梦中之景、梦中之情。 ① 教师读。 ② 学生回答。 ③ 教师把三者的答案连缀成一段话。 3. 研析课文。 ① 阅读有关作者写作内容、风格的材料。 ② 完成读书卡。读书卡的内容包括：类别—书名—作者—内容摘录—赏析与解读。 ③ 交流自学的成果。学生欣赏使用了修辞的句子。教师要求学生有感情地朗读,学生齐读。学生提问："漂"是否能换作"飘"？教师让学生解答：后者空间更自由,姿态更轻盈。 ④ 走进"录音棚"。学生读课文片断。 4. 拓展。不同版本的对比。			听课点评： 学生回答后教师未点评 学生的回答教师都未点评 整体感知不到位,文章比较深邃,学生还没能感知文章的意境。 把语言品析与情感感悟合在了一起 对初一学生来说有难度,在做摘抄之前教师应该予以指导。 学生的回答比较散,教师应该指导学生从修辞、句式、用词、情感、结构、表现手法等角度去摘抄欣赏。学生大多找的是修辞的句子,有些重复。总是一句又一句地分析,使得文章有一种被割裂的感觉,这篇文章不适合用这样的方式来解读。所以读书卡的方式不是什么文章都可以使用的,要注意使用的对象、方式、场合、时机,不能借读书卡的形式来串讲,以代替教师的循循善诱的教学。 没有目的性 没有比较的角度			
听课总评	综上,课堂板块清晰、有层次。主要教学思路是使用读书卡的形式让学生自主学习课文,但是文章比较深,学生在没有指导的情况下不太能吃透文章。学生没有在能力上得到锻炼和提升。思考：如何正确使用读书卡？						

---

① 周立群,陈菲,杨全良.语文教育实习导论[M].广州：广东高等教育出版社,2012：97.

四、语文教师听课技能的评价

对听课者从听课前的准备、听课中的观察与记录、听课后的分析与反思三方面进行考评。考评内容如下：

表 7-2 语文教师听课技能评价表

课题：		听课教师：		评价者：			时间：
评价项目		权重	评价等级				得分
			优秀	良好	中等	不合格	
听课前的准备（35%）	语文课标相关理念的理解程度	0.10					
	对授课教材内容的分析、把握	0.10					
	对听课班级学生情况的了解程度	0.10					
	正确心态的控制	0.05					
听课中的观察与记录（45%）	课前是否主动和学生交流	0.10					
	课中的观察与记录是否准确到位	0.25					
	课后是否观察学生的反应并能主动询问学生的知识掌握情况等	0.10					
听课后的分析与反思（20%）	课后分析是否客观、准确、深刻	0.10					
	课后反思是否能对自己的教学有所启示	0.10					
总分							
补充意见或建议							

注：根据听课者的表现作出评价。总分在9～10之间为优秀，在7～8之间为良好，在6～7之间为中等，在0～5之间为不合格。

第三节 语文教师的评课技能

《基础教育课程改革纲要（试行）》明确指出："改变课程评价过分强调甄别与选拔的功能，发挥评价促进学生发展、教师提高和改进教学实践的功能，建立促进教师不断提高的评价体系。强调教师对自己教学行为的分析与反思，建立以教师自评为主，校长、教师、学生、家长共同参与的评价制度，使教师从多渠道获取信息，不断提高教学水平。"当前，评课已成为学校的一项重要工作，"以评促教，教评相长"逐渐成为学校领导和教师的共识。

一、语文教师的评课技能概述

评课是听课的继续，是对课堂教学的成败得失及其原因作切实中肯的分析和评价，并且能够从教育理论的高度对一些现象做出正确的解释的一种教研活动。评课是一种重要的教学活动方式和研究形式，也是促进课堂教学改革、提高教师综合素质的重要途径。评课，不仅仅是评课者对授课者的教学思想、教学能力、教学技能、教学效果等的评价，同时，也在展示评课者自己的教学思想、教学行为、教学模式、教学水平。通过评课，可以促进良好的教学理念、主张及教学模式、方法的推广,可以在整体上提高师资队伍的质量。理性的评课对提高课堂教学质量,提升教师的教学能力,进一步加强和深化新一轮课程改革有很强的现实意义。因此,语文教师有必要了解评课,学会评课,掌握评课技能。

顾名思义"评课",即评价课堂教学。它是听课活动结束之后的教学延伸。具体地说:评课是指评课者对照课堂教学目标,对教师和学生在课堂教学中的活动以及由此所引起的变化进行价值判断的一种教研活动。评价是深化课堂教学改革,加强教学常规管理,开展教育科研活动,推进教师专业水平提高,促进学生发展的重要手段。

(一)语文教师评课的分类

评课是教学、教研工作过程中一项经常开展的活动。评课的类型很多。[①]

1. 依据评课的目的划分

可分为对教学经验丰富的优秀教师的示范性课堂教学所做的观摩式评课;旨在诊断课堂教学存在的问题和不足,提高授课教师和青年教师的授课水平的培训式评课;旨在发挥集体优势,取长补短,共同提高评课参与者的教研水平的研究式评课;旨在衡量课堂教学水平,评价授课教师教学素质的考核性评课。

2. 按组织形式划分

评课也可划分为听课者和授课者面对面单独交流的个别面谈式评课;先由授课教师讲课或说课,再由小组成员评议,最后由专家或领导总评的小组评议式评课;通过书面的形式传达自己的见解或通过填写举办者设计的评课表来进行的书面材料式评课;根据评课者或评课活动的需要的不同而采用的调查问卷式评课;先由执教者陈述自己的教学理念、教学目标、教学思路、教学内容、教学方法、教学特色等问题,然后由评课者提问,双方再各自阐述自己的观点,然后进行总结的陈述答辩式评课;由评课组织者或负责人采取点名的方式请参加评课者进行现场点评的点名评议式评课;体现教学民主的师生评议式评课;邀请专家对执教者的课进行会诊,帮助青年教师扬长避短,迅速成长的专家会诊式评课;执教者在听取了别人的评价后,及时进行反省性的修改、优化,进行二度设计的自我剖析式评课等。

(二)语文教师评课的功能

1. 教学诊断功能

20世纪六七十年代,美国哈佛大学教育家科根和戈德哈默首先提出"临床指导"技术。他们认为评课就像"临床指导",是一个"诊—断—治"的过程。为了查清教师教学效率低、学生学习效果差的原因,有针对性地对课堂教与学进行评析,进而做出综合分析。分析过程中,在肯定优点的基础上,重点分析存在的不足,对教师钻研和处理教材、了解学生、进行教学设计、选择教学方法和学生的学法等方面逐一透视,分析产生问题的原因,最后提出恰当的改进意见。

2. 激励发展功能

研究表明:在一定条件下,一个人的工作成绩与他的积极性和能力成正比。授课者运

---

① 胡志刚.化学微格教学[M].厦门:厦门大学出版社,2007:208—209.

用反馈原理,通过评课教师的点评可以及时获得有关教与学的反馈信息,使课堂教学不断改进、提高和优化,达到全面提高教学质量的目的。因而评课可以让授课教师看到自己的成绩和不足,找到成败的原因,促使他们扬长避短,不断改进教学,增强自信,激发教与学的活力和创造性。特别是对于年轻教师,优质的评课有助于开阔他们的视野、挖掘其教研潜能、激励其上进心、调动其工作热情、发展其教学能力。

3. 教学研究功能

评课既是教学活动,又是科研活动。它既是一个验证理论、指导实践的过程,也是一个实践操作、升华为理论的过程。评课中听课教师与授课教师可以在互动中学习吸收大量的教学理论、先进经验和最新的教改信息,然后在各自的课堂教学中去有机运用,在验证理论的同时,形成新的教学模式与方法。因此,评课既是渗透到教学的各个环节的教学活动,同时,也是促进教师专业发展、指导教师教学实验的科研活动。

4. 交流沟通功能

从广义上讲,评课活动是人际间的一种群体活动。它具有协调角色、融洽情感、沟通意见的功能,因而,评课是一种教学思想与教学经验的交流活动。对教师而言,通过评课,授课者可以从听课者的评价中认识、了解自己所不能发现的问题,从中汲取经验教训,进一步提高自己的教学理论水平和执教能力;另外,评课者通过评课,可以传达自己的教学主张,介绍自己的教学经验,推介自己的教学模式与方法;对学生来说,可以调动学生的学习积极性,激励他们的创造性思维;同时,也可促进校际或校内教师之间,专家、领导与普通教师之间的沟通。

5. 教学管理功能

学校领导通过评课起到检查、指导、督促、评估教学工作的作用,同时可以促进教师教学能力的不断提升。

二、语文教师评课的原则

为了使评课更加科学、合理、公正,在评课的过程中教师应遵循相应的原则。

(一)手段与目标相一致的原则

评课首先要评价教师是否预设了恰当、准确、具体、可操作的教学目标。其次,要考量授课教师对于设定的教学目标的实现采用的教学方法是否得当。因此,我们对课堂上授课教师的行为、语言、表情、教态以及各种手段的运用的考查,既要关注它们本身的性质和特点,更需要关注它们对目标达成的有效性和功能价值。

(二)行为与观念相协调的原则

观念是行为的内在依据,行为是观念的外部表现。在课堂教学中,教师的教学行为常常自觉或不自觉地反映出自己已有的教育观念,所以,在评课过程中要关注教师是否有意识地运用科学的教育观念和理论来指导自己的教学活动,并对运用的水平作出评价。

(三)效率与效果相统一的原则

效率与效果并不是同一个概念,通常我们的教师比较重视教学效率,这里的教学效率是指教师在单位时间内所完成的教学任务的数量。而真正高效的教学应该是建立在对课堂的建构和对学生的发展有推动作用的基础上。所以,在评课中,我们不但要注意授课教师在信息处理上的数量,更要关注其质量,不但要注重其完成教学任务的数量,更要关注这些教学任务所带来的效果。

(四)评教与评学相结合的原则

课堂教学的主体是学生,教学目标的落实最终是体现在学生的学习过程之中。课堂教学评价要改变传统的以"评教"为重点的现象,把评价的重点转到"评学"上面,要把评课的关注点,从教师传递知识转到学生有效学习上面,从统一讲授转到教师如何针对学生个体差异进行因人施教上面,从传统的授受式教学方式转到自主、合作、探究为主的学习方式上面。

(五)自评与行评相结合的原则

自我评价是指教师以自己的教学行为作为评价对象,通过对自己教学行为的描述、解释、分析,形成对教学本质的认识,并据此调整和改进自己的教学行为。同行评价有利于在学校中形成学术研究氛围,有利于促进教师专业发展。根据内部动力比外部压力更为有用的假设,在教师评价中有必要引进"自我评价"与"同行评价"相结合的机制,这样可以大大提高评课的效果。

(六)量评与质评相结合的原则

定性评价主要以系统的教学目标体系为依据,对教师的观念、行为作深度理解、分析和研究,但其主观随意性较大,容易引起教学的不公平。定量评价以反映教学目标达到程度的具体指标体系为依据。这种量化的方法,较客观、易操作,但它机械、缺乏灵活性,结果的说明和解释通常也比较简单,难以应对复杂的教学环节。我们认为,最佳的教学评价,应当是定量评价与定性评价的有机结合,评课时只有从量和质两个角度综合评价才能尽可能做到客观、科学、公正。

三、语文教师评课的实施策略

评课是一门学问,也是一门艺术。评课是学校教研活动中一种常见并且非常重要的形式。那么,语文教师应该如何评课呢?

(一)做好评课的准备

1. 准备工作的内容

要熟悉新课程理念、知晓语文课程评价标准;了解执教者的基本情况;了解听课的内容,熟悉教材,确定听课重点;要掌握学科特点,了解一些常见的教学模式,熟知其中的优缺点;设计观察记录表和评价表。

2. 认真听课,做好记录

听课时,要认真、及时地对教学过程进行记录。记录时,不需要面面俱到,要有详有略,凸现亮点。重点、关键处,要详细记录;精彩片段和教学机智,要及时记录;教师宜边听边思考。听课记录时要注意师生的双边活动,要关注学生在课堂上的情绪、言行、思考,及其参与教学的程度。

资料卡片

> 我同时用若干张表格纸和两个本子作听课记录：表格纸专门用来进行数据记录,如这节课的导入时间、提问次数、朗读时长、学生能够静默思考的时间、用了多少次的影像资料,等等。一个本子专门用来记录教学进程,如导入的内容,每个教学步骤的教学内容,等等。另一个本子记录我听课的瞬间感受以及对课的评价和关于优化本课教学的思想火花。
>
> 我同时将两种颜色的笔用于听课记录,黑笔用于记录,红笔用于评点。
>
> 每一节课,我都将手表调到整点,以利于计算时间。
>
> 20节课中,这6种工具陪伴着我：笔记、勾画、评点、计算、归类、随想。没有一点儿懈怠,没有一点儿疏忽；比所有的听课老师都要忙碌,比所有的参赛选手都要紧张,比所有的大赛评委都要劳累。
>
> (节选自余映潮《深深的足迹》；http://www.yuyingchao.com/Article/20071115204320_3745.html.）

3. 及时整理、归纳总结

首先,听课结束后,听课者应该根据听课记录和批注,及时进行整理和归纳,梳理出评课要点,发现值得推广的经验和做法,以及需要特别加以注意的问题；如条件许可,最好与授课者及其他听课者进行沟通交流,如有意见相左的地方,可作进一步思考,从而在评课中深化自己的见解,并更有针对性。其次,要访谈学生,获得间接信息。对于课堂教学效果如何,学生是最有发言权的。听课教师在课后可选择几名不同层次的学生进行调研,了解他们的体验和感受,这样,教师在评课时就会更加客观、科学。

(二) 熟知评课的内容

评课是一种技能,作为师范生应有意识地培养自己的这种技能,这对提升自己的教学能力有很大的帮助。目前,就评课的内容而言,评课的内容依据评课活动的目的不同可以侧重于不同的方面,没有统一的标准,仁者见仁智者见智。但对于师范生来说,初次学习评课,我们建议应尽可能学会更为全面地评价一节课。评课的内容归纳起来可以有以下几个方面。

1. 评教学理念

观念支配行为,有什么样的教学理念就会有什么样的教学行为。教学观念的优劣,不仅决定着教学行为的方向,还影响着教学效果的好坏。所以,针对课堂教学的成败,首先应从教师教学理念方面做出评析。

2. 评教学目标

教学目标是课堂教学的出发点和归宿,教学目标的正确制定和达成,是衡量一堂课好坏的主要尺度。

（1）从教学目标制定来看。要考查目标的确立是否从"知识与技能""过程与方法""情感态度与价值观"等三个维度设定；目标的内容设定是否具有可操作性；确定的教学目标，能否以课程标准为指导，体现学段、年级、教材特点，符合学生年龄实际和认知规律，难易适度。

（2）从目标达成来看。要看教学目标是不是明确体现在每一教学环节中，教学方法和手段是否都紧密围绕目标，为实现目标服务；要看课堂能否尽快地触及重点内容，重点内容的教学时间是否得到保证，重点知识和技能是否得到巩固和强化。具体从以下几个方面考量：① 目标是否紧扣课题内容及其教学重点；② 学生的学习行为和学习结果是否明确；③ 向学生表述时，能否让学生清晰地明白自己要学习什么和要达到一个怎样的学习结果；④ 是否与布置的学生作业及作业要求相一致；⑤ 对于所预设的教学目标学生是否都能在学习过程中达成。

3．评教学内容

教学内容就是教师根据一定的课程目标、教学原则、教学规律，通过精心设计、组织传递给学生的信息。评价时首先要看教师对教材的处理、对教学内容的确定是否正确。教材作为课程改革的物化产物，既是课程标准的具体体现，又是教师和学生开展教学活动的重要资源和媒介，教师对教材的处理好坏，将直接影响教学的效果，因此我们在评课时要关注教师对教材的组织、处理是否精当。其次，要看教学内容的选择、安排是否恰当，教学重点是否突出、教学难点是否突破、课堂教学容量是否妥当等。"用教材教而不是教教材"是新课程的理念下的教材观，评课还要看教师的教学内容设计是否能充分利用教材这个"例子"来培养学生的语文能力。

4．评教学方法

教学方法既包括教师教的活动方式，也包括在教师指导下学生学的活动方式，它是关于"怎么教学"的问题。评教学方法，就是评议教师在课堂教学中所用的教法是否与语文学科的特点与文本的特点相符，是否符合学生的心智特点与知识结构，是否有利于培养学生的思维能力和提升学生的语文素养，是否有利于调动学生的学习主动性等。有经验、有教学智慧的教师总是精心设计自己的教学，包括如何选择最佳切入点，如何设计导入激趣，如何采用过渡语句来进行起承转合，如何开展最佳的教学活动来调动学生的学习积极性。

5．评学法指导

学校教育是一种有目的、有计划、有系统地培养人的活动，这种培养不仅包括让学生获取现成的知识，更重要的是要培养学生的学习能力，让他们掌握科学的学习方法。因此评课除了要观察教师怎么教之外，还要看教师如何指导学生学习。教师若能在课堂上给学生以有效的引导，潜移默化地培养学生的学习能力，不仅能体现出较高的教学水平，更能减轻学生的学习负担，培养学习兴趣，提高教学质量。

6．评教学过程

（1）看教师的教学思路设计是否合理。教学思路是教师上课的脉络和主线，评教学思路，一要看教学思路层次是否清晰，是否符合教材和学生实际；二要看教学思路的设计是否有一定的独创性，能不能给学生以新鲜的感受；三要看教师在课堂上的调控和应变，实际运作效果。

（2）看课堂结构安排。教学思路侧重教材处理，而课堂结构，则侧重教法设计，反映的是教学横向的层次和环节。课堂结构不同，会产生不同的教学效果。那些结构严谨、环环相扣、过渡自然、时间分配合理、密度适中的课往往能取得好的教学效果。

7. 评教学基本功

教学基本功，是教师上好课的一个前提和保证。通常教师的教学基本功包括：设计科学艺术、字迹工整美观的板书；端庄整洁、大方热情、富有感染力的教态；规范标准、悦耳动听、流畅自如的口语表达；规范熟练的媒体操作；鉴赏美文和自如写作的情趣；对学生充满爱意的评价能力等等。

8. 评教学效果

评价教学效果，要看教学内容的完成程度、学生对知识的掌握程度、学生能力的实现程度、学生思维的发展程度等。概括起来，进行课堂效果评价包括以下三个方面：一是评教学时效，即在同样的单位时间内所获得的教学效率的高低；二是看学生学到了多少东西，以及其学到的东西价值的大小；三是看学生获得了多少激励和满足。

◆ 案 例 研 讨

《奥斯维辛没有什么新闻》课堂实录及点评
任丽芬

随着课程改革的深入，新课程理念已经深入人心，但我们不得不承认，为了追求课堂气氛的活跃，一些传统教育中极为宝贵的东西正在被我们所忽视。有的教师不注意在课堂教学中激活学生的思维，促进学生思维能力的提升，许多课堂的所谓活力还停留在蜻蜓点水、浮光掠影的层面上。而锦州中学秦伟老师注重吸纳传统教育思想中的精华，努力使自己的课堂教学体现新课程理念，以"激疑"为课堂教学的切入点，激活学生的思维，在平等的对话中引导学生思考、探究、解惑，促进学生思维能力的发展。这节课为我们诠释了他对语文教学最质朴的思考——因为学生有疑惑，老师才有必要上课。具体地说，这节课给我们以下思考。

（1）决定课堂教学质量高低的不是教师的课堂行为，而是学生的学习状态。评价一节课或教师的教学不仅要看他如何教，更要看学生怎样学、学得结果如何。要看学生在课堂上是否通过自主学习、独立思考及合作探究，使知识得以重组，思维得到发展。

（2）学生成为课堂主人的标志是其自身对疑惑的积极思考和主动探究。课程改革不能满足于教育、教学理念的更新，更重要的是能用新课程理念指导教学实践。评价课堂气氛，不能只看讨论得是否热烈、回答问题人数的多寡，更要看讨论的问题是否紧扣文本，是否有思考价值，学生的发言是否有质量。在秦伟老师的课堂上，学生面对文本、面对教师提出的问题时，没有把它们当做摊派的任务，而是积极主动地探究。这是文本阅读中一个极自然的过程，是一个个鲜活的个体生命与文本生命的平等对视，学生一切的疑惑和思考都是由阅读文本而引发的，而不是来自教者的干预和强加。

（3）面对文本、尊重文本。语文教学，不能脱离文本，不能加入太多外在因素，一切的思考与探究都应围绕文本进行。抛开对文本的理解、抛开对语言的揣摩,是语文课的悲哀。

(4)学生的疑惑为教师提供了实现自身价值的平台,但教师的职责不是回答学生的疑问,而是引导学生在独立思考、辨析和与他人的思维碰撞中找到问题的答案。过去我们对讲课的"讲"字理解得比较狭隘,大有包揽所有问题的雄心,殊不知面面俱到的结果就是失去重点,更主要的是使学生失去了质疑和探究的良机。如果教师能像秦伟老师这样在上课伊始就抓住文本中的关键问题,并一贯到底,巧妙地启发、引导,就会很好地解决目前课堂教学缺乏实效性和忽视思维能力培养的问题。教学是一种智慧,这一智慧来自教师对课堂教学实践每一个环节的认真反思,这种反思不是单纯的总结,而是一种创造。[①]

课堂讨论

1. 上述案例中的评课观点给了你怎样的启示?
2. 评课的目的不是证明教师讲课的水平,而是为了改进教学水平。怎样才能找到合适的着眼点,提出有价值的意见,发挥评课的作用呢?

(三)掌握评课的方法

根据评课视角的不同,常见的评课方法主要有:片段分析法、问题探讨法、解读评点法、塑造评议法、特色鉴赏法和整体评价法。其中,整体评价法是对一堂课进行全面的分析与评价,通过对一堂课的成功之处、特色之处及针对课堂教学存在的问题进行深入、细致、理性的剖析,获得对教学的感悟和把握。用整体评价法评课能够比较客观地对教师的教学水平和一节课的教学质量作出整体评价,因而整体评价法是最常用的评课方式。

用整体评价法评课,一般从定量和定性两方面进行课堂教学评价。所谓的定量评价,即评课者根据事先制定的评价量表来规范评价的要求,量表的评价指标包括教学理念、目标定位、教材内容、教学过程、教学手段、教学效果、教师素质等几个项目,每个项目都有具体的评价指标。评课者须以这些指标为依据,对课堂教学进行量化打分,最后得出所听课的量化评价结果。所谓的定性评价,即评课者根据自己的学识水平和教学经验,结合听课中的理解、分析与思考,描述这节课的优缺点并提出中肯、合理的意见与建议。

四、语文教师评课技能的评价

能准确把握听课重点,合理作出评价是一个教师评课能力的体现,同时评价也能促进评课教师自身的发展。常见的评课可采用定量统计与定性描述两种方式,同样,对评课技能的评价既可采用量表形式进行评价,也可以进行"质"性点评,或者把二者结合起来。评课技能评价量表,应根据评课必须遵循的原则来编制。

以小组为单位进行微格课堂模拟,推举一位同学讲课,小组同学听课后组织评课,考评内容如下:

---

① 任丽芬.疑,课堂的生命——《奥斯维辛没有什么新闻》课堂实录及点评[J].语文建设,2010(11):33—34.

表 7-3 语文教师评课技能评价表

课题：　　　　　　　评课教师：　　　　　　评价者：　　　　　　时间：

评价项目	权重	评价等级				得分
		优秀	良好	中等	不合格	
公平公正，科学客观	0.10					
把握整体，突出重点	0.20					
既有理论，又有实践	0.20					
因人而异，因课制宜	0.10					
语言精当，评述合理	0.10					
鼓励为主，提供指导	0.20					
语气平和，态度诚恳	0.10					
总分						
补充意见或建议						

注：请在评价前阅读该表中的项目，根据评课者的表现作出恰当评价。总分在 9~10 之间为优秀，在 7~8 之间为良好，在 6~7 之间为中等，在 0~5 之间为不合格。

讨论与练习

一、思考·理解

1. 语文说课一般应包含哪些基本内容？在新课程下的语文说课中应注意哪些主要问题？

2. 要搞好语文评课活动，教师需要做哪些准备？

3. 你认为听课前的准备和听课的效果有何关系？

二、研究·讨论

1. 如何根据说课的类型和内容提高说课的质量和水平？

2. 下面是语文出版社社长王旭明的示范课点评，你是否同意他的点评观，请说出理由。

我喜欢听课，也听过很多课，原生态、示范课、比赛课……能够留下深刻印象的委实不多。然而，张老师的课却让我很难忘记。张老师上课最大的特点是，不管有意还是无意，自始至终反映她非常自觉的传播素养。我一直提倡一个观点：当代教师需要有一定的传播素养。判断一个教师是否具有传播素养的最大标准是他有没有受众的观念，具体到教学中，是看他是不是把学生放在首要的位置。这就是我们一直以来提倡的"课堂教学要以学生为本"的教学理念。示范课不好上，因为授课教师不仅仅要面对学生，还要面对听课者，比日常教学又多了一层观众。恰当地处理好两部分受众的关系，就是具备传播素养的表现。

我听过的示范课，普遍的问题是，授课教师没有把讲坛当做教学的台子，而是更多地作为展示自己的舞台。授课者的个人能力不可谓不高，但太自我，不考虑受众的需求。见得太多的是自鸣得意的引导、自鸣得意的展示、自鸣得意的互动……是自己一个人在"玩"。这是教学中应该摒弃的。而张老师，却是真正和学生"玩"到了一起。

三、设计·实践

1. 从人教版语文初中（高中）教科书中任选一篇课文，组织 2~5 名学生进行说课（结合微格训练），然后根据"说课量化评价表"进行定性与定量评价。

2. 组织一次听课活动，要求认真做好听课笔记，请做出听课后的分析与反思，并写好评课纲要，作 3 分钟评课。

3. 观看一次附带评课内容的教学录像，看完之后开展讨论。重点讨论评课者的表现，特别说明哪些方面值得学习，哪些方面应引以为戒。

第八章 语文教学研究技能

◆ 学习目标

1. 了解语文教学研究的基本过程和常用的研究方法。
2. 掌握选题、设计、收集与分析资料以及撰写论文的方法和要求。

◆ 学习建议

1. 阅读相关资料,了解语文名师成长经历及其对语文教学的研究,了解教学研究对语文教师专业成长的促进作用。
2. 从语文教学实践中选择一个课题,运用恰当的研究方法进行研究,并把研究成果用文字表达出来。

◆ 核心概念

语文教学、研究方法、研究程序、文献研究法、经验总结法、调查研究法、行动研究法

◆ 名人语录

在教育教学实践中,问题无定规,研究无定法,文章无定体,教师要根据具体情景加以选择和运用,有时甚至需要创造性地将几种不同的研究方式综合起来解决面临的问题。

——郑金洲

第一节 语文教学研究概说

语文教学研究从 1980 年代以来,如火如荼地展开,解决了许多语文教学中的实际问题,涌现出钱梦龙、魏书生、程翔、李吉林、窦桂梅等名师。特别是本世纪初新课程改革以来,语文教学中教师即研究者的观念已被广大一线语文教师所接受,语文教学研究日渐成为语文教师自身专业活动的重要内容和职业生活方式的基本形式。为此,了解语文教学研究的过程和方法,将有助于语文教师从解决语文教学中的问题出发,选择有价值的选题,采用适宜个人的研究方式,研究语文教学;在研究中形成并提升研究技能,提高语文教师从事教学和教研的水平,促进教师的专业发展。

一、语文教学研究的定位

关于语文教学的研究对象及范围,不同的专家有不同的看法。魏本亚教授在他的《语文教育研究方法论》中指出:"语文教育研究的范围是语文学科教育,不是泛语文教育。"[1]并且把语文教育研究划分为语文课程论、语文教学论、语文教师论、语文学习论和语文教育史五个板块。语文教学论板块又分为教学目标、教学内容、教学设计、教学原则、教学艺术、教学技术应用、教学实践过程、教学能力要素、教学评价。语文基础知识教学,又分为阅读教学、作文教学、口语交际教学、课外活动、综合性学习。王荣生博士则把语文教育研究划分为七个层面:人-语文活动层面、人-语文学习层面、语文学科层面、语文课程具体形态层面、语文教材具体形态层面、语文教学具体形态层面、语文教育评价层面。[2]

不论是"五个板块",还是"七个层面",都把语文教学研究单独列为语文教育研究的一个方面,可见语文教学研究不同于语文教育研究,其研究对象应该是语文教学要素及其实践过程。

关于教学研究的指向,郑金洲教授在《教师如何做研究》中列举了中小学教育研究的种种误区之后,提出中小学教师的研究应以行动研究为主要取向。他说:"'教师即研究者'是西方在20世纪五六十年代提出的一个命题,但是从相关的资料看,在他们那里,中小学教师占主流地位的研究并非课题研究,而是日常生活实践研究。"由此可见,语文教学研究应以语文实践为主,真实记录和阐释教学现象,力求发掘语文教学问题的内在联系和实质。

基于此,我们认为语文教学研究是在教育教学理论指导下,选择和运用恰当的技术方法,对语文教学现象和实践进行解释、预测和控制,从而探索语文教学规律的研究活动。中小学语文教师进行语文教学研究,其对象主要是语文教学现象、语文教学要素和语文教学实践,其研究的指向是语文教学实践中遇到的问题;其研究目的是改善语文教学策略,提升语文教学质量。

二、语文教学研究的意义

(一)转变教学理念和教学行为

语文教学研究的目的之一就是通过科研转变教师的教学理念,教师在研究教学的过程中,学习和接受新的教育教学思想和理念,思考教学中的困惑和出现的问题,对过去习以为常的教学观念进行反思和改革,梳理自我的教学经验,提炼其教学智慧,采用新的教学策略,改进语文教学实践,从而逐步改变机械而繁重的工作状态,提高语文教学的有效性,成为教学智慧的创造者。

(二)解决语文教学的实际问题

长期以来,语文教学研究的话语权往往被专家所控制,他们研究出的"语文教学理论"要

---

[1] 魏本亚.语文教育研究方法论[M].北京:高等教育出版社,2008:1—10.
[2] 王荣生.语文科课程论基础[M].上海:上海教育出版社,2003:11.

为一线的语文教师所运用。实践证明,许多专家并未从事过语文教学,许多理论脱离语文教学实际,甚至是"舶来品",不符合汉语文的特性,因而,并不能够真正帮助语文教师解决他们在语文教学中遇到的问题。而一线的语文教师研究自我教学实践中遇到的问题以及产生的困惑,则汇总了教师的教学经验,使得语文教学研究具有较强的针对性。

(三)提升教师教学水平

教学研究总是先从问题开始,先从学习开始,质疑与学习伴随着研究的全过程。语文教师在思考教学中的困惑、寻求问题解决的方案的过程中,促使自身不断地思考和学习,在与同行和专业研究者的对话中,发现解决问题的方法,并通过学习自觉地弥补学识和能力的不足,不断提升自我的专业素养和语文教学水平。

(四)促进教师的专业发展

参与科研能够使教师逐渐获得教学研究能力,同时有效提高教师的教学监控能力和教学水平。实践表明,研究教学对于提高教师素质,促进教师的专业化发展从"经验型"教师向"学者型"教师转变,具有重要的意义。

案例研讨

从工作之日起,我就在语文教学中有意地展开研究和探索。我的方法是:在实践中研究,在研究中实践;做研究型的实践者,实践型的研究者。然后,我将自己的研究用笔写下来。我把"写"概括为"三部曲":将自己的教学实践写下来;将自己的教学思考写下来;将自己的教学思想写下来。

(一)将自己的教学实践写下来

每个人在教学实践中都会有自己成功的案例,典型的素材,即使是工作不久的教师。这些案例与素材,是在特定的背景下产生的,具有不可重复性,记录下来,就是财富。

(二)将自己的教学思考写下来

一个教师,有了几年的教学实践,就会对教育的表象与深层问题有所感触和思考。将自己的思考过滤梳理,就能写出引人思考、给人启发的好文章。

(三)将自己的教学思想写下来

大凡成功的教师,在经过二三十年的实践与思考之后,在寂寞苦索、理性积淀的基础上,一定会形成自己的教学思想。我不敢狂言,说我已经有什么教学思想了。现在我需要的是实践—思考—积淀—再实践—再思考—再积淀,并且需要多次的循环往复。①

郑逸农老师以简洁的语言叙述了自己的语文教学研究的范围与内容——教学实践、教学思考和教学思想;研究方法是"实践—思考—积淀—再实践—再思考—再积淀",即"在实践中研究,在研究中实践";研究成果的表达是"用笔写下来";研究的目的是促进专业成长,即"做研究型的实践者,实践型的研究者"。这既是具有郑逸农个性特点的语文教学研究内容、方法与目的,同时也体现出了语文教师研究教学的共性。

---

① 郑逸农.做一名专业型教师[J].语文教学通讯(高中),2003(3):5—6.

第二节　语文教学研究的基本方法

要有效地进行教学研究，就必须善于运用研究方法。研究方法是从事研究的计划、策略、手段、工具和步骤的总和，目前教学研究方法分类繁多，不尽统一。魏本亚认为"在语文学科的研究过程中，语文教育工作者形成了自己的'经验主义研究范式'，借鉴别的学科研究经验形成了'实证主义研究范式'和'自然主义研究范式'"[①]，并在经验主义研究范式中列出语言分析研究法、文学研究法、经验总结法和文献研究法四种研究范式；在实证主义研究范式中列出语文实验研究法和调查研究法两种研究范式；在自然主义研究范式中列出语文教育叙事研究法、语文案例研究法、语文个案研究法和语文行动研究法四种研究范式。李海林在《语文教学科研十讲》中选讲了行动研究、叙事研究、案例研究、质性研究、调查研究、实验研究、文献研究、历史研究、系统研究和逻辑研究十种语文教学的研究方法。郑金洲在他的《教师如何做研究》中提出中小学教师研究的取向应是行动研究，研究成果的表达形式有教育日志、教育叙事、教育案例、教学反思和教学课例。

综合上述研究，结合语文教师的日常工作特点，我们选择目前语文教学研究中运用较多、语文教师应该掌握的基本方法简介如下。

一、语文文献研究法

（一）语文文献研究法的内涵

文献研究法在语文教学实际中广泛运用，是语文教师应该具备的基本研究技能。语文教师经常会遇到大大小小的疑难问题，小到一个字的读音、词语的意义，大到篇章结构的理解把握，乃至语文教学的本质问题。教师要解决这些问题，首要的是查阅字典、词典等工具书，以及相关的研究文献，之后再辨析判断，得出结论。

对于文献研究法，不同的学者有不同的看法。李秉德认为："文献法就是对文献进行阅读、分析、整理，从而找出事物本质属性的一种研究方法。在历史法的研究过程中，必须运用文献法。但是文献法却不限于历史研究。它既可以作为一种研究方法，也是其他研究方法的初步工作。"[②]李海林则认为："文献研究法是通过对文献的研究形成对文献记录之事实及记录本身之事实的科学认识的方法。"[③]魏本亚教授在他的《语文教育研究方法论》中指出："文献研究法是基于文献本身的研究方法并由此推及解决现实实际问题的一种研究方法。"[④]分析三位学者的定义，我们可以得出这样几点：文献法是可以广泛运用的一种研究方法；其研究对象是文献本身；其起点是语文教师在教学过程中遇到的疑难问题，其过程是查阅文献，然后是围绕问题对文献进行分析、梳理，其终点是解决问题。

---

① 魏本亚.语文教育研究方法论[M].北京：高等教育出版社，2008：1.
② 李秉德.教育科学研究方法[M].北京：人民教育出版社，2001：129—130.
③ 李海林.语文教学科研十讲[M].杭州：浙江教育出版社，2005：314.
④ 魏本亚.语文教育研究方法论[M].北京：高等教育出版社，2008：74.

(二)语文文献研究的基本路径

1. 明确要研究的问题

遇到问题,从不同的角度、不同的层面多问几个为什么,是清晰研究问题的范围、边界的有效方法。例如,一位教师研究《使至塞上》中传达出的思想情感时,发现不同版本的教师教学用书中对这首诗的解释不一,于是展开研究,从颔联中的"归雁"入手,提出两个问题"归雁入胡天"究竟是哪个季节的景象呢?"归雁"究竟是不是作者的自比呢?并就这两个问题展开研究,使其研究视域清晰起来。①

2. 查阅有价值的文献

随着信息化的不断发展,人们可以随时随地上网查阅资料。网络上有海量的资料,一方面,使研究者节省了时间,方便快捷;另一方面,网络资料良莠不齐,错误比比皆是,又误导研究者。因而,查阅文献一定要关注文献的价值。如果在网络检索,一定要在学术性强的官网上查阅,如中国期刊数据库、万方数据库、硕士博士论文数据库等。如果查阅纸质文献,也要挑选高质量的学术期刊和高质量的著作。

3. 分析问题,得出结论

对于搜集、查阅到的文献,首先要围绕着研究的问题进行甄别筛选,选择最为典型的、有说服力的材料,其次要对筛选出的材料进行比较分析,判断论证,最后得出研究结论。

案例研讨

语文教学一例严重的集体性失误(节选)②
——实事求是精神在这里的缺失
徐 江 朱金恒

《谈骨气》是一篇经典文本,目前仍是某些省的初中语文教材中的重点篇目。在讲议论文常识时,人们仍然习惯以它为样本。然而它自身存在的典型逻辑错误至今仍未被纠正,乃至初中语文存在一个规模很大的集体性教学失误。这个问题在时间长河中流传的越久越显示着语文界学风、教风乃至价值观方面严重的缺失。相关教学管理者不熟悉这个问题,很难在教学一线进行这样的讨论。我们搭档讨论它是一个偶然的结合,之所以提这个问题,是想引发人们思考——这种严重的集体性失误为什么长期存在?这样的愚化教育为什么必须在校长熟悉的专业范畴内才能摆在教学管理的日程上讨论呢?

(一)《谈骨气》文本问题分析

这篇文章本身有什么问题呢?

1. 定义不当

文本原文第三段这样说:"什么叫骨气,指的是抱有正确、坚定的主张始终如一地勇敢地为当时的进步事业服务,遭遇任何困难,都压不扁、折不弯,碰上狂风巨浪,能够顶得住,吓

---

① 钱建江.在拓展佐证中体会微言大义——古诗词文本细读方法例谈[J].语文教学通讯,2014(12):51—52.
② 徐江,朱金恒.语文教学一例严重的集体性失误——实事求是精神在这里的缺失[J].语文教学之友,2014(6):3—5.

不倒,坚持斗争的人。"如果我们去掉那些定语,最后看到的是"什么叫骨气,指的是……的人"。这是明显的搭配不当。"骨气"不是指"人",而是人所具有的一种精神气概。如果我们来给骨气下定义,它应当是这样的:所谓骨气,是指行为主体在逆境下坚守正义性原则和行动所体现出的精神气概。这才是恰当的属加种差的定义。

2. 不食嗟来食者事例有误

不食嗟来食者的事例与骨气不相关,充其量是放不下架子,死要面子,为面子而死。《礼记·檀弓下》明确地记载了这个故事:"齐大饥,黔敖为食于路,以待饿者而食之。有饿者,蒙袂辑屦,贸贸然来。黔敖左奉食,右执饮,曰:'嗟!来食!'扬其目而视之曰:'予唯不食嗟来之食,以至于斯也!'从而谢焉,终不食而死。曾子曰:'微与!其嗟也可去,其谢也可食。'"

很显然,故事中的施饭者黔敖是一个很有善心的人,他"为食于路",见"饿者"来,"左奉食,右执饮",热情招呼"饿者"。也许他是一个粗人,不善言语,没能很有礼貌地说:"请!来食!"而是粗鲁地喊:"嗟!来食!"当"饿者"表示不满时,黔敖立即"谢焉",表示道歉,但"饿者"最终还是不食,饿死了。曾子知道这件事感叹说:"其谢也可食"。所以说,这位"饿者"饿死是不值的。此事例与文本主旨是不相干的。

不仅如此,论文作者在叙述事例时,还以文学中万能叙事人的身份虚构说:"那人摆着一副慈善家的面孔……显然,他不会白白施舍,吃他的饭就要替他办事。"同时,还虚构"饿者"的心理活动说:"看你那副脸孔、那个神气,宁可饿死,也不吃你的饭。"作为一位历史学家,作者为了论证自己的观点,修改历史,添油加醋描述故事,这就违背了论据最基本的特性——真实的原则。黔敖就是一个慈善家,不是摆出"慈善家的面孔"。"饿者"饿死,不是有骨气,而是不珍视他人的善意,甚至让人怀疑他不是道地的穷人,因为他太挑别,充满了一种酸腐气。

3. 文天祥事例使用不妥

文本:"从孟子的三句话举三个例子。"这其中的"从"字,应该理解为"顺"或"遵",就是说孟子的三句话是纲,所举三个例子要与三句话有恰当的对应关系。

但是,文天祥的事例并不恰当。

文本云:"孟子的几句话,在文天祥身上都表现出来了。"这其中的"都"字就不准确,至少文天祥与所谓"贫贱不能移"无关。他身陷元人囹圄之内,也不算贫贱。况且文天祥"都表现出"了孟子三句话的精神,后边再叙述他人事例就是重复事例了。

再者,"从孟子的三句话举三个例子"所应有的对应关系看,似乎闻一多与"威武不能屈"对应,不食嗟来食者与"贫贱不能移"对应,那么文天祥也只能是与"富贵不能淫"对应了。

但是,正如文中引"人生自古谁无死,留取丹心照汗青。"诗句所云,文天祥的精神是被俘后宁死不投降,实际上是"威武不能屈"。倘若文天祥没被杀害,不管他拒不拒做元人的官,他都不会有那样的历史影响。

4. 对孟子三句话的解释不准

文本说孟子三句话的意思是"高官厚禄收买不了,贫穷困苦折磨不了,强暴武力威胁不了。"这样的人是大丈夫。那么文本的解释不准确表现在哪里呢?"富贵"不等于"高官厚禄","淫"没有"收买"的意思;"贫贱"并不是"贫穷困苦",其中"贱"指地位低下,文本的解释丢掉了"贱"的意思。

我们来解释这三句话应该是这样的:财物多、地位高时不能乱心志而淫侈;生活贫困、地位低下时不能改变自己所坚持的正义行为;威势武力胁迫下不能屈服,这才是大丈夫。

5. "我们中国人是有骨气的"与全文脱节,是多余的话

单就"我们中国人是有骨气的"这句话作为全文的领启句,它虽然是在形式上立在了前面,但这句话在该文没有立住脚,与后面的阐述关联不大。

为什么这样说呢?

全文四次提到孟子三句话:①"战国时代的孟子,有几句很好的话";②"从孟子的三句话举三个例子";③"孟子说的几句话,在文天祥身上都表现出来了";④"孟子的这些话,虽然是在两千多年以前说的,但直到现在,还有它的积极意义。"先不说孟子的话是什么意思,单这字面的表述形式就足以说明孟子三句话在全文中的地位和作用,它是全文的核心。

而这三句话到底是说什么的呢?这三句话是解释什么样的人是大丈夫,或者说怎样做是大丈夫。按照文本所说:"大丈夫的这种种行为,表现出了英雄气概,我们今天就叫做有骨气。"而文中所举三个例子——文天祥、闻一多、不食嗟来食的穷人——就是具体解释像这三个人这样做就是有骨气。

除此之外,文本中引人注意的就是给骨气下定义,即关于"什么是骨气"的解释,尽管解释得不对,但从形式上看是在解释"什么是骨气"。

由此可以看出,《谈骨气》就是以孟子话为纲论述什么是骨气、怎样做才算有骨气,号召人们做有骨气的人。很明显,这些论述与领起句"我们中国人是有骨气的"内在文脉是不通的,是不连贯的。有哲学家说:"连贯性不能确立真理,但是不连贯性和不一致性却能确立谬误。"(《猜想与反驳》,〔英〕卡尔·波普尔著,傅季重等译,上海译文出版,第40页)全文并没有阐述"中国人"如何如何的有骨气。倘若把"我们中国人是有骨气的"改作"我们中国人要有骨气",或者干脆删掉"我们中国人是有骨气的"这句话,并且以"什么是骨气"开端,然后下定义,继之以孟子三句话,再继之以具体的事例作解释,这样文章会顺畅许多。

综上所述,吴晗先生的《谈骨气》一文没有很准确地对有关事实进行深入的研究,在"求"的方面做得很不够,所以,他没有得出真正的"是"。其错误除了定义有误外,关键在于孟子三句话的引用。"富贵不能淫,贫贱不能移,威武不能屈。"这种种行为是大丈夫所应为,但并不见得都涉及骨气问题。有骨气的行为统统涵于大丈夫行为之范畴内,而大丈夫的行为有些涉及骨气问题,有些就不涉及骨气问题。"富贵不能淫",即便按吴晗的解释——"高官厚禄收买不了"——也不一定涉及骨气问题。它是在逆境下的一种正义性坚持,这是另一种优良品质的表现。更何况"富贵不能淫"不是"高官厚禄收买不了",而是有地位有财富但不淫侈,这是大丈夫行为,但不涉及骨气。不管作者是否有意曲解孟子的话,用这句话来论骨气则是不妥当的。"大丈夫行为"与"有骨气行为"是包含与被包含的关系。

此案例全文共三个部分,限于篇幅,我们只节选了第一个部分。在这一部分中,作者运用文献法对于《谈骨气》的文本进行了深入研究,并得出结论,可以看做是一篇结构完整的文章。案例中,作者指出了《谈骨气》文本的五个失误之处,紧扣《谈骨气》的文本进行分析,并援引《礼记·檀弓下》的记载为佐证材料,分析详尽,自成一说。

◆ 课 堂 讨 论

1. 你是否赞同案例中作者的观点？简述理由。
2. 案例的作者认为《谈骨气》中"不食嗟来食者事例有误"，并进行了分析。请简要评价其研究价值及研究方法。

二、语文经验总结法

（一）语文经验总结法的内涵

经验总结是一种普通的常用的研究方法。语文教学中的经验总结法，就是把语文教学中的有效实践，通过深入地分析、概括，上升到语文教学的理论高度，提炼出典型性经验的一种研究方法。

（二）语文经验总结的基本路径

经验总结可以是教师个体的教学经验总结，也可是集体研究智慧的总结。其研究路径大体如下：

1. 选择有研究价值的对象

每一位成熟的语文教师都有自己教学上有效的做法，这就是教学经验。不论是总结自己的经验，还是总结集体的经验，在总结前和总结的过程中，教师要甄别总结对象是否具有典型性和示范作用。只有当经验是典型的，具有一定示范作用，才是具有价值的、真正意义上的经验。

2. 积累并梳理事实资料

众所周知，积累大量的材料，是总结的前提和基础，为此，材料的收集要客观全面；此外，还要收集不同方面的意见与建议，如同行、家长、学生；既要收集成功的典型案例，还要收集包含缺陷甚至是失败的案例，正反两方面的经验都要总结。总之，资料收集得越丰富，总结的经验就越具有扎实的现实基础。

3. 理性阐释经验

经验总结并不是事实的简单组合，而是要能提升为有理论价值的实践成果。语文教师的实践，往往并不是某种理论指导下的有一定计划的实验，而是在语文教学实践中生成的教学智慧。因而，其语文实践是否有理据，有何种理据，常常需要在总结经验时去寻找可支撑其实践的理论依据，并据此阐释其实践经验。

4. 构建经验范式

一个人或一个集体的语文教学经验是否能够被更多的同行所接受，是否具有推广价值，其经验范式非常重要。在语文教学的历史长河中，语文教师构建了无数教学模式、教学范式，许多教学范式由于种种原因，都被大浪淘洗掉了；真正有价值的、生命力强的经验范式，少之又少。这样的范式一般都具有简单易行、操作性强、实践性强的特点。

三、语文教学实验研究法

（一）语文教学实验研究法的内涵

语文教学实验是以语文教学为研究对象，根据一定理论提出假设，在创设的环境中有计划地控制语文教学活动中的某些因素，观察语文教学的变化和结果，检验假设与语文教学实践变化过程中的因果关系的一种研究方法。语文教学实验研究法具有综合性、归因性、控制性和可推广性，其最主要的特征是控制性。

语文教学实验研究是在自然教学状态下的一种准实验研究，有别于实验室要求的高度控制。语文教学实验中经常被操纵的自变量有教学方法、作业的种类、学习材料、给予学生的奖励、教师的提问类型等；不能被操纵的自变量有性别、种族、年龄、信仰等；经常被研究的因变量有学习成绩、兴趣、注意范围、动机、对学校或对教师的态度等。

（二）语文实验研究法的基本路径

语文教学实验研究的过程包括实验的设计、准备、实施和结果处理四个基本步骤。

1. 设计

在实验之前要制订详细的计划，主要工作包括明确具体研究问题、形成研究假设；确定实验的自变量、确定因变量的指标及其观察与测量方法；考虑如何控制无关变量；确定取样的大小、范围和方法；安排实验的具体程序等。

2. 准备

根据实验设计所作的计划，进行实验前的准备。比如拟定测验题目，编制实验材料，确定实验人员，准备相关的设备等。

3. 实施

开展实验以获取资料和数据。主要包括选择被试，对被试进行实验处理（如分组），按照试验目的改变自变量以影响被试；控制无关变量；按计划进行各阶段测验，及时进行资料收集。

4. 结果统计分析

对实验中获得的各类资料和数据进行处理，得出研究结论。需要注意的是对数据统计所得的初步实验结果，要进一步分析其意义和效果，即实验说明了什么，自变量和因变量是否显著相关；实验结果证实了假设还是补充、修正或者否定了假设。此外，也要对实验结果的科学性和准确性进行检验。

四、语文教学调查研究法

（一）语文教学调查研究法的内涵

语文教学调查法是一种有计划、有目的地对研究对象的历史和现状进行考察的方法，主要使用自填式问卷或结构式访谈，系统地从一个取自总体的样本收集量化资料，并通过对这些资料的统计分析，来认识语文教学现象及其规律。

（二）语文教学调查研究法的类型

据调查的目的、内容、对象和范围的不同，调查可分为多种类型。见表 8-1。

表 8-1 调查的种类及作用

分类法	种　　类	作　　　用
目的	常模调查	了解一般情况，寻找一般数据
	比较调查	比较两个群体、两个地区、两个时期的情况
内容	事实调查	掌握现有的事实与数据
	态度调查	了解对问题的看法、倾向性意见与态度
对象	全面调查	对调查对象全部进行调查
	抽样调查	在总体中抽取部分有代表性的单位进行调查
	个案调查	全面、深入研究单一案例或有限数目的事例
范围	综合调查	涉及多类问题或某问题的各个方面
	专题调查	仅涉及某个方面的问题

根据调查方式和工具的不同，可分为问卷调查、访谈调查和文献调查等。

1. 问卷调查

问卷调查是教学研究中一种常用的研究手段，主要通过书面形式，以严格设计的调查项目或问题，向研究对象收集笔述材料。

问卷是一份精心设计的问题表格，其用途是测量人们的行为、态度和兴趣及社会特征，获得数量化的调查结果。一份问卷主要包含指导语、问题、答案三部分内容，收集三类资料：关于事实的、关于态度的以及调查对象的个人资料。

提问的方式决定了问卷的结构化程度，大概分为结构型、非结构型两类。结构型问卷又称为封闭式问卷，题型包括是非式、选择式、排列式、填空式、量表式等；非结构的问卷又称为开放式问卷。在实际运用中，以结构型问卷为主，常常把两种方式结合在一起，以便收集到更多、更全面的信息。

问卷的设计和编制要根据研究的理论框架和研究目的。设计出问卷的初稿后，一般要选取一个同质的小样本，用这些问卷初稿对他们进行调查，最后认真检查，分析调查的结果，从中发现问题和缺陷，进行修改之后再定稿施测。

2. 访谈调查

访谈法是一种个别化的以研究为目的的交谈，是通过口头谈话的方式收集第一手资料的研究方法。

根据控制程度，可分为结构式访谈、半结构式访谈、无结构访谈。结构式访谈又称标准化访谈，对访谈过程高度控制。这种访谈的访问物件必须按照统一的标准和方法选取，一般采用概率抽样。访谈的过程也是高度标准化的，即提出的问题、提问的次序与方式、记录方式等是完全统一的。无结构访谈又称非标准化访谈，它是一种半控制或无控制的访谈。事先不预设问卷、提问等的程式，只设定一个粗略的问题大纲或几个要点，调查者与被调查者就这个题目自由交谈；在访谈过程中边谈边形成新问题，调查者可随时提出。半结构式访谈介于二者之间，包括结构式问题，和一定的开放式问题。

根据人数,可分为个人访谈与集体访谈。个人访谈,因为没有其他人在场,交谈比较自由也容易深入,适合敏感问题和个案研究。集体访谈或座谈会,研究者提出访谈或座谈的目的和要了解的问题,参与者先后发言;其过程中参与者相互激发,容易表达他们自己的情感。一次集体访谈的人数通常在5~7人,最多不超过10人。

3. 文献调查

即书面材料分析的方法。根据研究的目的,收集已有记载的文献,对其内容加以鉴别分析。比如:反映语文课程发展的纲领性文件,语文教材的建设与革新;反映语文教师教学情况的材料,如教师工作计划、教案、教学论文等;反映学生语文学习情况的材料,如语文作业本、语文试卷、成绩册等。

文献研究不接触研究对象,而是利用第二手资料进行研究,具有间接性、无干扰性、无反应性等特点。采用文献调查方法进行研究时,需要注意:一是收集材料要有计划,合乎研究目的;二是材料应充分,且有代表性;三是要鉴别材料的真伪。

(三)语文教学调查法研究的基本路径

1. 依据研究课题和研究目的,选取调查对象

对于无法实行或者没有必要进行全面调查的,采取抽样调查。

2. 设计调查计划

调查计划是调查的程序和统筹安排,主要包括研究目的、对象和范围;步骤和日程安排;选择恰当的调查方法;人员的分工等。计划要反复讨论,周密可行,随工作进程和实际情况可以进行适当调整。

3. 实际调查

收集、整理和分析所获得的第一手材料。

4. 撰写调查报告

对研究问题做出解释,给出结论和建议。

五、语文行动研究法

(一)语文行动研究的内涵及特征

1. 语文行动研究的内涵

国际教育百科全书对行动研究的界定是:所谓行动研究,是由社会情境(教育情境)的参与者为提高对所从事的社会或教育实践的理性认识,为加深对实践活动及其依赖的背景的理解所进行的反思研究。潘慧玲等认为:行动研究是指由务实工作者将实际的工作情境和研究相结合,以改善务实工作为目的,采取批判、自省、质疑的研究精神,改进务实工作,并获得专业的成长和提升。[1] 李海林认为:"行动研究就是行动者用行动研究如何行动。"[2] 魏

---

[1] 潘慧玲等.教育研究的取径:概念与应用[M].上海:华东师大出版社,2005:307.
[2] 李海林.语文教学科研十讲[M].杭州:浙江教育出版社,2005:254.

本亚指出:"语文行动研究方法是一种基于解决现实问题,由一线教师与科研工作者合作共同为变革实践而进行的动态研究方法。"①基于此,我们认为:语文行动研究方法是教师将语文教学与研究结合起来,为改革语文教学实践而进行的研究。

2. 语文行动研究的特征

(1) 具有鲜明的行动性。在教育教学领域,行动研究并非一种具体的技术性科研方法。沈映珊提出:"这种行动性可以这样理解:第一,'为行动而研究(research for action)';第二,'对行动的研究(research of action)';第三,'在行动中研究(research in action)';第四,行动研究是在一种动态环境下或在短时间内显示出其在实际工作中的作用和效能的研究方法。"②由此可见,从行动研究的目的、研究对象、研究环境以及研究过程来看,"行动"都是必不可少的。因此,其优点在于解决语文教学中的实际问题,产生实在的成果或有用的程序,为改进教与学提供了可能;缺点是只适用于其所开展的具体环境,不注重普适性,且容易产生误差。

(2) 与语文教学紧密相结合。语文教学领域的行动研究融合于语文教学活动之中,是语文教师针对自身教学情境中的实际问题或者学校环境中的现实问题所进行的研究。语文行动研究强调教师通过对语文教学的行动研究,以改善语文教学为目标,拓展自己的专业视野,并且随时对自己的语文教学进行反思,进行研究;之后,再将其反思研究的结果运用于语文教学之中。这样,教师一方面在教学工作的过程中进行改革,提升教学质量;另一方面也在研究中得到成长与进步。

(3) 变革语文教学实践。语文行动研究的目的是解决语文教学中的实际问题,是语文教学中的活动,而不是语文教学之外的活动。传统的教育研究更追求教学过程外在的认可,如论文发表,成果获奖等等。教师行动研究强调教学过程内在的变化——教学质量的改进和教师智慧的发展,并以此作为判断教师行动研究效度的标准。③

(二) 语文行动研究的基本路径

1. 计划

语文行动研究的起点是发现在自己的教学实践中遇到的疑难问题,对问题予以清晰的界定,确定大致的范围。然后有意识地设想解决这个问题的方案,拟订计划。计划要包括研究的目标,行动的步骤和时间安排,研究人员的任务分工,研究的假设以及现实中可能的有利与不利的因素。

2. 行动

一是按照研究计划采取行动,这是解决问题的基本保证,也是行动研究的核心。二是在行动中教师不断反思,对问题形成新认识,抑或有新的因素介入,对此,可根据实际情况调整计划。

---

① 魏本亚.语文教育研究方法论[M].北京:高等教育出版社,2008:1—10.
② 丁念金.研究方法的新进展[M].北京:教育科学出版社,2004:48.
③ 高耀明,李萍.教师行动研究策略[M].上海:学林出版社,2008:7.

3. 观察

对行动进行观察和记录,选择合适的研究方法收集有关资料,以备后续分析反思、改进教学之用。这一过程要全面收集教师及其行动的实际状态,包括背景、过程、结果、特征,如观察记录、问卷和访谈获得的资料;学生的个人情况、书面作业、教师的教学设计方案和教学实录等。语文教师既是"行动者",又是"研究者",教师可以进行自我观察,也可以借助设备记录、同事观察、描述等方法,获得自我行动的全面而真实的信息。

4. 反思

反思是在行动与观察之后作出的,是行动的结束。其目的与意义在于寻求语文教学实践的合理性,改善语文教学。反思的内容主要有三:一是系统描述整个行动研究的过程;二是对行动研究的过程与结果进行评价,对与制定和实施计划有关的各种现象进行分析与解释;三是根据评价重新阐明问题。

(三)语文行动研究的表达方式

1. 语文教学反思

语文教学反思强调教师以自己整个的教学活动为思考对象,对自己的教学行为和结果进行"回想",在审视和分析的过程中,获得关于教学活动、自身及潜在的教学观念的重新认识。其目的在于解决教学中的问题,使教学实践更具合理性,从而使教学经验获得提升。[①]

语文教学反思的内容主要有二:其一,教师对已经发生的整个教学行为,包括教学过程和结果进行回顾性的、持续的思考。其二,对意外事件或者偶发事件的反思。教师在教学过程中碰到与以往经验或者教学预设不符合的、未曾预料的问题情境时,在情境中进行反思并及时调整教学思路,改变教学行为以适应学生的学习状态。

语文教学反思可以从不同角度进入,其基本的方式方法是"提出问题—解释问题—行为跟进"。首先要回想、描述并且记录教学实践故事,来自实际情境的故事应该包含有一个或多个疑难问题;之后,对事件、经历进行反思,提出解决问题的办法和思路,获得个人经验基础上的普遍意义,提升教学经验的质量;最后,反思依旧要回归并改进教学实践。反思与实践结合,才能对教师教学质量有提升作用。

语文教学反思的表达方式没有固定模式,大体上有教学札记、教学随笔、教学案例等几种类型。反思要记录事件发生的时间与日记写作时间、所经历事件的概括性记录、个别事件的详细记录与分析,还要对教学事件和教学问题作深入分析,阐述教学事件对自己的意义。在记录和反思中,教学事件的重要意义如冰山浮出水面,教师在叙述中不断反思,在反思中体验和创造。

2. 语文教育叙事

语文叙事研究的核心是"叙述自己的事情"。以"叙事"为核心,主要以描述性语言为载体,要真实描述语文教学情境,翔实地叙述有关研究对象的故事,表达自己对语文教育教学的理解。其研究的目的是以叙述的方式来反思自己或他人的教育教学实践,并通过反思改

---

① 郑国民,王朝霞. 行成于思毁于随——做一个善于反思的教师[J]. 福州:福建教育. 2006(8):7—9.

进自我的教学实践,从而不断提高语文教学质量。

从叙事的角度划分,语文教育叙事可以分为自主教育叙事和旁观者教育叙事两大类。自主教育叙事是自己讲述自己的教学故事;旁观者教育叙事是站在第三者的立场上,讲述自己见到的他人的教育故事。

语文教育叙事的写作不同于一般的讲故事,要注意以下几点。

第一,关注教学"冲突"。所谓教学冲突就是在教学过程中,教师与学生在对话过程中形成的思维冲突。

第二,关注教学"问题"。所谓问题就是在教学过程中,大家司空见惯的教学现象,但是这些教学现象又具有故事性。

第三,关注教学启迪。李海林指出:"叙事研究就是讲故事,通过故事本身讲一个教学上的经验和道理。"①故事的作用在于引发人们对于问题的思考,对教育规律的探索。

第四,关注典型性。语文教育叙事所叙之事应是语文教学中的典型案例,首先,故事是语文教学中发生的真实事件,要具有真实性;其次,要有代表性,即体现教学经验、教学理念或教学规律,有较强的说服力。

案例研讨 1

我教《致女儿的信》

李镇西

现在我们就来看看苏霍姆林斯基是怎样讲爱情的。下面,同学们把课文快速看一下,把你喜欢、欣赏的语句勾出来,或者不懂的画出来。一会儿我们交流感想,或者提出问题,李老师也给同学们们谈谈我的体会。

几分钟后,我说,很多同学都看了一遍,咱们交流一下。你感受最深的一点,或者某些段落甚至一个句子、一个词,最能打动你的……都可以说说。哪位同学先来说说。

汪洋同学举手了,她站起来说:"这句话特别打动我——'我们每个人都不免变成一抔黄土,但爱情却成为人类种族的生命力永不衰败的纽带。'这句话我觉得写得很真实,每个人都会死,但在生的时候有过爱情,爱情就会通过你的生命延续。"

汪洋的回答真实地反映了她的理解,这个理解我认为是正确的,不过我感到还不完整。于是我说:"汪洋对这段文字印象比较深,同学们对这句话还有没有不同的理解或补充?"

钟雪飞举手站了起来:"我觉得这句话还有一个意思,有了爱情两个人才能走到一起,这样才能够延续后代,这也是生命的一种继承。"

我说:"对,我同意钟雪飞的补充,他的补充很重要。我也谈谈我的理解:爱情无疑是一种精神的东西,但不仅是精神的东西,它有着生物性的基础,也包含了人的自然结合,包括人类的生生不息。有了爱情,才有相爱的人之间的结合,才有了后代。但是我们今天谈论爱情更多的是赞美精神的东西,因为我们是人! 每一个人的生命是有限的,绝大多数人不过就几十年,但爱情是永恒的。比如梁山伯与祝英台,他们已经死了多少年了,但是他们因爱而化做的蝴蝶一直飞翔到今天! 还有罗密欧与朱丽叶的爱情。因此,人不免一死,但爱情的力量

---

① 李海林.语文教学科研十讲[M].杭州:浙江教育出版社,2005:268.

却永远延续下来。"

李文思举手了,她说:"第十五自然段有这样一句——'上帝在这对男女的眼睛中看到了一种无与伦比的美……',我是第一次听到用'无与伦比'这个词形容爱情,我对这个词有了感觉,就是爱情居然能够产生这样强大的魅力!"

让学生自由发言,并非取消教师的引导。理想的境界,是学生和老师在自然而然的交流中互相促进;而这一过程,同时也是教师引导学生的过程。这里是关键,是教师要善于捕捉契机——敏锐地发现学生发言和文本重点的结合点或邻近点!说实话,在课前我所能想到的最大的教学难点,就是这篇文章很容易上成以"正确认识爱情"为内容的主题班会!我提醒自己:必须上成语文课,尽可能引导学生在认识爱情的同时,又注意课文的文学性或者说写作艺术。因此,在这之前,虽然表面上我和学生在轻松地聊着,但是实际上,我一直在关注着每一个学生的发言,我在等待,等待着学生自由交流和教师主动引领的最佳切入口。现在,李文思的发言让我心里一亮:机会来了!①

李镇西讲的这个教学故事非常典型,是许多教师在教学中都遇过到的问题。这个故事本身蕴涵着语文教学的若干道理,叙事接近经验,很有研究价值,可促发语文教师的多种思考:可能是语文教师应该敏锐地捕捉学生发言中和教学文本重点、难点的结合点或邻近点;可能是学生自由发言与教师引导的关系;也可能是情感、态度、价值观要与语文知识技能统一的问题;还可能是语文课不能泛化,要上成"语文课",思考语文教学的有效性,等等。

3. 语文教学课例

所谓语文教学课例,是指针对一篇课文(或一节课)从教学设计、教学实施及其教后反思等方面进行综合性研究,并将其研究结果以文本的方式表达出来。

◆ 资料卡片

> 教学课例与教学案例也是容易混淆的两个概念,两者的区别在于案例自始至终是围绕特定的问题展开的,是以问题的发现、分析、解决讨论为线索的,而课例展现的是某节课或某些课的教学实际场景,虽然其中也包含着问题,但是问题可能是多元的,没有明确的问题指向,并且实际情境的叙述、师生对话的描述等常是列举式的,没有案例那样经过细致加工。两者在文体的结构上也有一定的区别,案例的表达形式一般表现为背景+问题+问题解决+反思讨论,课例的表达形式一般表现为教学设计+教学实录+教学反思。
> ——郑金洲.教师如何做研究[M].上海:华东师范大学出版社,2005:230.

一般来讲,语文教学课例的研究对象是课堂教学,研究方法是综合的,其研究目的是探究语文教学。从写作体例上来讲,包括教学设计理念、课堂教学实录和教学反思三部分。在

---

① 教育部师范教育司组编,李镇西.我教《致女儿的信》[M]//李镇西与语文民主教育.北京:北京师范大学出版社,2006:185—186.

实际操作中,又有许多变化。例如教学设计可以叙述总体思路,也可以详尽的阐述教学目标的确定,教学内容和教学方法;课堂教学实录可以是整节课的,也可以是片段的,还可以是经过提炼的教学场景;教学反思可以是对这一节课的教学的全面反思,也可以是针对某一个问题反思。上述三方面内容进行不同的组合,就会衍生出多种多样的形式。时下也有把语文教学课例与听课评课结合起来的方式,集中研究一个课例,即让讲课教师、听课者、课例文本的阅读者,就某一课例展开对话与探究,多角度、多侧面研究一个课例,从而提高语文教师的课例研究能力。

案例研讨 2

《盲孩子和他的影子》之课例研究[①]

【课例呈现】

帮助学生建构阅读童话的路径

——《盲孩子和他的影子》教学实录

浙江苍南县教师进修学校　　卢立银

(一)热身:口语接龙

(二)导入课题:你如何读童话

(三)进入主题:如何读懂童话

1. 方法一:抓住童话的关键句梳理情节

师:看屏幕,要求是这样的:快速阅读课文,抓主要人物、主要情节来说说故事内容。我们把它编成一个袖珍版的《盲孩子和他的影子》。我先说开头:"他是一个盲孩子……",结尾也一并提供:"此时,影子也变成了一个衣着美丽的盲孩子。"现在开始,请大家补充、编写。

2. 方法二:读出童话的主题中心

袖珍版的《盲孩子和他的影子》我们已经编好了,接下来我提出第二个问题,请大家看屏幕:故事的最后,盲孩子获得了光明,影子也变成了一个衣着美丽的孩子。看到这样的完美结局,我真想说……

3. 方法三:读出童话独特的言语表达

师:有没有读出《盲孩子和他的影子》这篇童话的与众不同?这是关键的一点,读童话还需要读出这篇童话的独到之处。看谁最聪明,回到文章中再去感受它的不同。发现一点讲一点。

师:这节课我们学到了怎么去读懂一篇童话,要从这三个角度(面对板书去朗读),一篇童话就可以领悟在心了。

师:推荐大家在课后读以下三篇文章:① 安徒生的《影子》;② 米切尔·恩德的《奥菲丽娅的影子剧院》;③ 郭初阳《谎话说不圆:〈我看盲孩子和他的影子〉》。有人说,金波的这篇童话跟安徒生的《影子》很相似,有人说是仿写的,是不是这样?金波有没有突破?大家可以去比较比较。今天的课就上到这里,下课!

[①] 本书编者根据《中学语文教学参考》(中旬)2014年3期第41—47页摘要、整理。

【我教我说】

要教会学生如何读童话

浙江苍南县教师进修学校　卢立银

会读童话是每个孩子拥有的权利和愿望。可我发现,现在的孩子不会读书,尤其是不会阅读童话。他们拿到一篇童话不知如何去阅读,更不知如何去欣赏,最多只能看出其中有趣的情节故事而后一笑了之。这是谁的责任?难道读一篇经典的童话就只能一笑而过?

(一)这是一堂立足课程设计的课

纵观课堂教学,大多数教师都在教学生已经会读的童话和精美有趣的故事情节,好一点的是模拟童话的情感去有感情地朗读。这是在迎合学生读童话的固有本领,还是教师本身就是个读童话的"盲孩子"?

教什么其实决定了课堂的教学姿态和呈现方式。本堂课的教学内容定位是帮助学生建构阅读童话的路径。这样的课堂不再是教师带领学生沉入课堂的言语细节,而是帮助学生在细微处品读赏析文本对象的动人情节和美好情感。它的目的和任务乃是帮助学生更好地面对一篇童话,并能读出这篇童话的共性和个性来。

对七年级的学生而言,《盲孩子和他的影子》是一篇较长的童话,全文约2500字。本单元的学习任务包括:① 激活学生的想象力,并联系学生自身的生活体验,深入理解课文。② 学习快速阅读,力争每分钟不少于500字。这篇童话有一个比较突出的特点,就是富有诗的意境,文字表述也具有诗的韵味。作者对本文的写作感言:"我是带着写诗的激情,带着写诗的语感,来创作这篇抒情童话的。"作者本人都称之为"抒情童话"。基于此,本堂课的设计就不仅仅是教学这篇童话的内容本身,而是立足这篇童话让学生学会鸟瞰一般童话的学习路径,即帮助学生建构阅读童话的路径。

(二)这是一堂思维在场的课

在课堂三大环节的层层推进中,笔者依次设计出三个主问题:

(1)快速阅读课文。抓住主要人物、主要情节来说说故事内容,并把它编成一个袖珍版的《盲孩子和他的影子》。

(2)故事的最后,盲孩子获得了光明,影子也变成了一个衣着美丽的孩子。看到这样的完美结局,我真想说……

(3)读童话还需要读出这篇童话的与众不同,《盲孩子和他的影子》这篇童话与众不同在哪里?看谁最聪明,回到文章中再去感受它的不同。

借助三个问题架起构建阅读童话路径的三座桥,指出通向学习童话的三个阅读视角:① 在情节转换处,抓住童话的关键句梳理情节;② 读出童话的主题中心;③ 读出童话独特的言语表达。在课堂的推进中,或许磕磕碰碰,一路跌跌撞撞地前进,但是很真实,无论是发言,还是记录,还是静默,学生的思维一直在不停运转。因此,可以肯定这是一堂思维始终在场的课。

(三)这是一堂真实唤醒的课

在课堂推进中,你也许会发现,笔者在执教中很多时候留给学生足够的时间去默读,去大声朗读课文,去细细寻找文本中的关键处,去慢慢抵达问题的预设:学生从不懂到慢慢懂了,从不知到点头接受、理解、领悟。这些都在告诉我们,老师是处处尊重学生,在耐心等待中一步步完成课堂的教学。

试想,如果一开始就让学生读金波的创作感言,解释什么是诗的激情和语感,再让学生寻找相关的语句。那种演绎式的课堂就不是唤醒,而是越俎代庖式地扼杀学生的固有本领和智慧了。

【我听我说】

童话教学重在教出"童话个性"
邓羽思　郑建周　杨书拉

(一) 邓羽思(苍南县五凤学校)

卢老师以课文为载体,系统深入地带领学生探索了阅读童话的三个方法。课文是例子,具体的语文能力,学生是课堂的主体在本课例中体现得淋漓尽致。这堂课学生学到的"干货"即语文能力是具体扎实的。它也是常态的,甚至有些不顺畅、不美,但却是真实的。课堂看似有些安静,但却在关键处擦出了火花;看似节奏舒缓,学生却因此拥有了大量思考和阅读的时间。极具思考力的问题推动着课堂慢慢地、稳稳地走向了文本的深处。这堂课,因为教师的放手和信任呈现出了和传统课堂截然不同的模式。这种模式是卢老师的,也正是我们努力寻找的。回味课堂,莫不是一种繁华落尽的真与淳。

(二) 郑建周(温州市新星学校)

卢老师的课堂整体设计大气,从文本走入,又从文本走出,最后再回归文本,真正让学生在文本的语言文字中走了几个来回。这不仅仅是在教学生文本内容,更是让学生关注文本的语言特色。比如,对《盲孩子和他的影子》这篇童话的言语特色的学习,卢老师引导学生自己去发现文本中的言语奥妙,从而得出本童话富有诗的意境。文字表述也具有诗的韵味,再次引用作家金波的创作感言,重锤敲击,给学生一个比较深入的理解和领会机会。如果说有不足的话,学生的反应不是很积极,发现也不是很到位,老师如果能再等等,也许有更美的风景。

(三) 杨书拉(苍南县赤溪学校)

卢老师这节课给我最大的感受就是让朗读有"皈依"。我们平常在课堂中的朗读往往是为朗读而朗读,或者是为了读出文字的感情而朗读,但今天卢老师的课让我看到了朗读指导背后要有一个教学目标点来支撑。比如,让学生有感情地分男女朗读袖珍版的《盲孩子和他的影子》,尤其是情感线索部分,目的是让学生更清楚如何去概括一篇童话故事,以及如何更快更好地进入盲孩子的世界。还有,请学生挑选最有诗意(富有节奏的、给人以美感或有强烈抒情意味)的片段,反复朗读,细细品味,那是要求学生带着发现的眼光去寻找文本言语的诗意美。

【我读我说】

《盲孩子和他的影子》课堂教学评点
浙江永嘉县教研室/肖培东

卢老师的这个设计,我觉得有以下几个方面值得学习借鉴。

(一) 明确合宜的目标定位,清晰流畅的板块设计

(二) 品读中走进文本,感悟中提炼主题

(三) 文本言语形式和言语内容的统一教学

这个课例,选自《中学语文教学参考》(2014年第3期)"分析案例"栏目中的一组文章。由课例呈现、执教者说设计、听课者评课和课例阅读者评课四部分组成,是对一篇课文的教学或者说对童话类课文教学的多角度的集中研讨。研究内容比较丰富,涉及教学设计、教学内容的确定、文本解读以及教学节奏的控制、朗读等教学方法的运用。这一类型的教学课例研究,突破了以往教师个体研究的局限以及时空的限制,执教教师、听课教师,以及阅读到这个教学课例的教师,都参与到这一教学课例的研讨中,这有利于提升所有参与研究教师的研究意识和教学课例的研读能力。

◆ 资料卡片

三种策略:提高教师的课例研读能力
——以海峡两岸《纸船印象》同课异构为例

一线教师研读此类课例,一般会遇到三重困扰:一是如何吸取课例中的先进经验,而不只是旁观欣赏;二是如何秉持理性判断,而不迷信权威话语;三是如何把碎片化的研读体验凝成自己的教学经验。一言以蔽之,即教师如何通过研读课例提升自我反思构建能力。笔者认为,采用以下三种策略能够有效化解上述矛盾,为教师的教学积累经验。

策略一:在差异比较中吸取教学经验

策略二:在质疑批判中形成个人主张

策略三:在重新建构中检验整合能力

——程道明.中学语文教学参考(上旬),2015(1-2):57—59.

第三节 语文教学研究的基本程序

一、选题

(一)选题的重要性

所谓选题,就是选定论题,选择并确定所要研究的对象和范围。学术论文的选题与写作,是完成一篇论文最重要、最关键的环节,也是我们写论文最感困惑、最费精力的阶段。这是因为只有研究有意义的选题,对科学事业和现实生活才有益处;反之,一项毫无意义的选题,即使研究得再好,论文写得再美,也是没有科学价值的。

语文教学研究的课题是指语文教学领域中具有普遍意义的特定问题。所谓具有普遍意义的问题,是指教学中有规律性的、能反映某些或某一层面本质的问题;所谓特定问题,是指目标明确、讨论的对象和范围清晰的问题。

选题是语文教学研究活动的开端,也是语文教学研究的关键环节,它决定着研究的方向与路径。课题一旦选定,研究就有明确而集中的目标与方向、对象与范围,研究的主要方法与步骤等也随之在某种程度上被确定下来。爱因斯坦曾说:"提出一个问题往往比解决一个问题更重要,因为解决一个问题也许仅是一个数学上或实验上的技能而已。而提出新的问题、新的可能性,从新的角度去看旧的问题,都需要有创造性的想象力,而且标志着科学的真正进步。"可见,语文教学研究怎么样选题,选择怎样的题目,不仅关系到论文写作的成败,也涉及我们能否顺利地走进科学研究之门。

(二)选题的原则

1. 价值性原则

选题首先要考虑选题的价值,钱学森教授认为:"研究课题要紧密结合国家的需要……在研究方法上要防止钻牛角尖,搞烦琐哲学。"为此,选题要从现实中语文教学的实际出发,选亟待解决的课题;要选富有开创性甚或属于填补空白的课题;选有争鸣的课题;选择能够补充前说、纠正前说的课题。

2. 创新性原则

创新性是衡量学术研究价值的根本标准,主要表现在理论依据新、角度新和研究方法新三个方面。所谓理论依据新,是指以新的理论来研究某一问题,如用文艺学、语用学、叙事学等新的研究成果作为语文教学中的某些问题的研究理据,突破了用教育学、教学论的理论研究的格局,可谓新颖。所谓角度新,即对于他人已经研究过的问题,从一个有新意的角度去研究,如对《老王》的研究,大都集中在老王的善良、无私,作者对老王的同情、怜悯与忏悔等方面;而陈日亮的《〈老王〉与时代的伤痕和隐痛》,则从文本中人物所生活的时代去解读文本,探究人物的内心世界,角度新颖。所谓方法新,是指用前人未用过的方法研究语文教学。

3. 具体性原则

语文教学研究应从小课题做起,好的研究问题的特点是选题角度小,内容或者方法有价值、有新意,所谓"选题要小,开掘要深"。如《进城农民工子女城市学校教育适应性问题研究》这个论文题目,在要研究的问题"学校教育适应性"之前,用"进城""农民工子女""城市"三个定语将研究的范围缩小在一个特定的、小的范围之内,使选题具体,且有针对性,聚焦于当前城市中学校教育的一个热点问题,选题具有时代价值。

4. 可行性原则

所谓可行性,就是选题要具有较强的可操作性。这是从研究者的主客观条件综合考虑而对选题提出的要求。有的选题虽好,但是可能受到主客观因素的影响,不能够开展研究。例如,要研究全国范围的语文教学情况,一般的教师就很难做到,客观上,全国各省市语文教学的相关资料的获得、经费、团队等条件,一般的教师不可能具备;主观上,一般教师个人的能力、精力等也难以达到课题研究的需求。再如要研究某一国家的母语教育,研究者必须精通这个国家的语言,才能获得真实的一手资料,研究结果才可能有价值。否则,依靠翻译资料进行研究,其结果很难有真实性、科学性。也就是说,要选择那些自己有能力、有条件完成的课题,不要盲目的求大求新,一定要兼顾自己的主客观条件。首先,应选自己所熟悉的、长期思考、长期关注和感兴趣的问题,并善于进行提炼和概括。自己熟悉的、有价值的、能够研究的课题,就是在自己的语文教学实践中客观存在的,需要研究、解决的问题。其次,选题要有"地域"意识,如长期在民族地区工作的语文教师,可以选择研究民族语文教育,长期在农村的教师则应选择以农村语文教学为研究对象,这样方可扬长避短,更容易操作,更容易取得研究成效。

二、文献检索

(一)文献检索的意义

1. 了解选题所在领域的研究状况

确定选题之后,需要对有关文献进行检索,了解前人在这个领域是否做过研究,如果已经有人做过研究,作过哪些研究?是从哪些角度去研究的?已有的研究成果有哪些?还存在哪些问题?

2. 更具体地确定研究题目

检索文献并弄清楚上述问题之后,就能够明确选题的研究现状和存在的问题,找到研究方向,可以更加清晰而具体地确定自己研究的题目。

3. 提供一些可能对当前研究有用的研究思路及方法

一般来说,文献检索的过程,也是对问题的研究过程,不断地比对自己的思考与前人的研究,不断地思考能否找到可以突破之处,能否提出新的问题,能否在前人成果的基础上作出新的论证,或能否找到一种新的论证方法,等等,这些问题中任何一项,都可以使所选择的论题成立且有价值。

4. 为研究提供内容参考

检索文献可以了解前人在此领域所做的研究,以及产生的成果,这就为研究提供了准确的内容信息,既避免了重复研究,又为解释研究结果提供了背景材料。

(二)文献检索步骤

1. 分析选题,制定检索标志

首先要根据选题研究的主要内容及其特征,选择检索工具、检索范围,确定检索标志,如关键词、主题词、分类号、作者、作者单位等。语文学科常用的检索工具有:SSCI(社会科学引文索引)、A&HCI(艺术与人文科学引文索引)、新华文摘、人大复印资料、中国社会科学引文索引。

2. 利用检索工具查找文献线索

根据课题检索的需要,选择相关的检索工具,然后按照相应的检索途径查找有关的索引,再根据索引指示的地址在文献部分或题录部分查得相应的文献线索,如题目、内容摘要、作者及作者单位、文献出处等。

3. 根据文献出处索取原始文献

首先对文献出处要进行文献类型辨识、缩写要还原原名称,然后再按文献出处的全称查找相应的馆藏目录并收藏单位,再索借或复制原文。

（三）文献检索的途径与方法

在进行文献检索时，常常利用文献存贮时按其外部特征或内容特征进行排序的方法进行检索。文献的内容特征是指文献所论及的事物、所提出的问题，涉及的基本概念，即主题以及文献内容所属的学科范围。文献的外部特征是指题名、作者，作者单位以及某种特殊文献具体的标识。

1. 内部特征途径

一是分类途径，这是一种按照文献资料所属学科类别进行检索的途径。如关于语文教学的研究，应进入"教育类"进行检索。二是主题途径，这是通过文献资料的内容主题进行检索，是依据的主题索引或关键词索引，找到所需文献的线索的一种途径。

2. 外部特征途径

一是题名途径，是根据文献的题名来查找文献的途径，它依据的是题名索引，它的标识就是书刊篇名本身，利用它可以找出一篇特制的文献。二是著者途径，是根据已知文献著者查找文献的途径，它依据的是著者索引，包括个人著者索引和机关团体索引。三是文献编号途径，是以文献的编号为特征，编排和检索文献的途径。如专利文献的检索可以根据专利号索引进行检索。在已知这些文献编号的前提下，利用文献编号索引检索文献是比较方便和快速的，但是局限性很大，它不可能作为主要的检索途径。

（四）文献检索需要注意的几点

一是要考虑文献发表的时间，除特殊的选题如研究历史性问题，一般应选择新近的研究成果（近5~10年）；二是要考虑与自己的研究的相关性，应围绕所研究的问题检索文献；三是要适度关注研究者的学术影响；四是要注意检索高质量的学术期刊和学术专著等。

三、收集与分析资料

（一）搜集材料的原则

（1）要围绕选题。搜集材料必须有明确的目的，利用有限的时间搜集有价值的材料。

（2）要去伪存真。材料是进行研究的依据，真实可靠的材料能够支持观点，而虚假的材料只能导致错误的结论，给研究带来不良后果。因此，在搜集材料时，要认真甄别材料的来源、出处、真伪、优劣，确保材料的真实性。

（3）要有典型性。就是说所选择的材料具有代表性和权威性。

（4）要有新颖性。所谓新颖是指材料的观点新、事实新、研究方法新。

（5）要搜集一手资料。要通过调查、访谈、座谈等方法获得直接的一手材料。

（二）材料的分析与提炼

1. 梳理归类

首先，对文献检索及研究中获得的大量材料，根据研究需要进行筛选，剔除无价值的材料；其次，对有价值的资料，就其内容、形式、特征等进行归类，标注编号，理出主次。

2. 分析材料

研究语文教学，既要掌握研究对象的质的规定性，又要掌握其量的规定性。这就需要充分运用自己的思考力对材料进行积极的加工,做定性分析和定量分析,剖析材料意义。定性分析常用归纳、演绎、分析、综合、反逆、类推等方法,描述研究对象的质的规定性。定量分析则通过对数据统计的分析,从中获得有意义的信息。分析材料的目的之一就是在分析过程中提炼观点,得出结论。

3. 修正选题

语文教学研究不可能一次完成,在搜集、梳理、分析材料的过程中,很可能要再次根据所获的材料着重思考选题的意义、角度、范围等问题,并根据所掌握的材料修正选题。

四、撰写研究论文

(一)基本格式

据研究方式的不同,可分为调查报告、实验报告、专题学术论文等。不同类型的论文有不同的写作要求,作为教学研究的成果化形式,研究论文基本格式大体一致,包括题目、署名、摘要、前言(或引言、绪论)、正文、结论、注释和参考文献。

1. 题目

概括文章的内容、特征;表述要准确、简明,醒目,一般不超过20字,必要时可加副标题。

2. 署名作者

对研究结果负责的、直接参与研究的和撰写论文的人,都应署名。

3. 摘要

目的是为读者提供论文梗概。摘要是一篇独立的短文,应简明、准确地叙述论文的主要内容,使读者通过阅读摘要就能把握这篇论文的重要信息,文字一般在200~300字之间。表述上不分段落,不使用"本文""作者""我们"等具有主观色彩的叙述语言,而采用客观叙述语言。

4. 序或前言

一般是作者对研究主旨、动机、经过等内容的简介。如研究的缘起、选题的意义及主要的观点。

5. 正文

论文的核心和主体,是集中体现作者研究成果的部分。正文的论点要鲜明正确,论据要确凿充分,论证要有力。行文层次要清晰,层级题目要简明准确,一般不加标点符号;层级序号一般使用一、/(一)/1./(1)/①。

6. 结论与建议

结论一般包括已经解决的问题和尚需进一步研究的问题。结论是论文观点的集中体现,要高度概括,不重复正文。建议写结论所给予的启示、研究的局限性,提出改进或应用的意见等。

7. 注释

主要用于对文章篇名、作者及文内某一特定内容作出必要的解释说明,可采取脚注、夹注和尾注的形式。

8. 参考文献

是指论证中援引的他人的观点或材料的出处。参考文献一要准确,二要适度。表述上一般采用顺序编码制,在引文处标注顺序号,在文后列出"参考文献",并将引文按其在论文中出现的先后顺序排列,依次列出。常用的参考文献标注的内容和方式如下:

专著:作者.文献题名[文献类型标志 M].出版地:出版者,出版年:引文起止页码.

期刊:作者.文献题名[文献类型标志 J].期刊名称,年(期):所引文献的起止页码.

报纸:作者.文献题名[文献类型标志 N].报纸名称,出版日期(版次).

学位论文:作者.文献题名[文献类型标志 D].保存地点:保存单位,写作年份.

电子文献:作者.文献题名[文献类型标志/文献载体标志 J/OL].出版地:出版者,出版年(更新或修改日期)[引用日期].获取和访问路径.

资料卡片 1

文献类型和标志代码

文献类型	标志代码
普通图书	M
会议录	C
汇编	G
报纸	N
期刊	J
学位论文	D
报告	R
标准	S
专利	P
数据库	DB
计算机程序	CP
电子公告	EB

电子文献载体和标志代码

载体类型	标志代码
磁带(magnetic tape)	MT
磁盘(disk)	DK
光盘(CD-ROM)	CD
联机网络(online)	OL

(二) 撰写论文或研究报告需要注意的事项

(1) 及时整理资料。研究资料的收集分析工作完成后,立即进行。

(2) 全面规划论文或研究报告的内容与结构。纲目清晰,结构合理,内容全面缜密。

(3) 对事实材料的描述要明确,不可模棱两可。

(4) 对结论的陈述要留有余地,避免极端。

(5) 表达观点、陈述意见时,要符合逻辑顺序。

(6) 行文态度客观,以事实为依据,遣词造句以中性为原则。

资料卡片2

根据不同的标准，可以把语文教育研究分成六种不同的类型："教学行为"研究、"行为结构"研究、"结构系统"研究、"基本理论"研究、"应用理论"研究、"应用技术"研究。不同的研究类型，有不同的研究目的、不同的研究过程、不同的研究方法、不同的思维特征和不同的表达方式。

例如，目前关于诵读的研究，可以分为三个层次。

（一）教学行为描述

如王序良《怎样指导学生诵读》，探讨"边读边思、边读边品、读出形象、读出感情、熟能成诵"等诵读行为和效果。

（二）行为结构分析

如郑飞艺《诵读的教学原理》，探讨"声音与'情气和意味'的关系、声音的语调与节奏、声音的发出与接受、诵读和读者与文本之间的对话"等，着眼于诵读内部的要素和要素之间的关系。

（三）行为结构系统分析

如童志斌《对文言教学"背诵"热的冷思考》，探讨"古今文言学习目的的差异、古今课程体系的差异、正确理解古代'诵读'的内涵、正确运用诵读方法"，把诵读放到更大的系统中考察其作用。

——李海林.语文教育研究的层次类型[J].语文教学通讯，2007(9B)：4—8.

讨论与练习

一、思考·理解

1. 选题的原则有哪些？

2. 有人认为，教师只要教好书就行，没有必要搞科研；科研是专家学者的事。你是否赞同这一观点？简述理由。

二、研究·讨论

下面是特级教师于漪一节课的起始部分及其反思。认真阅读，完成文后题目。

岂能越俎代庖[①]
于 漪

（一）课的起始

师：约在公元760年春，诗人杜甫瞻仰成都城西北的诸葛亮祠堂，写下了著名的《蜀相》诗。（生抄写诗句，小声朗读）

师：这首诗后半部分是名句，"三顾频烦天下计"这一句我们从学过的《隆中对》中已经了解，诸葛亮鉴于刘禅暗弱无能，不无内顾之忧，故临行前上《出师表》奏章，请求刘禅亲贤远佞，励精图治，以巩固和扩大蜀汉的事业。"表"是一种什么文体呢？（生摇头）

[①] 于漪.岂能越俎代庖[J].语文教学通讯，2006(5)：13—13.

师："表"属于奏章一类的文体，古时臣子对君主有所请求，就使用这种上行的公文。讲到诸葛亮的《出师表》，人们总常讲"前后出师表"。《前出师表》即今日学的这篇文章，在《三国志》中没有篇名，篇名是梁朝萧统（昭明太子）编文选时加的。"出师"，指出兵攻魏。"鞠躬尽瘁，死而后已"的名句就是出自该文，也是对诸葛亮一生兢兢业业为国效劳的高度概括。《前出师表》是千古传诵的名篇，由于诸葛亮是"两朝开济"的老臣，上的"表"不同于一般。《文心雕龙·章表篇》称赞说："孔明之《辞后主》，志尽文畅……表之英也。"苏轼也评其"简而且尽"。

学这篇文章需掌握两点：一是理解体会"两朝开济老臣心"，二是学习体会"志尽文畅""简而且尽"的写作特点。

（二）反思

课的起始这样开场，当时还有几分得意。认为以名诗《蜀相》引入课文的学习，至少有几点好处：一是扩大阅读量，让学生脑子里再储存一首好诗；二是激发学习兴趣，进入学此名篇的境地；三是突出要点，明确诸葛亮的特殊身份和可鉴日月的忠心。认为自己对这篇名文前前后后的应明确的人和事都已简要地作了交代，对评价这篇文章的语言择其要加以表述，可以说清楚明白；学这篇名文的目的也点明，让学生心中有底。

教后，乃至今日看来，不恰当处不少。

1. 掠学生之美，犯了越俎代庖的毛病

诸葛亮这个历史人物，学生从史书、演义、戏剧、电影等多渠道中应有所了解，更何况读过《隆中对》，完全可以让学生从自己的知识储存中取出做介绍，无须教师喋喋不休。学生会品尝到运用知识的快乐，增进求知欲，而且会注意筛选，把真实的和艺术加工的加以区别，教师的职责不过是在学生含糊处或讲得不到位的地方点拨一二罢了。喋喋不休，影响了学生自主学习的积极性和概括能力的培养。

2. 充当了学习资料广播员

用现在的话来说，把与课文的相关链接材料通过教师口述传递给学生，教学模式仍然是"我讲你听"。教学中的讲与听是重要的，但这儿是否可用更好的方式？印发有关资料，让学生自己阅读，乃至引导学生自己查找，不是更有利于学生自学能力的培养？求知，求知，"知"要自己去"求"，不是坐在那儿听现成的。被动接受和主动学习，效果有时迥然不同。

3. 预先告知学习的目标，会一定程度影响学生思维的发散

我们的教学中经常用演绎的方法，先高高悬挂起一个结论，然后要求学生沿着这个轨迹去抓一鳞半爪的例子来验证，而不是引导学生真正进入作者所写的文本中，体会、体验彼时彼地作者的思想、情感和语言的斟酌与推敲。学生阅读与思考，把点点滴滴的体会归纳、概括、提升，这种感受、这种认识就会真切而不虚幻，具体而不空泛，能切实有效地提高阅读能力。演绎的方法当然可以用，但要重视论证，强化结论与材料之间的关系。否则，学生往往只记住现成的结论，对于究竟怎样"志尽"，怎样"文畅"，为何"简而且尽"却不甚了了。这就无补于阅读文言文能力的真正提高。再说，课起始花这么多的时间，课文本身学习受到影响，更是得不偿失。

（三）回答问题

1. 研读"课的起始"部分，分析这一教学课例，你怎样看待这样的教学导入。

2. 研读"反思"部分,你是否赞同于漪老师的反思,说明理由。

3. 余映潮老师提出了10种语文教师实用研究技法,请你阅读相关文章,思考余映潮老师的语文教学研究方法,并说说给你的启示。

语文教师实用研究技法[①]

目录索引法　资料摘抄法　文本拆分法　横向联系法　纵深探索法
精品收藏法　案例分析法　论文写作法　课文欣赏法　自建仓库法

三、设计·实践

1. 从你的语文教学实践中,选择有价值的教学事件,写一教育叙事。

2. 研究你的语文教学实践,或讲一节公开课,之后进行反思,写一篇教学反思。

3. 就你所关注的语文教学问题,按照本章第二节所讲授的方法,设计一项语文教学调查计划,并完成调查,撰写研究报告。

---

① 余映潮.语文教师实用研究技法[J].中学语文教学参考,2005(1-12).

第九章

语文微格教学实践

◆ 学习目标

1. 了解微格教学的概念内涵、发展过程、特点及实施原则。
2. 了解微格教学实施的模式和流程,熟练掌握微格教学的教学设计。
3. 以小组合作形式进行各项微格实践训练,进行多种形式的评价。

◆ 学习建议

1. 在理解概念的基础上,阅读大量案例,观摩名师教学课堂实录,分析其课堂教学的微格实施技能。
2. 到学校观察语文教师的课堂教学的微格实施技能,并做好记录;课后与同伴研究。
3. 在微格课上有目的地实践语文课堂教学各项技能,课后凭借录像可做复课研究,以增强训练的有效性。

◆ 核心概念

语文微格教学、微格教学内涵、微格教学发展、微格教学特点、微格教学实施

◆ 名人语录

微格教学是一种有价值的革新,比一般的教学有更大程度的可控性,所以强调理论与实践的关系可以挖掘出更大的潜力,可以使师范生掌握教学模式。

——莫里斯

第一节 语文微格教学实践概述

美国教育专家盖奇在微格教学的研究中就曾经指出:"教学研究的全盘宏观方法已遭失败,因而教育家应采用科学家剖析微分子的方法来作为理解复杂现象的手段。"[①]由于微格教学具有先进性和有效性,因而被很多国家的师范教育所采用。微格教学从 20 世纪 80 年

---

① 高丽.微格教学中课堂教学技能评价的定量化研究[J].兰州:电化教育研究,2005(10):57.

代传入我国,作为一种教学技能训练方式,为师范生的教师专业技能训练提供了一条有效训练的途径。

一、语文微格教学的内涵

"微格"这个名词最早诞生于二战后的美国,是为满足战后美国教育水平与现代科技发展相适应的需要而创立的。作为教育改革的一部分,美国大学的教育学院对师范生的培训方法进行了改革。1963 年,美国斯坦福大学的教授爱伦(W. Allen)和他的同事们首先将现代录像设备应用于师范生技能培训中,创立了微格教学。从此,微格教学从美国走向世界。

关于微格教学(microteaching),美国教育家爱伦将其定义为:"一个有控制的实习系统,它使师范生有可能集中解决某一特定的教学行为,或在有控制的条件下进行学习。"微格教学的基本思想是把教师的工作当成一种职业,强调教师同医生、律师等一样,必须通过持续不断的训练才能获得专门的知识和技能。微格教学对传统的模拟教学进行了技术上、方式上和理论上的改革。在技术上,利用现代视听技术来模拟教学,让模拟教学主体同时成为教学的客观评价者;在方式上,把学科课堂教学的综合技能分解成无数单项技能的"格"进行更扎实具体的训练;在理论上,运用系统论、控制论对教学技能训练进行有效控制,运用还原论将复杂的教学技能还原为单项技能,分项达标后又实施系统化综合,从而形成整体的教学技能。在微格教学中,一般将参加培训的学员分成若干小组,微格训练前让每位同学都要明确所训练的"格"以及这个"格"在语文教学技能系统中的地位和功用,针对本次训练的"格",教师对所要训练的技能进行示范讲授,指导学生预先编制微格教案,要求教学内容严格控制在 5~10 分钟之内,学生模拟教师角色进行试讲,操作员同步对"教师"的教学行为和"学生"行为进行实况录像,最后重放录像,学生自我与他人(组员和指导教师)一起来评价实践过程,找出课堂教学的不足。被培训者可根据自我分析和他人的讨论评价中所指出的问题修改教案,再次训练,直到达到训练目的为止。

20 世纪 80 年代,微格教学传入我国,北京教育学院 80 年代中期首次引入微格教学,从此,微格教学在全国各地推广开来。21 世纪以来,随着科学技术的发展,微格教学中的视听技术已是集计算机、多媒体、视频监控、网络、传输、存储技术于一体的数字化系统。现阶段,我国各级师范院校都在高年级阶段开设了微格教学的相关课程。实践证明,微格教学方式的引入,改变了传统的"三一教学模式"(一根粉笔,一本书,一张嘴),尤其是音像摄录设备的运用,在调动学生积极性的同时,普遍提高了师范生的教师专业技能水平。

二、语文微格教学的特点

微格教学,将现代先进的视听技术引入课堂教学,给教学技能训练带来了巨大活力,它突破了传统教学媒体、教学模式的樊篱,有效地实现了个别化教学,提高了教学的效率。微格教学训练有如下特点:

1. 施教真实

进行微格教学虽然用时较短(5~10 分钟),面对的学生为数不多,教授内容单一,但被培训的师范生必须在课前制定教学目标,准备好详尽的教案,研究学生的知识结构和储备,设计好教学方法,在微格教室进行课堂教学。微型课堂由扮演的教师角色(讲课学生)、扮演的学生角色(小组成员)、评价人员(本小组同学兼任)、录摄像设备操作人员(本小组同学)、指导教师五部分人员组成,由组长负责分工,并为每位组员指明职责。微格教学实际上就是真实课堂教学的模拟。

2. 内容集中

微格教学对综合的语文课堂教学技能进行科学分格,每次只集中训练某一教学技能,使各格技能具有一定的单一性。因此教学中首先要把语文课堂教学技能分解成若干具体的"格",然后对每一格进行逐项训练,降低难度,讲求收效。每次只训练1~2格技能,多次训练后实现总的学科技能训练目标。

3. 合作有序

微格训练采用合作学习的方式,一般以小组为单位进行。根据微格教室的设置特点,把全班学生划分为若干小组,每组控制在10人以下。每组尽量男女生比例适当,并推举一位认真负责的同学担任组长,负责本组成员的微格教学模拟的全盘组织工作。这样的组织方式,可以让被培训者有更多模拟教学的机会。

4. 方向明确

微格教学的教学目标要求用行为目标来表述,明确具体,能较好地指导实践活动。另外,由于所用时间短和教学内容少,每次只集中训练某一种教学技能,训练目标也明确。同时,练习的环境条件容易控制,为培训目标的实现创造了有利的条件。

5. 反馈及时

在语文微格课上,被培训的师范生讲授方式和交流方式的优劣,扮演学生角色的小组同学的反应可直接观察到,当微格课完成后,及时组织讨论和评价,指导教师和小组同学提出的意见能现场获知,反馈明确具体。而且,通过重放录像,讲课的学生可以亲眼观察到自己的教学行为,录像带的放映可使用暂停、慢放、重放、特写等方法,可将自己所有的缺点暴露无遗,这种方法所产生的强烈刺激,使讲课的学生看后印象深刻,对缺点的改正会更强烈,更快速;微格教学中,讲课的学生能够根据观看录像进行自我分析,能够听取听课同学的建议,集思广益,重新修改自己的教学程序和策略。通过这样的反复练习,学生的各种教学技能的应用就能逐渐趋于完善。

6. 角色多元

在微格教学中,被培训的师范生既是学习者,又是实践者;在教学实践阶段,其角色是执教者,在评议阶段,又转化为评议者。这样不断转换角色,有利于被培训的师范生从不同角度加深对教学技能的认识和掌握。

7. 安全感强

用微格教学的方法培训师范生掌握教学技能,被培训的学生会觉得比传统的方法(即真实的课堂训练)有更大的安全感。因为试教如果失败,对扮演学生的小组同学是没有影响的,不像在真实的课堂进行教学会给学生造成不良后果,给实习学校的教学带来影响,所以,被培训的学生的教学心理是相对安全的。而且微格教学的评价者是自己的同学和老师,评价方式是形成性评价,评价结果只用来说明在哪些方面还存在不足,需要改进和提高。同时,微格教学的教学环境容易做特别安排,以确保教学的一切活动能受到控制,减少被培训者在教学中的顾虑。

通过实践,我们深切感觉到:微格教学的引入,确实给沉闷的教学法课堂带来了生机和活力,大大提高了学生的学习积极性和训练的有效性,很好地实现了知与行的良好统一。

第二节 语文微格教学的教学设计

教学设计是运用现代学习与教学心理学、传播学、教学媒体论等相关的理论与技术,来分析教学中的问题和需要,设计解决方法,试行解决方法,评价试行结果,并在评价基础上改进设计的一个系统过程。它既具有设计的一般性质,又必须遵循教学的基本规律。[①]

教学设计的目的就是构建优化的课堂教学结构,也就是合理安排教学系统各要素,使要素和要素之间的关系最优化,形成合力,达到良好的教学效果。微格教学是通过模拟教学的形式对师范生进行微格教学技能培训,微格教学的教学设计是一种特殊的教学设计,它遵循一般课堂教学设计的规律和原则,但是它与一般课堂教学设计又有些区别。首先,一般的课堂教学设计对象是一节完整的课,而微格教学设计通常只是课堂教学内容的一个片段,只是一节课的一部分;其次,微格教学设计的教学目标,一是使被培训者掌握教学技能;二是通过技能的运用,实现课堂教学目标。微格教学的教学设计既要遵循课堂教学设计的原理和方法,又要体现微格教学的教学技能训练特点。

一、语文微格教学设计的特点

因为微格教学与常规教学不同,所以微格教学设计具有其不同于常规教学设计的特点。

（一）教学目标的双重性

教学目标的双重性是指微格教学要达到两个目标:一个是模拟教师应该掌握的教学技能目标,一个是模拟教师在微格教学课堂中通过技能运用要达到的模拟教学目标。其中,教学技能是实现教学目标的手段,教学目标达到的程度则是衡量教学技能掌握程度的依据。如果从教学技能评价的角度讲,教学技能目标是指导教师对模拟教师进行评价的主要项目,而模拟课堂教学目标的达成程度则是教学技能评价的构成要素之一。

（二）课型设计的微型性

微格教学的时间大多在5～20分钟之间,因此在微格教学设计的时候要考虑时间因素,要充分考虑如何利用相对较短的时间,实现某个专项教学技能训练效果的最大化。

（三）教学过程的完整性

虽然微格教学的时间较短、内容也相对比较集中,但是,微格教学的环节与常规教学相比却是相同的,即也是一个完整的课堂教学过程,在进行微格教学设计时,也要考虑教学过程的完整性。

（四）训练内容的技能性

在常规教学设计中,课堂教学目标是进行教学设计的出发点,教师根据教学目标安排其

---

① 皮连生.教学设计——心理学的理论与技术[M].北京:高等教育出版社,2000:2.

他教学要素；而在微格教学设计时，要进行的专项技能是教学设计的出发点，模拟教学根据教学技能训练的需要选择合适的教学内容。

二、语文微格教学设计的内容

（一）语文课堂教学技能的微格设定

微格教学的发明者主张把课堂教学技能分解成若干具体的"格"，逐项训练，降低难度，讲求收效。每次只训练1～2格技能，多次训练后实现总的学科教学技能训练目标。教师在课堂教学中究竟要掌握多少项教学技能呢？目前各国专家的看法还不统一。斯坦福大学将教师课堂教学技能分解成了14个格，而英国的特罗特把课堂教学技能分解成6格，即导入，强化，提问，例证，说明，变化。

语文同其他学科相比，有共性，更有突出的个性。语文课堂教学技能分解的微格，自然也有它的个性。微格教学引入中国后，魏传宪等人较早地研究和实践了语文课堂教学技能的微格。结合前人的研究成果，考虑到我们目前的课堂语文教学特点，我们一般把语文微格技能分成以下的"格"：文本解读技能、导入技能、讲解技能、提问技能、结束技能、朗读技能、板书技能、体态语技能、多媒体教学技能、组织调控技能、反馈强化技能、应对变化技能、教学检测与评价技能等。

（二）语文课堂教学技能的微格训练计划

微格教学把复杂的、综合的语文课堂教学技能进行科学分格，使各格技能具有一定的单一性，这样就可以分格单独训练了。微格训练的计划性是很强的，可以分层次进行。语文课堂教学技能的格中，导入、讲解、提问、朗读、板书、结束等技能是基础教学技能，称为"前置格"，必须放在前边训练；另外几格属于提高性教学技能，称为"后置格"，可以放在后边训练。按照训练层次和顺序，可列出时间计划表来，对师范生有计划地进行训练。

三、语文微格教学设计的教案编写

在语文微格教学设计中，教案的编写是一项重要工作，它是根据教学理论、教学技能、教学手段，并结合受训者的实际情况，针对一定的教学内容，为教学技能的训练而提前准备好的方案。

（一）语文微格教学教案编写的要求

1. 编写教案要注重实效性

微格教学的教案具有不同于一般教案的特点，它不但要详细规定教师的教学行为，还要规定学生的学习行为和对提问等的反应，以及教学进度的时间分配等。

2. 微格教案编写要小

微格教学是讲授整篇文章的一小部分内容，它只是教学过程中的一个小阶段。微格教学的特点在于"微"字，对课堂教学的教案编写不要贪多、贪大、求全。

3. 教学过程要突出整体性

麻雀虽小，五脏俱全。微格教学虽然只是通过某一环节的教学内容来训练学生的教学技能,训练时长10分钟左右,但整个教学设计需要有完整的教学过程。

4. 教案的编写要体现目的性

写教案要明确:学生学什么?目标是什么?教学程序是什么?为了达到教学目标和更好地促进学生有效地参与到教学中来,选择什么样的教学方法和教学手段?如何评价?

(二)语文微格教学教案编写的内容

按语文微格课堂教学的要求,语文微格教学教案编写应包括如下内容:

1. 确定教学目标

首先,微格教学的教学时间一般比较短,一般选择单一的内容进行教学,因此,教学目标的确定应立足于本片段的训练内容。其次,在进行微格教学设计时,要从知识与技能、过程与方法、态度情感价值观三个维度制定教学目标,在教学目标的表述方式上,要强调以学生为主体,目标的表述要具有可操作性。

2. 标明训练技能的类别

微格教学设计是被培训的师范生根据教学目标,结合自己的教学能力的实际水平,确定教学技能的培养目标,对自己的教学技能有针对性地进行训练的过程。在教学过程中,针对每一个教师的教学行为应当运用哪种教学技能,在教案中都应予以标明。标明教学技能是微格教学教案编写的最大特点,它要求被培训的师范生感知教学技能,识别教学技能,应用教学技能,突出体现微格教学以培训教学技能为中心的宗旨。

3. 调控教师的教学行为

微格教学的时间比较短,教学内容也相对要少,被培训的师范生必须设计好在规定时间内所对应的每一个教学步骤、动作和行为。在编写教案时,要把自己在教学过程中的主要教学行为及要讲授的内容详细地编写在教案内。这样既有利于被培训的学生的教学技能训练,也有利于指导教师进行相应的指导。

4. 预想学生的行为

教学是师生双方共同组成的双边互动活动,教师独自的表演绝非有效教学的特征。在教学设计时需要考虑教学行为可能引发的学生的预期行为,从而做出有针对性的反应。学生的课堂行为主要有观察、回忆、回答、操作、活动等。在备课中预想学生行为是非常重要的,年轻教师备课往往一厢情愿,只顾自己怎样讲课,不注重对学生的组织与反应,结果在实际课堂教学中常出现冷场、偏离教学目标等现象,使得课堂教学失去控制,完不成教学任务。

5. 合理分配教学时间

微格教学的时间相对比较短,要想充分利用短小的时间,取得良好的实训效果,严格分配教学时间、规定教学的步骤是十分必要的。这既有利于指导教师观察实训者的教学技能掌握情况,也有利于实训者本人掌握教学进度,把握教学节奏。

6. 恰当选择教学媒体

在教案中还要标明教学所需的教学媒体,如教学中使用的教具、录音、幻灯、实物等教学媒体,便于在教学之前做好准备,合理有序地使用。

案例研讨

微格教学教案示例①

执教者：李少英　　学科：语文　　年级：七年级　　日期：2013.4.12　　指导教师：陈菲

教学课题：《纸船》寄母亲

教学目标：

1. 准确把握纸船托物言志的诗歌意象，理解本文对母亲的思念的主题
2. 指导学生有感情地朗读，体味本诗对母爱的深情讴歌和诗歌的语言之美

技能目标：讲解技能

时间分配	教师教学行为	教学技能要素	学生行为	教学媒体板书内容	备注
1分	一、课前导入 　　播放周杰伦的《听妈妈的话》。 　　母爱是世上至臻至纯的爱，世界上因有母爱而变得更温馨，所以许多人都歌颂母爱，思念母亲。接下来我们一起学习一首想念母亲的诗——《纸船》，这是冰心奶奶青年时代远赴美国留学时在船上写给母亲的。	创设情境，引入课文学习	学生品味歌词，体味人间至真至纯的母爱	《听妈妈的话》高潮部分 板书： 《纸船》寄母亲 冰心	
5分	二、感知诗歌 　　1. 请同学们听课文录音，注意朗读节奏。 　　2. 通过听录音你读懂了什么？从哪里看出来的？诗人是借助什么具体意象来抒写对母亲浓浓的思念的？ 　　（"一只一只"，可见数量之多。"不灰心""每天"感情诚挚，愿望强烈。"含着泪""悲哀"，可见思念之苦，刻骨铭心……）	提问法	师生互动，学生间合作讨论	文本朗读使用音配画 板书： 船思念→母亲 托物言志	
2分	3. 请同学们再次自由、大声、有感情地朗读文本，思考：纸船是有形的东西，而爱和悲哀是无形的东西，有形的纸船怎么能承载无形的情感呢？	提问法			
2分	三、课后延伸 　　历来歌颂母亲的作品很多，青年时代的冰心折叠一只只的小纸船送给自己的母亲，让它带去女儿的一片爱和思念，表达了对母爱的感恩和回报。而对于父亲的作品则是比较罕见的。父亲节快到了，课后请同学们收集一些歌颂父亲的经典文章、诗词、歌曲，送给自己的父亲。	迁移拓展		媒体展示： 朱自清 《背影》	

---

① 周立群，陈菲，杨全良.语文教育实习导论[M].广州：广东高等教育出版社，2012：112—113.此处引用对原文有删节。

第三节　语文课堂微格教学的组织与实施

过去的教学技能训练,缺少一套科学有序、可操作的训练模式,教学随意性较大,再加上训练课时少,教学实效低。因此,教学改革应先创立一套可行性强的语文微格技能训练模式。我们参照美国斯坦福大学的课堂教学技能训练模式,针对本学科对师范生的课堂教学要求,遵循"理论—实践—评价"的训练模式,确立微格教学实践的全程训练方法:理论学习→提供示范→编制教案→角色扮演→反馈评价→修改教案(详见图9-1)。

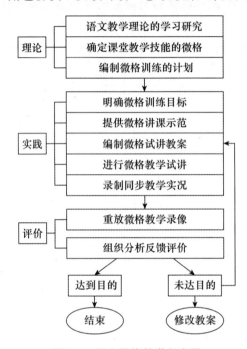

图9-1　语文微格教学程序图

微格教学是一个将理论与实践相结合的统一整体,具体包括以下几个阶段:

(一)第一阶段:语文课堂教学技能微格训练前的准备

(1)相关的语文教育教学理论的学习和研究。任何教学行为都是教师教学理念支配下的产物。微格教学是在现代教育理论指导下对教师教学技能进行培训的实践活动。因此,训练前对学生进行语文教育教学理论的学习至关重要,否则缺少理论指导的实践会走弯路。

(2)确定语文课堂教学技能的微格(见"微格教学设计的内容"部分相关论述)。

(3)编制微格训练计划(见"微格教学设计的内容"部分相关论述)。

(4)划分微格实验小组。采用合作学习的方式,根据微格教室的设置特点,把全班学生划分为若干小组,每组尽量男女生比例适当,并推举一位认真负责的同学担任组长,负责本组成员的微格教学模拟的全盘组织工作。

(5)组成微型模拟课堂。微型课堂由教师角色(讲课学生)、学生角色(小组成员)、评价人员(本小组同学兼任)、录摄像设备操作人员(本小组同学)、指导教师五部分人员组成,由组长负责分工,并为每位组员指明职责。

(6)培训操作员的操机技能。对每组担任录像设备操作的同学进行了严格的指导和培训,使他们能熟练操作计算机,熟知录像和回放全套程序,保证微格教学的顺利完成。

(二)第二阶段：语文课堂教学技能微格训练的尝试

在掌握语文教学相关理论的基础上,展开语文课堂教学技能的微格实践,具体操作如下：

(1)明确微格训练的目标。微格训练前让每位同学都要明确所训练的"格"以及这个"格"在语文教学技能系统中的地位和功用。

(2)提供示范。针对本次训练的"格",教师都要利用文字材料、录像或实际角色的扮演等方法对所要训练的技能进行示范讲授。

(3)微格备课。学生在微格教学前预先编制微格教案,要求教学内容严格控制在5～10分钟之内。

(4)微格试讲,同步录像。学生模拟教师角色进行试讲；操作员同步对"教师"的教学行为和"学生"行为进行实况录像,以便能及时准确地进行反馈。

(三)第三阶段：微格实践后的评价与反馈

能否对被培训者的角色扮演过程给予准确、及时的反馈和恰如其分的评价,是被培训者的课堂教学技能通过微格教学能否得到提高的关键。这一阶段的教学包括如下环节。

(1)重放录像。模拟课堂教学之后,要及时对讲课录像进行回放。被培训者要仔细观看自己的教学全过程,亲眼观察自己的教学行为,并与事先的设计相对照,对自己的教学进行反思,找出课堂教学的不足。

(2)评价教学。被培训者要检查课堂实践过程是否达到了所设定的目标,是否掌握了所培训的教学技能；作为学生角色、评价人员和指导教师都要从各自的角度来评价被训者的教学,总结优缺点,指出改进措施。方法是：根据每种技能训练的目标要求制作评价单,明确评价的内容和标准,每个评价人员根据自己的判断填写评价单,由组长集中起来,计算出授课者的讲课成绩,放入档案袋。

(3)结束和修改教案。本次教学技能训练如顺利达到训练目的,则此微格训练结束；如未达到要求,被培训者可根据自我分析和他人的讨论评价中所指出的问题修改教案,再次训练,直到达到训练目标为止。

(4)成绩记录。本实验课程采用形成性评价和终结性评价相结合的方式,注重学生的成长过程记录,每次微格训练后的微格成绩单都要放入小组档案记录袋,本课程训练内容全部结束后,全部微格训练成绩相加即是该生的微格课堂教学技能的总成绩。

◆ 课 堂 讨 论

观看教学示范录像是语文微格技能训练中的一个环节,你认为这个环节在微格技能训练中有何意义？在观看示范录像前应做好哪些准备？在观看录像时应注意哪些问题？

第四节 语文微格教学的评价与反馈

教育评价是当今世界教育科学研究的三大领域之一,学科的教学质量在很大程度上影响着学校教育工作的质量和办学水平,对教学实施全方位、立体的综合评价,确立评价的内容,建立完备的评价指标体系,已成为深化评价教学改革,提高教学质量的当务之急。

微格教学从 20 世纪 80 年代传入我国以来,它以目前最先进的方式,解决了教学过程的全面反馈问题:在技术上将现代视听技术用于模拟教学,让模拟教学主体同时成为教学的客观评价者,通过对模拟课堂的超前反馈、同步实录的适时反馈、观察录像后的后续反馈,使得师生能及时获得直观的、生动的、完备的反馈资料。微格教学中应树立科学的评价理念,制定科学的评价体制,从而有效提高微格教学的质量。

一、语文微格教学的评价

评价改革是教育课程改革的一个重要方面,在高等师范院校的微格教学中充分发挥教学评价功能的有效性,不仅对于高等师范院校微格课堂教学质量的全面提升起到重要作用,而且对于推动高等师范院校教学改革的现代化工程,也将会产生积极的影响。

(一)语文微格教学评价的作用

微格教学中的评价是对教学技能的评价,它通过对各项教学技能指标的考查与分析,对教学构成、作用、过程、效果等进行科学的价值判断,从而评价受训者的课堂教学技能水平。在教学技能的学习和形成过程中,评价起着重要的作用,没有评价就不能通过微格教学进行技能改进。

1. 诊断反思作用

微格教学实施的各个环节都要进行评价,从理论学习到模拟教学,每个环节都要对实训者的表现作出评估,从而判断目标的实现情况,并为微格教学的各个环节作出诊断,指明方向。微格教学利用了现代化的设备,记录下执教者的教学现场资料,执教者通过观看自己的微格教学录像,结合指导教师和其他学员的评价和反馈,可以很好地发现自己教学中的不足。而且微格教学的反馈和评价,既有自评,也有他评,全方位的评价有助于受训者全面认识自己的教学行为,并促使受训者形成反思自己教学行为的习惯,有助于其教学技能的不断提高。

2. 调整控制作用

技能训练遵循的是分解动作、小步子程序化的流程,而在这个流程中,起调节控制作用的即为反馈信息。微格教学中的评价为教学技能的训练提供反馈信息,指导教师可以根据反馈的信息修订技能训练的计划,调整技能训练的内容和进程,从而调控微格教学的过程。同时,反馈信息对于被培训的师范生的教学技能的习得过程也具有调控作用。

3. 鉴别评定作用

微格教学的最终目标是要使被培训的师范生获得教学技能,在训练结束之后,学生各项技能的水平达到什么程度,需要通过微格教学评价来获取信息。微格教学评价的重要作用之一就是对被培训的师范生在微格教学结束后的各项教学技能所达到的水平作出准确评定。

4. 协作交流作用

微格教学的评价方式往往是由小组成员根据反馈信息,结合课堂教学技能的理论,提出观点和建议。微格教学的组织形式已使研究教学技能的全组师生形成了密切的合作关系,每位成员都可以直率地提出己见,互相取长补短,增强了师生、生生之间的交流、协作。

5. 促进发展作用

从信息论的观点来看,让被培训的学生观看示范录像是对复杂的教学过程的一种形象化解释。被培训的学生从这些信息中积累了大量教学实践的间接经验。在微格教学的理论学习阶段,被培训的学生从理论上学习分析了各项课堂教学技能的作用、方法和要领;在角色扮演阶段则亲自运用了某项教学技能进行模仿训练,形成了完整的课堂教学能力。通过评价可以让被评价者看到自己的成绩和不足,好的地方得到强化,缺点和错误得到纠正,从而提高课堂教学技能。同时通过评价目标、评价体系的指引,可以为被评者全面认识自己的教学技能,明确教学能力提升的方向,促进教师专业化发展奠定基础。

(二)语文微格教学评价的实施

微格教学评价的对象包括微格模拟教师、小组同学和指导教师。微格教学评价顺序一般是由模拟教师进行自我评价,然后小组成员之间互评,最后由指导教师进行总结评价。

1. 模拟教师自我评价

自我评价是被评价者按照教学技能评价的目的和要求,通过自查、反省等方式对微格教学训练中的表现进行价值判断,自我分析,找到不足,从而达到自我激励、自我提高的过程。在微格教学的整个过程中,模拟教师都要通过自我反思和指导教师以及学生同伴的外部评价来进行自我评价。其中,最为关键的一个环节是在教学录像回放研究阶段。自我评价是学生自主发展的内在机制,在这个阶段,模拟教师通过观看自己的训练实录,把本次课堂教学设计的思想与模拟教学的实际表现进行对照评估,发现自我教学行为中的优点以及需要改进的地方,并结合指导教师和学生同伴的意见进行反思,作出自我评价,从而促进自己教学技能的提升。

2. 学生同伴评价

学生同伴评价是由扮演模拟教学中的学生角色的同学在一起进行的集体讨论评议活动。学生同伴评价主要在两个阶段进行:一是在微格教学设计和教案编写阶段,同一小组的实训者要在一起共同进行教学设计,并对模拟教师的教案进行讨论评议;二是在模拟教学录像回放研究阶段,学生同伴根据对模拟教学的观察和记录,对照教学录像和自身的体验,提出意见,进行讨论协商。通过这种集体讨论评议,既可以为被评价对象的改进提供帮助,同时也为评价主体自身的学习提供帮助。

3. 指导教师评价

微格教学指导教师在微格教学评价中具有重要作用,参与对整个过程的评价。

(1) 在理论学习阶段,指导教师采用定性评价的方式,对被培训的师范生理论的准备情况做出评估,提出进一步学习的建议。

(2) 在教学设计和教案编写阶段,指导教师要对全体被培训的学生的教案进行检查分析,并与学生一起分析教案的优缺点,提出修改的建议。

(3) 在模拟教学阶段,指导教师要根据评价指标做好观察记录,并对模拟教师角色的学生的教学情况作出初步的评价,指出优缺点。

(4) 在教学录像回放研究阶段,指导教师要根据对模拟教学阶段的观察记录,分析教学录像,对学生的模拟教学进行分段点评。教师具有比学生更丰富的教学经验和处理问题的方法,所以教师应宏观把握,统观学生本人和其他同学的评价,根据学生的成就、潜能和不足明确改进要点,提出发展性评价建议。

（三）语文微格教学技能评价的要求

1. 有效地实施微格教学评价,应树立"全人观"的评价理念

我国新课程改革下课程评价的基本理念是:以人为出发点,促进个体的和谐发展。评价的功能是为了促进学生的发展,促进教师的发展,促进课程的发展。因此,在微格技能训练中,应该把评价的核心定位于有效地促进师范生教师职业技能的全面提升。评价在于给学生找到并提供成功的支撑,使每个学生都能获得成功的机会,同时,在评价中又能让学生认识到自己的不足,从而协调地发展自己,尽可能使自己在多方面得到充分发展;学生的智力发展贯穿于生命的全过程,为此,我们的评价要用发展的眼光来看待学生。

2. 有效地实施微格教学评价,应注重评价方式的变革

微格评价应采用形成性评价和终结性评价相结合的方式。终结性评价的主要功能在评估达到目标的程度;形成性评价,更重视学习过程中诸因素的调查、检测、记录和评估。教育评价与教学全过程相伴而行,让评价关注学生学习的过程,才能有效地培养学生积极的学习态度、良好的学习习惯和思维品质。因此,在实施微格教学技能评价时,要更多地关注学生的成长过程记录,建议采用成长记录方式,把成长档案作为评价学生学习的重要依据,这既是一种考评方式,同时又能让学生从自己的成绩记录中看到自己的成长、进步,从而增强今后的从业信心。

3. 有效地实施微格教学评价,应注意评价主体的多元化

要求评价主体多元,一方面是为了体现评价的客观公正,另一方面可以通过评价达到总结、反思、改进的目的,同时也是评价领域中提倡民主意识,克服话语霸权的需要。因此,在微格教学中,要注重教师评价、学生评价、自我评价、学生之间互相评价。尤其是要重视实践者的自我评价,由于微格教学技术的先进性和便利性,被培训者可以根据观看的录像,自我分析课堂实践过程是否达到了所设定的目标,是否掌握了所培训的教学技能,反复修改、反复训练,课后再写出教学反思,在自我评价中逐步学会成长;作为学生角色,评价人员和指导教师都要从各自的角度来评价试讲者讲课过程的优缺点,尽可能地为被培训者提出改进的意见和建议。

4. 有效地实施微格教学评价,应关注学生的积极情感体验

评价要尊重学生的个体差异,以促进每个学生的健康发展。在评价的方式上,应讲究宽

容、理解、沟通、让步。把评价对象放在平等的地位上,充分尊重学生,逐步养成欣赏学生看问题的不同立场、方式、方法的习惯,珍视学生独特的感受、体验和理解。要善于发现学生在微格教学设计中的独特见解,在模拟课堂讲解上的教学机智及闪光点,适时给予鼓励和赞许。要尽量避免可能给学生造成伤害的评价行为,否则可能会给学生今后的教学生涯留下长久的负面影响。

二、语文微格教学的反馈

随着现代数字化技术的发展及其在现代微格教学中的应用,微格教学的实时反馈功能得到放大加强,因此微格教学的反馈可以有效地帮助学生根据过去的教学情况来调整后续的行动。

（一）微格教学反馈的作用

反馈是控制系统的基本方法和过程。教学中的反馈可以有效地强化动机,促进行为的改善。微格教学借助录像,弥补了一般反馈事后评定、反馈环节薄弱、控制调节作用不够的不足。微格教学采用自评、互评、点评相结合的方式对被训者进行真实、及时地反馈,能很好地发挥反馈的控制调节作用,诊断出课堂教学问题,及时改进,对提高教学技能具有极大的调整和矫正作用。

（二）微格教学反馈的方法

1. 从反馈的时效性来看,微格教学中采用的是形成性评价中的及时反馈或短时反馈

形成性评价是指在微格教学开展过程中,为了了解微格教学的效果而进行的评价,其目的在于通过评价所获取的反馈信息来调整微格教学的进程和策略,提高微格教学的效果。形成性评价注重评价的及时性和时效性,以充分发挥评价的改进功能,做到及时调整和矫正。

2. 从反馈的对象来看,反馈分为他人反馈和自我反馈

微格教学把他人反馈与自我反馈相结合,把来自同行和指导老师的意见和对自身教学行为的分析结合起来,有效地改进教学行为。受训者观看自己的授课录像这种自我反馈的形式能对受训者产生较强的信息刺激,使对诊断出的问题的有效矫正成为可能。在反馈评议的过程中,小组的学员们在一起充分讨论,共同献计献策,提出改进方案,受训学员可再次修改、讲课、录像、评价,使评价反馈起到了改进和提高教学技能的强化作用。

3. 从反馈的形式来看,反馈的方式分为直接反馈和间接反馈

微格教学中的反馈以直接反馈为主,随着网络技术在微格教学中的应用,微格教学中也出现了间接反馈。在教学中,不少学校将微格教学的录像放在网络上,这样,学生、教师可以在当面反馈之后,再利用网络进行进一步的交流与反馈。

◆ 讨论与练习

一、思考·理解

1. 什么是微格教学？微格教学的特点是什么？

2. 如何编写微格教案?

3. 微格教学实施的步骤有哪些?

4. 微格教学评价的分类、方法和要求有哪些?

二、研究·讨论

1. 观看优秀语文教师的课堂教学实录,讨论教师各项微格教学技能在语文课堂教学中的运用艺术。

2. 观看自己的微格技能训练课堂实录,并作出科学、全面的诊断,写成一份教学反思小论文,与同组成员相互交流。

三、设计·实践

1. 制定语文课堂教学微格技能训练计划,以小组为单位,自选课文,设计微格教学方案,并以小组为单位在微格教室试讲。

2. 以小组为单位,书面总结微格教学技能训练中出现的问题,并指出应对的策略。

第十章 语文教育见习与实习

◆ 学习目标

1. 了解语文教育见习与实习的内容和要求。
2. 了解语文教育见习与实习的评价内容和要求。
2. 掌握并综合运用本章所讲述的相关知识进行实践。

◆ 学习建议

1. 在见习、实习学校多观察语文教师的课堂教学,利用微格课堂进行模拟实践。
2. 在见习、实习学校多观察语文教师的教育行为,并做好记录,课后与同伴研究。
3. 依据教育见习、实习观察学习到的经验,选取新课程教科书的教学内容,多进行编写教案、试讲等实践训练,并积极听取老师或同学的评价意见。

◆ 核心概念

语文教育、教育见习与实习、见习与实习特点、见习与实习内容、见习与实习要求

◆ 名人语录

相观而善之谓摩。

学然后知不足,教然后知困。

——《学记》

第一节 语文教育见习的内容与要求

《教育部关于大力推进教师教育课程改革的意见》中指出创新教师培养模式,强化实践环节,加强师德修养和教育教学能力训练,着力培养师范生的社会责任感、创新精神和实践能力。教育见习是高等师范院校教学计划中的一个重要组成部分,是高校师范生在具有一定学科专业知识的基础上,对将要从事的教学工作所进行的一种现场观察和初步体验。

一、语文教育见习的概述

语文教育见习,是指汉语言文学专业的师范生或有意向从事语文教师职业的非师范生在中小学教师的指导下,以教师助手或辅导教师的身份出现,对中学语文教育教学实际进行的体验活动,见习以"见"为主,其主要任务是调查研究、观摩教育教学、观察分析、协助指导教师进行班级管理、辅导学生作业等,一般不直接从事语文课堂教学活动。

(一)语文教育见习的必要性

目前,教师职业专业化已成为各国教育界的共识。作为专业化的职业教师,必须具有综合的职业素养。这种素养包括:关注教育现象的职业敏感、与学生及家长的沟通交往能力、组织与传导能力、教育教学的反思能力、对从事教师职业的自信心和责任心、民主精神及合作意识等。教学是一种交往活动,而通过教育见习能让师范生认识和实践这种交往活动。

1. 帮助师范生明确教师的职业意识和职业要求

语文教育见习的目的在于帮助师范生明确语文教师的职业意识和职业要求,激活师范生曾经的中学学习经历,联系实际验证课程学习的相关内容,帮助师范生在教育实习之前,了解中学教学对教师素质的要求、教学常规、教学改革情况;了解中学对班主任素质的要求、班主任工作程序、班级管理的任务等。

2. 增强师范生的职业品质

在一系列的教育教学过程中,师范生通过到见习学校参与、观察教育教学活动,然后思考教育教学现象,认识到教师应具有什么样的组织与传播能力,如口语表达、教育教学机智、使用多种教学手段的能力等。任课教师对待教育教学活动的职业态度、师生角色关系的处理等都会潜移默化地影响见习师范生,一名优秀教师所表现出来的职业品质会对见习生起到良好的榜样作用,一名不合格教师的职业道德和执教能力会让见习生引以为戒。

3. 搭建从学习理论知识到教育实习之间的桥梁

教育见习是一种综合性的实践活动,与教育实习相比,教育见习是以观察为主,着眼点在看、听、问上,而教育实习则是操作性的实践活动,是对教育教学各环节的实践。师范生通过见习,对中学语文教学进行过观察和审视,获得了教育教学方法、途径技能的相关信息,并去印证课堂中学习到的相关理论知识,能为后续的教育实习奠定基础。

4. 弥补教育实习安排滞后的弊端

大多数高师院校的教学计划中把师范生的教育实践安排在最后一学年,学生无论是在把所学的专业知识综合运用到教学实践的时间上,还是在基本知识和基本教学技能的学习上是否能适应教育教学实践的要求的印证上都相对滞后。师范生在大学的前三学年,可以说没有或者很少接触中学教学实际,不可能有从教的经验感受,这样,就会造成师范生在大学课堂里学习理论知识时内在目的性不明确,不能在学习理论知识与未来实践之间建立起联系,教学技能的养成也没有现实感和紧迫感,当经过第四学年教育实习检验后,感到自己有许多知识和能力的缺陷时渴望弥补,但已为时太晚。所以,适时安排学生到中学去见习,能有效地弥补这一缺陷。

（二）语文教育见习的特点

教育见习对于师范生的培养是必不可少的，它具备实践性、教育性和职业性的特点。

1. 实践性

教育见习是教育实习的基础和前奏，是师范生获取教学实际情况的主要实践活动，是教育实习的组成部分。

2. 教育性

教育见习是高等师范院校对师范生进行专业思想教育和学习态度教育的重要途径和方法。

3. 职业性

教育见习是师范生职前教育培训的必要环节，是师范生专业特点和未来从事教师职业的需要和要求。

二、语文教育见习的内容

教育见习以"见"为主。在教学计划中，有的学校安排一周的时间，有的学校安排两周的时间，也有的学校在一学期内每周安排半天的见习，因校而异。不管时间上如何安排，在较短的时间内，见习生都要完成如下实践任务。

（一）课堂教学见习

课堂教学见习是指师范生随见习班级听语文教师讲授的语文常规课。听课时，要注意观摩授课语文教师的教学方法和教学技能、技巧，也要观察课堂上学生的活动规律。听课时要做到课前预习课文，课堂上做好听课记录，课后要及时评议。

1. 做好听课前的准备工作

首先，在听课之前要明确自己听课的目的，做好角色转变。师范生一方面要把自己的角色定位为讲台上的教师，另一方面也要换位成听课的学生，这样才能从不同角度全面地感受课堂。其次，要做好相关的理论知识准备，用理论来指导实践，用实践来印证理论，只有知识储备充足，才能明白教学过程中教师根据学生的认知特点采取某种教学方法的原因，不仅要做到"知其然"，更要"知其所以然"。最后，听课前还要阅读语文教材，熟悉教材内容，带着问题去听课，这样才能很好地领会教师处理教材的方法。

2. 抓住听课的重点

首先，要看授课教师如何恰当运用教学规律展开教学——如教师如何利用学生已有的知识储备进行新知识的传授；教师如何在教学中培养学生的语文能力；师生的角色关系如何在教学中体现等。其次，要看教师的教学方法和教学艺术——如教师的教学方法是否与教学目标的实现相匹配；教师如何根据学生特点去调动学生学习的主动性；教师如何根据学生的反馈来及时调节教学内容和教学方法，如何艺术地处理预设和生成之间的关系；教师怎样根据教材内容去设计板书；等等。最后，要看教师教学的基本程序和结构——听课就是要看教师的教学程序和课的基本结构是怎么安排的，每个环节教师是如何处理教学的，环节之间是怎么过渡衔接的。

3. 了解听课的记录内容

写听课记录时,首先要详细记录听课的学校、学科、授课教师、课题、听课的时间、班级等,以便形成资料性的教研材料供日后查找。其次,要记录课堂教学过程,包括课题、主要的教学步骤和教学环节,采用的教学方法和手段、教师的提问、师生的互动、板书的内容等,教学重点部分要详细记录,其他环节只需记清教学步骤即可。最后,要记录听课人在听课过程中的思考及听课后的评议意见。评课要根据自己的听课记录,找出这堂课的优点及亮点,指出不足并提出恰当的改进建议。

(二) 备课和教案编写见习

师范生在见习指导教师的指导下,熟悉备课和编写教案的基本程序和方法。

1. 要观察指导教师如何备课

备课,是教师的基本功,作为一名教师必须知道如何备课,必须研究备课艺术。师范生要注意观察、询问和学习指导教师备课时如何研究语文课程标准、确定教学目标,如何钻研教材、确定教学内容,如何根据学生的实际情况来选择适当的教法,如何布置作业,拓展迁移等。

2. 要学习教师如何编写教案

教案,是教师开展课堂教学的实施方案。教案分详案、简案和微案三种,详案内容全面周到,教学过程的编写具体详细;简案只写出最基本的授课内容,如教学过程只写几个大的步骤,教材分析只写提纲等;微案只保留最基本的教学步骤和必要的板书,写在卡片纸上。一般来说,精讲的课文和重点的教学内容需要详写;略讲的篇目和浅显的教学内容可写简案;教学经验丰富,知识积淀丰厚、业务水平高超的老教师可以写简案。师范生必须写详案,必要时还要采取详案和微案相结合的方式。师范生在见习的时候应该向指导教师请教,学习编写教案的基本方法。

(三) 课后答疑与作业批改见习

课后辅导是课堂教学的重要补充,在见习期间,见习生要辅导学生自习。见习生应该学会根据上课内容对学生进行辅导答疑,要在深入了解学生的学习情况和存在的问题的基础上进行针对性的辅导。

课后作业是课堂教学的基本环节之一,是课堂的补充和延续。见习生批改作业时需要一丝不苟、客观认真,善于发现问题;批改作业还应及时,做到当天作业当天改;批改格式要规范,字迹要美观,评语要易懂。

(四) 班主任工作见习

见习生要观察和参加见习班级的常规管理工作。如早读、早操(课间操)、课间活动、课外活动、班会、个别教育等,写好见习日记的记录。在日常班级管理工作中,要学会与中学生交流;与见习班级的班主任密切联系,多沟通,多请教,在其指导下,根据实习学校的要求和学生年龄特点,拟订见习班主任工作计划,并请班主任老师给予指导,提高自己组织与管理班级的能力。

（五）教育调研见习

教师专业化发展的核心素养之一是教师的教育科研素养，科研是教师实现专业素质自我发展的重要途径。实践证明，积极参与科研的教师，教师素养普遍较高。见习生应积极参加实习学校的语文教研活动，形成学科教研意识，培养教研能力，提高自身的专业素养。

三、语文教育见习的要求

（1）听课见习之前，要预习见习教师授课的教材，有针对性地听课；提前了解所见习课程，钻研教材，试着备课，写出简单的教学方案。

（2）听课时，既要从老师的角度思考和体会授课教师的教学意图与教学设计、教学方法、教学手段运用的效果，又要从学生的角度思考、体会、研究学生的学习心理与学习过程。

（3）专心听讲，详细写好听课笔记，特别是要记录好精彩的教学细节。

（4）听课要拥有欣赏的心态；评课时，提问要礼貌、适度。

（5）在班主任工作见习时，要和班主任老师共同深入到中学生中间，在实践中虚心学习一线教师的工作经验。

（6）听课后要及时进行评议，认真学习授课老师的精彩教学风格和教学艺术。

（7）应严格遵守见习纪律和见习学校的各项规章制度，虚心听取双方指导教师的意见。

（8）集体的教学见习以2～4课时为宜。学生可以自己创造条件增加教育见习机会。

第二节　语文教育见习的评价与反馈

语文教育见习是高校师范生第一次以教育者的身份接触教育教学实践，对其未来教师职业的发展有着重大影响，因此见习评价时应该尽可能从各方面客观详尽地给予评价。

一、语文教育见习的评价

（一）确立评价主体

评价的主体应多元化，评价主体包括实习学校、双方的指导教师、见习生之间、师范生自身。多元主体可以从多角度对见习生进行评价，提供帮助，促使他们更加明确地了解自己，更好地弥补不足，争取更大的进步，这些评价通过评语的形式作为师范院校最终对见习生的评分依据。

（二）明确评价内容

教育见习的评价内容包括：

1. 见习态度

见习要制定严格的考勤制度，指导教师要客观真实地做好考勤记录。这既是对见习生的严格要求，又是对师范生见习态度的评价依据。

2. 听课笔记

见习生在听课时应做好听课记录笔记，听课后认真填写评议意见。

3. 教案编写

通过见习观摩和听课，见习生应该初步熟悉和掌握教案的编写方法，要求见习生每人必须写出一个详尽、规范的教案。

4. 见习日志的记录

记录内容包括考察教学常规及教学策略、班级日常管理、个案问题处理、自己所参与的活动等，这样可以督促师范生多接触教学实际，获得感性认识，培养良好的从业品质。

5. 教育调研报告

见习生可以针对中学语文教育教学方面自己感兴趣的问题展开调研，调查可以用访谈、问卷等形式进行。通过调查等形式，可以让见习生发现教育教学问题、从中选择问题、收集调查数据、形成自己的观点，以培养和发展师范生分析问题解决问题的科学态度与方法，增强他们的科研意识和能力。

6. 见习报告的撰写

见习报告是在见习结束后师范生针对本次见习做的全面总结，内容包括：见习的时间、见习单位、见习内容、见习效果和收获体会等，见习报告字数原则上不得少于3000字。

（三）把握见习评价标准

师范生所在院校要按照公正公平、严格考核的原则，根据多元评价主体的评价意见，按优、良、中、差几个等级评定，并作为见习成绩载入成绩册。具体评价标准见下表：

表 10-1 语文教学见习评价表

| 课题: | | 见习教师: | | 评价者: | | 时间: |

评价项目	权重	评价等级				得分
		优秀	良好	中等	不合格	
见习态度的端正程度	0.20					
听课笔记的记录质量	0.10					
教案编写的规范合理程度	0.20					
见习日记的翔实性	0.10					
教育调研对针对性、实用性的把握	0.20					
见习报告的质量高低	0.20					
总分						
补充意见或建议						

注：请在评价前阅读该表中的项目；评价时认真观察见习生的表现作出评价。总分在9～10之间为优秀，在7～8之间为良好，在6～7之间为中等，在0～5之间为不合格。

二、语文教育见习的反馈

语文教育见习的反馈是为了给见习生提供帮助，取长补短，更好地进步，同时也能促进师范院校更好地改进教学。语文教育见习的反馈包括如下三个方面：

（一）见习学校给师范生的反馈

见习的最终目的是让师范生通过见习提高自身的从业素质，从而适应未来的教师职业要求。因此,师范生在见习过程中有不足之处,实习学校必须给予师范生及时客观的反馈,这样才能在第一时间让见习生真正认识到应该如何去改正,才能不断提高自己的素质,取得进步。

(二)带队教师给见习生的反馈

见习结束后,见习带队教师要及时召集见习生开评议会,根据每个同学的见习表现,及时给予反馈意见,帮助学生总结经验,汲取教训,不断提高自己,取得进步。

(三)见习学校给师范院校的反馈

在教育见习结束后,见习学校要针对见习生见习期间的总体表现向师范院校出具反馈意见,以便师范院校针对问题适当地调整培养计划、改进见习措施。师范院校与见习学校之间应该本着互利互惠的原则,以合作的态度,加强彼此间的联系,建立长期而广泛的合作关系。

第三节 语文教育实习的内容与要求

《教师教育课程标准(试行)》指出:"教师是反思性实践者,在研究自身经验和改进教育教学行为的过程中实现专业发展。教师教育课程应强化实践意识,关注现实问题,体现教育改革与发展对教师的新要求。教师教育课程应引导未来教师参与和研究基础教育改革,主动建构教育知识,发展实践能力。"我国教育部《高等师范学校各科教学方案》也明确规定:"教育实习是对学生进行教育、教学工作,初步锻炼和加强理论结合实际的重要方式,必须认真进行。"教育实习是师范院校教育的重要组成部分,是师范教育在贯彻理论联系实际原则、实现培养目标的过程中不可缺少的教学环节。教育实习是由师范院校与实习学校密切结合,在双方教师指导下,以师范院校学生为主体所完成的特殊的教育教学实践活动。通过教育实习,师范生运用已学过的专业知识和教育教学技能到中小学进行教育教学的实践,可以锻炼、培养和提高从事教育、教学工作的职业能力。

资料卡片

中国自从创办师范教育开始,就较重视教育实习。清光绪二十二年(1896年)盛宣怀创办南洋公学,分为四院,先设"师范院",继设"外院",是师范生进行教育实习的场所。1904年1月13日颁布的《奏定学堂章程》,规定把师范教育分为"初级"和"优级"两级。初级师范学堂培养高等小学堂和初等小学堂的教员,优级师范学堂造就初级师范学堂及中学堂的教员。初级师范学堂章程规定"教育"是一门重要课程,包括教育史、教育原理、教育法令、学校管理法和"实事授业"。所谓"实事授业",就是"师范学生于附属小学堂练习教育幼童之方法",即教育实习。辛亥革命后,师范学校和高等师范院校都规定学生要有教育实习。

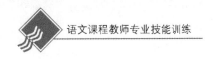

一、语文教育实习的概述

语文教育实习是指汉语言文学专业的师范生在实习教师的指导下,运用已学过的相关汉语言文学知识和技能,到中学直接参与语文教育教学工作,从而获得语文教学的实际工作能力。教育实习是对学生专业知识和能力的综合检验,也是学生从事教师职业的关键性开端。

（一）语文教育实习的作用

教育实习作为职前培训的一个环节,是培养教师具备独立工作能力的一个中心环节,是师范教育贯彻理论与实践相结合的原则的体现,同时也是高等师范院校实现培养目标的一门重要实践课,对师范院校的发展和师范生的培养起到重要的作用。

1. 提高师范生的职业使命感

教育实习是师范生认识自己、提升自己道德水平的重要途径。一部分师范生中存在专业思想不牢固、不愿投身教育事业的思想。实习中,他们在指导教师的引导和帮助下,加上自己的实践和体验,思想情感将发生很大的变化,从课堂上学生们渴求知识、追求真理的目光里,从学生表现出的对老师无限信赖和纯真的感情里,从课外师生交往的和谐情感中,从学生家长的殷切期盼中,他们会第一次感受到自身的价值和肩上的重任,责任感、荣誉感、自豪感油然而生。教育实习的工作初步磨练了他们的意志,陶冶了他们的情操,改变了他们的价值观,使他们的思想比以前更充实,精神风貌也发生了显著的变化,更重要的是肩上的担子加重了,有了一种崇高的职业使命感和社会责任的担当意识。

2. 培养师范生的教育教学胜任能力

教育实习中,师范生接受师范院校和实习学校两方指导教师的悉心教导,他们把自己多年积累的教学经验毫无保留地传授给实习生,大大缩短了师范生教学工作经验的摸索期,通过教育实习,学生所学的知识得到了综合考查,不仅使知识转化为能力,而且促进了他们个性品质的形成。此外,班主任工作的相对独立性和对学生教育效果的综合性,使实习生可以锻炼自己的社会活动能力和协调能力,能加深他们对所学教育科学理论的理解,初步掌握班主任工作技能技巧和独立从事学生思想教育工作的能力。

3. 关乎未来中小学的教学质量

世界上任何国家都很重视教师的职前培训,其宗旨就是提升师范生的教育教学胜任能力,同时促进在职教师的进修、反思与提高,以整体提高教育质量。在我国,中小学教师的职前培训是师范学生在校期间必须接受的一种教育和训练,如何切实地对师范院校的学生进行有效的职前培训,将直接影响中小学的教学质量。

4. 检验师范院校办学质量

教育实习是检验师范院校教育质量的重要途径,它是一面镜子,师范生实习过程中反映出来的问题暴露了师范院校教育教学中的薄弱环节。在教育实习中,实习生从事的教育教学实践活动,不仅是对对师范生德、智、体、美、劳等方面素质的一次综合检验,更是对师范院校的办学方向和办学水平的集中检验。因此,师范院校的领导和实习指导教师,要注意汇总教育实习的反馈信息,及时总结经验教训,进行查漏补缺,才会不断推进学校的教育教学改革。

(二)语文教育实习的特点

1. 实践性

语文教育实习的目的之一是使师范生将所学的基础理论和基本技能综合运用于教育和教学的实践中去,实践性是语文教育实习最突出的特征。师范生良好素养的形成和发展需要经过理论学习和实践训练,而在整个师范生素质培养系统中,最重要的实践环节就是教育实习。《教育部关于大力推进教师教育课程改革的意见》(教师[2011]6号)指出:"要围绕培养造就高素质专业化教师的目标,坚持育人为本、实践取向、终身学习的理念,实施《教师教育课程标准(试行)》,创新教师培养模式,强化实践环节,加强师德修养和教育教学能力训练,着力培养师范生的社会责任感、创新精神和实践能力。"并明确"师范生到中小学和幼儿园教育实践不少于一个学期"。《教师教育课程标准(试行)》同时列出了教师职前接受师范教育的六个学习领域,"教育实践(具体包括教育实习和教育见习)为六大学习领域之一",并规定学习时间为18周。这足以说明教育实践的重要性。

2. 综合性

教育实习具有极为显著的综合性特点。首先,教育实习目标的综合性——教育实习要培养师范生从事教育事业的荣誉感和责任感,更要培养师范生从事教育教学的职业能力及科研能力。其次,实习内容的综合性——教育实习的内容既有学科教学的内容,又有班主任管理工作的任务,还有调查科研的内容。最后,学习方式的综合性——教育实习最突出的学习方式除体验型学习外,还包括观摩、讨论、反思、调查等多种学习方式,是多种学习方式的综合运用。

3. 特殊性

教育实习是一种特殊的教育活动,师范实习生具有双重身份,既是教育者,又是受教育者,在一个不是很熟悉的环境下完成实习任务,这些与一般的常规教育活动相比,具有特殊性。

4. 反思性

美国学者波斯纳认为,经验是教师成长的重要前提,但没有反思的经验是狭窄的经验。如果教师仅仅满足于获得经验而不对经验进行深入考察,那么,他的发展将大受限制。在国外,许多国家的实习都是采用分阶段实习制,其重要的原因是这种方式有利于实习生反思后再实践,在螺旋式的"实践—反思—再实践"的过程中,使师范生的职业素养得以成长和发展。所以,教学反思是教师专业成长的核心因素,在实习过程中,师范生主要借助作为学习者的成长经历、教育理论和短暂的教学经验来进行教育实习反思,提高自身。

◆ 资料卡片

国外教育实习的模式

（一）法国

1. 致敏实习。让准教师深入中小学初步了解未来的工作环境。
2. 指导实习。对教学实践进行观察和分析，进行少量的局部或辅助性教学活动。
3. 责任实习。实习教师尝试独立开展教学活动和班级管理，同时还要进行其他实习。

（二）美国

1. 模拟实习。采用微格教学法，研究教育中典型问题；实验某种教学技能、技巧。
2. 教育见习。让实习生了解中小学教学实际，掌握中小学生身心发展规律。
3. 教育实习。实习生制定出详细的教学计划，开展教学和评定中小学学生。

（三）日本

1. 观察。客观地观察和分析整个学校的教育活动，以便找到参加教育实践的途径。
2. 参与。作为在职教师的助手，加深对学校教育活动的自主性和实践性的认识。
3. 实习。独立地组织教育教学活动，担负对学生的指导工作。

——高月春.国外教师教育的趋同性及对我国的启示[J].现代教育科学,2007(4).

（三）语文教育实习的目标

1. 从师范生的培养来看

通过教育实习，师范生首先能提升道德认识和道德修养，认识人民教师的光荣职责，树立从事教育事业的信念，培养服务社会、勇于担当、乐于奉献、富于开拓的精神。其次，能巩固和运用所学的专业理论、基础知识和基本技能，获得学校教育、教学有关工作的充分、全面的锻炼，在培养实践能力和创新能力的同时，提升独立工作和与人合作的能力。

2. 从高师院校的教学管理来看

通过教育实习，首先能够检查师范院校教育教学质量，及时发现问题，采取改进措施，完善师范院校人才培养模式，促进师范院校课程改革与发展。其次，可加强师范院校与中小学学校的联系，共同研究解决基础教育课程教学中出现的新问题，推动教师教育和基础教育的共同发展。

二、语文教育实习的内容

语文教育实习是师范教育培养合格中小学教师的综合实践环节，教育实习的内容包括中小学实际教育活动的全部，它具有鲜明的综合性。以下是其主要内容。

（一）语文教学工作实习

语文教学工作实习内容包括备课、编写教案、试讲、上课、课后辅导、作业的检查与批改、成绩的考核与评定、组织课外学习活动、进行教学专题总结等。这几方面工作组成了学校教育教学工作的有机整体。

1. 备课

"凡事预则立",备课是教学工作的第一个重要环节,是上课的前提,是决定教学质量的关键。师范生首先要研究语文课程标准,在语文课程标准的指导下恰当选择教学参考资料,认真钻研教材,确定教学目标,理清教学思路,设计教学过程,在了解学生的基础上选择恰当的教学方法。努力做到钻研教材要透、确定目的要准、教学内容要精、教学方法要巧。

2. 编写教案

教案即教学方案,是教师进行教学的脚本。教案不仅要指明为什么教、教什么,还要指明怎么教。编写教案要求做到:教学目标要恰当,符合新课标理念,切合教材实际,符合学生要求;教学内容要充实、准确,能恰如其分地对教材进行取舍,做到重点突出;教学节奏张弛有度,层次清晰;教学方法突显新课程理念,灵活多样、得当有效;教案格式规范,过程完整,详略得当,表述准确。

3. 模拟试讲

试讲是实习生正式上课之前的预演,师范生在正式讲课之前,应该先熟悉教学内容,初步掌握课堂教学过程,及早发现并解决备课中的问题,纠正差错,弥补不足,以保证实际课堂教学的效果,同时也可锻炼实习生讲课的胆量,避免紧张。试讲的形式最好采用模拟式试讲。一般由同一小组的实习生和双方指导教师组成一个微型课堂,按课堂教学常规和程序进行试讲,一名实习生试讲,其他实习生听课(扮演学生角色)。指导教师对每个实习生的试讲情况要及时组织实习小组进行评价,肯定优点,关键是找出不足,加以弥补。有条件的还可以通过微格教学的方式进行摄像,通过重放,更加客观详细地反映试讲学生的表现,促使其教学不断提高和完善。

4. 正式上课

上课是课堂教学工作实习的主要内容,也是锻炼和检验实习生教学效果的重要途径。实习生上好一堂课必须做到:上课前,要认真备课、熟悉教案、反复试讲;检查教具、整理仪表;调节情绪、坚定信心;上课中,要做到教态从容自然、情绪放松、语速平稳;要根据教学目的需要,按照教学步骤有序进行,有条不紊,也要注意根据课堂情况的变化,学会灵活应变,处理好预设和生成的关系,提高自己的教学智慧;上课后,要写教后记,认真回顾反思课堂教学中的各个环节,反思教学目的是否达成,教案的编写是否适用,教学的组织是否严谨,教法的运用是否得当,学生活动是否积极。

5. 课后辅导和作业批改

课后辅导是课堂教学的必要补充,是教师在课堂集中教学之外所进行的教学活动,是教师获得教学反馈信息的重要渠道。辅导内容包括:学习方法指导、答疑、指导课外作业等。

作业批改是教学工作实习的一个有机组成部分,也是实习成绩考核的一项必不可少的内容。实习生对学生的作业要精心批阅,切忌敷衍塞责、草率了事,批改标准要统一;批阅之后要及时给学生反馈。

6. 熟练掌握评价方法

学生学习成绩的考核与评定是检查教师教学效果,调控教学进程,掌握教学平衡的重要

环节。实习生通过实习,要初步掌握学生成绩考核与评定的形式和方法。考试是考核评定学生成绩和教学效果最常用的一种方法,实习生必须熟练掌握编制试题、实施考试、评卷、讲评等技能。

(二)语文班主任工作实习

教师的职责,不仅教书,还要育人。班主任工作实习是教育实习中的一个重要部分,班主任工作实习要在原班主任指导下有计划有步骤地进行,内容主要包括:班级日常管理、组织主题班会、家访、处理偶发事件、对学生进行个别教育等。

1. 班级日常管理

班级日常工作一般包括如下方面。政治思想教育方面,有升国旗、团队活动、班会、读报、黑板报等工作,实习生需要协助原班主任对学生进行思想品德教育,增强学生的集体荣誉感。文化学习方面,有晨读、上课、晚夜自习、第二课堂以及与教学相关的评比、竞赛等活动,实习生要协助原班主任教育学生端正学习目的,培养勤奋学习的品质,认真完成学习任务,提高学习成绩。组织纪律方面,有考勤、课堂和集体活动中的纪律管理。劳动和卫生方面,有保持教室、寝室内外的清洁卫生、大扫除等,实习生要协助原班主任组织带领本班学生参加劳动,培养学生热爱劳动的良好品德。

2. 组织班会

班会一般包括班级例会和主题班会两种形式。一是例会。例会的内容主要有:传达学校或上级部门的通知,总结一周的班级情况,安排部署下一周任务,等等。二是主题班会。主题班会以特定内容为主题,诸如爱国主义教育、集体主义教育、理想前途教育、道德品质教育、劳动纪律教育、学习目的教育,等等,实习期间一般要求实习生召开一定主题的班会,要求主题明确、有意义,形式生动活泼,受学生欢迎。通过主题班会的召开,实习生既可以有效加强实习班级学生的思想教育,又可以培养和锻炼自己的教育工作能力,培养组织领导才干。

3. 家访

家访是沟通教师和家长间的感情的有效方式。实习生要充分认识家访的意义和作用,掌握家访的基本方法。实习生做家访可以陪同原班主任进行,也可以在原班主任指导下单独进行。家访的内容一般包括:了解学生家庭的基本情况;了解学生在家庭中的习惯、爱好、交际等方面的情况;了解学生家长对学校教育、任课教师及学生学习等方面的态度,征求他们的意见和建议,以便更好地开展教育工作。实习生在家访前一定要与原班主任协商好家访的目的和计划,包括:要解决什么问题,要研究受访学生本人和家长的哪些有关情况,确定与家长谈话的内容及方式,分析家长可能作出的反应,预测家访结果,对可能出现的问题想出对策,等等。

(三)教育调查实习工作

教育调查是师范生必须掌握的一项重要的职业技能。根据教育部的规定,高师本科实习生在搞好课堂教学和班主任实习工作的同时,还要对当前中学基础教育或教学工作进行专题教育调查研究。实习结束时实习生必须独立撰写一篇教育调查报告,并作为评定教育实习成绩的重要依据之一。

1. 教育调研的步骤

基本步骤如下：制定调查计划，明确调查目的及其要求，拟订调查专题及其范围，确定调查对象及人数，安排调查步骤及环节，选择调查方式及方法，编制调查提纲。

（1）确定选题。选题必须是根据调查的目的和任务以及实习期间的实际情况，并在一定的调查研究的基础上确定的。

首先，确定选题范围。从调查对象来看，一般包括学校、班级、教师和学生等几个方面。从调查的方法来看，如果要全面了解情况，可以进行普遍调查。从调查内容来看，可以是教师现状方面或学生学习、能力、技能、心理、思想品德方面的；也可以是语文教育教学改革方面的。

其次，明确选题的要求。选题要目标明确，重点突出；要掌握当前教育教学发展动态，尤其是了解和研究语文学科教育教学改革的新信息、新成果；积极了解实习学校或所在地的教育教学情况；寻找理论和实践的结合点，相关学科交叉的"空白点"，开垦前人没有涉足的"处女地"，或变换视角、选出新颖的切入角度，挖掘出理论和实践的深度。

再次，选定调查报告的类型。常见的调查报告类型有：① 对情况来龙去脉的调查或对某种教育现状做定量定性的分析的情况调查报告；② 侧重于对某单位成功的做法作出调查和报告，意在推广经验的经验调查报告；③ 侧重于披露社会中违背人民利益、有碍教育发展的问题，并尖锐地指出问题的严重性和危害性，以期引起有关部门和社会的注意，达到解决问题的目的的问题调查报告；④ 侧重于对现实生活中有研究价值的问题开展深入的调查的研究性的调查报告。

（2）编写调查提纲。调查提纲必须包括：调查目的、要求、内容、对象、项目、方法以及完成时间等。

（3）制定调查问卷。调查问卷要求问题要明白、繁简得当，还要考虑被调查者水平等。

（4）设计统计表。统计表能够把调查得来的大量数据和资料系统地组织起来，便于对照、比较、分析、综合，找出现象之间的联系和规律。

2. 教育调研的方法

常用的教育调研方法有以下几种：

（1）开调查会。实习生在实习期间可以专门请实习学校的有关领导介绍该学校的有关情况。注意：开调查会时，会前要打好招呼，拟好调查提纲，让与会者充分准备；与会人员要熟悉情况，有代表性；调查者要诚恳、谦和。

（2）访问。访问可以按照预先拟订的计划进行，也可以根据当时的情况或需要任意发问。可以直接与调查对象交谈，直接了解情况；也可以访问与调查有关的人员，间接了解情况。

（3）问卷调查。问卷调查即针对某一调查专题设计一份调查问卷，让被调查者填写问卷，然后再对问卷情况进行统计、分析、归纳。

（4）查阅卷宗。查阅卷宗即查阅各种书面材料，包括与调查有关的文书案卷、教师教学资料、学生笔记和作业等。查卷宗必须注意目的性和计划性，所搜集的资料要有代表性和典型性，并有足够分量，以便全面反映调查目的。

(5) 观察。一是情境观察,实习生选取某种特定情境,来观察和记录调查对象对这种情境的反应;二为时间观察,指观察在一定的时间内,某一特殊行为发生的次数。观察所得的材料一般只作为调查研究的补充材料。

3. 调查报告的撰写

调查的必然结果是撰写调查报告。调查报告一般要在实习结束前写好,尽可能征求被调查者的意见,以便及时修改。返校后,经整理、修改后,送交实习带队老师。撰写调查报告的一般方法:

(1) 确立主题。一般情况下,调查报告的主题应在调查开始时就确定好,但也可在调查的基础上选择不同的角度另定。确立主题的要求:第一,主题要具有现实意义——通过调查研究,提出或验证一种教育理论,这种教育理论能对现在的教育教学具有指导作用。第二,主题要体现调查资料——资料能够充分说明主题,主题的确立要依据调查资料的内容,要能体现调查资料的内容。第三,主题宜小不宜大——小的主题能密切联系教育实际,也能较好地获取材料,撰写起来也较容易。

(2) 选择材料。材料是确立主题的基础。选择材料,一要典型——调查获取的材料很多,经过整理后的材料应该都是有用的材料,必须选取最具说服力的典型材料。二要充分——调查报告注重的就是事实,写作调查报告要用事实说话,切忌以偏概全。

(3) 安排结构。调查报告的结构一般包括标题、导言、正文、建议和附录。

① 调查报告的标题常见的写法:

● 公文格。使用介词"关于"构成"关于＋地点＋事由＋调查(与思考)"的格式,如《关于××市高中新课程改革的调查》;省略介词"关于",构成"地点＋事由＋调查(与思考)"的格式,如《××市高效课堂开展情况的调查与思考》。

● 设问格。常见的格式:地点＋事由,如《××中学是如何开展导学案教学的》;设问＋地点＋事由,如《为什么××学校素质教育就是推行不下去》。

● 修辞格。此类标题一定要采用双行标题,即用副标题揭示调查的内容或对象,如《细雨润无声——××学校素质教育调查》。

● 陈述格。陈述格即开宗明义,直接陈述作者的观点,如《××中学大力推行素质教育的调查研究》。

② 导言(也叫引言、总提、序言、前言)。导言要简明概括地说明调查的背景、目的、意义、任务、时间、地点、对象、范围等。

③ 正文(调查情况分析及结论)。要把调查获得的大量材料进行分析整理,归纳总结出若干项目,分条详细地叙述,做到事例典型、材料可靠、数据确凿、观点明确。数据如能用图示的形式表示,可以增加说服力,一目了然。写作安排要先后有序、主次分明、详略得当。

④ 建议(对策)。依据正文的科学分析,可以对结果做理论上的进一步阐述,深入地讨论一些问题,亮出自己的观点,提出合理的、建设性的意见。针对调查结果写出对教育教学工作改进的意见和措施。

⑤ 附录。列出调查方法参考的文献目录和调查所用的工具,即在写调查研究报告的过程中,参考、引用了哪些资料(篇目名称、作者、出版单位、日期),目的在于对所写报告负责,并对读者提供信息。问卷调查还必须附有完整的问卷。

三、语文教育实习的要求

语文教育实习的目的,是通过教育实习,使实习生了解中学语文的教育改革现状和形势,使学生获得对中学语文教育的感性认识,提高对教育职业的认识水平,培养从事语文教育教学工作的基本能力,加速专业知识和教育知识向能力的转变,基本完成由学生向教师的过渡。根据实习的主体内容,分别从三个方面对实习生提出要求。

（一）教学工作实习要求

（1）实习生必须在认真解读语文课程标准,掌握教材的内容,对于基本理论、基础知识和基本技能弄懂弄通的基础上,写出详细教案,并在上课前两至三天送交双方指导教师审批签字,此后方能上课。

（2）为确保课堂教学质量,每节课上课前必须进行试讲,同组实习生参加听课,并邀请原科任教师参加。试讲后由听课师生提出意见,试讲通过才能上课。

（3）实习生上课时,要力求做到课堂教学组织严密,教学方法得当,语言表达清楚,板书工整无误,教态自然大方,能吸引学生的注意力和引导学生创新思维,并恰当运用现代教育技术。

（4）要求对实习生的每一堂课都进行评议。评课由指导教师或原任课教师主持,所有听课人员均应参加。

（5）认真批改作业。批改要及时、认真、正确,批语要慎重,字迹要清楚、工整。作业批改后,应先在实习小组内互相检查,防止错漏,然后再发放给学生,注意一定要督促学生改正作业中的错误,教师检查,直至学生掌握。

（6）实习生需针对不同类型学生的学习基础、学习态度,有的放矢地进行课后辅导。在辅导过程中,对学生要亲切、耐心,答疑要准确。

（7）实习生要尽量多上课以充分锻炼提高自己的教学能力。每个学校根据实习时长的不同,要求会不一样,以实习六周为例,一般要求实习生讲授不重复的新课不少于5节,不重复的教案不少于6个。

（8）准备好教学实习汇报课。在实习即将结束时,一般要在实习学校举办实习生汇报课,返校后学院也应召开教学实习汇报课,与低年级同学进行交流互动。

（二）班主任工作实习要求

（1）认真学习有关中学班主任工作制度等材料,明确班主任工作的具体内容、目的和要求,做到有的放矢。

（2）实习生要加强与原班主任的联系,与班主任老师联系时要注意及时、虚心、诚恳;必须坚持在原班主任的指导下来开展各项班主任工作。

（3）能较快地掌握和熟悉全班学生思想情况以及班级特点。能以正确的教育思想为指导,根据实习学校的要求,拟订班级工作计划,送交原班主任审批。

（4）实习生要加强自身修养。要勤快诚恳、谦虚好学、富有爱心。

（5）在原班主任指导下,主持召开主题班会,组织一项班级课外活动。在原班主任指导下,走访学生家长,调查了解不同类型的学生,收集相关材料并在个人实习总结中反映出来。

（6）实习结束要完成班主任工作实习总结，实事求是地评价实习工作效果。

（7）实习交流展览。实习结束后返校召开实习交流会，与低年级同学交流实习真实感受；展示实习成果；向学校如实汇报实习的不足和问题，并提出有价值的建议。

（三）教育调查实习工作要求

（1）拟订有关教育或教学调查计划，征求指导教师的意见，反复斟酌、修改，征得指导教师同意后执行。

（2）调查要有针对性和实用性。要从实习学校的实际情况出发，在充分研究、分析、搜集、整理资料的基础上，就某一个专题力求写出切合实际的调查报告。

（3）调查报告内容要体现真实性。观点要明确，材料要典型，文字要简明。调查报告完成后，要虚心征求被调查单位或者个人的意见，进行修改。

第四节 语文教育实习的评价与反馈

一、语文教育实习的评价

科学地、全面地、客观地对实习生在教育实习中的表现进行评价是教育实习的一个重要环节。教育实习评价是评价实习生运用专业理论进行教育实践能力水平的重要手段，也是全面考查师范院校教育实习质量的重要手段。

（一）语文教育实习评价的意义

对汉语言文学专业的实习生实习成绩的评价，其评价方式和结果都应围绕促进实习质量的提高，促进师范生的发展来进行。

1. 语文教育实习评价是实现教育实习目标的手段之一

教育实习是一个可控系统，严密、详细、目标明确的实习计划和指导教师构成了施控系统的主体，而实习生和相关条件构成了受控子系统的主体。教育实习评价这种反馈即以实习计划目标为准则，检出偏差，查出产生偏差的原因并予以纠正，直至达到目标。所以，对实习生实习活动的评价体系，应在实习之前预先告知实习学生，让实习生自觉地按照这个体系去进行实习，而不是在实习结束之后套用这个体系去衡量学生的行为，给出分数。

2. 语文教育实习评价是对汉语言文学专业实习生职业品质和从教能力的评判

实习成绩评价是为了说明实习生在职业意识、教育教学能力等方面是否达到一个合格中学语文教师的标准。它给实习生在实习结束后从教职业道路上的发展提供了一个参照点。

3. 语文教育实习评价是对高师院校教育教学工作的检验

通过对实习生教育实习成绩评价，可以全面客观地检查并发现高校教育教学工作中的成绩和不足，以便及时改进教育教学工作，促进学校教育教学的良性发展。

（二）语文教育实习评价的原则

在语文教育实习评价工作中,指导教师的评价行为应该遵循如下教育实习评价的原则:

1. 导向性原则

所有的评价都有导向的功能,对实习生实习成绩的评价,应当体现高师院校培养合格师资的价值取向,必须服从和服务于师资培养的办学目标。语文教育实习成绩评价的标准、体系、内容和评价方法,对教育实习活动有着调控作用,评价的各项指标的制定要从有利于培养学生的从教职业意识出发,从培养学生的教育教学能力出发。首先,评价工作要能够调动实习生的积极性;其次,评价的内容与标准的制定必须体现国家对师资标准的内在要求,必须体现高师院校的正确的办学方向;再次,评价的内容与标准应贯穿实习生教育实践的全过程,评价的方式最好采用过程性评价。

2. 公正性原则

对实习生实习成绩的评价,必须尊重客观事实,根据实习目标的要求和实习生的状态,全面、客观地考察分析实习生的实习情况,给实习生一个准确的、公正的成绩评判。评价既要重视对实习生在实习过程中实习态度和师德修养的评价,又重视对实习生实习效果的评价;既重视课堂教学质量的评价,又重视教育管理实习、教育研究实习的评价。

3. 激励性原则

教育实习成绩评价作为教育管理的一种手段,其出发点和归宿都在于通过外在的评价激励促进实习生内在的发展动机,调动实习生的内在积极性,因此,对实习生实习成绩的评价应以激励性的原则去评价实习生的实习行为,充分肯定实习生的进步和成绩,增强他们从业的自信心和积极性。

4. 可操作性原则

语文教育实习评价的实施,必须立足于现实的可能和需要,既符合实际,又便于操作。评价的技术与方法必须同具体环境相适应。既不能太简单地从主观上进行定性评价,又不可搞繁琐复杂的量化测评。评价的可操作原则要求对评价方案进行科学设计,坚持定性评价与定量评价结合的方式。

（三）语文教育实习评价的方式

语文教育实习的评价主体应包括实习学校指导教师、师范院校指导教师、实习生、实习学校领导、师范学校领导等。教育实习评价的形式主要有:实习生自评、互评,实习学校指导教师评价、本校指导教师评价、师范院校及实习学校领导评价。由此产生三种主要的评价方式,即自我评价、观察评价和综合评价。

1. 自我评价

实习生实习结束时,应该将实习中获得的丰富的感性材料进行思考分析,实现理性认识上的飞跃,在总结经验的基础上逐步掌握语文教育教学的规律。首先,实习生在每一次教育实习活动(如备课、试讲、上课、批改作业、组织班级活动等)后要进行自我剖析,这种剖析是实习生的自我反省和内化过程,通过反思使实习生不断总结经验教训,这种方法周期短、见效快,是一种自我提高的好办法;其次,实习生在教育实习结束后要进行自我总结,总结的内容包括为人师表全程的表现、教学工作实习、班主任工作实习三方面，要求内容客观、真实，感受真切，有反思、总结；再次，实习生还可做专题总结，撰写教育研究论文。实习生对实习中自己收获最大的某一方面进行重点总结，要求有一定深度和理论高度，从典型事例及经验教训中总结出带有规律性的结论。

2. 小组同学互评

实习一般是要分实习小组，便于同学团结协作。小组同学平时备课时应该共同研究教材教法，实习讲课时互相听课，实习班主任工作时互相切磋、交流经验。在教育教学实习的每一个阶段，如教学工作实习、班主任工作实习等之后要进行小组小结，这种小结的形式多样，可以是书面形式，也可以是座谈会互相交流形式，或者比赛形式。在实习结束时，还要对每个成员的全程表现作出客观、公正的评价。

3. 双方的指导教师的评价

实习学校指导教师、本校指导教师在指导实习生的过程中，应及时准确地记录每个实习生的实习情况，并依据评分标准对每个学生进行评价。如教学工作实习成绩及班主任工作实习成绩在原任课教师和原班主任指导教师给出分数的基础上，师范院校指导教师也要在听课和观察的基础上作出客观评价，实习生最后的实习成绩由双方综合作出评定。

4. 实习组织单位的评价

首先，实习组织单位要求每位指导教师召开实习小组总结会议，总结会议由带队教师主持，在听取每个实习生个人总结的基础上，对本小组在实习中的表现进行总结，并评选出优秀实习生。其次，教育实习的各级单位都应写好教育实习书面总结，内容包括：实习基本情况、主要成绩、主要体会、问题及改进措施。对实习中取得的成绩进行肯定，最重要的是针对实习管理上的缺陷和人才培养质量上的缺失提出改进意见。最后，师范院校应针对本次实习进行总结，表扬实习生在实习中的良好表现，指出不足之处，并表彰优秀指导教师和优秀实习学生，树立榜样，激励实习生更加努力。

（四）语文教育实习评价的内容

语文教育实习的评价内容主要包括对实习生实习态度、品德修养等全程行为表现的评价，对实习生教学工作的评价，对实习生班主任工作的评价，对实习生教育调查的评价四方面。实习生的成绩评定一般采用量化和质性评定相结合的方式。先由实习学校指导教师、师范院校带队教师、学生自我、实习小组分别就实习生的教育教学效果给出质性评语，再根据表现给出量化分数。

语文教育实习评价的重要指标是评价标准的制定，教育实习评价标准体系包括评价项目、评价内容、评价标准和评价比值几个方面。师范院校进行评价时按照评价标准，分别对实习生从四方面进行量化打分，然后根据评价内容折算汇总，并换算为相应的实习成绩等级。一般来说，等级分为优(100～90分)、良(89～80分)、中(79～70分)、及格(69～60分)、不及格(59分及以下)五个级别。评价内容的四个方面折算汇总时所占比例为：教学工作实习成绩占40%，班主任工作实习成绩占30%，教育调研成绩占20%，为人师表行为成绩占10%。

表 10-2　语文教育实习成绩评价表

项目	内容	标准	分值	权重
为人师表行为成绩评价标准	行为表率	1. 实习态度与纪律 2. 为人师表 3. 教学相长	30 40 30	10%
教学工作实习成绩评价标准	课前准备	1. 教案 2. 试讲	10 10	40%
	课堂教学	1. 讲课 2. 教学方法 3. 教学组织 4. 教学效果	10 20 10 20	
	课后活动	1. 课外辅导 2. 批改作业	10 10	
班主任工作实习成绩评价标准	工作准备	1. 了解情况 2. 制定计划	10 10	30%
	工作内容	1. 方法态度 2. 日常工作 3. 集体活动 4. 个别教育 5. 家访工作	10 10 10 10 10	
	工作能力与自我评价	1. 工作能力及效果 2. 自我评价	20 10	
教育调研成绩评价标准	准备	1. 选题意义 2. 掌握材料	20 20	20%
	论文质量	1. 结构表述 2. 论述分析 3. 结论建议	20 20 20	

二、语文教育实习的反馈

反馈又称回馈，是控制论的基本概念，指将系统的输出返回到输入端并以某种方式改变输入，进而影响系统功能的过程。传播学上的反馈指传播过程中受传者对收到的信息所作的反应，获得反馈信息是传播者的意图和目的，发出反馈是受传者能动性的体现。由于受众反馈的意见性信息直接或间接地反映和显示了其自身的接受动机、需求和心态，表明和体现了他们对传播者及其所传信息的态度和评价，提出了应如何调节、修正当前与未来的传播行为的建议与意见，因此，对于传播者来说，它具有积极的作用。

语文教育实习的反馈属于传播学意义上的反馈，它对于促进师范生的成长和师范院校的实习工作具有重要的积极意义。语文教育实习结束后，师范院校的领导、指导教师和实习生应及时与实习学校的相关领导、指导教师及学生进行交流、征求反馈意见，实习学校也应积极主动提供反馈信息。

（一）师范院校和实习基地相互反馈

实习评价的反馈应该给作为教育合作双方的实习基地和师范院校带来双赢的效果,一方面,实习基地学校通过接纳实习生,可以促使指导教师以身示范,严于律己,提高教育教学质量;同时,实习生的青春活力可以给实习基地学校的育人环境带来生机;实习基地学校也可以吸纳到具有先进的教育理念和教学能力的优秀师范生,增加师资力量。另一方面,通过实习学校的反馈意见,师范院校可以了解自己的课程设置和培养模式与基础教育现实需求的差距,及时进行调整,以适应基础教育教学改革的发展;如此的良性循环可以使双方的联系和协作更加深入和持久。

（二）给指导教师的反馈

在整个教育实习中,双方的指导教师不仅要教育实习生树立正确的实习观,还要指导实习生实习的全过程,因此要对指导教师的工作进行反馈。通过反馈信息,可以让指导教师更加系统地了解自身的工作效果,发现工作中的优缺点,以便在今后的实习指导中不断提升业务能力。

（三）给实习生的反馈

实习评价的反馈会让实习生更加客观地认识到自己在思想道德素质、文化素质、教师职业素养及知识储备、教育教学工作能力等方面的优势和不足,从而自发地学习提高、弥补不足、完善自己,为成为一名合格的语文教师做好准备。

◆ 讨论与练习

一、思考·理解

1. 你认为语文教育见习和语文教育实习的区别何在?二者在培养师范生的教师职业能力方面有何作用?

2. 你认为在实习过程中最适合你的了解中学生的有效方法是什么?请说出理由。

3. 教育调查报告撰写有哪些基本要求?对实习生来说,你觉得应做好哪些方面的储备?

二、研究·讨论

1. 查阅资料,了解国外教育实习的情况,结合自己的体会谈谈我国当前教育实习存在的不足及改进的措施。

2. 调查了解师范生在实习课堂教学方面存在的主要问题,并提出对应策略。

3. 根据教育见习和教育实习内容,结合自身实际情况,谈谈目前自身存在什么不足,如何加以弥补。

三、设计·实践

1. 选择新课改教科书的一篇课文,写出一个详尽、完整的教学方案,模拟教学。

2. 根据你将来希望去实习的班级的特点,拟订一份中小学的主题班会方案。

3. 就你熟悉和感兴趣的教育问题或者教育现象,设计一份教育调查计划。

第十一章 中学语文教师资格考试面试

◆ 学习目标

1. 了解教师资格考试制度出台的相关背景、意义及内容。
2. 了解《中小学及幼儿园教师资格考试大纲（试行）》（面试部分）的主要内容。
3. 了解中学语文教师资格考试面试的内容及考试流程。
4. 掌握中学语文教师资格考试面试的技巧和方法。

◆ 学习建议

1. 在认真了解国考教师资格证考试相关考试政策及规定的基础上，要认真研究《中小学和幼儿园教师资格考试大纲（试行）》（面试部分）的主要内容。
2. 通过典型案例研究、情景模拟、试教等多种途径来领会《中学语文教师资格考试大纲（试行）》（面试部分）的考试精神和主要内容，从而掌握国家教师资格证面试的应试方法和技巧。

◆ 核心概念

教师资格、考试形式、面试、考试流程、考试标准、结构化、试讲、答辩

◆ 名人语录

严格教师资格和准入退出制度，完善教师考评标准，健全教师社会保障制度，以开放的思路、灵活的政策，吸引社会各方面力量支持教师队伍建设，让广大教师的育人环境更好，发展空间更大，使教师成为全社会更受尊敬、更令人向往的职业。

——教育部副部长刘利民

第一节 中学语文教师资格考试面试概述

教师资格制度是国家对教师实行的一种法定的职业许可制度；教师资格是国家对准备进入教师队伍，从事教育教学工作的人员的基本要求；教师资格制度规定了从事教师职业必须具备的基本条件。国家实行教师资格制度后，只有具备教师资格（持有国家颁发的教师资

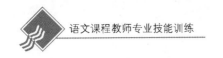

格证书)的人,才能被聘任或任命担任教师工作。教师资格一经取得,即在全国范围内不受地域、时间限制,具有普遍适用的效力,非依法律规定不得随意撤销。

一、教师资格考试概述

教师资格制度是一种国家法定的职业许可制度。最早的教师资格制度发轫于1782年的美国弗蒙特州,后来西方主要国家也陆续确立教师资格制度。

我国的教师资格认定考试过去只面向非师范类的大中专毕业生,采用的是省考教师资格认定考试,是省教育厅根据教育部为保证师资质量,在教育系统逐步实行教师准入制度的要求设置的一项考试。对于师范类的学生,如果符合毕业条件,教师资格证毕业时直接发放。但是,随着对教师专业化水平的更高要求,现在,国家教育部在对我国的教师资格认定也在进行改革。

2011年,教育部正式颁布了《关于开展中小学和幼儿园教师资格考试改革试点的指导意见》,按照国家教育体制改革试点工作的总体部署,教师资格考试由以前的各省自主组织考试改为国考,考试内容增加,难度加大。改革后将不再有师范生和非师范生的区别,想要做教师都必须参加国考,方可申请教师资格证。在校专科大二、大三,本科大三、大四才能报考。

2011年,中小学教师资格考试改革和定期注册试点工作率先在浙江、湖北两省启动,2012年增加了河北、上海等4个试点省份,此后又新增山西、安徽等4个省份。教育部决定从2015年正式实施教师资格证考试全国统考,并形成常态化制度。教育部颁布的《2015年教师资格全国统考全面推行终身制改为定期注册制度》规定,中小学生教师资格考试与定期注册制度试点范围将扩大。试点区内,教师资格考试有效期为三年,教师资格证需每五年注册一次。按照规划,2015年,我国将全面推行教师资格全国统考,提高教师入职门槛,并打破教师资格终身制,实行定期注册制度。教育部有关负责人表示,师范生进入教师资格考试范围,对师范院校教育教学改革形成了倒逼机制,能够促进师范院校调整课程设置,加强对师范生教育实践能力的培养。

教育部公布《中小学教师资格考试暂行办法》中规定,教师资格考试实行全国统考,由教育部考试中心统一制定考试标准和考试大纲,组织笔试和面试,并建立试题库。以前的教师资格考试仅考查教育学和心理学知识,改革后的统考将增设综合素质、学科教学能力的考查,突出对教育教学实践能力的考查。此外,目前的考试以知识性考题为主,国考则以实践能力题为主,同时邀请大量一线优秀教师参加命题,广泛使用案例分析、教学活动设计等特色题型,重点考查考生运用所学知识分析和解决教育教学实际问题的能力。

二、中学语文教师资格考试面试

教师资格制度的法律法规、政策依据是《教师资格条例》。中国公民在各级各类学校和其他教育机构中专门从事教育教学工作,必须依法取得教师资格,要取得教师资格证书,必须参加教师资格考试。

新的教师资格考试分为笔试和面试两部分,笔试采用计算机考试和纸笔考试两种方式。

幼儿园、小学教师资格考试笔试所有科目采用计算机考试,其他类别所有的科目采用纸笔考试。计算机考试考生在计算机上作答,纸笔考试的考生在答题卡上作答。笔试各科考试成绩合格,才能参加面试,面试考试是对师范生教师技能综合水平的考核。

(一)中学语文教师资格考试面试概述

面试是中小学教师资格考试的重要组成部分,是一种经过组织者精心设计,在特定场景下,以考官对考生的面对面交谈和观察为主要手段,由表及里测评考生的知识、能力、经验等有关学科素质的一种考试活动。2011年10月,教育部师范教育司和教育部考试中心联合公布了《中小学和幼儿园教师资格考试大纲(试行)》(面试部分),作为教师资格考试面试命题和考生备考的依据。

中学语文教师资格考试面试采用结构化面试、情境模拟等方式进行,考生通过抽题、备课、试讲、答辩等环节完成面试。面试主要考查申请人的职业道德、心理素质、仪表仪态、言语表达、思维品质等教师基本素养和教学设计、教学实施、教学评价等教学基本技能。在资格考试面试过程中,考生必须回答考官的提问,考官根据考生答题的情况,做出合理、公平的判断和评价。

1. 中学语文教师资格考试面试的目标①

中学语文教师资格考试面试主要考查申请教师资格人员应具备的教师基本素养、职业发展潜质、教育教学实践能力,它包括:

(1)良好的职业道德、心理素质和思维品质。

(2)仪表仪态得体,有一定的表达、交流、沟通能力。

(3)能够恰当地运用教学方法、手段,教学环节规范,较好地达成教学目标。

2. 中学语文教师资格考试面试的内容与要求②

《中小学和幼儿园教师资格考试大纲(试行)》(面试部分)对申请教师资格人员的基本素养、职业发展潜质和教育教学实践能力进行考查和评估,主要从"职业道德、心理素质、仪表仪态、言语表达、思维品质、教学设计、教学实施、教学评价"等八个方面进行考核。

(1)职业道德。① 热爱教育事业,有较强的从教愿望,正确认识、理解教师的职业特征,遵守教师职业道德规范,能够正确认识、分析和评价教育教学实践中的师德问题。② 关爱学生、尊重学生,公正平等地对待每一位学生,关注每一位学生的成长。

(2)心理素质。① 积极、开朗,有自信心。具有积极向上的精神,主动热情工作;具有坚定顽强的精神,不怕困难。② 有较强的情绪调节与自控能力。能够有条不紊地工作,不急不躁;能够冷静地处理问题,有应变能力;能公正地看待问题,不偏激,不固执。

(3)仪表仪态。① 仪表整洁,符合教育职业和场景要求。② 举止大方,符合教师礼仪要求。

(4)言语表达。① 语言清晰,语速适宜,表达准确。口齿清楚,讲话流利,发音标准,声音洪亮,语速适宜;讲话中心明确,层次分明,表达完整,有感染力。② 善于倾听、交流,有亲

---

① 洪早清.中小学和幼儿园教师资格考试大纲(试行)(面试部分).北京:高等教育出版社.2013-05.
② 洪早清.中小学和幼儿园教师资格考试大纲(试行)(面试部分).北京:高等教育出版社.2013-05.

和力。具有较强的口头表达能力,善于倾听别人的意见,并能够较准确地表达自己的观点;在交流中尊重对方、态度和蔼。

(5)思维品质。①能够迅速、准确地理解和分析问题,有较强的综合分析能力。②能够清晰有条理地陈述问题,有较强的逻辑性。③能够比较全面地看待问题,思维灵活,有较好的应变能力。④能够提出具有创新性的解决问题的思路和方法。

(6)教学设计。①了解课程的目标和要求,准确把握教学内容。准确把握所教的教学内容、理解本课在教材中的地位以及与其他单元的关系。②根据教学内容和课程标准的要求确定教学目标、教学重点和难点。③教学设计要体现学生的主体性,因材施教,选择合适的教学形式与方法。

(7)教学实施。①能够有效地组织学生的学习活动,注重激发学生的学习兴趣,有与学生交流的意识。②能够科学准确地表达和呈现教学内容。③能够适当地运用板书;板书工整、美观、适量。④能够较好地控制教学时间和教学节奏,合理安排教与学的时间,较好地达成教学目标。

(8)教学评价。①在教学实施过程中注重对学生进行评价。②能客观公正地评价自己的教学效果。

3. 中学语文教师资格考试面试的过程及方法

面试分若干考评组,每个考评组有三位考官,要求其中一名具备教育学背景,两名有相应学科背景。

第一步:抽题。考生在工作人员引导下,登录面试测评软件系统,计算机从题库中抽取一组试题,考生任选其中一道试题,通过计算机打印试题清单。

第二步:备课。考生携带打印的试题清单和备课纸,进入备课室,编写教案。准备时间为20分钟。

第三步:回答规定的问题。在工作人员的引导下,考生进入考生指定考场。考官从试题库中随机抽取两道规定的问题要求考生回答。时间为5分钟左右。

第四步:试讲。考生按照准备好的教案进行试讲。这一环节的时间是10分钟。

第五步:答辩。围绕考生的试讲内容,考官要提问,考生进行答辩。时间5分钟左右。

第六步:评分。依据评分标准考官对考生面试的表现进行综合评价,通过面试测评软件系统提交评价得分。

(二)中学语文教师资格考试面试的评价标准

表 11-1 中学语文教师资格考试面试的评价标准表[①]

序号	测试项目	权重	分值	评分标准
一	职业道德	5	2	有较强的从教愿望,对教师职业有高度的认同,对教师工作的基本内容和职责清楚了解
			3	关爱学生、尊重学生、平等对待学生,关注每个学生的成长

[①] 洪早清.中小学和幼儿园教师资格考试大纲(试行)(面试部分).北京:高等教育出版社.2013-05.

续表

序号	测试项目	权重	分值	评分标准
二	心理素质	5	3	活泼、开朗,有自信心
			2	有较强的情绪调节能力
三	仪表仪态	5	2	衣着整洁,仪表得体,符合教师职业特点
			3	行为举止稳重端庄大方,教态自然,肢体表达得当
四	言语表达	15	8	语言清晰,表达准确,语速适宜
			7	善于倾听、交流,有亲和力
五	思维品质	15	3	思维缜密,富有条理
			4	迅速地抓住核心要素,准确地理解和分析问题
			4	看待问题全面,思维灵活
			4	具有创新性的解决问题的思路和方法
六	教学设计	10	4	了解课程的目标与要求,准确把握教学内容
			3	能根据学科的特点,确定具体的教学目标、教学重点和难点
			3	教学设计体现学生的主体性
七	教学实施	35	6	情境创设合理,关注学习动机的激发
			10	教学内容表述和呈现清楚、准确
			4	有与学生交流的意识,提出的问题富有启发性
			8	板书设计突出主题,层次分明;板书工整、美观、适量
			7	教学环节安排合理;时间节奏控制恰当;教学方法和手段运用有效
八	教学评价	10	5	能对学生进行过程性评价
			5	能客观地评价教学效果

（三）教师资格证考试面试的注意事项

面试的时候,考官往往拿着放大镜在寻找最适合教师这一职业的人,常常是一些自己不注意的细节就会给考官留下或好或坏的印象。因此,做好面试各个环节中的细节准备就尤为重要。

（1）考试前一天,要尽量放松自己的心态。如果过于紧张,可以通过自我暗示、情境模拟、注意转移等方式进行心理调试;饮食忌吃辛辣、油腻食物,以免第二天考试时造成身体不适。

（2）按照准考证上的要求合理安排时间。考生到达考试地点的时间最好要比准考证上规定的时间早半个小时,切忌时间掌控不好,匆匆忙忙影响考试状态。

（3）一定要注意自己的仪表。妆容以淡妆为宜,头发梳理整洁,女士长发最好要扎起来,男士头发要修剪适宜。服饰要符合学科、学段特点。女教师要端庄典雅,平易近人;男教师要挺拔而充满阳刚之气。

（4）在进入候考室、备课室时一切听从考务人员的安排,如果需要教具或是其他考试相关的东西,一定要向监考老师询问,不要与考务人员发生冲突。

（5）当引导员引领你到达考场,无论门开着还是关着都要先敲门,等听到考官回应之后方可进去,进门时要侧身将门轻轻带上,不要把整个后背留给考官。走路一定要挺拔、自信,

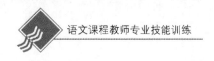

给人以精神焕发的良好印象。

（6）进门走到中间正对考官的位置站定后，要先问好，后鞠躬，并报出自己的面试序号。（注：不能说自己的考号和姓名，这样会被取消考试资格，直接清除出场。）

（7）在正式开考之前，考官会说一段引导语，内容主要是介绍此次考试方式、时间把控等，听到这段引导语时考生千万不要慌张，调整好心态准备考试。

（8）结构化试题是两道题，以考官读题形式进行，一种情况是一次读两道，一种情况是读1道回答1道。如果考生没有听清楚题目，可以询问考官，千万不能没听清题目就盲目作答。

（9）试讲要收放自如，大方得体，切忌扭捏作态，自己控制好时间，不要超时。关于试讲的内容，一定不能出现知识上的错误。音量要大，音调要抑扬顿挫、有节奏，不能有口头禅，如"嗯""啊""是吧""对不对"等。语速要适中，避免因为紧张而语速过快。

（10）答辩时，站姿或坐姿要大方得体，不能松松垮垮，要口齿清楚，思路清晰，条理分明，如果被问到的问题确实不会回答，要敢于承认，不可欺骗考官，胡乱说。

（11）考生要精心设计板书。板书设计有六忌：一忌空；二忌满；三忌乱；四忌散；五忌潦草；六忌差错。总之，在板书设计中，要规范、准确、赏心悦目。此外，在写板书的时候不要把整个后背转向评委，要随时和考官保持眼神的交流。

（12）考试结束后，退场时记得鞠躬，说谢谢等礼貌用语。无论感觉自己考得好还是不好，都要以平常心走出考场，轻轻侧身关上门。

第二节　中学语文教师资格考试面试示例

根据国家教育部指示，2015年教师资格证在全国基本实现统考，同时对教师资格考试的面试也作了严格的规定，每位考生面试时间为20分钟，分成结构化、试讲和答辩三个环节。其中结构化部分两道题，时间为5分钟，试讲15分钟，答辩5分钟。面试考官对应试者在这三个环节的表现作出评价。

一、中学语文教师资格证考试面试结构化试题

所谓的结构化就是回答与教育相关的既定的两道问题，在系统中随机抽取。这一部分考题考察考生的思维和应变能力。

（一）中学语文教师资格证考试面试结构化试题答题技巧

教师资格证统考面试结构化试题答题部分，是面试的第一个环节，根据首因效应，这一部分的表现会影响到考官对考生的第一印象，而且对于结构化试题答题的好坏直接影响考生的心情，因此，考生掌握一些应试技巧很重要。

1. 对考题分类

对于结构化面试，考生们要收集以往面试的真题，善于总结这些题目的类型，把数量繁多的题目进行分类。教师考试结构化的答题，一般分为职业认知、思维品质、心理调适、组织协调这几种类型。

2. 归纳答题思路

不同类型的题目,要进行分析、总结,找出比较好的答题思路,才不至于无话可说。

3. 融入教育理念

只有树立科学的教育理念和职业理解,才能认清各种教育现象的本质,客观合理地处理各种突发事件,明确自己的职业责任,答题时候才不会答偏或者观点偏激。科学的教育理念具体包括:教师职业道德的认知,语文新课程课改的理念,对现行教育所存在的问题以及素质教育的内涵的把握,新课程倡导的正确的学生观、新型的师生观、教师所应具备的各种能力、教学方法等的理解。

4. 注意角色定位和时间把控

在回答规定问题时要有角色定位,时刻以教师的身份要求自己,从教师的角度回答问题,这样答题内容才会有针对性。回答规定问题时考官一般会提两道问题,规定回答时间是5分钟,这就要求考生回答问题时语言表述要言简意赅、不要重复累赘,否则,不仅在规定时间内完不成考试内容,而且会给考官留下不好的印象。

(二)中学语文教师资格证考试面试结构化试题示例

教师资格证统考面试中,关于第一部分结构化试题答题的环节,考题涉及的内容很多,但总结历年的题型主要可以分为4类:思维品质性问题、职业认知性问题、心理调适性问题、组织协调性问题。

1. 思维品质性问题

思维品质性问题在结构化这个环节是考察的重中之重。思维品质性问题又分为现象类和事理类两种大的题型。现象类涉及的一般是教育现象和教育事件,事理类一般包括名家主张和社会观点。

思维品质性问题的一个总的答题思路是:提出观点、论证观点、落实观点这三个步骤。

首先,提出观点。解释题干中的内容,阐明自己的核心观点;其次,论证观点:对观点进行充分的论证,最好可以结合教育理念或教学原则等教育学的相关理论知识点进行阐述;最后,落实观点:理论联系实际,说明该观点在我们日常的教学当中如何去践行。

示例:俗话说"学高为师,身正为范",作为一名老师,请问,你如何理解这句话?

(1)分析。这道考题属于"思维品质性问题"型题目,考查教师的职业素养。回答时,可按提出观点、论证观点、落实观点的"总—分—总"方法陈述。

(2)答题技巧。首先提出观点,对该俗语进行解释,得出其中蕴含的道理;其次论证观点,论述该道理体现的最新教育理念;最后落实观点,阐述最新教育理念在日常教学中的实践运用。

示范:"学高为师,身正为范"是对教师职业的基本要求,它包含着如下哲理。

首先,学高为师,要求教师具有过硬的专业知识素养。对教师而言,教师要读书,要有学习的愿望,要有对知识的渴求,教师只有多读书,才能提高自己的教育素养。只有当教师的知识视野宽广得无可比拟的时候,教师才能成为教育过程的真正能手,成为学生不断前行的引路人。

其次，身正为范，要求教师真正做到为人师表。为人师表是教师职业的内在要求。教师工作的"示范性"与学生所特有的"向师性"，使得教师在学生的心目中占有非常重要的位置。教师要从小事做起，从自我做起，以高尚的人格感染学生，以整洁的仪表影响学生，以和蔼的态度对待学生，以丰富的学识引导学生，以博大的胸怀爱护学生。只有这样，才能保证教书育人的实效，学生才会"亲其师，信其道"，进而"乐其道"。

总之，学高为师，身正为范，不仅是对老师的基本要求，也是教师职业精神的体现。①

2. 职业认知性问题

职业认知即对职业、职员和团体的认识。国家的教育机构迫切要求加强对教师的职业意识训练和职业技能培养。如果不重视教师的职业化训练，会导致教师将职业看成谋生手段，大大降低工作责任心与归属感，影响到团队整体合力的发挥。对职业的认知的内容包括：对事业目标的看法，用目标产生绩效，用正确的态度对待工作，用成熟的情感对待工作，有责任、全局意识，正确处理个人和组织的关系，每位教师都可能导致学校团队的成败，等等。

示例：你认为怎样的教师才能算得上是一个好教师？

（1）分析。这道考题属于"教师职业认知"型题目，回答时，可以先从教师的职业要求出发，然后分点说明"好教师"的标准。

（2）答题技巧。① 回答对教师有哪些要求。② 分析说明好教师的特点。③ 陈述时，分条陈述，适当发挥。

示范：我觉得，一个好的人民教师应该做到：① 爱岗敬业，严谨治学——好教师要热爱教育事业，乐于从教，尽职尽责，努力提高工作水平和工作质量，实事求是，尊重科学。② 为人师表，耐心施教——"师者，所以传道授业解惑也"，作为"人类灵魂的工程师"，辛苦工作的"园丁"，我觉得好教师应该要时时处处注意自己的一言一行，为人师表。教师的言谈举止要文明得体，要做到以身作则。凡是要求学生做到的，自己应该要先做到，要用自己的实际行动去感动学生、关心学生、爱护学生，和学生融洽相处。③ 沟通交流，钻研进取——我认为，一个好的教师应该能处理好跟家长以及学校领导的关系，而且能做一些教育教学研究，钻研进取，多出成果。②

3. 心理调适性问题

心理调适是使用心理科学的方法对认知、情绪、意志、意向等心理活动进行调整，以保持或恢复正常状态的实践活动。既可以自己进行心理调适，也适用于帮助别人。教师在教育教学工作中，要正确运用心理学知识来处理工作中出现的问题。

示例：有一个学生表现不好，班主任当着该同学的面向家长告状，学生当场回嘴，请你评价班主任的行为。如果你是班主任，你会如何处理这种问题？

（1）分析。这道考题考查班主任的管理工作以及跟家长的交流沟通能力。可以先分析案例，再给出自己的处理办法。

（2）答题技巧。① 先表明自己的态度，然后结合案例进行具体分析，说明原因。② 说

---

① 洪早清.中小学教师资格考试面试大纲解析与应试技巧[M].北京：高等教育出版社，2012.有删节。
② 洪早清.中小学教师资格考试面试大纲解析与应试技巧[M].北京：高等教育出版社，2012.有删节。

出如果是你,你正确处理这件事的方案,并且说明你这样处理的理由。③陈述时,层次分明,条理清楚。

示范:我认为班主任的做法不妥。因为在这个例子中,班主任处理这件事的时候没有考虑到学生的自尊心,因而效果适得其反。学生当场回嘴表明学生很反感班主任当家长的面告状。如果是我去处理这件事,我会分两步去做。首先,在和家长交流的时候避开学生,把真实的情况反映给家长,同时在和家长交流的过程中语气要委婉。然后可以再叫来学生一起交流,注意方式和方法,尽量保护学生的自尊心,温柔和善,娓娓而谈,耐心诱导,做到春风化雨,润物无声。①

4. 组织协调性问题

组织协调能力是指根据工作任务,对资源进行分配,同时控制、激励和协调群体活动过程,使之相互融合,从而实现组织目标的能力。一般认为组织协调能力包括:组织能力、授权能力、冲突处理能力、激励下属能力。教师无论是在课堂教学管理,还是在班主任工作中,都需要极强的组织协调能力。

示例:你觉得班主任应该如何组织与培养班集体?

(1) 分析。这道考题考查的是班主任的班级组织与管理工作,答题时,可以从培养班干部、培养班风、班级纪律管理等方面出发,逐个简明扼要地论述。

答题技巧。① 对班主任工作的理解和看法。② 组织和培养班集体的方法策略。③ 分条陈述,简明扼要地说明这样做的好处。

示范:我认为班主任对组织和培养班集体负有主要责任,可以从以下几点去做。① 选择和培养班干部——要把全班学生组织起来,班主任应该善于发现、挑选和培养班干部,建立班集体的领导核心,让学生学会自我管理、自我教育。② 培养优良的班风和正确的集体舆论——正确的集体舆论和良好的班风会形成一种巨大的教育力量,对每个成员都有熏陶、感染和制约的作用。③ 加强对班集体纪律的管理——好的纪律有利于学生更好地学习,是保证学生学习成绩的关键,也可以使班集体得到更好的发展。我觉得,在组织和培养班集体时,还可以确定一个共同的奋斗目标,组织方法可以灵活多样,应该不断从实践中反思学习。②

课堂讨论

对于教师职业的认知,是考官比较关注的话题。就下例中考生的答题思路,展开讨论。
提问:有的人认为做班主任吃亏,你同意吗?为什么?
答题思路:这道考题考查面试者对班主任工作的理解。回答时,同意与否,先明确表态。然后可以结合对班主任工作的定位以及自己对班主任工作的理解,如果你觉得班主任工作不吃亏,说明理由;如果觉得吃亏,也说明理由。陈述方式可以采用"总—分—总"的方式;陈述时,分条陈述,做到条理清晰。

---

① 洪早清.中小学教师资格考试面试大纲解析与应试技巧[M].北京:高等教育出版社,2012.有删节。
② 洪早清.中小学教师资格考试面试大纲解析与应试技巧[M].北京:高等教育出版社,2012:223.有删节。

二、中学语文教师资格证考试面试试讲

中学语文教师资格考试面试中的试讲,即教学实施环节,是指考生模拟或在真实教学现场,将准备好的教学内容在10分钟的时间内讲授给学习者。试讲,主要考查考生教学设计能力、教学内容的呈现能力、板书运用、教学方式方法的选择、课堂教学时间的调控、新课程理念的融入等综合能力。考生应做好充分准备,尽可能在10分钟的教学实施过程中充分彰显自身的教学优势。

(一)中学语文教师资格证考试面试试讲答题技巧

教师资格考试国考面试的试讲的环节,考生在面试测评软件系统中抽到的题目往往不是一整课的内容,而是教材中某一课中的一部分,因而也可以称为微型课,一般是无生试讲,时间10分钟。包含的内容可以有:教材中的正文、资料补充、活动和习题等。要求考生对内容进行相应的教案设计,经过20分钟的备课准备后,考生按照准备的教案进行试讲。试讲成功与否,除了要知道试讲流程和内容之外,考生还要掌握试讲过程中一些必备的技巧。

1. 考前准备要充分

翻阅优秀试讲教案,借鉴优秀教案的教学设计,提升自己的应试能力;观看优秀面试教学视频,熟悉讲课的环节、流程及优秀教师的应试表现;反复进行模拟演练,征求同行意见。

2. 仪表教态要得体

着装要整洁得体、端庄大方,见到面试官时要表现得大方,不可太拘禁,注意肢体语言,给人留下稳重的印象。眼睛的视线不要一直停留在讲稿上,要注意和台下评委的眼神互动。要面带微笑,不要太严肃。

3. 命题要求要把握

教师资格证面试考题大多是选取课文中的一段,并且在考题内容下会有相关问题。所以在试讲过程中要认真审题,同时要把考题中的试讲相关问题融入到试讲内容中。

4. 教学环节要完整

虽然教学设计是10分钟的微格课,但"麻雀虽小,五脏俱全",在试讲环节还是要把教学流程完整地展现在考官面前。从导入到整体感知、到内容的分析讲授,再到巩固拓展、小结和作业的布置,环环相扣,过程完整。

5. 讲课逻辑要清晰

当我们拿到试讲题目后,我们应在头脑里列出大纲,设计好讲课的思路,把握讲授内容的内在逻辑,注意引发学生更多的思考,课堂小结要将整节课的知识进行升华、提高。

6. 师生互动要合理

试讲时一般是没有学生参与的,但是,考生一定注意即使没有学生,也要有师生互动的展现,因此,在教学环节要设计提问并要模拟学生进行回答,还可设计小组讨论等环节。有师生互动的课堂是符合新课程改革教学理念的课堂,才能博得考官的认可。

7. 板书设计要精当

考生平时在备课和设计板书时,就要做到"笔画规范,结构严谨,大小匀称,布局合理"。

不随便在黑板上勾涂,避免写了擦、擦了写;字迹清楚、匀称、好看;不写错字、别字、草字;课题、内容的呈现要符合要求,美观匀称。

8. 语言表达要精准

在课堂教学中,语言表达应做到用语规范、连贯、得体。同时,要增加语言的文采。讲课要使用标准的普通话,吐字清晰,语速恰当,节奏合理,有激情。

9. 课堂把控要灵活

它表现在你是否能掌控课堂,讲课是否稳重成熟,对一些突发的意外情况处理是否得当,如电脑突然死机等。

(二)中学语文教师资格证考试面试试讲示例

下面是摘自海南公务员考试网(http://hi.huatu.com/)登载的2014年海南教师资格证面试试讲优秀教案范例,试讲题目是:人教版高中语文必修1的《荷塘月色》(朱自清)。

《荷塘月色》试讲稿

主讲人　杨钧

同学们:大家好,现在我们开始上课。

上节课我们对文章结构进行了梳理,了解了本文按作者的行踪和心情双重展开的圆形结构。

首先请你们回忆一下:作者的行踪怎样?请这位学生回答。嗯,他说得对,全文是遵循了"家—荷塘—回家"的圆形结构。那么作者的心情又是如何?你们能在文中找到原文吗?好,这位同学找到了:"颇不宁静—暂时宁静、淡淡喜悦—失去宁静,难以遣怀。"大家回答得都很好,由此看来,作者的情绪随景物的转化在发生着改变,情景相融,物我为一。今天我们继续学习朱自清的《荷塘月色》,去欣赏淡淡的景,去品味淡淡的情。

请大家快速浏览阅读4~6自然段,思考这三段具体描写了哪些内容?这位同学回答得很好,这三段分别写了月下荷塘的景色、荷塘中的月色和荷塘四周的景色。可见作者描写的荷塘是全方位、多维度的,今天我们重点来欣赏月下荷塘和荷塘中的月色。接着请大家自由朗读4、5自然段,在读的过程中也思考这样一个问题:作者选取哪些景物来写荷塘和月色的?我环视学生的自主学习过程,大家都找得非常准确。在第4段中描写了:荷叶、荷花、微风、荷香、流水等景物;在第5段中描写了塘中景物、月光与光影组合。

在读的过程中,我们能感受到作者对景物的描写形象生动,让人宛在其中,那么作者是怎样描写这些景物的,运用了什么样的写景技巧呢?请大家从修辞手法、写景角度和语言风格方面进行赏析。

请一位同学为我们朗读第4自然段,再请他的同座说说,本段中有哪些修辞手法的使用,效果如何?这位同学很喜欢这句话:"叶子出水很高,像亭亭的舞女的裙。"这里运用了比喻的手法,把荷叶比作舞裙。还有没有同学想分享一下?嗯,这位同学选择了这一句"层层的叶子中间,零星地点缀着些白花,……有羞涩到打着朵儿的。"你能说说为什么很喜欢这句话吗?不错,这句话运用了拟人的修辞方法,把荷花的情态都写活了。

其实啊,朱自清先生在文中还运用了一种很特别的修辞方法,充分体现了汉语的语言之美。这种修辞方法就是"通感",所谓"通感"是一种特殊的修辞,是指把人们的各种感觉,例如视觉、听觉、嗅觉、味觉、触觉等,通过比喻或形容词沟通起来的修辞方式。又可称作"移觉"。例如我们日常生活中经常会说:"她笑得很甜。"这里就是把视觉转化为味觉。

文中类似的例子还很多,请大家一起帮着老师找找。同学们都找得很不错,例如"微风过处,送来缕缕清香,仿佛远处高楼上渺茫的歌声似的。"这句话将嗅觉上的感受与听觉上的感受相贯通,非常形象生动,将我们的各种器官和想象力都调动了起来,为我们展现出一幅纯净柔美、清新优雅的画面。接着再看看作者的写景角度有何变化?大家可以从远近、高低、动静、虚实、视听、声色等方面入手。这位同学回答得很棒,他认为文章写景角度是高与低的结合,静态美和动态美的结合。那么,请大家进一步思考这样写景角度的转换有何作用?看来大家都了解了,这种写景角度的转换,将荷塘最突出的美展现在我们面前,让我们仿佛身临其境一样。

作为一代散文名家,朱自清先生除了为我们描绘了一幅清新雅致的画面之外,在语言用词上也很有特点。那么请大家想想:这段中用词有什么特点?大家都找到了,这段运用了很多叠词。那么,我如果把这些叠词去掉或更换掉,行吗?大家都说不行,那你能告诉我这样叠词的运用有什么作用吗?大家都说了自己的看法,但似乎不太全面。其实叠词的使用,可以使文章的韵律和谐,更富有音乐的美感,也给了我们充分的想象空间。这就是语言的魅力。

最后,我请大家自主学习文章的第 5 自然段,试试从修辞手法、写景角度和语言特点方面去领略朱自清散文的魅力。

课堂讨论

> 按照中学语文教师资格证考试面试试讲的要求、流程及答题技巧,和同学讨论一下:这一案例中,考生在这一环节中的表现有何可借鉴之处?同时还存在什么不足,如何弥补?

三、教师资格证考试面试答辩

《中小学和幼儿园教师资格考试大纲(试行)》(面试部分)中明确指出教师资格考试面试的测试方法是"采取结构化面试和情景模拟相结合的方法",情景模拟测试法就是把被试者放在一个模拟的工作环境中,采用多种测评技术,观察被试者的心理和行为,测量其各种能力,并对其能否胜任某项工作作出评价。情景模拟测试的方式和内容是由测试的组织者根据聘用岗位的专业、管理层次要求以及岗位工作者所必须具备的心理素质及工作能力等因素决定的。答辩是中小学和幼儿园教师资格考试面试的必考环节。在答辩环节,考官以情景模拟案例为主线,设计小场景来考核考生的心理素质、教育理念及应变能力等教师综合素质。

(一)教师资格证考试面试答辩技巧

答辩是教师资格考试面试环节中不可或缺的部分,作为一种有效的测评手段,答辩是评委与应试者之间的认识性、情绪性等信息交流以及相互作用的过程,也是在短时间内评价一个人的客观有效的形式,答辩时考生应注意应试的细节和技巧。

1. 熟悉自己授课的内容

答辩的内容有时是针对于试讲内容的回答,因而考生在答辩之前要能清楚知道自己试讲环节的讲课内容的教学目标、教学重难点等环节。例如,考官在试讲后可能会问考生:你本节课的教学目标是什么?你认为自己刚才的教学是否达到了教学目标?你教学的重点、难点是什么?你是如何突破的?对于类似的问题,需要考生在熟知试讲内容的基础上作出完美的回答。

2. 沉着冷静,随机应变

面试考官比较看重应试者随着情况的变化而灵活应对的应变能力,对此应试者要有充分的准备。一般来说,在面试过程中,当考官提出问题以后,应试者应稍作思考,不必急于回答。即便是所提问题与你事前准备的题目相似,也不要立即答题,因为那样给考官的感觉可能是你不是在用脑答题,而是在背事先准备好的答案。如果是以前完全没有接触过的题目,则更要冷静思考。匆忙回答可能导致文不对路、东拉西扯或是没有条理、眉毛胡子一把抓。经过思考,理清思路后抓住要点、层次分明地答题,会给考官留下较好的印象。

3. 表达清晰,语言干净

面试中要使用标准的普通话,表达清晰,用词规范,语法准确,避免出现病句;语调要恰当,语速要平缓,语言干净,不要给评委留下用语不清、冗长、不认真及缺乏自信的感觉。

4. 着装大方,举止得体

面试礼仪是很重要的,得体的着装、优雅的谈吐,不仅能给面试考官留下良好的第一印象,也能提升自己的信心。首先,教师面试是很正式、很严肃的,务必着正装出席:男士最好穿深色西服,打领带;女士着装要整洁美观、稳重大方,服饰色彩、款式、大小应与自身的年龄、气质、肤色和教授的学科、学生年龄段相协调,这样的着装会提升自身的教师职业素养。其次,一定要守时,无论你有什么理由,迟到都会被视为缺乏自我管理和约束能力的表现。应试者要提前到达考场,以利用考前的时间调节自己紧张的情绪,迅速适应考场环境。面试中要杜绝晃腿、吐舌、转笔、伸指等不雅的小动作,这些动作容易给考官留下此应试者不成熟、不稳重、不自信等不良印象。

(二)教师资格证统考面试答辩示例

面试答辩是指应试者在特定的环境下,根据考官提出的问题做出针对性的回答的过程。教师资格面试答辩中,针对某一问题,应试者能否发表合理的、深刻的、有建设性的观点,是面试中的一项常规而且是重要的测评项目。总体而言,答辩强调应试者与考官的良性沟通,通过应试者即时回答的方式展现出自己的品质、个性和能力。这些品质、个性和能力不仅是考官重点考查的内容,更是应试者一旦走上教师工作岗位,赖以教书育人、实现人生价值的最重要条件。面试答辩中常见的考题举例如下。

1. 示例1:请谈谈你的优点和缺点

分析:这道题是考查考生对于教师职业技能的自我评价的能力。考官问这个问题,是想测试一个人的成熟度、对自己的判断和学习改进能力。说出自己有什么缺点,其实一点都不重要。这里重点测评的是面试者是不是真正地对自己有一个正确的评价。首先,可以表明自己对一个人身上的优缺点的正确认识,然后指出自己的优势和不足之处,但在说缺点的时候要注意:① 不宜说自己没缺点;② 不宜把那些明显的优点说成缺点;③ 不宜说出严重影响所应聘职位的缺点;④ 不宜说出令人不放心、不舒服的缺点;⑤ 可以说出一些对于所应聘职位"无关紧要"的缺点,甚至是一些表面上看似"缺点",从工作的角度看却是优点的"缺点"。

示范:我自己有一句座右铭:"发现自己的缺点而不改正,是最大的缺点。"从这个意义上来说,我没有什么致命的缺点。实际上,每一个都有自己的个性特点,而这些特点是优点还是缺点,因个人的工作性质而异。于我而言,为避免刚愎自用、故步自封,我勇于接受别人的批评建议,当别人指出我可能存在的缺点后,我会慎重思考,有则改之,无则加勉。我想,对缺点有一个正确的认识和态度,这是我的最大优点。

另外,就我从事的教师职业来看,我还有以下两个优点。

第一,我写了三年的教育博客,结交了一些教育同仁,有的甚至还是全国教育名师。虽然我对教育未必有深刻的认识,但至少我已经有了三年的思考。三年的教育思考,增进了我对教师职业的热爱,对教育工作的热情。

第二,我酷爱写作,它已经激励我写了三年的教育日志。我清晰地知道,只写不看,将会遇上瓶颈。所以酷爱读书与写作是我的第二个优点。

2. 示例2:你为什么要选择教师这个行业?你是怎么看教师这个工作的?

分析:国家的教育机构迫切要求加强对教师的职业意识训练,这道题考查考生对教师职业的认知。回答时,可以先从教师的职业优势出发,谈自己选择教师职业的原因和优势,然后陈述自己对教师职业性质的理解。陈述时,可分条陈述,适当发挥。

示范:我读的就是师范类的专业,做教师符合自己的专业。而且教师职业稳定性比较高,现在好的学校对教师的培养很好,也能为教师提供很大的发展空间。

教师这个职业是神圣而伟大的,它要求教师不仅要有丰富的知识,还要有高尚的情操。因此,在读师范时,我就十分注重自身的全面发展,广泛地培养自己的兴趣爱好,并学有专长,做到除擅长绘画和书法外,还会唱、会说、会讲。学高仅能为师,身正方能为范,在注重知识学习的同时,我还注意培养自己高尚的道德情操,自觉遵纪守法,遵守社会公德,没有不良嗜好和行为。我想这些都是一名教育工作者应该具备的最起码的素养。

3. 示例3:你对工资和福利有什么期望?

分析:这道题是考查新入职的考生对报酬方面的诉求,是一个较为敏感但又很实际的问题,考生可以提出合理的想法,但切记不要提出无原则的要求。

示范:我对工资没有硬性要求。我相信贵校有一个薪酬标准,在处理我的问题上会友善合理。我注重的是找对工作机会,所以只要条件公平,我不会计较太多。

4. 示例4:如果你教的学生很任性、急躁、不爱学习,你该怎么办?

分析:这道题考查考生的教学管理能力以及和学生的沟通能力。考生要从心理学的角度,分析该学生产生这些行为习惯的原因,然后提出针对性的建设性的建议。

示范:如果他很任性,应多让他和别人相处,体会一下世间的人情冷暖,让他多去帮助他人,培养自己的爱心。另外,他很急躁,不爱学习,或许是他进入了青春期,有叛逆的思想。或许他对学习没兴趣,那样的话应多给他读一些名人成长的故事和励志文章。再有可能就是他学习不好,所以很急躁,想学习好却没有办法,这时应多和他沟通,找合适的方法培养他的学习兴趣。

◆讨论与练习

一、思考·理解

1. 你认为国家教师资格考试的性质是什么?其意义何在?
2. 国家教师资格考试要考查中学语文教师的哪些素质?
3. 中学语文教师资格考试面试的测试内容是什么?面试的考试流程是怎样设计的?面试考官是如何进行评分的?
4. 什么是结构化面试?结构化面试时要注意的问题是什么?

二、研究·讨论

下面是一位考生对考官提问时的回答,请你评价其回答是否合理得当,说出评价的理由。

问题:班上有同学丢了东西,同学们都怀疑是班上某同学偷的。如果你是班主任,你要怎么做?

回答:首先,教师要以学生为本,关爱每一个学生。因此,教师不能轻易怀疑自己的学生。如果是偷窃,也要区分行为的性质,是初犯还是屡犯。根据不同的情况,制定有针对性的教育工作方法。再次,教师深刻反思自己的教育工作,要认真了解自己的每一个学生,深入他们的生活中,加强家校联系,创造良好的学习及社会环境,以教育为根本目标,帮助每一个同学树立正确的人生观、价值观。再次,教育的目的不是惩罚,而是引导学生走上积极健康的人生道路,因此,教师要完善班级纪律,从制度上防止类似事件的发生。

三、设计·实践

1. 以小组为单位,就结构化命题的四个方面的内容,进行模拟命题,汇总后,按照教师资格考试的结构化面试方式做成题签,学生随机抽取题签,进行模拟面试练习。
2. 情景模拟。选取初高中语文教科书中的课文,选择其中的一个教学内容进行模拟试讲。要求:写出规范、简洁的教案;时间控制在10分钟;对照评分标准作出成绩评定。
3. 模拟答辩现场,当场提问,当场点评,进行答辩训练。

参考书目

1. 叶圣陶.叶圣陶语文教育论集[M].北京：教育科学出版社,2015.
2. 吕叔湘.论语文教学[M].济南：山东教育出版社,1981.
3. 钟启泉等.《基础教育课程改革纲要（试行）》解读[M].上海：华东师范大学出版社,2001.
4. P.L.史密斯,T.J.雷根.教学设计（第三版）[M].庞维国等,译.上海：华东师范大学出版社,2008.
5. 凯洛夫.教育学[M].陈侠,等,译.北京：人民教育出版社,1957.
6. 佐藤正夫.教学原理[M].钟启泉,译.北京：教育科学出版社,2001.
7. 加里·D.鲍里奇.有效教学方法（第四版）[M].易东平,译.南京：江苏教育出版社,2002.
8. 马克思·范梅南.教学机智——教育智慧的意蕴[M].李树英,译.北京：教育科学出版社,2006.
9. R.M.加涅,L.J.布里格斯,W.W.韦杰.教学设计原理[M].皮连生,等,译.上海：华东师范大学出版社,2005.
10. 王文彦,蔡明.语文课程与教学论[M].北京：高等教育出版社,2006.
11. 王荣生.语文科课程论基础（第二版）[M].上海：上海教育出版社,2005.
12. 李秉德.教学论[M].北京：人民教育出版社,1991.
13. 施良方,崔允漷.教学理论：课堂教学的原理、策略与研究[M].上海：华东师范大学出版社,1999.
14. 杜和戎.讲授学[M].北京：华语教学出版社,2007.
15. 韩雪屏,王相文,王松泉.语文课程教学资源[M].北京：高等教育出版社,2007.
16. 王相文,王松泉,韩雪屏.语文课程教学技能[M].北京：高等教育出版社,2007.
17. 韦志成.语文教学艺术论[M].南宁：广西教育出版社,1993.
18. 肖锋.学会教学——课堂教学技能的理论与实践[M].杭州：浙江大学出版社,2002.
19. 吴亚萍,王芳.备课的变革[M].北京：教育科学出版社,2007.
20. 余映潮.语文教学设计技法80讲[M].广州：广东人民出版社,2014.
21. 魏本亚.语文教育研究方法论[M].北京：高等教育出版社,2008.
22. 高耀明,李萍.教师行动研究策略[M].上海：学林出版社,2008.
23. 曾祥芹.汉文阅读学研究[M].北京：高等教育出版社,2010.
24. 钱理群.经典阅读与语文教学[M].南宁：漓江教育出版社,2012.

25. 陈日亮.如是我读——语文教学文本解读个案[M].上海：华东师范大学出版社,2011.

26. 王荣生.听王荣生教授评课[M].上海：华东师范大学出版社,2007.

27. 赵国忠.透视名师课堂管理——名师课堂管理的66个经典细节[M].南京：江苏人民出版社,2007.

28. 雷玲.好课是这样炼成的——品读名师经典课堂(语文卷)[M].上海：华东师范大学出版社,2006.

29. 程翔.语文课堂教学的研究与实践[M].北京：语文出版社,2000.

30. 教育部师范教育司组编.李镇西与语文民主教育[M].北京：北京师范大学出版社,2006.

后 记

回首过去一个世纪的世界教育,对很多国家而言,教育发展的一大成就就在于完成了从传统教育向现代教育的转轨。随着世界课程改革浪潮的冲击,我国基础教育课程改革取得了令人欣喜的成就。教育部颁布《基础教育课程改革纲要》(试行)以来,新的课程理念、新的教材、新的课程评价观,强烈冲击着现有的教师教育体系。尤其是语文课程标准的修订、教师教育课程标准的颁布和教师资格证纳入国家统一考试以及教师招考的全面推开,国家对于教师的教育理念、业务素质和专业精神提出了相应的更高的要求。师范院校必须主动实现与基础教育课程改革的对接。这种对接,既是对基础教育课程改革的主动适应,也是师范院校教师培养自身改革的需要。基于自身职业责任的担当,我们不避浅陋,承担了北京大学出版社组织编写的"21世纪教师教育系列教材·语文课程与教学论系列"的《语文课程教师专业技能训练》的编写工作,它是这套教材中是最具有实践性的一部,侧重于对语文课程教师的教学实践能力和自我的发展能力的培养。

全书共十一章,每章的内容大体上包括对相关技能的理解与认识、技能实践的原则与策略、案例研讨、评价等内容。其中,张学凯承担第一章、第二章、第三章、第五章、第六章、第八章的编写工作;刘丽丽承担第四章、第七章、第九章、第十章、第十一章的编写工作。本书的案例,多选择名师案例和近年来全国各省市的教学大赛获奖案例。我们力求以典型案例的分析,参透各项技能之要。为方便学习,每章配有学习目标与建议,并选编了分层次的练习题目,努力做到理论与实践相结合,达成语文教师专业技能的训练目的。

编写过程中,我们参考了先贤的许多著作,如《叶圣陶语文教育论集》《吕叔湘论语文教学》等;也吸收、借鉴、引用了《课程·教材·教法》《语文建设》《中学语文教学》《中学语文教学参考》《语文教学通讯》等刊物上的许多文章,在此表示衷心的感谢!本书的编写和出版得益于很多人的鼓励和无私的帮助,尊敬的前辈韩雪屏教授多年来的师德教诲、学术引领和悉心指导使我们在学科领域不断前行;在本书的构思、写作过程中,北京大学出版社陈静老师也给予了鼓励与帮助,在此一并表示最诚挚的谢意!

此外,因为学识疏浅,书中一定还会有许多疏漏和不当之处,诚挚地希望得到专家们的批评指正。

编著者
2017.2